Das Prinzip Selbstverantwortung

Alle neueren Management-Konzepte wie Lean Management, Kaizen und Reengineering können nur dann greifen, wenn sich die Einstellungen der Menschen ändern. Eigeninitiative und mutige Innovationen sind um so gefragter, je weniger Führungskräfte und je größere Führungsspannen es gibt. Reinhard Sprenger beschreibt an vielen Beispielen, was Selbstverantwortung ist und wie Führungskräfte sie fördern können: indem sie ihre Überzuständigkeit überlegt und angemessen reduzieren, Mitarbeiter in der Verantwortung *lassen*, sie unterstützen in ihren Bemühungen um Erfolg, Commitments vereinbaren und einfordern sowie differenzierte Rückmeldungen geben. Er zeigt, warum es unmöglich ist, Verantwortung zu »übertragen« oder Mitarbeiter zu »ermächtigen«. Und er räumt auf mit den falschen Alternativen Vorbild, Vision, Vorgesetzter, Verfolger-Spiele und Null-Fehler-Programme.

Dr. Reinhard K. Sprenger ist Autor des Bestsellers *Mythos Motivation* und selbständiger Berater für Personalentwicklung und Managementtraining. Er berät Coca-Cola, 3M, BASF, Philip Morris, Hewlett Packard, Thyssen Handelsunion, apetito, Siemens, Fresenius, Daimler-Benz u. v. a. und ist Lehrbeauftragter an den Universitäten Berlin, Bochum, Essen und Köln.

Reinhard K. Sprenger

Das Prinzip Selbstverantwortung

Wege zur Motivation

Mit Karikaturen von Thomas Plaßmann

Campus Verlag
Frankfurt/New York

Die Deutsche Bibliothek – CIP-Einheitsaufnahme

Ein Titeldatensatz für diese Publikation ist bei
Der Deutschen Bibliothek erhältlich
ISBN 3-593-36431-X

Limitierte Jubiläumsausgabe 2000

Umschlaggestaltung: Frank Koschembar/Gute Kommunikation, Frankfurt
Umschlagmotiv: Tony Stone Bilderwelten
Satz: Leingärtner, Nabburg
Druck und Bindung: Friedrich Pustet, Regensburg
Gedruckt auf säurefreiem und chlorfrei gebleichtem Papier.
Printed in Germany

Man gibt immer den Verhältnissen die Schuld für das, was man ist. Ich glaube nicht an die Verhältnisse. Diejenigen, die in der Welt vorankommen, gehen hin und suchen sich die Verhältnisse, die sie wollen, und wenn sie sie nicht finden können, schaffen sie sie selbst.

George Bernard Shaw

Inhalt

Einleitung

Ein Rechen-Exempel

»Ich ging eines Tages über den Kundenparkplatz eines unserer Kaufhäuser und sah einen Gartenarbeiter damit beschäftigt, Laub zusammenzufegen. Er benutzte dazu einen Rechen, der noch etwa 15 Zähne hatte – normalerweise hat ein solcher Rechen etwa 30 Zähne. Ich fragte ihn: ›Warum benutzen Sie diesen alten Rechen? Sie kommen damit doch kaum vorwärts!‹ – ›Man hat mir diesen Rechen gegeben‹, antwortete der Gartenarbeiter in aller Ruhe. ›Warum haben Sie sich denn nicht einen besseren Rechen genommen?‹ beharrte ich. ›Das ist nicht meine Aufgabe‹, antwortete er. Ich dachte: ›Wie kann man einem Mitarbeiter nur solch ein schlechtes Werkzeug geben? Ich werde seinen Gruppenleiter ausfindig machen und mit ihm sprechen. Sein Job ist es sicherzustellen, daß seine Leute das richtige Werkzeug haben.‹«

James Belasco hat diese Geschichte erzählt, die einiges von dem aufzeigt, wogegen ich in diesem Buch anschreibe: den Pontius-Pilatus-Tonfall des »Ich bin nicht verantwortlich« vor allem, sowie einen völlig überzogenen Führungsbegriff. Fragen ergeben sich daraus: Wofür ist der Mitarbeiter verantwortlich? Lösen Sie das Problem, wenn Sie die Führungskraft verantwortlich machen? Was ist zu tun, um diese Situation grundsätzlich zu verbessern? Muß nicht jeder Mitarbeiter für seine Leistung selbst Verantwortung übernehmen? Was aber ist dann die Aufgabe der Führung? Und was heißt ›Verantwortung delegieren‹?

Nachdem ich »Mythos Motivation« veröffentlicht hatte, bin ich – öfter, als anzunehmen war – darauf angesprochen worden, ob ich dieser Arbeit eine weitere folgen lassen wollte. Insbesondere wünschten sich viele Leser ein konkreteres »Wie denn besser?«. Nun, dieses Buch ist ein Folgeband zu »Mythos« – aber es ist eigentlich der vorausgehende. Wohl führt es einige der dort vorgelegten Gedanken fort, namentlich vertieft es die (vor allem auf den letzten Seiten) angedeuteten Thesen zur Selbstmotivierung. Jedoch tut es das auf eigenständige Weise. Die vermeintlichen Demarkationslinien zwischen Berufs- und Privatleben – ohnehin eine irreführende Grenzziehung – zerfließen vollständig. Ich hoffe jedenfalls, daß viele von Ihnen Ihr eigenes Leben, Ihre eigenen Fragen mit diesem Buch durchspielen können.

Die zentrale Frage

Bücher, die mit »Alles wird komplexer, schneller, chaotischer« beginnen, lese ich nicht mehr. Beim Salto mortale in der Operettenwelt der Managementmethoden gibt es kaum nennenswerten Geländegewinn. Natürlich ist der Wind rauher geworden. Natürlich haben High-Tech im Fernen und Low-Pay im Nahen Osten den Wettbewerb verschärft. Aber die grundlegenden Probleme in unseren Organisationen sind immer noch die alten. So formulierte der Nationalökonom Werner Sombart die zentrale Frage dieses Buches bereits 1913:

»Wie ist dieses möglich: daß gesunde und meist vortreffliche, überdurchschnittlich begabte Menschen so etwas wie wirtschaftliche Tätigkeit wollen können, nicht nur als eine Pflicht, nicht nur als ein notwendiges Übel, sondern weil sie sie lieben, weil sie sich ihr mit Herz und Geist, mit Körper und Seele ergeben haben?«

Führungskräfte fragen heute ähnlich:

- Was kann ich tun, damit Mitarbeiter Verantwortung übernehmen?

- Wie setze ich das Potential meiner Mitarbeiter frei?
- Wie schaffe ich ein Unternehmen, in das die Mitarbeiter morgens gerne kommen?

Auf diese Fragen möchte ich antworten.

Einstellungssachen

Die Mobilisierung des Mitarbeiterpotentials als entscheidender Erfolgsfaktor ist längst kein Geheimtip mehr. Wir sind kein rohstoffreiches Land. Unser wichtigster Rohstoff ist die Bereitschaft zum Mitmachen. Der Arbeitsplatz bleibt aber leider oft ein initiativefreier Raum. Wir lasten zwar Maschinen aus, aber wir lasten die Menschen nicht aus. Es sind deshalb nicht nur Lohnkosten und Strukturprobleme, die unserem »Standortdeutschland« zusetzen. Wir unterfordern die Menschen.

Vor allem fordern wir nicht konsequent die Selbstverantwortung der Mitarbeiter. Viele Mitarbeiter sind abgetaucht, haben durch jahrzehntelange Entmündigung verlernt, Verantwortung für sich, ihre Motivation und ihre Leistung zu übernehmen. Genau betrachtet befinden sich weite Teile der Mitarbeiterschaft in einer Art psychologischem Streik gegen die Zumutung permanenter Unterforderung. Ihre Arbeitslosigkeit ist innerlich. Auch im Gehirn: Dienst nach Vorschrift.

Die Krise der Arbeit wird vielfach noch mit den alten Rezepten bekämpft, die allenfalls eine spezifische Reparaturintelligenz artikulieren, sich aber nicht von den alten Denkmustern lösen. Die einen greifen in das geldlogische Zeughaus der Motivierung, so wenn sie z. B. der Kreativitätsreserve mit der Wiederbelebung des betrieblichen Vorschlagswesens zu Leibe rücken. Unlösbar ein Problem, das nicht mit dem Griff zur Brieftasche zu lösen ist! Die Knüppel, die sie dabei anderen zwischen die Beine werfen, stammen von dem Holzweg, auf dem sie sich befinden.

Die anderen denken über die Veränderung der Organisationsstrukturen nach. Das Management-Mantra heißt hier: Freiräume, flache Hierarchien, Entbürokratisierung, Dezentralisierung. Dieser zweite Weg scheint mir nötig und erfolgversprechend; da gibt es viele bedenkenswerte Vorschläge und ermutigende Beispiele.

Jedoch: Lean Management, teilautonome Arbeitsgruppen, Kaizen, Reengineering – alle diese Managementkonzepte können nur greifen, wenn sich die Einstellungen der Menschen ändern. Der Forschungsmanager Sigmar Klose von Boehringer Mannheim: »Mit der optimalen Struktur erreiche ich 20 Prozent. Der Rest ist innere Einstellung, Siegeswille, das ›Wir machen es!‹.« Die Strukturoptimierer sitzen jenem Irrtum auf, den jeder schon einmal erlebte, der hoffte, die Reise in ein fernes Land mache ihn glücklicher: Man nimmt sich halt immer mit.

»Spiele werden im Kopf gewonnen.« Je enger die Leistungsdichte, je schärfer der Wettbewerb, desto wichtiger ist die innere Einstellung, mit der der Mitarbeiter mitarbeitet, die Führungskraft führt, der Verkäufer zum Kunden geht. Insbesondere, was die Einstellung zu *Veränderungen* angeht. So ist es auch eine Frage der Einstellung, ob man – vergeblich – im Wandel stabil bleiben oder Stabilität im Wandel suchen will. Eindrucksvoll zu sehen, wie schwer sich viele Mitarbeiter tun, dem Wandel etwas Positives abzugewinnen: »Das geht nicht!« (statt »Das geht *so* nicht«). »Das kann ich nicht!« (statt »Das kann ich *noch* nicht«). Offenbar ist das einzige Wesen, das den Wandel liebt, ein nasses Baby.

In diesem Buch geht es mir daher vor allem um das Bewußtsein, mit dem Menschen ihre Arbeit tun. Um eine bestimmte Art, das Leben im Unternehmen zu betrachten. Es geht mir um Engagement, Initiative und das Gefühl, mit dem eigenen beruflichen Lebenszug am richtigen Bahnhof zu stehen. Mein Fokus ist der einzelne.

Die Hauptstücke

Es gibt keine wichtigere betriebswirtschaftliche Gestaltungsaufgabe als die Wiedereinführung der Selbstverantwortung in die Unternehmen. Dies um so mehr, als es tendenziell immer weniger Führungskräfte und immer größere Führungsspannen geben wird.

Als Negativfolie beschreibe ich dazu im ersten Teil dieses Buches das innerbetriebliche Gerangel um Verantwortung, Schuldzuweisung und Rechtfertigung. Das Ergebnis lautet: Organisierte Unverantwortlichkeit. Gegen Ende dieses Teils unterscheide ich die Begriffe Verantwortung, Selbst-Verantwortung und Commitment.

Das *Philosophische Hauptstück* legt die geistige Grundlage für Selbstverantwortung, Selbstmotivation und Selbstverpflichtung. Hier richte ich mich nicht an die Führungskraft »als Führungskraft«, sondern an jeden einzelnen, unabhängig von seinem hierarchischen Rang. Sie werden diesen Teil nur dann mit Gewinn lesen, wenn Sie bereit sind, ihn auf sich selbst zu beziehen, wenn Sie ihn als selbstkritischen Impuls nutzen. Die drei Säulen der Selbstverantwortung: Wählen (Autonomie) – Wollen (Initiative) – Antworten (Kreativität) werden entfaltet.

Obwohl die Überschrift dieses Teils arg mit tiefgekühltem Höhenkamm-Denken droht, sind manche der dort vorgetragenen Sichtweisen von erschlagender Einfachheit. Daß sie neu konstatiert werden müssen, ist der präzise Gradmesser unserer gegenwärtigen Situation in den Unternehmen. Wenn ich gegen die Mißachtung von Disziplin, Wille und Verpflichtung zu Felde ziehe, setze ich mich allerdings der Gefahr aus, daß hier viele ihre eigene Mutlosigkeit hinter dem Vorwurf der Realitätsferne verbergen. Utopisch! Theorie! Oder das schlimmste aller Schimpfworte: Philosophie!

Ich warne Sie also: Einige Passagen dieses ersten Hauptstücks werden Ihnen voraussichtlich ausgesprochen unsympathisch sein. Ich hätte sie unterschlagen, wenn sie für die Gesamtargumentation verzichtbar gewesen wären. Sie sind es nicht. Im Gegenteil: Gerade diese Teile bilden die größte Herausforderung an den Leser. Sie erfordern den »ganzen« Leser, der bereit ist, sich selbst und seine eingeschliffenen Denkmodelle in Frage zu stellen. So kann ich nur an Sie appellieren, das Buch nicht vorschnell zur Seite zu legen. Vieles klärt und erklärt sich im Fortgang des Textes – wie ich hoffe – auf ermutigende und befreiende Weise.

Das *Pragmatische Hauptstück* bildet die drei Grundprinzipien auf führungspraktische Alltagssituationen ab. Die erkenntnisleitende Frage lautet: Was kann Führung tun, um Selbstverantwortung zu fördern? Der überall geforderten Vorbildlichkeit der Führung setze ich einen Wechsel des Denkrahmens entgegen. Im Dickicht der falschen Alternativen: Vision, Vorbild, Vorgesetzter, werden die Umrisse einer perspektivischen Führungskultur erkennbar.

Perspektivisch ist dieser Entwurf insofern, als ich die Sichtweise des subjektiven Konstruktivismus für Führungsfragen praktisch mache: Wie kommen Urteile über Mitarbeiter zustande? Wie kann ich unbefriedigende Zustände verändern, ohne zu demotivieren? Darüber hinaus diskutiere ich an alltäglichen Situationen die Möglichkeit, daß Mitarbeiter in die Verantwortung gehen – führe aber gleichzeitig den Beweis, daß es unmöglich ist, Verantwortung zu »übertragen«, Mitarbeiter zu »ermächtigen«. Ich entfalte die These, daß Kritik nicht funktioniert, und biete ein alternatives Vorgehen an. Die Commitment-Mechanik für Zielvereinbarungen wird beschrieben. Den Schluß bildet ein Essay über die Fallstricke der Glaubwürdigkeit.

Der Unterschied zwischen den beiden Hauptstücken ist auch ein Unterschied der logischen Ebenen. Das läßt sich leicht an der Kernfrage des Pragmatischen Hauptstücks verdeutlichen:

Wie können wir ein Unternehmen schaffen, in dem Verantwortung nicht länger als Last, sondern als Lust empfunden wird?

»Völlig falsche Fragestellung«, tönt es von engagierter Seite. »Die Leute wollen doch Verantwortung tragen; nur wird ihnen die Übernahme dieser Verantwortung von mißtrauischen und kontrollwütigen Chefs erschwert.« Einverstanden. Also müssen wir den Blick öffnen für eine erweiterte Fragestellung: »Wie muß Führung aussehen, damit die Mitarbeiter in die Verantwortung gehen?« – »Moment mal!« ruft es nun von anderer Seite. »Die wirklich interessante Frage ist doch wohl: Warum geben Mitarbeiter die Verantwortung aus der Hand? Wieso *lassen* sie sich entmündigen?«

Ich will also in diesem Buch beschreiben, was Selbstverantwortung im Unternehmen ist und wie Führungskräfte sie fördern können. Die Gegner, auf die ich mit dem Finger zeige wie Grünewalds Täufer, sind die Ethik der sauberen Hände durch Nichtstun sowie ein völlig überspannter Führungsbegriff. Im letzteren Fall möchte ich weder einem altklugen Moralismus das Wort reden noch Manager ungerechtfertigt anklagen, wie das heute allenthalben schick geworden ist. Aber vielleicht tun einige Führungskräfte doch das, wozu sie vor lauter Überlegenheit häufig nicht mehr kommen: überlegen.

Praxis

Ich bin Praktiker. Mich interessiert zwar, ob ein Gedanke stimmig ist, mehr aber noch, ob er funktioniert. Für die folgenden Überlegungen führe ich daher ein Kriterium ein, das ich »praktisch« nenne. Ich frage: »Ist es praktisch, so zu denken?« Ich frage nicht, ob die von mir vorgetragenen Argumente und Denkfiguren »richtig« sind, sondern nur ob es »nützlich« ist, einen solchen Gedanken in sich aufzunehmen.

Das Prüfkriterium ist damit freilich nur funktional bestimmt. Inhaltlich wird es, wenn ich ergänzend frage: »Stärkt ein Gedanke meine Selbstverantwortung? Oder schwächt er sie?« Argumente, die meine Selbstverantwortung stärken, sind für mich *insofern* »wahr«. Gedanken, die das Handeln verhindern, Nicht-Handeln rechtfertigen oder Unzuständigkeit aufrechterhalten, sind für mich *insofern* »falsch«. Mein Ansatz ist mithin einer pragmatischen Legitimation verpflichtet, die die Selbstverantwortung des einzelnen zum Moralkern hat.

Ich sage also hier nicht die Wahrheit. Wenn jemand die Wahrheit sagen könnte, hätte sie schon jemand gesagt, und wir bräuchten nicht weiter darüber zu sprechen. Ich möchte Standpunkte entwickeln, die im Sinne der Selbstverantwortung des einzelnen und einer verantwortlichen Unternehmenskultur praktisch sind. Wie alle perspektivischen Ideen setzen auch die hier vorgeschlagenen Denkfiguren den selbstverantwortlichen einzelnen voraus, der für sich selbst entscheiden muß, was er für wahr hält.

Wer sich allerdings nach der Lektüre bestätigt fühlt – und die meisten Menschen wollen durch Bücher bestätigt werden –, der hat wenig gewonnen. Derjenige, der überhaupt nicht meiner Meinung ist, hat die Chance zu größerem Gewinn. Mit Max Frisch erhoffe ich mir, »daß der Leser vor allem den Reichtum seiner eigenen Gedanken entdeckt«.

Ja, es gibt noch etwas zu sagen – für jene, die sich einer optimistischen Praxis verschrieben haben. Karl Popper sagte: »Nichts aber ist verantwortungsloser als Pessimismus.«

Macht hat, wer macht.

Es ist einfach praktisch, so zu denken.

Organisierte Unverantwortlichkeit

Im Unternehmen ist der Kelch der Verantwortung ein Wanderpokal.

Ralph Stayer, Chairman von Johnsonville Foods, hat schlechte Erfahrungen gemacht: »Wir waren der Alleinlieferant eines großen Kunden. Dieser drohte ständig mit einem zweiten Lieferanten, weil er um unsere Lieferfähigkeit fürchtete. ›Seien Sie unbesorgt‹, versicherte ich immer wieder, ›wir werden stets pünktlich liefern.‹ Eines Tages erhielten wir den dringenden Auftrag, die Standardversion eines Produktes kurzfristig zu modifizieren und unbedingt am nächsten Tag zu liefern. Unsere Leute mobilisierten alle verfügbaren Ressourcen und schafften es tatsächlich. Sie verpackten das Produkt und beauftragten wie üblich das Transportunternehmen mit der Auslieferung. Aufgrund technischer Probleme kam der LKW-Fahrer jedoch nicht. Er erschien erst am nächsten Tag, und entsprechend verspätete sich die Auslieferung. Seitdem sind wir nicht mehr Alleinlieferant. Die Entschuldigung unserer Mitarbeiter: ›Wir können den Transportfahrer nicht kontrollieren. Er arbeitet nicht bei uns. Wir haben unseren Job gemacht. Mehr konnten wir nicht tun.‹«

Aufbruch in Fluchtrichtung

In den Unternehmen grassiert das Opferbewußtsein. Kaum jemand übernimmt die volle Verantwortung für seine Leistung. Der ständige Klageton des Ausweichlers artikuliert den hartnäckigen Willen zur Ohnmacht: Was kann ich schon tun? Die Sprache spricht: »*Sie* lassen es nicht zu.« – »*Die anderen* sind das Problem.« – »Wenn *die* sich nicht so dumm anstellen würden, würde alles prima klappen.« – »Der Vorstand macht keine klaren Vorgaben!« Entspricht der Vorstand dann den drängenden Erwartungen, wird über die Vorgaben lamentiert. Wenn der Wettbewerber den Auftrag erhalten hat: »Der Kunde hat nicht verstanden, was unser Produkt alles kann.« Wenn der Mitarbeiter nicht das tut, was andere von ihm erwarten (und dazu auch noch begeistert ist): »Unmotivierter Schwachleister!« – »*Ich* will das ja nicht, der Chef will das!« – »Oben« ist verantwortlich! »Unten« ist verantwortlich! Der Gruppenleiter ist dafür verantwortlich, daß die Mitarbeiter am Bankschalter freundlich und effizient sind! Der Qualitätsmanager ist verantwortlich für Qualität (wofür sonst?)! Der Personaler für das Personal! Das Bezahlungssystem ist schuld! »Wir« wären sehr erfolgreich, wenn »die« sich nicht querlegen würden. »Aber wir sind ein zu großes Unternehmen!« – »Aber wir sind ein zu kleines Unternehmen!« Und heute ist Föhn und außerdem Dienstag.

Es gibt Unternehmen, die sind reine Opferclubs. Da wird von morgens bis abends gejammert. Über die Eisheiligen auf der Vorstandsetage, über die unkooperative Nachbarabteilung, über die initiativelosen Mitarbeiter, über die Schönschwätzer im Krawattenbunker, über die Ignoranten an den Maschinen, über die rückstandslosen Geldvernichter in den Stabsabteilungen, über die Kunden, die sowieso nur stören. In einem Berliner Warenhaus wird der Übergang zwischen zwei Verwaltungstrakten »Seufzerbrücke« genannt. Und der Sage nach haben die beiden Firmengründer Hewlett und Packard die für das Unternehmen so charakteristischen Großraumbüros nur deshalb eingeführt, weil sie wußten, daß für manche ihrer Mitarbeiter jede Bürowand eine Klagemauer ist.

Dürfte man vom Zustand der Unternehmen auf die Natur der Mitarbeiter schließen, so müßte man den Menschen als Wesen definieren, das, solange es irgendwie geht, vor der Verantwortung ausweicht. Dr. Kimble ist überall. In Deutschland hat die Gewitterfront der Larmoyanz ein zusätzliches Epizentrum im Osten herbeikolonisiert: »Jetzt soll ich den ganzen Tag Initiative zeigen, wo man mir 40 Jahre lang gesagt hat: Wenn Du Dich bei uns aus dem Fenster lehnst, kriegst Du Ärger.« Einige verklären hier eine Vergangenheit, ohne fürchten zu müssen, daß sie wiederkehrt.

Wanderpokal Verantwortung

Grundsätzlich besteht über das, was Verantwortung im Unternehmen heißt, weithin Unklarheit. Entsprechend kreist und pendelt die Verantwortung: Mal hat sie der Mitarbeiter, mal der Chef, mal die da oben, mal die anderen, mal haben sie alle.

Diese Unsicherheit zeigt sich im Verhalten aller Beteiligten: Man schwankt zwischen Vorwurf und Mitleid, zwischen Besorgnis und ärgerlicher Forderung, zwischen Empörung und schlech-

tem Gewissen. Es verwirren sich die Zuständigkeiten, es ist unklar, wer wofür *eigentlich* verantwortlich ist, alle reden bei allem mit, das Management nimmt seinen Störungsauftrag bitter ernst, kaum ein Brunnen, in den nicht gespuckt wird, Ein- und Ausmischungen, wohin man schaut – berechtigt? Unberechtigt?

Sinnfällig wird diese Wirrnis an Themen, mit denen sich Vorstände beschäftigen. Das Verhängnis von Topmanagern ist nicht, daß sie sich zu weit vom Volk entfernen, sondern daß sie sich nicht weit genug von ihm entfernen. Es ist kaum zu glauben, wie viele Vorstände sich oft höchstpersönlich noch um die nebensächlichsten Details kümmern: etwa nach Dienstschluß mit dem dicken Schlüsselbund durch die Räume gehen und überall das Licht ausmachen; schauen, ob die Zahl der Topfpflanzen in den Büros der Abteilungsdirektoren auch den Richtlinien entspricht; diskutieren, ob das Seminar nun im Hotel X oder Y durchgeführt werden soll. Dazu noch: »Ich werde das Gefühl nicht los, außer mir arbeitet hier niemand.« Ich habe von einem Vorstand gehört, der eine Stunde lang über die Spülfrequenz der Urinale im Werk diskutierte. Beispielhafte Auftritte für Liza Minellis These, daß Leben ein Kabarett sei.

Nicht mehr zum Totlachen ist die Tatsache, daß für langfristige Konsequenzen immer weniger Verantwortung übernommen wird. Die von den Kapitalmärkten ferngesteuerte Gewaltherrschaft der kurzen Fristen führt in den Unternehmen zu einer aufreibenden Hü-und-Hott-Politik, die blind ist für die Spät- und Nebenfolgen. Nach uns die Sintflut! Der kultivierte Zynismus der Shareholder-Value-Fetischisten untergräbt jede stabile Beziehung, jede Idee eines zur langfristigen Verantwortung fähigen Unternehmens. Wer denkt noch an Walther Rathenau, Vorstand der AEG und später Reichsaußenminister, der ein von der Gewinnmaximierung und den Zielen der Anteilseigner emanzipiertes »Prinzip der inneren Verantwortung« für die Unternehmen entwickelte und in das Körperschaftsteuergesetz einfließen ließ?

Hinzu kommt, daß kaum ein Manager in unseren Unternehmen genug Spielraum und Zeit hat, allein für seine Ära verantwortlich zu sein. Und weil Manager wegen häufiger Versetzung nicht einmal so lange in ihren Zuständigkeiten bleiben, bis ihre Entscheidungen Folgen zeigen, gibt es oft keine direkte Verantwortung für Resultate. Bei Lever Europe waren 1993 knapp 42 Prozent aller Führungskräfte kürzer als 12 Monate on the job. Manager, die eine so kurze Amtsdauer erwarten, sind kaum an langfristigen Problemlösungen interessiert. Sie übernehmen für ihre Aufgabe und ihre Mitarbeiter keine dauerhafte Verpflichtung. Und weil die Mitarbeiter dies wissen, verpflichten sie sich ebenfalls nicht: »Den überleben wir auch noch.«

Diese Situation in unseren Unternehmen wird wohl am besten umschrieben durch ein Wort, das Ulrich Beck für einen anderen Zusammenhang prägte: Organisierte Unverantwortlichkeit. In Abteilungen, die sich abteilen, knechten Untergebene, die unten geben, sitzen Sachbearbeiter, die Sachen bearbeiten, unter Vorgesetzten, die vorgesetzt werden und vorsitzen.

Betrachten wir einige dieser Strukturen näher.

Nicht zuständig!

Thomas Schalberger, PR-Manager aus Düsseldorf, hat es diesmal besonders eilig. Zehn vor zwölf zeigt die Uhr in der Wandelhalle des Kölner Hauptbahnhofs, der nächste Termin drängt. »Eine Karte zweiter Klasse nach Düsseldorf« erbittet er von der Dame am Bahnschalter. »Intercity oder D-Zug?« lautet die Antwort. »Weiß ich nicht, den nächsten Zug eben«, sagt Schalberger, »das können Sie doch nachschauen.« – »Ich bin hier nicht der Informationsschalter«, entgegnet die Bahnfrau knapp, Auskunft geben dürfe grundsätzlich nur die Auskunft. Ein kurzes Wortgefecht bleibt erfolglos, Schalberger muß sich in die Warteschlange am Informationsschalter einreihen – und verpaßt seinen Zug. (*Spiegel* 26/1994)

Diese Szene beschreibt komprimiert die Haltung des »Nicht zuständig!«. Das ist die Mentalität der klar definierten Posten, Planstellen und Positionen. Sie fragt: »Wer ist zuständig?« (Statt: »Wer macht es am besten?«) Ihr Wesen ist das Statische, eine Identität aus negativer Abgrenzung. Sie hat ihren logischen Ort am

»Arbeitsplatz«, einem Platz, den jemand »einnimmt«, indem er sich auf ihn »setzt« und einen festumrissenen Zirkel von Tätigkeiten exekutiert. Wie es schon der Vorgänger tat und der Nachfolger tun wird. Orientiert an fragmentierten Einzelaufgaben. Dafür gibt es Stellenbeschreibungen. Aus Schutzgründen gegen unfriendly takeovers. Sie beschreiben ein Revier, das zu verteidigen ist, das aber auch nicht aus eigenem Antrieb überschritten wird. Ein Abteilungsleiter, der als Quereinsteiger bei der Mannheimer Versorgungs- und Verkehrsgesellschaft MVV eine eingeschworene »Mannschaft« übernahm, erinnert sich: »Die ersten Worte, die ich lernte, waren ›Besitzstand‹, ›Historie‹ und ›Das steht nicht in der Stellenbeschreibung‹.«

Dem Konzept des »Arbeitsplatzes« entspricht auf der Handlungsebene die »Akte«. Und die Aktenmäßigkeit des Verwaltungshandelns wiederum betoniert die Herrschaft des Büros. Fachwissen wird zu Dienstwissen und Dienstwissen zu Dienstwegwissen (Dirk Baecker). Bei einer deutschen Landesbank erhält jeder neue Mitarbeiter eine Liste von Leuten, die er *nicht* anrufen darf.

Es ist leicht einzusehen, daß die Arbeitsteilung und die organisatorische Fragmentierung von Arbeit für diese Situation eine wichtige Rolle spielen. Sie haben Unternehmen zu vertikal-hierarchischen Organisationen gemacht, in deren Funktions-Silos vor allem das Ressort- und Abgrenzungsdenken wuchert. Die Zerlegung der Arbeitsgänge in kleinste Schritte, die Trennung von vor- und nachgelagerten Tätigkeiten (Entwicklung, Arbeitsvorbereitung, Produktion, Endkontrolle etc.), welche von den Arbeitern die Angestellten absonderte, das Zerteilen von Denken und Tun, die Höherbewertung von Führen gegenüber Ausführen – all das, was unter dem Stichwort Taylorismus für die ungelernten Arbeitskräfte der amerikanischen Hochindustrialisierung erfunden wurde, all das hat den Menschen zum Anhängsel der Maschinen-Taktzeiten reduziert. Es entband den Mitarbeiter von der Verantwortung für seine Arbeit und deren Qualität. Die innere Bindung an ein »Werk« wurde durch eine äußere Geld-»Kompensation« ersetzt. Und die arbeitenden Menschen handelten, wie sie behandelt wurden: entlassen aus der Verantwortung für Produktion und Produkt.

Dieses Management-Paradigma hat sich bis heute kaum verändert. Die Roland Berger Unternehmensberatung untersuchte bei der Telekom den Antragsweg für ein neues Telefon. Das Formular wanderte durch die Ein- und Ausgangskörbe von vier Abteilungen. Bis zu 15 Mitarbeiter waren mit einem Auftrag beschäftigt – zersägt in viele kleine Arbeitsgänge, an denen Spezialisten ihr Spezialistenwissen exekutieren. Viele sind involviert, aber wer ist wirklich zuständig?

Wenn zuständig, dann höchstens ständig zu: Bei einem mir bekannten Zeitschriftenverlag sind sieben Abteilungen beteiligt, wenn Einzelhändler unverkaufte Produkte zur Gutschrift zurücksenden. Alle ächzen unter der Arbeitslast. Aber im engeren Sinne verantwortlich für die Retouren ist keine einzige Abteilung.

Die raumgreifende Internationalisierung in den Unternehmen tut ein übriges: Mitunter führt die Mehrfachzuständigkeit sich überlagernder regionaler, europäischer, globaler und funktionaler Netze zu einer tiefgreifenden Orientierungslosigkeit unter den Mitarbeitern: »Ich weiß schon seit Monaten nicht einmal, wer mein Chef ist.«

Café Größenwahn

Auf die Frage des Gastes, wieviel Uhr es sei, antwortet der Restaurantkellner: »Tut mir leid, an diesem Tisch bediene ich nicht!« – Die Beziehung zum Ganzen: sie fehlt oft in unseren Unternehmen vollständig. Viele Abteilungen organisieren die Arbeitsabläufe ausschließlich nach ihren eigenen Bedürfnissen, ohne dabei die Erfordernisse des Gesamtablaufs zur Richtschnur zu machen. Von einem Abteilungsleiter erwartet man schließlich vor allem Fachwissen und Erfahrung! Nach den Forschungen von Taubert, Henkel und Fechtner verfolgen Manager zu großen Teilen ihrer täglichen Arbeitszeit private und partikulare Abteilungsinteressen. Häufig scheint gar keine Neigung zu bestehen, unter dem Dach und zum Wohle des *ganzen* Unternehmens gemeinsam zusammenzuwirken.

Das läßt sich u. a. dadurch erklären, daß die Belohnungs- und Bestrafungssysteme massiv individualisiert sind. Oft hängt es aber auch mit der schieren Größe der Unternehmen zusammen, die im Extremfall jede Überschaubarkeit und damit jedes menschengemäße Maß missen lassen. Gerade in Deutschland haben wir den Jurassic Park der Uralt-Konzerne, die Großväter-Gründungen mit ihren vom Gigantismus zementierten Traditionsbeständen. Aber wie sollen Verantwortung und Großorganisation zusammengehen? Ich behaupte: Gar nicht. Menschen arbeiten nicht in Unternehmen, sondern in Nachbarschaften. Diese Nachbarschaften werden individuell »überschaubar« definiert. Sie sind über eine gewisse Anzahl an Kollegen, symbolischen Abgrenzungen, lokalen Grenzziehungen wie Kaffee-Ecken, Flure, Mittags-Stammtische etc. sowie rituelle Abläufen abgesteckt. Aus solchen überschaubaren Einheiten erwachsen Gemeinsinn und Verantwortung. Hier definiert man sich für das Unternehmen und grenzt sich allenfalls gegen den äußeren Wettbewerber ab.

Je größer die Organisationen werden, je unüberschaubarer die Strukturen und Abläufe, desto weniger bezieht man sich auf das Ganze. Anonymität, Beziehungsverluste, Hierarchisierung zählen zu den Komplexitätskosten des think big. Um trotzdem so etwas wie Wir-Gefühl zu erzeugen, verlagert man die Grenzziehung nach innen: Die Wälle und Gräben werden nun *zwischen* den Abteilungen ausgehoben – was man alsbald mühsam über »Alle-in-einem-Boot«-Sprüche zusammenzuschweißen versucht.

Großorganisationen sind Status-quo-Organisationen. Sie brechen nur rhetorisch zu neuen Ufern auf. Und selbst wenn man das Großgebilde zerlegt und in kleine, übersichtliche Unternehmenseinheiten gliedert, werden die neuen Schnellboote rasch wieder ins Geschwader einer Holding übernommen, was unter der Hand wieder mindestens eine Hierarchieebene und zwei rivalisierende Kompetenzschnittstellen zusätzlich abwirft. Da steppt der Li-La-Laune-Bär.

In der Pyramide begraben

Wenn jemand die anstrengende Eitelkeit einer Karriere auf sich nimmt, dann sagt er in der Regel nicht, daß er mehr Macht, Status oder Geld will, sondern dann will er »mehr Verantwortung übernehmen«. Woher nimmt er die? Wenn man die Lage in unseren Organisationen nüchtern betrachtet, dann steht zu befürchten: er nimmt sie seinen Mitarbeitern *weg*. Auf der nächsten Führungskräfte-Tagung stellt man sodann geschlossen fest, daß die Selbstverantwortung der Mitarbeiter dramatisch zurückgegangen ist. – Aber heißt es denn nicht immer, daß die Führungskräfte »mehr Verantwortung abgeben« sollen?

Eines vorweg, um Mißverständnissen vorzubeugen: Ich glaube an die Hierarchie. Dort, wo Menschen zusammenkommen, bildet sich meiner Erfahrung nach relativ schnell und reflexhaft eine (informelle) hierarchische Struktur. Arbeitet man in Organisationen zusammen, scheint es mir mithin sowohl fair als auch praktisch (weil komplexitätsreduzierend), die Hierarchie offenzulegen. Offengelegte Hierarchie ist wenigstens rechenschaftspflichtig. Ob sie dabei so funktional interpretiert, so tief gestaffelt und mit soviel infantilen Kinkerlitzchen ausbuchstabiert sein muß, wie das gegenwärtig noch allzuoft der Fall ist, ist eine andere Frage.

Oben die Würdenträger, in der Mitte die Bedenkenträger, unten die Wertschöpfungsträger: Die gegenwärtige Auslegung des hierarchischen Paradigmas ist allerdings auf manchmal geradezu lächerliche Weise unzeitgemäß. Sie geht von der Annahme aus, daß die Mitarbeiter weder willens noch fähig sind, ihre eigene Arbeit selbst zu organisieren und zu kontrollieren. Daß sie weder entscheiden wollen noch können. Die heimliche Botschaft an Führungskräfte: »Mißtraue der Eigensteuerung Deiner Mitarbeiter, denn Du trägst ja die Verantwortung.« Selbstverantwortung des Mitarbeiters? In der Pyramide begraben.

So halten sich vielfach archaische Führungsstrukturen aus dem kapitalistischen Neolithikum, die ehedem ungebildete Leute in einer nur langsam sich wandelnden Umgebung anweisen, motivieren und kontrollieren. Wie Fossile ragen die hierarchisch-formalen Gehäuse der Arbeitsorganisation aus fernen erdgeschichtlichen Formationen in eine andere Gegenwart: Vier, fünf und mehr Leitungsebenen zwischen Arbeitern und Topmanagement nehmen konkurrierende Aufgaben bei oft geringen Handlungsspielräumen wahr. Je mehr Leitungsebenen aber, desto mehr

Kontrollenergie – Kontrollenergie, die praktisch nichts zur Wertschöpfung beiträgt. Im Gegenteil: Erfolgserlebnisse zerfasern.

Unternehmen sind nahezu die letzten feudalistischen Enklaven der Gegenwart. Man lausche nur einigen Worten: Weisungsrecht – Zielvorgabe – Vorgesetzter – Belehrung – Kontrollspanne – Unterweisung – Dienstaufsicht – Untergebener. Der deutsche McKinsey-Chef Herbert Henzler: »Es läuft noch immer nach der Methode Clausewitz: Einer sagt, wo es langgeht – und alle marschieren hinterher.« Die Denkfigur des Oben und Unten, die Kontroll-Metapher dominiert: »Als Chef überlege ich mir, was zu tun ist, treffe Entscheidungen, und dann motiviere ich die Mitarbeiter, damit sie das ausführen. Anschließend kontrolliere ich die Ergebnisse und belohne bzw. bestrafe entsprechend.« Die Attitüde: »Ich bin hier der Boß, also tue, was ich Dir sage.« Ergo warten die Mitarbeiter auf den Chef, bis er ihnen was sagt. »Aber ich habe die Anstrengungen einer Karriere über all die Jahre doch nur auf mich genommen, damit ich etwas verändern kann, damit die Dinge so gemacht werden, wie ich es will.« Klar – und es hat Konsequenzen. Mitarbeiter versuchen, den Boß zufriedenzustellen, statt Kundenbedürfnisse zu befriedigen. Oder sich zumindest so zu verhalten, daß sie keinen Ärger bekommen. In Gremien wird viel Zeit darauf verwendet, zu überlegen, was der Chef wohl wollen könnte. Aus Angst um ihre Karriere sagen Mitarbeiter nur das, was ankommt, und nicht, worauf es ankommt.

Das hat viel zu tun mit der Frage: Wer macht im Unternehmen Karriere? Überschaut man die Forschung, dann verbringen Manager zwischen 60 und 80 Prozent ihrer Arbeitszeit mit Fachtätigkeiten. Ihrer inneren Einstellung zufolge sind die allermeisten sogenannten Führungskräfte aufgestiegene Sachbearbeiter. Und wollen es eigentlich auch bleiben. Führung? Das ist doch keine Arbeit! Das macht man doch so nebenbei! Die Folge davon ist, daß Entscheidungen tendenziell ein bis zwei Hierarchieebenen höher getroffen werden, als es aus sachlichen Gründen geboten wäre. Auf der Strecke bleibt die Selbstverantwortung. Deshalb wird am meisten der fähige Sachbearbeiter gefürchtet: »Was bleibt von mir, wenn der so gut ist, daß er ohne Korrektur und Kontrolle auskommt?«

Entsprechend inszenieren nicht wenige Führungskräfte ihre Unersetzlichkeit als letztes Bollwerk ihrer Würde. Für mich ist es immer wieder erstaunlich zu sehen, daß Führungskräfte keinen Tag im Seminar verbringen können, ohne ständig telefonieren zu müssen, Faxe zu erhalten und abzusenden, noch kurz mal eben … Zweimal täglich rufen sie aus dem Urlaub an und fallen in eine milde Depression, wenn sie hören, alles laufe auch ohne sie bestens. Wenn aber Führungskräfte unersetzlich sind, dann haben sie versagt. Dann sind sie allenfalls gute Fachkräfte – denn nur die werden kurzfristig »gebraucht«.

Wie wichtig die Enthierarchisierung in diesem Sinne ist, möchte ich an einem Beispiel verdeutlichen: Bei den Vereinigten Papierwerken Schickedanz hatte man sich sehr früh um die Einrichtung teilautonomer Arbeitsgruppen bemüht. Mit unterschiedlichem Erfolg. Nicht wenige Mitarbeiter hatten nach Jahrzehnten der Unmündigkeit verlernt, Verantwortung zu übernehmen. Nur eine Mitarbeitergruppe hatte keinerlei Schwierigkeiten: die Nachtschicht. Die Mitarbeiter der Nachtschicht arbeiteten schon seit Jahren nahezu hierarchiefrei als Team zusammen. Der Betriebsleiter schlief; man mußte sich selbst helfen, wenn etwas fehlte. Ein Nachtschichtler erzählt: »Als ich einmal merkte, daß der Leim für ein Tissue-Produkt zur Neige ging, bin ich um 3 Uhr morgens mit meinem Privat-Pkw los, um in einem Nachbarwerk den Kleber zu besorgen. 650 Liter. Meine alte Kiste brach fast zusammen. Aber ich hatte das Zeug. Tagsüber hätte ich erst einmal vier Formulare schreiben, drei Leute fragen und dann noch die Spedition beauftragen müssen.«

Sein Letzter Wille war sein erster

Erinnern Sie sich noch an das Geiseldrama in Gladbeck? Ich hatte kurz danach Gelegenheit, die Polizei-Leiter S und K in Nordrhein-Westfalen zu den Konsequenzen für das Thema Mitarbeiterführung zu beraten. Die Sachlage war klar: Die Polizisten vor Ort wollten sich absichern und ohne ein O.K. von oben keine Entscheidung treffen. Man fragte also bei der nächsthöheren

Dienststelle nach, was zu tun sei. Diese wollte auch keine Entscheidung treffen und fragte wiederum eine Dienststelle höher nach. So sickerte die Verantwortung immer weiter nach oben bis zum Innenminister NRW, der nun überhaupt keine Kenntnis mehr vom aktuellen Sachstand vor Ort hatte. Währenddessen konnten die Gangster ihre makabre Medienshow vor einem Millionenpublikum abziehen. Einerseits wollten die Diensthabenden vor Ort Verantwortung vermeiden. Andererseits wurde offenbar, daß die Polizeiführung in der Vergangenheit viel dazu getan hatte, damit die Diensthabenden nicht in die Verantwortung gingen.

Verantwortung übernehmen? Da fährt kein befreiter Atem in die Lungen, sondern der Schrecken in die Glieder: »Bloß nicht – ich war doch schon mal 1988 selbst verantwortlich!« Diese Ambivalenz gegenüber der Übernahme von Verantwortung ist verständlich, weil damit oft Schuld und Anklage einhergehen. Denn wer offiziell Verantwortung übernimmt, läuft unter den obwaltenden Bedingungen Gefahr, Schuld zugewiesen zu bekommen.

Viele kennen den großen Verantwortungs-Staubsauger, der immer dann angeschaltet wird, wenn man irgendwo eine Fehlentwicklung zu erblicken meint. Hierarchie fragt nicht: »Wie lösen wir das Problem?«, sondern: »Wer ist schuld?« Ursachenanalyse dient nicht der Ursachenklärung, sondern der kollektiven Ent-Lastung durch individuelle Be-Lastung. Denn kollektive Verantwortung ist juristisch schwer zurechenbar, daher wird Verantwortung wegen der Schuldfähigkeit in der Regel individuell zugespitzt. Ein Beispiel dafür ist der Rücktritt dessen, der die »politische Verantwortung« übernimmt.

Darüber entbrennen Zurechnungskonflikte: Wer hat hier die Schuld? Der andere! Einer von uns muß sich ändern, und bei dir fangen wir an! Die gegenwärtige Outsourcing-Welle ist insofern nützlich, als sie die Palette der »anderen« erweitert.

Gesamtschuldner »Oben«

Die Reaktion? Man manövriert sich in die Unschuldsecke, redet sich auf besondere Umstände, auf »Sachzwänge« hinaus und will dafür Rabatt. »Wieso ich?« Man delegiert schon mal prophylaktisch das Problem nach oben und geht auf Tauchstation. Man erwartet »starke« Führung (was immer das sei), »klare« Entscheidungen, Erlaubnis: »Ist das denn oben gewünscht?« Dort oben wächst dann zwangsläufig der Entscheidungsdruck, man befaßt sich mit allem und jedem und ringt sich eine dieser sogenannten »Entscheidungen« ab. An der Unternehmensspitze hypertrophiert eine Verantwortungszumutung, die übernehmen soll, was sich die anderen ersparen.

Der Verantwortungsverweigerung zu vieler entspricht komplementär ein Über-Verantwortungsgefühl zu weniger, die meinen, »alles im Griff« haben zu müssen, obwohl sie sich dabei überfordern. »Unten« klagt man dann wieder über zu enge Vorgaben. Denn wer nicht entscheidet, hat meistens gut reden. Von der Tribüne läßt sich bequem urteilen. Die resignativ-kalkulierte Ethik der sauberen Hände durch Passivität verbindet sich mit dem Fingerzeigen auf die, die etwas tun und häufig versagen.

Gesamtschuldner »Oben«: Wenn ich Manager – gleich welcher Ebene – im Seminar mit alternativen Verhaltenweisen konfrontiere, schauen sie häufig in ihrem inneren Monolog nach »hierarchisch oben«, denken an ihren Chef, erleben sich selbst als Mitarbeiter, wünschen sich, daß man sich ihnen gegenüber so verhielte. Sie tauchen gleichsam unter ihrer Führungsverantwortung durch. Einige trauen sich: »Ich bin ja eigentlich ganz falsch hier. Mein Chef müßte hier sitzen.« Habe ich zu einem späteren Zeitpunkt diesen angesprochenen Chef im Seminar, heißt es nach einiger Zeit plötzlich: »Ich bin ja eigentlich ganz falsch hier. Mein Chef müßte eigentlich ...« Die Verschiebung der Probleme auf »die da oben« offenbart die Langzeitschädigung durch eine verinnerlichte autoritäre Struktur.

Es ist schwer, das Lied der Selbstverantwortung auf der Leier der Hierarchie zu spielen: denn Hierarchie ent-antwortlicht. »Der Vorstand hat beschlossen, ... Ich bin damit auch nicht einverstanden, aber was soll ich machen?« – Das sagt einer, der stiehlt. Sich. Aus der Verantwortung. Er verweist nach oben und verschweigt, daß er »Ja« gesagt hat. Der Mitarbeiter soll die Suppe auslöffeln. Aber wenn die Mitarbeiter das ausführen sollen, dann *ist* der Chef damit einverstanden. Bei einem großen Nahrungsmittelkonzern kann man sich mit einem einzigen stereotypen Satz aus der Verantwortung flüchten: »Amerika will das.«

Cover your ass

Schuldzuweisungen, Reinwaschungen, Verdrängungen: Die hierarchiegebundene Verfolgermentalität programmiert die Mitarbeiter auf die bürokratische Verschiebung von Verantwortung. Äußerlich sieht es nach detaillierten Prozessen zur Absicherung der Entscheidungsqualität aus. Aber die Hypertrophie der Sicherungsinstitutionen, der Kommissionen, die vielen Unterschriften unter Briefen, die Kolonnen auf Verteilern, um viele hineinzuziehen: es sind Entantwortungs-Verteiler statt Entscheidungs-Verteiler. All das will sich absichern: »Ihr habt es doch gewußt!« Das verantwortungslose Passiv regiert den betriebsinternen Schriftverkehr: »Aus gegebenem Anlaß wurde beschlossen ...« Adressat: alle. Verfasser: unbekannt verzogen.

Bei Schwierigkeiten holt man dann gerne Berater ins Haus. Um für den Kahlschlag nicht verantwortlich zu sein. »Wie bitte darf das Problem lauten, damit ich bei meiner Lösung bleiben kann?« Nicht selten kauft man sich Rechtfertigungsstudien, die den zuvor gefällten Entscheidungen die externen Weihen verleihen. Die fliegenden Händler gefälliger Unternehmenszukünfte realisieren zunächst recht schnell die angestrebten Produktivitätsgewinne. Mögliche kontraproduktive Folgen treten erst mit Verzögerung ein. Die baden dann andere aus. Die Mitarbeiter-Reaktion: »Wir haben zweimal McKinsey überlebt; wir werden auch noch Boston Consulting überleben.«

Cover your ass. Dabei gilt vor allem die Taktik: »Sorge für die rasche Behebung des Symptoms, nicht des Problems, denn nichts lenkt besser ab als eine rasche Aktion an der falschen Stelle.« Und für grundsätzliche Überlegungen ist es stets der falsche Zeitpunkt. Man muß erst noch die Voraussetzung für die Voraussetzung für die Voraussetzung schaffen. Am besten, man führt rasche Entschlüsse herbei und sorgt dafür, daß sie für Veränderungen gehalten werden. Wichtig dabei ist das Ritual des »Verabschiedens«: Richtlinien und Vorschriften eignen sich dafür besonders gut.

Entlastungsversuche I: Richtlinien

Entsprechend lautet eine heimliche Eintragung ins Lebensdrehbuch vieler Unternehmen: »Verregele soviel wie möglich!«, als gäbe es ein unausrottbares Bedürfnis der Menschen, am Leitseil zu gehen. Dabei wären viele Unternehmen längst zusammengebrochen, wenn die Mitarbeiter nicht oft genug selbst detaillierte Anweisungen in loyaler Weise uminterpretiert, umgeformt oder schlicht ignoriert hätten: »Die da oben haben doch keine Ahnung, was hier unten los ist.«

Alle Richtlinien sind unter bestimmten Umständen geschrieben worden, meistens um *alle* von etwas abzuhalten, was nur *einige wenige* tun oder tun würden – und die tun es auf Umwegen ohnehin. Selten helfen oder ermutigen sie Menschen, etwas zu tun. Noch seltener unterstützen sie dabei, Verantwortung zu übernehmen.

Eine Richtlinie ist mithin nicht nur ein Anschlag auf die Kreativität, sondern auch auf die Selbstverantwortung der Mitarbeiter. Die gleitende Arbeitszeit zum Beispiel, oft noch als Sieg der Phantasie über starre Organisationsformen gefeiert, wird damit begründet, daß Mitarbeiter sich mit dem Verweis auf ihr Arbeitszeitkonto der ausbeuterischen Ansprüche ihrer blutsaugenden Vorgesetzten erwehren können. Heißa! Hoch lebe die Selbstverantwortung!

Betriebsinterne Normierungsversuche: Wenn der ISO-Standard erfüllt ist, heißt das noch lange nicht, daß man auch Qualität produziert. Hier werden Kontrollprozesse idealtypisch beschrieben, hier werden Normen erfüllt, hier feiert die Abschlußorientierung dröhnend ihren Sieg über die Fähigkeitsorientierung. Die Absicherungsmentalität schaltet die Rückmeldung vom Markt aus und definiert Qualität »innen«. Bezeichnenderweise kommt das Wort »Kunde« in keiner einzigen Norm vor. Was da zertifiziert wird, ist das Qualitätsmanagement. Das Ganze schön hierarchisch aufgebaut von der Geschäftsleitung über den Qualitätssicherungsbeauftragten bis zum Qualitätsleiter. Bei der Flucht ins Handbuch fließen wieder die Energien nach innen: Weiß die Belegschaft, welche Vorschriften wo für sie festgehalten werden? Denn das sind die drei Prinzipien, die ISO 9000 ff. prägen: Dokumentation, Dokumentation und Dokumentation.

Es gibt Unternehmen, in denen die Zielvereinbarungskultur derart überzogen wird, daß der ganze Job mit bis zu 30 Zielvereinbarungen pro Jahr verregelt ist. Sicherheitsbedürfnis auf der einen Seite und Kontrollbedürfnis auf der anderen Seite bauen die Wände für den Arbeitsplatz als betriebsinterne Todeszelle.

Auch die Langsamkeit vieler Entscheidungsprozesse hat damit zu tun, daß jedes Steuerungsproblem sofort verregelt wird. Wenn BMW für eine Baugenehmigung in Deutschland acht Monate braucht, in Japan eine vergleichbare Baugenehmigung in einem erdbebenbedrohten Gebiet sechs Wochen dauert, dann verweist das auf den notorischen Richtlinien-Wildwuchs. Der macht auch die Verantwortungsträger träger. Im Schleppnetz aus Anordnungen, Richtlinien und Dienstvorschriften verfängt sich jede Selbstverantwortung. Zunächst noch wütend zappelnd, dann immer ruhiger werdend, der frühen Selbstpensionierung entgegendümpelnd. Der Rest an Begeisterung bleibt in den engmaschigen »Das-geht-nicht«-Stahlnetzen juristischer Regelungsmechaniker hängen.

Internes Unternehmertum wird so immer mehr zum internen Kampf gegen Vorschriften und Policies. In Search of Excellence? In Search of Mittelmäßigkeit! Kurzum, ich kann sie nicht mehr hören: die Winselei über den Mangel an Unternehmertypen, wenn doch jedes Steuerungsproblem umgehend mit einer Richtlinie erschlagen wird. Zurück bleibt ein Friedhof der Enthusiasmen. Muß es nicht nachdenklich machen, wie viele junge Menschen, die frisch und engagiert eine Aufgabe im Unternehmen übernommen haben, oft schon nach zwei Jahren innerlich emigriert sind? Viele von ihnen haben gleichsam eine Pappnase auf, spielen das Spiel nur noch zum Schein mit, sind aber innerlich weit davon entfernt, es als »ihr Spiel« anzuerkennen. Wer aber nur mangels besserer Alternativen dabei ist, ist nicht mehr dabei.

Entlastungsversuche II: Gremien

Wenn man im Unternehmen Schlüsselprozesse identifiziert, analysiert und nach Verantwortlichen für diese Prozesse fahndet, sucht man lange. Wo der Urheber erodiert, in einer Magellanschen Wolke unklarer Zuständigkeiten diffundiert oder gänzlich abgeschafft ist, kann es keine Urheberschaft im stabilen Sinne geben. Wo läßt sich Verantwortlichkeit, wo läßt sich Zuständigkeit festmachen? Die tiefgestaffelte Hierarchie und die breite Zuständigkeitsstreuung führen dazu, daß niemand mehr Verantwortung hat.

Im Fall des Immobilienspekulanten Schneider konnte man kaum einen konkret Verantwortlichen für die Risiken bei der Kreditvergabe identifizieren. Bei der Deutschen Bank gab es – nicht zuletzt bedingt durch jahrzehntelang gelernte Sorglosigkeit – ein Höchstmaß an struktureller Verantwortungsdiffusion. Das übergeordnete Harmoniepostulat im Vorstand verteilte zudem die Verantwortung im Schadensfall auf alle Entscheidungsträger zu gleichen Teilen.

Innerhalb der Unternehmen fühlen sich viele behindert und ausgeliefert an kaum noch personalisierbare Institutionen und Gremien. Unschuldig beginnt es zumeist: Will man ein bestimmtes Thema im Unternehmen befördern, schafft man zunächst eine Stabsstelle. Meist schwirrt irgendwo im Unternehmen ein ranghoher Manager herum, für den man so recht keine Aufgabe hat, und der wird dann Beauftragter für Total Quality Management, High Performance Organisation, Lean Management, Human Resources Development, Corporate Communications, Business Reengineering ... eben für das, was sich gerade auf dem aufsteigenden Ast der Worthülsenkonjunktur befindet. Der entwickelt dann eine ungeheure operative Hektik, brennt Strohfeuer-Kampagnen ab, die sichtbar auf die Wichtigkeit des Themas (und der eigenen Aktivität) aufmerksam machen, regiert den Linienmanagern von der Seite hinein, wird als lästig, Besserwisser und Störenfried empfunden. Die Unternehmensleitung fühlt sich entlastet: »Wir haben da jetzt so einen für Qualitätsmanagement.« Man weiß sich auf der Höhe der Zeit. Die Stabsmanager okkupieren bestimmte Verantwortlichkeiten, um ihre Existenzberechtigung zu sichern – und klagen gleichzeitig darüber, daß die Linienmanager für dieses bestimmte Thema keine Verantwortung übernehmen. Da die Managementmoden ständig wechseln, kann man sich vorstellen, wohin das führt. An Impulsen und externen Anregungen fehlt es wahrlich nicht. Wohl aber an verantwortlicher Umsetzung. Bevor eine Welle »greift«, kommt schon die nächste, die ebenfalls lauwarm abgefedert wird.

Die nächste Stufe ist die Projektgruppe. Ein Komitee oder ein Ausschuß wird gegründet (was im letzteren Fall oft gar nicht so abwertend gemeint ist). Viele dieser »Da-muß-etwas-geschehen«-Projekte aber täuschen Handeln nur vor; wer-grad-mal-Zeit-hat wird Projektteilnehmer. Oft gibt es nicht einmal einen Gesamtverantwortlichen, der die Projektgruppe nach außen vertritt und abschirmt; die betroffenen Linienvorgesetzten reden nach Belieben rein; Projektziel unklar; welches Problem soll überhaupt gelöst werden? Der Vorstand wird sich schon etwas dabei gedacht haben. Kommt dann ein anderes als das vom Vorstand erwartete Ergebnis, soll es gar unangenehme Konsequenzen geben, dann *gibt* es Konsequenzen: die Projektgruppe wird aufgelöst. Bei echten Veränderungsprozessen bleibt die Unternehmensspitze sowieso meistens außen vor. Das Topmanagement wartet darauf, daß sich »unten« etwas bewegt. Und »Unten« wartet darauf, daß von »oben« Erlauber-Signale kommen. Und so warten denn beide. Viel muß sich ändern, damit alles beim alten bleibt. Fangt schon mal an!

David Ogilvy formulierte vor über 30 Jahren: »Gehen Sie mal durch die Parkanlagen in Ihrer Stadt, und gucken Sie sich die Statuen an. Sie werden immer nur Herrn Nelson oder Herrn Bismarck finden und niemals ein Komitee zur Erreichung von diesem oder jenem.« Zweifellos gehört den integrierten, d.h. funktionsübergreifenden Business-Teams die Zukunft. Das darf aber nicht heißen, daß die Verantwortung diffundiert. Nestlé-Chairman Helmut Maucher ist zuzustimmen: »Teams mit Spitze« statt »Teams als Spitze« – was nicht mit monologischen Bombenwurfentscheidungen vom Feldherrnhügel zu verwechseln ist.

Verantwortung

»Verantwortung: Eine abnehmbare Last, die sich leicht Gott, dem Schicksal, dem Zufall oder dem Nächsten aufbürden läßt.« Mit erfrischender Frechheit bringt Ambrose Bierce die beliebte Verteidigungsstrategie auf den Begriff.

Schon die Umgangssprache unterscheidet die aktive Verantwortung, »die jemand trägt«, von der passiven Verantwortung, »zu der jemand gezogen wird«. Die erste Grundbedeutung definiert bestimmte Zuständigkeiten für Aufgaben und Funktionen, insbesondere auch für die Folgen und Nebenfolgen des Handelns. Diese *Aufgabenverantwortung* wird aktiv übernommen und eröffnet Entfaltungs- und Bewährungschancen. Das ist die helle Seite der Verantwortung.

Der zweiten Grundbedeutung, der *Rechenschaftsverantwortung*, geht eine Frage mit Anklagecharakter voraus. Sie führt den Verdacht mit sich, eine dieser Zuständigkeiten werde vernachlässigt. Zudem wird – meistens – Haftung angedroht. Das ist die dunkle Seite. Hat die Aufgabenverantwortung eine neutrale bis positive Bewertungstendenz, so steht man bei der Rechenschaftsverantwortung mit dem Rücken zur Wand. Man sieht sich vor ein Tribunal gestellt und kämpft um seinen Ruf, seine Integrität, seine Karrierechancen. Hier gibt es bestenfalls Freispruch, niemals Wertschätzung.

Hier liegt die Erklärung dafür, *warum* die Organisierte Unverantwortlichkeit so epidemisch wuchert: weil in vielen Unternehmen die sekundäre Rechenschaftsverantwortung die primäre Aufgabenverantwortung dominiert. Und weil die dem Gesamtphänomen innewohnende Anklage und Haftung Risiko bedeutet, das um so mehr gescheut wird, als viele Unternehmen ausgeprägte Verfolgerkulturen sind. Dort wird von Verantwortung oft lediglich im nachhinein, als »Kind-im-Brunnen-Debatte« gesprochen. Es herrscht eine Kultur des gehobenen Anpinkelns. »Sie haben wohl Ihre Abteilung nicht im Griff!«

Im Unternehmen hat dennoch grundsätzlich *jeder* Verantwortung. Auf unterschiedlichen hierarchischen Ebenen, in unterschiedlichen Aufgabenbereichen, in unterschiedlichen Funktionen. Die Übernahme einer Aufgabe ist in der Praxis ein

Versprechen. Wer eine Aufgabe übernimmt, verpflichtet sich unwiderruflich, das Übernommene auszuführen und sich bei Versäumnissen zur Rechenschaft ziehen zu lassen. Diese Selbstverpflichtung gilt in jedem Fall. Wollen Sie Verantwortung meiden, müssen Sie also Aufgaben bzw. die individuelle Zuschreibung einer Aufgabe meiden. (Nichts eignet sich dafür besser als Teams: *T*oll, *e*in *a*nderer *m*acht's!)

Mit Otfried Höffe bedeutet Verantwortung daher zusammenfassend die »Zuständigkeit, die (1) *bei* jemandem, (2) *für* etwas, (3) *vor* oder *gegenüber* jemandem und (4) *nach Maßgabe von* gewissen Beurteilungskriterien liegt«. Da gibt es die personalisierte Verantwortung im juristischen Sinne, die funktionale Verantwortung, die politische Verantwortung, die Verantwortung im Außenverhältnis, die Verantwortung im Innenverhältnis ... Selbstverantwortung ist dies alles nicht.

Selbstverantwortung

Nicht erst seit dem Lean-Management-Konzept, das die Hierarchie-Pyramide in nahezu allen Unternehmen spürbar zur Zwiebel gestaucht hat, steht das Thema »Selbstverantwortung« auf der Tagesordnung. Unscharf, wie der Begriff ist, eignet er sich für alles und jedes und trägt eine Vorentscheidung für etwas moralisch Hochstehendes in sich. Von Selbstverantwortung wird vor allem dann gesprochen, wenn sie nicht vorhanden ist. Das wiederum verdankt sie dem beschriebenen Janusgesicht der zweiten Worthälfte.

Unterlegt man Höffes Definition, dann greift hier Kriterium (3): Ein Selbstverantwortlicher ist zunächst und vor allem gegenüber seinem »Selbst« verantwortlich.

Das meint: Gegenüber dem Unternehmen stehen Sie vor einer Wahl. Sie können eine Beobachterrolle einnehmen; das Unternehmen ist für Sie dann »Umwelt«. Sie können aber auch eine Teilnehmerrolle einnehmen und das Unternehmen als »Mitwelt« betrachten. Als Teilnehmer »nehmen Sie einen Teil« der Verantwortung. Diese Entscheidung – und nur diese – ist die Situation der Selbstverantwortung. Es ist die Situation des unvermeidlichen

Antwort-geben-Müssens. Wollen Sie Beobachter bleiben und das Unternehmen als Umwelt betrachten? Dann bleibt das Verhältnis eine ICH-DIE-Opposition. Oder wollen Sie in eine Beziehung zu Ihrem Unternehmen als Mitwelt eintreten? Wollen Sie Teil-Nehmer sein? Wählen Sie die Teilnehmerrolle, dann entsteht eine partnerschaftliche ICH-und-DU-Beziehung, die sich durch Gleichordnung, Partizipation und Verantwortung auszeichnet.

Die alltagspraktische Bedeutung von Selbstverantwortung bezeichnet damit schlicht die Bereitschaft, auch dort Zuständigkeit wahrzunehmen, wo sie nicht vorher in einer klar abgegrenzten Aufgabenverantwortung normiert ist. Natürlich können Sie einen Mitarbeiter so reglementieren, daß er fünf Wochentage lang acht Stunden an seinem Arbeitsplatz sitzt. Was Sie auf keinen Fall reglementieren können, ist, daß er selbstverantwortlich arbeitet. Das muß er wählen und wollen. Je weniger Führungskräfte es gibt und je größer die Führungsspanne ist, desto notwendiger wird das selbstverantwortliche Handeln des Mitarbeiters.

Der Wunsch, sich einzubringen. Die Freiheit der Wahl und das Selbstbewußtsein, Inhalte des Engagements immer neu auszuhandeln. Das motivierte Engagement in der Arbeit, erlebt als Freude und Entfaltung, nicht als »Opfer« oder »Dienst«. Die Lust an der individuellen Gestaltung der Wirklichkeit, die dem Dialog neue Räume öffnet und freihält: Selbstverantwortung meint die Bereitschaft, Handlungsspielräume im Licht von Gefahren und Chancen eigenaktiv auszufüllen. Bin ich bereit, u. U. erhebliche Opfer auf mich zu nehmen? Lebe ich Mut und Zivilcourage? Verzichte ich darauf, ständig von anderen angeschoben zu werden? *Was soll denn Selbstverantwortung im Unternehmen anderes heißen, wenn nicht Verantwortung für die eigene Motivation?*

Selbstverantwortung meint daher im Kern

- ein autonomes und freiwilliges Handeln;
  ein *Wählen*,
- ein initiatives und engagiertes Handeln;
  ein *Wollen*,
- ein kreatives und schöpferisches Handeln;
  ein *Antworten*.

Commitment

Es gibt Begriffe, die zum Leergut verkommen, je mehr sie zum Allgemeingut werden. Unter dem Begriff Commitment segelt daher in den Unternehmen viel Unbegriffenes. Die deutsche Übersetzung »Selbstverpflichtung« kommt im groben Leinensack von Askese, Opfer und Entbehrung daher (das Jammertal-Wort »Pflicht« in der Mitte macht's wohl). Mit dem Begriff Selbstverantwortung ist Commitment inhaltlich weitgehend dekkungsgleich. Allerdings kommt auf der Bewußtseinsebene das Versprechen, die Verpflichtung hinzu, wie sie in der deutschen Kulturtradition vielleicht am besten von Friedrich Schillers Gedicht »Die Bürgschaft« illustriert wird.

Dieses Verständnis von Commitment umfaßt die Begriffe Autonomie, Engagement, Kreativität sowie das Versprechen des »Ich tue es!«. Commitment umschließt mithin die Selbst-Verantwortung auf der Handlungsebene und die Selbst-Verpflichtung auf der Bewußtseinsebene.

Ein Spektrum von A(ntwort) bis Z(ivilcourage): Die Einstellung des Selbst, die Verantwortung nicht als Last, sondern als Lust erlebt – das ist Commitment. Martin Heidegger rief Ende der 20er Jahre seinen Studenten zu: »Wir müssen klar sehen: in heutiger Zeit fehlt uns jeder Halt an einer objektiven, allgemein verbindlichen Erkenntnis oder Macht; die einzige Haltgewinnung, die uns heute bleibt, ist die Haltung.«

Im folgenden geht es mir deshalb darum, der Wüste der organisierten Unverantwortlichkeit in den Unternehmen die Oase der Selbstverantwortung entgegenzustellen. Selbstverantwortung ist der lebenspendende Brunnen, der uns befähigt, in der Wüste zu leben, ohne uns mit ihr zu versöhnen. Wer darauf verzichtet, diese Oasen mit Leben zu erfüllen, wer vor der eigenen Verantwortung in die passive Verdrossenheit flieht, trägt dazu bei, daß auch die eigene Oase verwüstet wird.

Der Satz »Was kann ich dafür?« ist dann nur um ein kleines Wort zu erweitern: »Was kann ich dafür ... tun?«

Philosophisches Hauptstück

Eine alte Geschichte

Und Adam versteckte sich mit seiner Frau unter den Bäumen des Gartens. Gott rief Adam und sprach: »Wo bist du?« Er antwortete: »Ich habe dich im Garten kommen hören; da geriet ich in Furcht und versteckte mich.« Darauf fragte Gott: »Hast du von dem Baum gegessen, von dem zu essen ich dir verboten habe?« Adam antwortete: »Die Frau, die du mir beigesellt hast, sie hat mir von dem Baum gegeben, und so habe ich gegessen.« Gott sprach zu der Frau: »Warum hast du das getan?« Die Frau antwortete: »Die Schlange, sie hat mich verführt, und so habe ich gegessen.«

Ein Glück, daß die Schlange nicht sprechen kann. Sonst hätte sie wahrscheinlich etwas von der lockenden Lieblichkeit roter Apfelbäckchen erzählt, der zu widerstehen ihr unmöglich gewesen sei. (»Und überhaupt – warum hängt da auch ein Apfel?«) Ließ Gott den Adam in den Apfel beißen, um ihm zu zeigen, daß er sich selbst veräppelt hat?

Wenn es stimmt, daß uns in den Weltreligionen Urmenschliches gespiegelt wird, dann ging es früh los mit der Verschiebung der Verantwortung. Jedenfalls müssen wir seitdem arbeiten. Aus dem Paradies vertrieben, essen wir nun unser Brot im Schweiße unseres Angesichtes und schlagen uns mit Dornen und Disteln herum. Aber es ist wenigstens nicht mehr langweilig.

Bezeichnenderweise sichert Gott den Baum der Erkenntnis weder durch hohe Mauern noch flammenbeschwertete Cherubinen ab. Der freien Entscheidung der neuen menschlichen Akteure wird alles Weitere anheimgestellt. Ein Schöpfungswerk zu vollbringen, das ihn, *unseren* Schöpfer, erfreut? Die Geschichte setzt die schöpferische Neuverbindung von Wählen, Wollen und Antworten frei: die Gußform menschlicher Werk-Fähigkeit, die Basis menschlicher Arbeit.

In diesem Licht erscheint die Vertreibung aus dem Paradies wie die List der Vernunft: sie inthronisiert den Menschen als voll verantwortlichen Schöpfer seiner »eigenen« Welt. Sind wir bereit, das Falschgeld unserer Illusionen gegen die bare Münze der Selbstverantwortung zu tauschen? Vor Gott und dem Leben ist die Sache klar: Ausreden gelten nicht.

Wählen

Die Verantwortung für alles, was Sie tun oder lassen, beginnt bei Ihnen – und sie endet bei Ihnen.

»Ich arbeite freiwillig!« – Die spöttische Bemerkung eines älteren Managers überraschte alle Anwesenden. Auch mich. Überraschte deshalb, weil sie auf etwas eigentlich Selbstverständliches verwies, jedoch mit der Verbindung von »arbeiten« und »freiwillig« sprachlich ungewohnt, ja scheinbar sinnwidrig war. Sie riß eine Bedeutungsebene auf, die unter der Alltagshektik verschüttet ist: die »Autonomie« oder die »Freiheit der Wahl«.

Nun möchte ich dieses Thema nicht auf dem freien Feld akademischer Vollständigkeit diskutieren, sondern *praktisch* machen. Was leistet ein Besinnen auf Wahlfreiheit für das Commitment am Arbeitsplatz?

Selbstgewählt

Wenn von »Wahl« im Zusammenhang mit Unternehmen die Rede ist, dann fällt den meisten Menschen ein, daß sie dieses Unternehmen irgendwann einmal ausgesucht, anderen Firmen vorgezogen haben. Vielleicht spielten rein lebenspraktische Überlegungen dabei eine Rolle, etwa der Fahrweg, die Anbindung an die Familie, der Freundeskreis. Später ist von Wahl dann häufig nur noch mit der Beifügung »keine« die Rede. Ein Gefühl des Ausgeliefertseins klingt an.

Keine Wahl? Vorsicht! Der Weg der inneren Begründungen führt direkt in eine Sackgasse. Machen wir eine Momentaufnahme:

> *Sie haben Ihre berufliche Situation, so wie sie jetzt ist, frei gewählt.*
> *Und damit sind Sie auch für die Konsequenzen Ihrer Wahl selbst verantwortlich.*

Dies mag in Ihren Ohren zynisch klingen, wenn Sie gerade Ärger mit mißgünstigen Kollegen haben oder Ihr ewig unzufriedener Chef Sie mal wieder ungerecht behandelt hat. Aber bei Licht besehen lassen Sie dann zu, daß Aktuelles das Grundsätzliche verdeckt.

Das Grundsätzliche ist: Mit dem Anerkennen dieses Gedankens entscheiden Sie über die Freiheit – oder Unfreiheit – Ihres Lebens. Vielleicht fragen Sie sich, was gerade der obige Gedanke mit der Freiheit Ihres Lebens zu tun hat. Nun, wenn Sie anerkennen, daß Sie Ihre berufliche (und natürlich auch Ihre private) Situation frei gewählt haben, können Sie diese Situation auch wieder abwählen – jederzeit! Allein die reine Vorstellung wirkt manchmal befreiend. Sie übernehmen damit selbst und bewußt die Verantwortung für Ihr Leben. Mit allen Konsequenzen.

Wem jetzt das »Ja, aber ...« auf den Lippen liegt, den bitte ich an dieser Stelle um etwas Geduld. Ich möchte nicht mit präsidialer Gleichgültigkeit alles Elend dieser Welt mit einem vorgeworfenen »selbstgewählt!« individualisieren und die Rahmenbedingungen für nebensächlich erklären. Natürlich ließe sich diese grobe allgemeine Aussage verkomplizieren, indem ich verständnisvolle Relativierungen einführe: Die Dinge liegen oft nicht so glatt, wie hier scheinbar vorausgesetzt. Manche Entscheidungen sind komplex, die Konsequenzen nicht absehbar, es existieren die sogenannten Sachzwänge, und es gibt viele gültige Einwände mehr. Francisco Varela spricht davon, daß unsere Handlungen häufig lediglich

»unmittelbares Bewältigungsverhalten« sind. Da gibt es Paradoxien: Ortega y Gassets »Freiheit ist der Zwang, sich zu entscheiden«, Brüche, Ironien: »Entschuldigen Sie, daß ich so dicht vor Ihnen herfahre.« Auf alle diese »Ja, abers« will ich eingehen. Mir geht es zunächst eher bescheiden darum, daß eine so beschriebene Einstellung ganz einfach *praktisch* für Ihr Commitment im Arbeitsleben ist.

Abermals: Dieses Unternehmen, diesen Chef, diesen Kollegen, diesen Mitarbeiter – all das und alle anderen Umstände und Begleitumstände im Unternehmen: Sie haben sie gewählt. Egal, welche Motive Sie hatten, einerlei, was Sie bewog: Sie haben es sich ausgesucht. Sie haben *alles*, was jetzt ist, durch Ihre Entscheidung, dort zu arbeiten, mitgewählt.

Wie Sie es auch drehen und wenden: Sie wählen immer, wo Sie leben, was Sie arbeiten, welche Bedeutung Sie Ihrer Karriere geben. Und: Sie haben die Freiheit, es abzuwählen. Wenn Sie wollen. Vielleicht wollen Sie das aus guten Gründen nicht. Und diese Gründe sind so gewichtig, daß Sie bereit sind, eine Menge Widrigkeiten dafür in Kauf zu nehmen. Entscheidend ist: Sie können sich immer wieder neu entscheiden. Wenn Sie also beispielsweise das

Unternehmen, für das Sie jetzt arbeiten, nicht abwählen, dann *wollen* Sie es nicht abwählen. Es ist allein Ihre Entscheidung und Verantwortung.

Ich schrecke auch heute noch vor der scheinbaren Banalität dieser Sätze zurück. Betrachten wir aber das konkrete Verhalten der Menschen in den Unternehmen, so scheinen diese Überlegungen nur schwer verdaulich zu sein. Und so habe ich wohl einen Großteil meiner Arbeitszeit mit Menschen in Unternehmen zugebracht, die zwar – erstens – *alles tun wollen*, aber – zweitens – *den Preis dafür nicht zahlen wollen*. Mit jeder Wahl sind zwangsläufig bestimmte Auswirkungen verbunden, die wir gleichzeitig mitwählen. Es gibt keinen Trick in der Welt, der es uns erlaubt, diesen Konsequenzen auszuweichen. Aber genau das scheinen alle zu erwarten. Und wenn das nicht gelingt, nicht gelingen *kann*, fangen sie an zu jammern. Wer aber jammert, will nicht verantwortlich sein.

Dabei liegt gerade hier die größte Chance: Wer aufhört zu jammern, handelt. Wer handelt, wählt bewußt. Wer bewußt wählt, übernimmt Verantwortung für alle Konsequenzen. Wer Verantwortung übernimmt, übernimmt die Regie für sein Leben – das ist nichts anderes als Freiheit. Und die geben Sie sich selbst.

Jeden Morgen neu

Allen Wheelis, dessen Essay »How People Change« mir zu diesem Gedanken sehr geholfen hat, schreibt: »Nichts garantiert unsere Freiheit. Verneine sie oft genug, und eines Tages gibt es sie nicht mehr. Zu guter Letzt haben wir unsere Füße und Hände gefesselt und rufen triumphierend aus, wie recht wir hatten.« Das Problem ist in der Tat, daß die meisten Menschen im Unternehmen vergessen haben, daß sie wählen. Sogar täglich wählen. Sie vergessen einfach, daß sie sich für dieses Unternehmen täglich neu entscheiden. Daß sie es auch abwählen können, wenn sie wollten, aber aus Gründen nicht tun, *für die nur sie selbst verantwortlich sind*. Daß sie diesen Chef, der vielleicht so gar nicht ihren Erwartungen entspricht, jeden Tag wieder und wieder wählen. Daß sie zu diesem Mitarbeiter, über den sie sich mit periodischer Regelmäßigkeit bis zur Weißglut aufregen, jeden Tag »Ja« sagen. Die Nachbarabteilung, die so furchtbar lahm ist und überhaupt nicht aus den Sträuchern kommt – sie wählen sie täglich; das Gehalt, das natürlich immer ein wenig zu niedrig ist, auch das wählt jeder an jedem Letzten oder Ersten des Monats.

Es ist hilfreich, die ganze Bandbreite von täglichen Wahlentscheidungen einmal vor unserem Gehirnkino ablaufen zu lassen. Jeder Mitarbeiter trifft im Unternehmen täglich etliche produktivitätsrelevante Wahlentscheidungen, die je nach Einstellung und Motivation so oder anders ausfallen. »Soll ich diese Berechnung noch heute fertigmachen, oder hat das Zeit bis morgen? Soll ich noch mal bei dem Kaufinteressenten vorbeifahren, oder soll ich mir das schenken? Soll ich warten, bis ich von der Nachbarabteilung angesprochen werde, oder soll ich von mir aus aktiv werden? Soll ich trotz der leichten Erkältung zur Arbeit gehen, oder soll ich lieber ein paar Tage ›krankfeiern‹? Soll ich meinen Kollegen von den Schwierigkeiten beim Kunden XY unterrichten, oder soll er selbst seine Erfahrungen machen?« Dieses Wählen findet meist *unbewußt* statt. Eben weil es häufig unbewußt geschieht, fällt es uns kaum noch auf und dümpelt in einem toten Winkel unseres Alltagsbewußtseins. Wird es aufgedeckt, sagt man: »Na klar!« – und es wird sofort wieder vergessen.

Zum Beispiel Streit: Wenn einer nicht will, können zwei nicht miteinander streiten. Niemand kann Ihnen einen Konflikt aufzwingen. Sie *wählen* den Streit. Sie können ihn auch abwählen, nach dem Motto: »Unrat läßt man vorbeifließen.« Wenn Sie das nicht wollen, wollen Sie irgendeinen Nutzen sichern, den Ihnen dieser Konflikt liefert. Denn niemand steigt in einen Konflikt ein, wenn er nicht einen Vorteil davon hat. Genau das aber wollen viele nicht wahrhaben: »Er zwingt mich ja dazu, etwas gegen ihn zu unternehmen!« Unsinn: Niemand kann Sie zwingen; Sie entscheiden selbst.

Zum Beispiel Macht: Viele Menschen erleben sich als »machtlos«. Insbesondere in Konfliktsituationen z. B. mit dem eigenen Chef überwiegt das Gefühl des Ausgeliefertseins, der Ohn-Macht. Ein Mißverständnis. Roden wir den Dschungel der Ohnmacht! Denn auch zur Macht gehören immer zwei: einer, der sie ausübt, und einer, der das zuläßt:

> *Macht wird immer nur verliehen.*

Sie geben Ihrem Chef Macht über sich. Das müssen Sie nicht. Im äußersten Fall können Sie ihn sogar abwählen. (Darüber, ob Sie Ihren Chef nicht besser als Herausforderung annehmen sollten, sage ich an anderer Stelle etwas.) Wenn Sie ihn aber nicht abwählen wollen – aus sicher guten, respektablen Gründen nicht abwählen wollen! –, ist auch das das Ergebnis Ihrer Entscheidung. Niemand hat Macht über Sie. Wählen Sie die Ohnmacht ab! Der eigentliche Machthaber sind immer Sie selbst.

Ich weiß, der Augenschein widerspricht mir. Aber Sie haben nach den Regeln unseres Wirtschaftssystems die Möglichkeit mitgewählt, vom Chef versetzt, befördert, gefeuert zu werden. Führung kann nämlich zaubern. Sie aber auch: Jeder, der mal einen Chef oder eine Firma abgewählt hat, kennt das Gefühl der Befreiung, das plötzlich und gleichsam aus dem Stand sich einstellt. Alles, was eben noch unglaublich wichtig, dringend und lebensbestimmend war, ist wie weggezaubert. So, als hätte jemand das Licht angeknipst. Nichts von dem hat mehr Bedeutung, es ist so, als existierte das alles gar nicht. Manchmal ist es ratsam, sich dieses Gefühls zu erinnern. Und manchmal ist es ratsam, dieses Gefühl zu erneuern. Louise Beal schrieb: »Liebe Deine Nachbarn, aber wähle Deine Nachbarschaft.«

Immer dann, wenn Sie anfangen, über den Chef oder die Firma zu lamentieren – dann haben Sie vergessen, daß Sie sie ausgesucht haben. (Was keineswegs heißt, daß Sie nicht alles daransetzen sollten, den unbefriedigenden Zustand zu ändern. Aber dazu später mehr.)

Das Schweigen

Das Problem mit dem Rattenfänger ist niemals der Rattenfänger; es sind immer die Ratten. Solange sich kein Widerstand regt, kann jeder Chef davon ausgehen, daß der Mitarbeiter mit seiner Entscheidung einverstanden ist. Sonst würde der Mitarbeiter ja verhandeln und ggf. sogar die Zusammenarbeit abwählen. Ich kenne Unternehmen, in denen alle stöhnen – aber alle sind noch da. Warum?

Leiden ist leichter als Handeln.

Leiden ist aber nur für diejenigen leichter als Handeln, die das Bewußtsein der Wahlfreiheit verdrängt haben. Die Verantwortung haben sie trotzdem.

Verantwortlich ist mithin jeder nicht nur für das, was er tut, sondern auch für das, *was er unterläßt.* Wie oft höre ich nach einer Besprechung schon auf dem Weg zu den Autos dieses bekannte Sägegeräusch, mit dem an den gerade getroffenen Beschlüssen herumgesägt wird. In der Besprechung selbst aber haben dieselben Leute, die jetzt so eifrig sägen, den Mund nicht aufgemacht. Glauben aber nachher das Recht zu haben, die Beschlüsse zu kritisieren. Organisierte Unverantwortlichkeit: Diese Beschlüsse sind mit ihnen und durch sie zustande gekommen. Die Konsequenzen ihres Schweigens haben sie mitgewählt. Es war ihre Entscheidung. Jene, die naserümpfend beiseite stehen, die die bessere Lösung schon immer in der Tasche zu haben glauben, aber nicht herausrücken, alles andere hingegen lächerlich machen: Das sind Totengräber eines lebendigen Unternehmens.

Ich spreche hier nicht darüber, ob es klug ist, daß ein Chef in einem Meeting seine Durchsetz-Eloquenz gegenüber angepaßten Mitarbeitern ausspielt. Ich spreche über die individuelle Verantwortung für Entscheidungen, die durch unser Schweigen so aussehen, wie sie aussehen. Und die wir loyal mitzutragen haben, wenn wir das Spielfeld Unternehmen, für das diese Entscheidung gilt, auch nach dieser Entscheidung weiter wählen. Gerade wir in Deutschland sollten wissen: Niemals macht der Diktator die Verhältnisse. Immer machen die Verhältnisse den Diktator.

Ein sehr sprechendes Bild für diesen Gedanken malt Hans Blumenberg in Ergänzung zu Äsops Fabel »Meeresbeschimpfung«:

Der Schiffbrüchige, auf den Strand geworfen, erwacht aus dem Schlaf der Erschöpfung und findet das Meer wieder ruhig. Da wird er wütend, und er beschimpft, was ihn zerbrach. Die See erwidert dem Zornigen: »Schimpf nicht auf mich, sondern auf die Winde, denn ich bin von Natur nicht anders als die Erde. Doch jene fallen über mich her und wühlen mich zu wilden Wogen auf.« So endet Äsops Fabel. Hans Blumenberg führt sie weiter. Die Winde, getadelt, hätten noch das Wort haben müssen. Etwa so: »Die See ist nicht wie das Land. Wenn wir uns auf dieses stürzen, rührt es sich nicht. Wäre die See uns nicht gefügig, gäbe es keine Wogen, keine Schiffbrüche.«

Wer ist hier das ärmste Schwein?

Wie motiviere ich mich selbst? – Das heißt zunächst, bewußt zu wählen und die Verantwortung für die Konsequenzen zu übernehmen. Schwer genug – wenn man sich vielleicht jahrzehntelang als Opfer der Umstände erlebt hat. Denn die meisten Menschen im Unternehmen sind sich ihrer Wahlfreiheit nicht bewußt. Sie glauben schließlich, sie *müßten* das tun, was sie tun. Und es gibt zweifellos manche Umstände, die die Wahlfreiheit des einzelnen in Frage stellen: die oft unbewußte, ja vorbewußte Quelle des Wahlaktes in der Vergangenheit (»Das habe ich nicht gewählt, das ist mir passiert!«); die Konsequenzen und Folgen unseres bisherigen Lebensweges (»Da komme ich doch niemals raus!«); die Zwänge, die uns Tradition und Gewohnheit täglich auftürmen (»Das machen wir hier immer so!«); die Pläne für die Zukunft, an die wir unsere Erwartungen und Hoffnungen geknüpft haben (»Ich will doch im nächsten Jahr die Geschäftsführung übernehmen«). Auch Argumente von solcher Qualität: Erst die Frühjahrsmüdigkeit, dann die Sommerschlaffheit, gefolgt von der Herbstdepression bis zum Winterschlaf.

Oft ist Angst im Spiel. Da uns die Alternative verunsichert, da wir oft nicht wissen, was auf uns zukommt, versuchen wir den Status quo mit allen Mitteln zu rechtfertigen. Ein selbstsuggestives Versteckspiel findet statt: »Es geht nicht, weil …«. So treten wir auf der Stelle und verfangen uns im Programm »Keine Wahl!«. Rainer Werner Fassbinders gelebte Logik in »Angst essen Seele auf«:

Um der Angst auszuweichen, entmachten wir uns und machen uns zum Spielball scheinbar auswegloser Selbst-Entmachtung.

Der scheinbare »Vorteil« dieser Selbst-Entmachtung: Die anderen, die Umstände sind schuld! »Freiheit bedeutet Verantwortlichkeit; das ist der Grund, weshalb die meisten Menschen sich vor ihr fürchten,« sagte einst George Bernard Shaw. Das selbsternannte Opfer findet oft eine beeindruckende Zahl »rationaler« Gründe, die – allseits mit verständnisvoll-menschelndem Kopfnicken quittiert – ihm einfach *keine Wahl* ließen, als sich dem Diktat anderer bzw. der Verhältnisse zu unterwerfen. Wer jammert, hat daher einen weiteren Vorteil: Er hat immer Kollegen. Er ist nie allein. Jammern ist ein infektiöser, epidemischer Virus, an dem sich die Leute freiwillig anstecken. Einmütig kleinmütig: Die Funktion des Jammerns als Sozialkitt ist nicht geringzuschätzen.

Die Gefährdung der Karriere, gar des Arbeitsplatzes gilt als Trumpf-As im beliebten Firmenspiel: »Wer ist hier das ärmste Schwein?« Außerdem sei es ja wohl »normal«, von irgend jemandem abhängig zu sein – und sei es nur aus Rücksicht auf die Familie. Im erregten Tonfall: »Sie haben gut reden; ich mache das ja nicht für mich, aber ich habe doch Verantwortung für meine Kinder.« Es ist nicht leicht, jemanden, der sich in seiner Opfer-Story selbstentmündigend eingerichtet hat, für den Gedanken zu öffnen, daß er das alles aus guten, hier nicht zu diskutierenden Gründen gewählt hat. Weil *er* es für richtig und wichtig hält, so zu handeln. Niemand steht an, über seine Gründe ein Urteil zu fällen. Aber er ist verantwortlich für die Konsequenzen.

Jeder, der heute neu wählen will, kann dies tun, er muß nur bereit sein, den Preis zu zahlen. Aber zahlt er ihn nicht auch schon heute? Anstatt sich also als Opfer der Umstände, als ohn-mächtig zu fühlen, ist es wesentlich praktischer, die Preise zu vergleichen, um sich dann für das eine oder das andere zu entscheiden. Wie auch immer und warum auch immer Sie sich entscheiden, Sie haben damit bewußt die Verantwortung für Ihr Leben übernommen. Eine Verantwortung, die Sie ohnehin haben. Um wieviel besser ist es, sich ihrer bewußt zu sein! Das entscheidet die Selbst-Ent-mächtigten von den Selbst-Er-mächtigten. Sie wählen selbst, zu welcher Gruppe Sie gehören wollen.

Konsequenzen wählen

Nicht immer wählen wir bewußt. Viel unbewußtes Wählen ist dabei. Unbewußt vor allem, da wir die Konsequenzen unserer Wahl *der Möglichkeit nach* alle mitgewählt haben. Wir werden kaum in jeder Situation alle Auswirkungen unserer Entscheidungen gedanklich vorwegnehmen können. Warten auf uns vielleicht noch mehr Schwierigkeiten als vor unserer Entscheidung? Manchmal erscheinen auch nur die Kosten der Informationsbeschaffung zu hoch. Aber eine Entscheidung ohne Risiko ist keine Entscheidung. Und es ist unpraktisch, darüber zu klagen, daß etwas Unerwartetes, Nichtkalkuliertes auftritt und unsere Pläne durchkreuzt. Erheblich praktischer ist es für ein stabiles Commitment, sich nicht vom Unerwarteten abhängig zu machen.

Nehmen wir ein rigoroses Beispiel zur Verdeutlichung: Ich erinnere noch sehr deutlich das Lamento einiger Führungskräfte aus der nordrhein-westfälischen Stahlindustrie, deren Arbeitsplätze seit dem Jahre 1992 massiv bedroht waren. Nun war es schon immer eine Illusion zu glauben, der Markt sei ein Alleskleber für Arbeitsplatzsicherheit. Wer zu Beginn der achtziger Jahre im Stahlbereich arbeitete, mußte allemal wissen, daß er vor dem Hintergrund der seit Jahren schwelenden Stahlkrise von Arbeitslosigkeit bedroht war. Darüber zu klagen, daß dann genau dieser Fall eintrat, ist bestenfalls menschlich verständlich – intelligent ist es nicht. Das war prognostizierbar. Aber unabhängig davon: Wer als Angestellter im Unternehmen arbeitet, läuft *grundsätzlich* und immer Gefahr, seinen Arbeitsplatz zu verlieren. Das ist Teil des Spiels, das er gewählt hat. Ganz im Gegensatz zum Selbständigen. Dieser hat ein anderes Spiel gewählt. Er hat allerdings auch andere Risiken zu gewärtigen: keine Aufträge zu erhalten und damit ebenfalls arbeitslos zu werden. Aber auch diese Gefahr besteht eigentlich nicht; es besteht lediglich die Gefahr, daß man *diese* Arbeit nicht mehr ausführen kann.

Wem die Sicherheit als einzige Orientierungsboje im Fluß des Lebens gilt, dem wird es allerdings schwerfallen, sich für den Gedanken des Wählenkönnens zu öffnen. Es dominiert dann das Gefühl des Gefangenseins. Viele haben sich ihr Leben derart luxuriös ausmöbliert, daß es ihnen geradezu absurd erscheint, etwas davon aufs Spiel zu setzen. Die Ketten aus Gold binden ebenso wie die Ketten aus Eisen. Und in der Tat kann der Preis aus der Sicht des einzelnen außerordentlich hoch sein. Darum geht es mir hier auch gar nicht. Denn keineswegs will ich jemandem nahelegen, seinen Wohlstand und die Sicherheit stabiler materieller Verhältnisse zu opfern. Das Problem ist, daß viele nicht bereit sind, für die Auswirkungen ihres Festhaltens Verantwortung zu übernehmen, sie als Resultat ihrer Entscheidung anzuerkennen und die Unbeweglichkeit als Preis zu zahlen.

Die grundsätzliche Freiheit der Wahl haben Sie immer. Wenn Sie sich in der Verantwortung für Ihr Unternehmen fühlen, dann haben Sie diese Verantwortung gewählt. Sie können sie auch abwählen. Ob das moralisch oder unmoralisch, richtig oder falsch ist, steht hier nicht zur Debatte. Wenn Sie aber gewählt haben, dann sind Sie verantwortlich für diese Wahl, sprich: Sie haben die Konsequenzen zu tragen. Und es zerstört das Selbstwertgefühl, über diese Konsequenzen zu klagen. Es ist wie mit der Kindererziehung: sie ist nicht schwierig, aber es fällt oft schwer, mit den Ergebnissen zu leben.

Einsprüche

»Da habe ich wohl keine Wahl«, sagte Billy the Kid resigniert, als er in die Revolvermündung des Sheriffs schaute. Übertragen wir diese Szene auf unser Spielfeld für jene Leser, denen am Prinzipiellen liegt: »Zweimal habe ich jetzt Aufgaben abgelehnt, die mir die Unternehmensleitung angeboten hat. Kürzlich wurde mir wieder eine Aufgabe – diesmal im Ausland – angeboten. Wenn ich auch diese ablehne, bin ich für immer unten durch.« Eines jener berühmten »Angebote, die man nicht ablehnen kann«.

Kann er schon. Will er nicht. Unserer Führungkraft ist der mutmaßliche Preis zu hoch. Deshalb entschied er sich, anzunehmen. Zweifellos nachvollziehbar. Ob klug, mag ich hier nicht entscheiden, bin aber im Zweifel, ob es jemals klug ist, unter solchen nötigenden Umständen »Ja« zu sagen. Aber selbst in extremen Fällen müssen wir einräumen, daß derjenige, der eine bestimmte Rolle im Unternehmen übernimmt, dies aufgrund eigener Willensentscheidung tut. Unter Umständen muß er, wenn er ablehnt, einen hohen Preis zahlen. Aber eigentlich vergleicht er nur die Preise.

Oder der Banker, dem sein Unternehmen den Aufbau einer Niederlassung in den neuen deutschen Bundesländern anvertraut hat und der über die vielen Schwierigkeiten und seine innerfamiliären Probleme klagt: »Aber ich kann doch diese Aufgabe jetzt nicht einfach liegenlassen, wo ich doch gerade erst angefangen habe.« Doch er kann. Aber er will nicht. *Anderes ist ihm wichtiger*. Niemand steht an, für jemand anderen zu bewerten, daß dieser oder jener Preis höher oder niedriger zu bewerten sei. Das ist ausschließlich eine Frage der persönlichen Werthaltung. Wofür der eine seinen Job kündigen würde, ringt dem anderen nur ein müdes Lächeln ab. Wenn Sie mit allen Umständen in Ihrem Unternehmen leben können, nur nicht mit der Tatsache, daß z. B. das Mutterunternehmen in den USA die Richtlinien diktiert, dann gibt es Hunderte von Jobs, wo das nicht der Fall ist. Da können Sie hingehen. Wenn Sie mit allen Umständen in Ihrem Unternehmen leben können, nur nicht mit der Tatsache, daß Ihnen beim kleinsten Umsatzeinbruch die Budgets zusammengestrichen werden, dann gibt es Hunderte von Möglichkeiten, wo das nicht passiert, ja Hunderte von Jobs, in denen Sie gar keine Budgets verantworten müssen. Grundsätzlich gilt:

Wer sagt »Ich kann nicht«, der will nicht.

Manager – wie der obengenannte – rechtfertigen ihre Versetzung in ein anderes Land gegenüber ihrer Familie oft genug damit, daß sie »keine andere Wahl« gehabt hätten. Ich will nicht Entscheidungsprozesse banalisieren, die persönlich oft als dramatisches Wechselbad der Gefühle erlebt werden. Tatsache ist aber: Wenn Sie sich so entschieden haben und was immer Sie auch empfinden, Sie haben die Interessen und Ansprüche ihrer Familie abgewählt zugunsten der mutmaßlichen Ansprüche ihres Unternehmens. Vielleicht bedroht diese Klarheit Ihr Rollenverständnis vom guten Familienvater. Vielleicht wollen Sie trotz Ihrer Absage an die

Belange der Familie als fürsorglicher Familienvater gelten. Da ist es naheliegend, auf den bekannten Trick zurückzugreifen und sich und anderen zu erzählen, daß Sie doch letztlich keine Wahl gehabt hätten. Doch! Die hatten Sie. Sie wollen aber für Ihre Entscheidung nicht geradestehen. Wie Kinder, die glauben, nicht gesehen zu werden, wenn sie die Augen schließen.

Ein sichtlich entrüsteter Manager: »Sie haben gut reden. Ich habe hier am Ort ein Haus gebaut. Meine Kinder gehen hier noch zur Schule. Meine Frau hat einen kleinen Laden in der Nähe. Und außerdem: Wie soll ich denn mit meinen fünfzig Jahren noch ein neues Unternehmen finden? Die suchen doch alle nur Leute unter vierzig.« Ich nehme diesen Einwand ernst; und mancher Leser wird meine bisherigen Ausführungen als »theoretisch« etikettieren und milde lächelnd den akademischen Glasperlenspielen zurechnen.

Aber das Argument trifft daneben. Auch dieser Manager will den Preis nicht zahlen, wobei ich weit entfernt bin, ihm zu empfehlen, er solle das alles aufgeben. Viele indes haben sich im Laufe der Jahre derart mit Wohlfahrtsopiaten gedopt, daß schon allein das Festhalten an dieser Bequemlichkeit Zwänge auftürmt und die Freiheit der Wahl scheinbar völlig verschüttet hat. Aber konsequent gedacht: Dieser Mensch will das zwar alles nicht opfern, er ist aber auf der anderen Seite bereit, vielleicht täglich einen Beruf auszuüben, der ihm schon lange nicht mehr gefällt, und täglich mit einem Chef zu arbeiten, der ihm das Leben unerträglich macht. *Diesen* Preis will er zahlen, den anderen nicht. Das ist seine Entscheidung. Er kann auch eine andere treffen.

Gehen wir ins Extreme, und jeder prüfe sich selbst: Wer hindert Sie, den Traumjob als Segellehrer in der Karibik anzunehmen? Sie selbst ganz allein. Sonst niemand. Sie wollen auf die Annehmlichkeiten Ihres vollklimatisierten Sicherheits-Containers nicht verzichten. Und dagegen ist auch sicher nichts zu sagen. Aber beschuldigen Sie nicht Ihre Familie, die Umstände ... all das *können* Sie abwählen, wenn Sie wollen. Wenn Sie es nicht wollen und weiter so leben wie bisher, dann tun Sie es in dem Bewußtsein, es gewählt zu haben. Damit entfällt jede Grundlage der Schuldzuweisung und des »Ich kann ja nicht, weil ...« Seneca sagt: »Nicht wollen ist der Grund, nicht können nur der Vorwand.« Hart, aber wahr? Nein: hart, also wahr.

»Jeder macht, was er will.« Was mit allgemeinem Chaos assoziiert wird und was auch die modische Chaostheorie nicht zur Ordnung beschönigen kann, ist tatsächlich so. Sie tun immer das, was Sie wollen, und niemals das, was andere wollen. Luthers berühmte Ausrede ist dann zu ändern: »Hier stehe ich, ich kann auch anders!«

Erwartungen anderer

Die Forderung des Chefs, den Umsatz im nächsten Jahr zu steigern, mag allgemeine Aufregung auslösen. Ungeachtet dessen entscheiden Sie selbst, ob Sie diesen Ansprüchen entsprechen wollen. Das können Sie tun oder lassen. Für beides sind Sie verantwortlich.

Die Erwartungen anderer sind die Erwartungen *anderer*. Das Drama beginnt erst, wenn Sie sich die Erwartungen anderer reflexhaft zu eigen machen. Gefallsucht und vorauseilender Gehorsam sind oft die desaströsen Folgen. Wenn Sie aber zwanghaft fürchten, daß Sie irgendein top shot nicht mehr mag und Ihnen Karrierechancen verbaut, machen Sie sich zum Spielball anderer, geben anderen Macht über sich. Sie verlagern Ihre Steuerungsinstanz nach außen. Und das ist das Ende der Selbstverantwortung. Sie sind nicht auf der Welt, um die Erwartungen anderer zu erfüllen.

Ein zweites Drama beginnt, wenn Sie die Erwartungen anderer abwerten. Das müssen Sie keineswegs tun. Denn alle im Unternehmen haben das Recht, Leistung oder Verhalten zu fordern. Meiner Erfahrung nach würden sich zwar die wenigsten Mitarbeiter erdreisten, z. B. in die Zahlenhochbauten der Kostenrechner hineinzupfuschen. Anders beim Vertrieb und Marketing: Da glauben die meisten Mitarbeiter, intime Kenntnisse zu haben und mitreden zu können. Kein Grund, sich aufzuregen! Selbstverständlich können sie sich einmischen und Erwartungen formulieren. Aber *Sie* entscheiden, wie Sie handeln.

Und bei der Forderung nach 20prozentiger Umsatzsteigerung unter widrigen Marktumständen? Die Antwort eines selbstverpflichteten Außendienstlers sieht so aus: »Natürlich bringe ich eine Umsatzsteigerung von 20 Prozent im nächsten Jahr. Dazu benötige ich unterstützend ein Budget von X, die Verkaufsförderungsaktion Y und Support vom Marketing Z. Sie wollen mir diese Voraussetzungen nicht zur Verfügung stellen? Dann gebe ich kein Commitment für 20 Prozent. Ich vereinbare nur das, was ich auch halten kann. Und bitte: Mißtrauen Sie nicht meiner Leistungsbereitschaft!«

Jargon der Unverantwortlichkeit

Ich habe den Eindruck, daß die mehr oder weniger bewußte Weigerung zu wählen – gerade auch wenn die anstehende Wahl eigentlich keinen Aufschub duldet – im Wirtschaftsleben insgesamt zunimmt. Entscheidungen werden verschleppt. Aber Aufschub ist immer lächerlich. Der Versuch, alles auf einmal haben, nicht auf eine Alternative verzichten zu wollen, kostet: Aufschub ist der Dieb der Zeit. Das Verschlafen günstiger Gelegenheiten. Frustration. Inneres Hinundhergerissensein. Dabei wurde ja gewählt: die Unentschiedenheit. »Auch zum Zögern muß man sich entschließen«, sagt Stanislaw Jerzy Lec. Das eigentliche Problem ist wiederum die Weigerung, Verantwortung für die Konsequenzen der Unentschiedenheit zu übernehmen. Typisch für die Sprachmuster solcher Mitarbeiter sind Ausdrücke wie »Ich müßte ...«, »Ich sollte ...«, »Ich dürfte eigentlich nicht ...«.

Wer aber sagt »Ich sollte«, der hat noch nie getan. Er ersetzt das Handeln durch ein geschärftes Problembewußtsein, durch eine »klare Sicht« der Dinge. Sehr verbreitet bei Marktforschungs- und Marketing-Moderationen: *Mehr-wissen-wollen-als-zum-Handeln-nötig-ist.* Ein billiger Schlupfwinkel, um Verantwortung zu vermeiden. Die Energie fließt ins Erklären, ins interessante Wissen. Das Räsonieren gaukelt Handeln vor. Dadurch glaubt man, passiv bleiben zu können: Verstehen statt Bewegen. Die Folge: ein entschiedenes »Vielleicht!« Die unausgesprochene Selbstabwertung:

»Ich treffe immer die falschen Entscheidungen.« – »Ich werde nie exzellent.« – »Ich kann nicht entscheiden.« Diese Menschen machen sich selbst unglücklich. Denn *eine* Konsequenz hat die Unentschiedenheit immer: den Verlust der Selbstachtung. Keine noch so negative Auswirkung einer »Fehlentscheidung« kann diesen Preis aufwiegen.

Noch schlimmer sind jene im Unternehmen, die sich mit »Ich konnte nicht ...«, »Ich mußte ...« oder »Mir blieb nichts anderes übrig« als Opfer der Umstände zu erkennen geben. »Ich will das ja nicht, mein Chef will es!« Das ist der Jargon des Hineingeratenseins. Diese Menschen machen *alle anderen* unglücklich. Sie haben das Bewußtsein der Wahlfreiheit verloren.

»... sind wir gezwungen«, sagt dann jener, der manipulativ oder bewußtlos seine Verantwortung verschleiern will. Auch das feige »Ich muß Ihnen leider sagen ...«: es ist außerordentlich schwierig, mit diesem Typ Mitarbeiter zu arbeiten, weil nach seiner Auffassung immer die Rahmenbedingungen im Unternehmen »schuld« sind und sich ändern müssen. Sie kommen nicht auf die Idee, sich selbst zu prüfen. Sie sehen nicht, daß sie selbst die Quelle ihrer Probleme sind. Sie sind z. T. nicht einmal bereit anzuerkennen, daß sie sich mit einer solchen Einstellung selbst schwer schädigen: auf den Schlachtfeldern des Konjunktivs.

Konzept »Versuchen«

Geradezu entlarvend ist in diesem Zusammenhang das Gerede von »Ich habe versucht ...« oder »Ich werde versuchen ...«. (Versuchen Sie mal, das Buch, das Sie gerade in der Hand halten, zuzuschlagen! Nein, Sie sollen es nicht zuschlagen; Sie sollen *versuchen*, es zuzuschlagen.)

Versuchen ist eine Einstellung, die Verantwortung vermeiden will. Konsequent gedacht gibt es kein Versuchen. Sie tun etwas, oder Sie lassen es sein. Es geht mir dabei hier nicht um die Sprachkonvention, sondern um die innere Einstellung, die nicht verantwortlich sein will. Es ist wie mit den »guten Vorsätzen«: nichts anderes als ein Selbstbetrug für das klare »Ich will es nicht!«. Ich will eigentlich etwas anderes. Ich habe aber nicht den Mut, es gegenüber mir und anderen zuzugeben. Was ich wirklich will, tue ich. Das brauche ich mir nicht vorzunehmen.

Die Strategie »Versuchen« wird entsprechend häufig benutzt, um Passivität und mangelnde Entschiedenheit zu verschleiern. Meiner Erfahrung nach wird sehr oft dann von »versuchen« geredet, wenn jemand zu einer Forderung eigentlich »Nein« sagen will, aber die Konsequenzen der Klarheit fürchtet. Dann versucht er es halt. Viele sagen z. B. zu irgendeiner Zielvorgabe »Ja«, meinen »Nein« und antizipieren das Scheitern, bauen das Mißlingen schon vorher (beim Tun) ein. Sie dürfen sich dann nicht wundern, wenn sie mit dem Konzept »Versuchen« extrem erfolgreich sind. Sie versuchen immer. Aber tun nie.

Als Reinhold Messner nach der gescheiterten Besteigung eines Himalaja-Berges (er entschloß sich wegen Sauerstoffproblemen 100 m unterhalb des Gipfels zur Umkehr) von einem Journalisten zum Versuch gratuliert wurde, antwortete er: »Ich habe es nicht versucht. Ich war nicht oben.« Keine Opfer-Story über widrige Umstände. Keine herzzerreißende Geschichte über die ungeheure, aber letztlich erfolglose Anstrengung. Kein Mitleidheischen für den Einbruch des Zufalls. Ein klares »Ich war nicht oben«.

Die Wahl der Qual

Mir ist sehr wohl bekannt, daß in einem Kellergewölbe dieser Gedankengebäude der Zynismus lauert. Manchmal ist die Qual der Wahl eher die Wahl der Qual. Bei allen fundamentalen Gedanken dieser Art besteht die Gefahr, daß der Flickenteppich der Argumentation an den Rändern ausfranst. Auch werden nicht wenige Leser das bisher Ausgefaltete als Ketzerei eines unsozialen Gottseibeiuns entrüstet ablehnen. So mancher sieht gar den radikalkapitalistischen Pferdefuß herauslugen.

Wenn auch mancher glauben mag, er habe nur zwischen Pest und Cholera wählen können (meistens allerdings hatte er weitaus mehr Optionen): Tatsache ist, daß wir nur eines nicht wählen können: das Wählen.

In meinen Seminaren empfinden Teilnehmer die Denkfigur der Wahlfreiheit oft als Zumutung, gegen die sie sich mit Händen und Füßen wehren. Kaum habe ich die Idee entwickelt, sucht man Lücken im Modell, Widersprüche. Man verliert sich in der Bodenlosigkeit extremster existentieller Situationen, um die universelle Geltung des Prinzips zurückzuweisen (wo es mir doch nur um die Nützlichkeit eines Gedankens geht). Sein Leben und seinen Tod habe man doch wohl nicht gewählt (viele sogenannte »Naturvölker« und Weltreligionen sehen das ganz anders); auch bei der Krankheit könne man doch wohl nicht von einem Wählen sprechen (wo doch schon für die Schulmedizin im psychophysischen Grenzbereich die Selbstverantwortung zweifelsfrei ist). Wichtig ist aber nicht diese oder jene »wissenschaftliche« Meinung. Die Frage ist, ob ein Gedanke Sie in Ihrer Selbstverantwortung schwächt oder stärkt.

Sachzwänge? Menschenzwänge!

Aber es gibt doch Sachzwänge! Tatsächlich? Ist der Hinweis darauf nicht vielmehr eine Denkfaulheit, ein vorgeschobenes Argument, eine Ent-Antwortlichung? Oft genug muß der »Zeitdruck« die Rolle des bösen Buben spielen. Daß er selbstproduziert ist, daß er von individuellem Wählen getragen wird, daß dahinter nicht selten mangelnder Mut zum »Nein« steht – das wird verschwiegen.

Unter ökonomischem und zeitlichem Druck wird Wahlfreiheit allerdings kaum noch erlebt. Steven Brenner und Earl Molander konnten schon 1977 nachweisen, daß sich 43 Prozent der befragten Manager zu Praktiken gezwungen *fühlten*, die sie selbst zwar moralisch mißbilligten, jedoch für nötig hielten, um den Erfolg ihres Unternehmens und somit auch ihrer eigenen Karriere nicht zu gefährden. »Manager, die gegen ihren Willen die Umwelt belasten«, stand richtungsgleich in einer bedeutenden Managerzeitschrift zu lesen. Unsinn! Nichts geschieht ohne Ihren Willen. Sie haben es gewählt.

Gerade wenn Führungskräfte die Wünsche und Ansprüche ihrer Mitarbeiter abweisen wollen, argumentieren sie häufig mit

»Sachzwängen«. Sie reklamieren die »äußeren Umstände«, um ihr »Nein« nicht zu verantworten. Oder sie waschen mit dem Verweis auf »Oben« ihre Hände in Unschuld: »Ich will das ja eigentlich gar nicht, aber ich habe ja auch einen Chef, und der zwingt mich dazu ...« Hier zwingt nur einer sich. Aber die Hände sollen sauber bleiben. Daß dahinter eine Wahlentscheidung steht, wird unterschlagen – aber auch vom Mitarbeiter in der Regel nicht klar konfrontiert.

Das Gerede von den Sachzwängen ist das Einfallstor für ganze Heerscharen von Zynikern. Das sind Menschen, die ahnen, daß sie selbst sich zwingen, daß der Sachzwang nur Verlegenheit ist, aber die das Gefühl des Leidens nicht zulassen. »Es ist schwer, etwas zu wissen, und zu handeln, als wüßte man's nicht.« (Wittgenstein) Der Großinquisitor in Dostojewskis »Brüder Karamasov« – an ihm kann man es sich klassisch veranschaulichen.

Zynismus ist eng verzahnt mit dem Burn-out-Syndrom, über das viel geschrieben wurde. Es werden sogar Seminare angeboten, um jenem schleichenden Prozeß des inneren Ausbrennens vorzubeugen, der sich in sinkender Belastbarkeit und Produktivität, in Depressionen und gesteigerter Anfälligkeit für Krankheiten äußert. Dort spricht man von fehlender Anerkennung, Streß, schlecht organisierten Arbeitsabläufen, sozial-emotionaler Verarmung und Sinnlosigkeit; in einer Broschüre: »wenn jemand eine unhaltbare Situation aushalten muß, ohne ihr entfliehen zu können«. Opfer-Stories! Die wahre Quelle des Phänomens ist fehlendes Bewußtsein der Wahlfreiheit, nicht bewältigte (aber selbstgewählte) Autonomie-Einbußen. Das Gefühl, ausgeliefert zu sein, und nicht – wie es heißen müßte – sich ausgeliefert zu haben.

Doch wer sich ausgeliefert hat, kann das ändern, jederzeit. Er hat die Wahl, die Sachzwänge zu entlarven als das, was sie immer sind: Menschenzwänge. Menschen zwingen sich. Sich dies bewußtzumachen ist besonders wichtig in Zeiten, in denen man Unwahrhaftigkeit als »sachzwangreduzierte Ehrlichkeit« etikettiert.

Der Vollständigkeit halber: Wer in Unternehmen arbeitet, weiß, daß sich Wirtschaft für weite Teile der Mitarbeiter zum »Sachzwang« verfestigt hat. Für viele ist Freiheit nur ein Reklamewort; sie sprechen vom Maschinencharakter der Welt, den Kodierungen, den Apparaten, in denen der einzelne im Rhythmus der Verhältnisse zuckt. Der Anpassungsdruck wird oft als übermächtig erlebt. Aber was *ist*, war nicht immer so. Und wird zukünftig auch wieder anders sein. Das sollte uns ermutigen, auch über *Veränderungen* und Weiterentwicklungen im Bereich der Wirtschaft nachzudenken – und nicht nur zu denken. Darauf gehe ich später ausführlich ein.

Destruktive Ideale

Alle Ideale haben eine hochgradig destruktive Spitze. Sie machen uns blind für das Mögliche, weil wir über Unerreichbares phantasieren. Gefühle von Wohlstandsbürgern, die ihren vollen Kleiderschrank anseufzen: *Etwas fehlt immer!* So überschütten wir unsere Firma, unseren Chef, unsere Mitarbeiter mit Perfektionsidealen, denen sie dann nicht entsprechen. Heimlich rächen wir uns dafür, daß sie nicht so sind, wie wir sie haben möchten. Die Aufmerksamkeit kreist um die unerfüllte Erwartung. So, als seien die anderen auf der Welt, um uns glücklich zu machen. Viele basteln mit geradezu selbstzerstörerischer Wut an ihrem Überanspruch, um die Umstände und Bedingungen be- und anklagen zu können. Sie suchen ständig das Haar in der Suppe. Und viele setzen sich so lange kopfschüttelnd vor die Suppe, bis ein Haar hineingefallen ist.

Diese Leute nehmen sich und ihre »suchende«, latent unzufriedene Einstellung mit zu jeder neuen Aufgabe. Es ist erstaunlich zu sehen, wie Leute von einer Firma zur anderen wechseln, permanent auf der Suche nach der »richtigen« Arbeitsstelle, immer auf der Jagd nach dem idealen Job, ohne zu sehen, daß sie selbst das eigentliche Problem darstellen. Sie vergessen, daß sie selbst das Defizit gleichsam »mitbringen«. Irgend etwas fehlt für sie immer. Das Glas ist immer halb leer. Aber das Paradies sollten wir dorthin zurückbringen, wo es die Christen schon immer vermutet hatten: ins Jenseits.

Dies ist kein Plädoyer gegen einen Wechsel des Arbeitsplatzes oder des Unternehmens. Mancher sitzt jedoch einem Trugschluß auf: Er glaubt durch einen Jobwechsel etwas Größeres oder Besseres zu finden, als er schon kennt. Er träumt von Lebens- und Arbeitssituationen voller Befriedigung, Anerkennung und materiellem Wohlstand. Er packt seinen Koffer, verabschiedet sich von der alten Firma (nicht selten von seinen ehemaligen Arbeitskollegen beneidet) und wacht schließlich in einer anderen Firma auf – und da neben ihm ist das nämliche Selbst, unverändert, vor dem er floh. Er geht mit sich, wohin er auch gehen mag.

Wenn Sie glauben, durch die äußere Veränderung der Arbeitsumstände etwas zu finden, was Sie nicht in sich selber tragen, reisen Sie von sich selbst weg und verlieren sich im Äußeren. Doch Sie werden bald wieder die Umstände beschuldigen, die wiederum nicht so beschaffen sind, daß Sie sich wohl fühlen. Aber: *Kein Chef ist dafür da, Sie glücklich zu machen.* Wenn Sie mit Ihrer

Arbeits- und Lebenssituation unzufrieden sind, dann haben Sie vergessen, für Ihre Wahl Verantwortung zu übernehmen.

Wer so denkt, hat außerdem vergessen, daß immer etwas am Ideal fehlt. Er könnte die Arbeit, die er hat, zur einzig richtigen für sich machen. Aber das verhindert seine prinzipielle Suchhaltung. Schon bald hat er wieder das Gefühl, Entscheidendes zu versäumen. Daß das wahre Leben woanders stattfindet. Daß er am falschen Bahnhof steht. Wer außerhalb seiner selbst sucht, wird sogar den tollsten Beruf der Welt allenfalls für den zweitbesten halten. Suchen ist seine Einstellung. Nicht Finden. Nach einiger Zeit wird er weiterreisen: Reisen ist des Narren Paradies, sagt Ralph Waldo Emerson.

Bewußt wählen

Was das Wählen so schwer macht, ist der Verzicht auf die abgewählte Möglichkeit. Das ist die allen bekannte Situation der Entscheidungsneurose: Soll ich den Job in Hamburg oder den Job in München wählen? Soll ich mich für diesen oder jenen Bewerber entscheiden? Soll ich diese oder jene Marketingstrategie verfolgen? Soll ich die Produktpalette weiter diversifizieren oder konzentrieren? Torn between two lovers: Es muß zwischen verschiedenen Möglichkeiten eine Auswahl getroffen werden. Wählen bedeutet: Eine Tür ist zu! Schon allein das Wort »Verzicht« verursacht Übelkeit im Stimmungsklima des vergnügungssüchtigen Zeitvertreibs. Es riecht förmlich nach Sekundärtugend, vergangenen Zeiten.

Sehr verbreitet ist der Anspruch, alles auf einmal haben zu können, den Preis nicht zahlen zu müssen. »Ich will alles!« – »Wäre ja doch schön, wenn noch ...« Viel Energie wird dann investiert in Phantasien über die abgewählte Möglichkeit. Oder aber man wehrt sich gegen den Verlust der abgewählten Alternative, indem die abgewählte Seite (die bekannten sauren Trauben) herabgesetzt wird: »Das wäre es sowieso nicht gewesen!« – »Wer weiß, was mich da erwartet hätte!« Ein solches Handeln ist kein echtes Wählen. Zum Beispiel schwächen sich viele beruflich aktive Frauen selbst, indem sie eine Frau, die »nur« Hausfrau ist, abwerten. Erst wenn wir die Alternative würdigen und uns dann in klarer Sicht zweier ernstzunehmender Möglichkeiten für den einen Weg entscheiden, dann hat eine Entscheidung Kraft und Würde. Bert Hellinger schreibt dazu: »Verachten sie (die Menschen, R. S.) das nicht Verwirklichte, nimmt dieses von dem, was sie wählten, etwas weg. Es wird weniger. Würdigen sie das nicht Verwirklichte, obwohl sie es nicht wählen, dann fügen sie dem, was sie gewählt haben, etwas hinzu.« Es ist praktisch, so zu denken: Erst wenn wir beide Alternativen würdigen, hat eine Wahl Kraft. Sonst ist es keine Wahl, sondern Flucht. Den Preis bejahen fügt dem, wofür wir uns entschieden haben, etwas Wertvolles hinzu.

Sie wählen immer, ob Sie sich nun dessen bewußt sind oder nicht. Aber das bewußte Wählen ist es gerade, was der Wahl die Würde gibt. Echte Verantwortung erwächst also aus einer *bewußten* Wahlentscheidung. Wie der Weise sagt: *Wähle, was Du tust, dann tust Du immer, was Du gewählt hast.* Ohne die Gewißheit jedoch, daß alle Arbeitssituationen Ergebnis meiner Wahlakte sind, kann »Frei-Willigkeit« nicht verstanden werden. John P. Carse schreibt: »Wer aber glaubt, spielen zu *müssen*, kann nicht *spielen*.« Es ist unmöglich, etwas zu wählen, wenn Sie *müssen*. Wenn Sie müssen, dann können Sie sich nicht dafür entscheiden. Wenn Sie glauben, keine Wahl zu haben, dann können Sie eine Verpflichtung nicht eingehen.

Wenn Sie sich als das Opfer der Umstände erleben, machen Sie andere verantwortlich, sind Sie nicht selbst verantwortlich. Dann wird Commitment für Sie immer ein Fremdwort bleiben. Commitment heißt: sich Ihrer Wahlfreiheit bewußt sein; sich bewußt sein, daß Sie alles, was ist, gewählt haben. Negativ formuliert: *Ohne das Bewußtsein von Wahlfreiheit kein Commitment.*

Mihaly Csikszentmihalyi hat in seinen Forschungen eindrucksvoll dargestellt, daß Arbeitszufriedenheit nur sehr bedingt aus den äußeren Rahmenbedingungen herzuleiten ist. Die eigentliche Quelle liegt woanders. Sie selbst sind die Quelle Ihrer Zufriedenheit, nicht Ihre Arbeit. Um Arbeitsfreude zu erleben, müssen Sie bereit sein, voll zu dem zu stehen, was *jetzt* ist, voll anerkennen, »Ja« sagen. Nicht weil das »richtig« wäre. Nicht weil eine von außen kommende Instanz das als moralisch wertvoll ausgewiesen hätte. Sondern ausschließlich deshalb, weil Sie es gewählt haben. Und weil Sie sich Ihrer Wahl bewußt sind. Das – und nur das – ist der entscheidende Schritt zum Commitment.

Von meinem ersten Chef habe ich eine lakonische Frage gelernt, die er mir mit liebevoller Penetranz immer dann stellte, wenn ich wieder die Unvollkommenheit der Welt beklagte: »Was ist die Alternative?« Wenn sie »Nichts tun« hieß, wußte ich wenigstens, was ich nicht wollte.

Wenn für Sie am Ende dieses Kapitels also mehr Fragen offen sind als beantwortet, wäre das nicht unbedingt das Schlechteste.

Wollen

Ein Meister ist, der übt.

»Bei Robert habe ich oft erlebt, wie er wortlos vom Mittagstisch aufsteht, manchmal seine Lippen bewegt, an seinen Computer geht, etwas eingibt, manchmal ebenso wortlos wiederkommt, aber auch einfach wegbleibt.«

»Man kann sagen, Mike arbeitet jeden Tag 12 Stunden und mehr; man könnte aber ebenso behaupten, er arbeite überhaupt nicht.«

»Dr. Brettschneider – der würde auch noch zu seinem Windkanal rennen, wenn er sechs Richtige im Lotto hätte.«

»Ich kann mich noch gut an ihn erinnern – keine spektakulären Aktionen, aber beharrlich und ausdauernd. Ohne viel Aufhebens. Wie wichtig er war, wurde für viele erst so richtig spürbar, als er nicht mehr bei uns war.«

»Ganz klar: Tina Behnke – die hat mal ein Kleinflugzeug angemietet, um den Liefertermin bei einem Kunden einzuhalten.«

»Bei einem VW-Mitarbeiter habe ich einmal erlebt, daß er unvermittelt auf die andere Straßenseite überwechselte und dort die Scheibenwischer eines VW zurechtrückte.«

Ich habe Seminarteilnehmer eingeladen, mir Menschen zu schildern, die sie als »committed« bezeichnen würden. Das sind einige

Auszüge. Ich hätte noch viele anfügen können. In ihnen scheint etwas auf, was viel mit Energie, Konzentration, Entschiedenheit zu tun hat. Im Unterschied zur klassischen physikalischen Definition beschreibe ich diese Energie hier in Anlehnung an Aristoteles: »Energie ist das, was alles in Bewegung setzt.« Energie ist ein Prozeß – kein Inhalt oder Ding. Wir können sie nicht direkt beobachten, wohl aber ihre Wirkung erleben. Sie ist in allem, was wir tun, gegenwärtig und entgeht daher oft unserer Aufmerksamkeit: »Das Offensichtlichste an der Energie ist, daß es nichts anderes gibt.« (Lawrence Blair)

Energie ist erlebbar. Ein Manager erinnert sich in einem Seminar an seinen ersten Chef: »Wann immer ich mit ihm sprach, hatte ich das Gefühl: Dies Gespräch ist jetzt wichtig für ihn. Ich bin jetzt für die nächste halbe Stunde sein wichtigster Gesprächspartner. Er war hoch konzentriert, präsent und wach. Und es war nicht gespielt, kein fake. Ich fühlte mich nach solchen Gesprächen immer bereichert, selbst wenn es manchmal hart zur Sache ging.«

Wir können diese Commitment-Energie in der Art und Weise erleben, *wie* Menschen etwas tun. Für sie scheint es keine anderen Beweggründe außerhalb ihres Tuns zu geben. Spielende Kinder sind dafür ein gutes Beispiel: Eltern wissen, wie schwierig es ist, in ein Spiel versunkene Kinder zum Essen zu rufen.

Üblicherweise reserviert man dies für Menschen, die Berufe mit günstigen äußeren Rahmenbedingungen ausüben: flexible Herausforderungen, große Freiräume, kreative Gestaltungsaufgaben. Die Glücksforschung, einerlei aus welcher Richtung sie kommt, widerlegt dies ganz eindeutig: Selbst bei Arbeiten, die von den meisten Menschen als langweilig, eintönig und unwichtig bezeichnet würden, gibt es immer wieder Personen, die Handlungsmöglichkeiten sehen, die andere nicht wahrnehmen, Fähigkeiten entwickeln, die andere ihnen niemals zugetraut hätten, und die ihre Tätigkeit dabei noch in vollen Zügen genießen. Offensichtlich ist es nicht der äußere Rahmen, sondern die Art des inneren Erlebens, die Einstellung, die die Erfahrung bestimmt. Wie ist diese Hingabe an die Aufgabe, wie ist Commitment möglich?

Strategien des Handelns

Ich lade Sie ein, auf einem Blatt Papier konkrete Defizite Ihres beruflichen Alltags aufzulisten: Was gefällt Ihnen nicht an Ihrem Job? Sie werden schnell einige Bedingungen gefunden haben, die schöner, besser, angenehmer, gerechter sein müßten. Vielleicht sind auch einige Defizite am »idealen Selbst«, darunter: fehlende, aber erstrebte Fähigkeiten, Talente, Eigenschaften ...

Was ist zu tun, wollen Sie nicht nur die Hausmarke »Hoffnung« entkorken? Drei Möglichkeiten möchte ich anbieten, wie diese Defizite aufzulösen sind. Die erste ist die wichtigste: *Ändern Sie etwas.*

Geben Sie sich nicht mit dem Status quo zufrieden. Übernehmen Sie die Initiative. Seien Sie im besten Sinne »unangepaßt«, und setzen Sie sich für Ihre Interessen ein. Von angepaßten Jasagern haben wir in den Unternehmen genug: jene, die das »Please the boss!« und den vorauseilenden Gehorsam bis zur Selbstauslöschung perfektioniert haben. Das höchste Maß Ihrer Loyalität gegenüber Ihrem Unternehmen ist es, daß Sie sich einsetzen für die Änderung dessen, was Sie stört.

Unsere Handlungsroutinen, unser Betriebswissen und das »Funktionieren« haben bei den meisten Menschen im Unternehmen jedoch die Einstellung verfestigt, daß das Arbeitsleben, so wie sie es erfahren, notwendig und »natürlich« sei. Noch weit darüber hinausgehend werden normative Orientierungsmuster, wie etwa die Sinnrichtung »Überbieten« oder die Denkfigur »Oben-Unten«, gleichsam als anthropologische Konstanten aufgefaßt und fraglos akzeptiert. Mitarbeiter begreifen sich oft nicht als »Wirkende« im schöpferischen Sinne, nicht als Gestalter der gesellschaftlichen Wirklichkeit von Wirtschaft.

Alles gegenwärtige »So-Sein« ist aber nicht so selbstverständlich, wie es scheinen mag. Wollen wir das Gegenwärtige nicht einfach hinnehmen und uns als passiv und ohnmächtig erleben, so ist es hilfreich, diese scheinbare Selbstverständlichkeit in Frage zu stellen. Das strukturell unbeweglich Gewordene muß zurückverwandelt werden in das, was es eigentlich ist: Problemlösungen in der Zeit. Alles Gegenwärtige erweist sich als geschichtlich gewachsen, als Entscheidung und Schöpfung von Menschen unter ganz bestimmmten historischen Bedingungen. Und ist insofern auch immer wieder von Menschen veränderbar. Das, was ist, ist nur eines unter möglichen. In Abwandlung eines bekannten Adorno-Zitats: »Nur der, der sich die Gegenwart *auch* als eine andere denken kann als die existierende, verfügt über Zukunft.«

Mir ist natürlich bekannt, daß in vielen Unternehmen ein mehr oder weniger verdeckter Kampf gegen die Unangepaßten, die Querdenker, die Unbequemen läuft. Der Mitarbeiter, der voll motiviert und aus eigenem Willen heraus handelt, wird als »eigenwillig« häufig eher schief angesehen. Ich fordere hier aber nicht die reflexhafte Rebellion, die den anderen gleichsam »braucht«, um sich an ihm in einer Art Gegenanpassung zwanghaft abzuarbeiten. Ebensowenig meine ich blinden Zorn oder die weitverbreitete Fundamentalopposition: grundsätzliches Dagegen-Sein. Ich meine das konsequente »Bohren harter Bretter«, das Max Weber einst beschrieb. Das beharrliche Verbessern von tausend kleinen und großen Problemen, Belastungen und Schwierigkeiten. Warten Sie nicht, daß andere das für Sie erledigen. Es sind *Ihre* Defizite, die Sie vor dem Hintergrund *Ihrer* Werte und Interessen als Mangel empfinden. Also sind Sie auch derjenige, der etwas daran ändern kann. Manchmal ist es hilfreich, die »innere« Stellenbeschreibung mit der Stellenbeschreibung auf dem Papier zu vergleichen. Wenn sie einander nicht entsprechen, ist es an der Zeit, die auf dem Papier zu verändern.

Vielleicht denken Sie nun leicht abfällig: »Gut gebrüllt, Löwe! Aber ich habe schon oft probiert, etwas in meinem Unternehmen zu verändern; da tut sich nichts.« Alles gesagt, aussichtslos, ein hoffnungsloser Fall. Dann bleibt eine zweite Handlungsmöglichkeit: *Verlassen Sie das Unternehmen.*

Wenn Ihnen etwas wirklich wichtig ist und es besteht keine Chance, es in dieser Firma zu erreichen, dann besteht kein Grund auszuharren. Im Gegenteil: Es gibt so viele Unternehmen, die interessante Spielfelder bieten und vielleicht gerade für Sie das geeignete zur Verfügung stellen können. Es gibt so viele Tätigkeiten mit herausfordernden Chefs, mit freundlichen Chefs, ohne Chefs, mit großen Freiräumen, bei bester Bezahlung, ohne Termindruck, an wunderschönen Wohnorten, mit kompetenten Mitarbeitern usw. Niemand hat etwas davon, wenn Sie zähneknirschend in Ihrer Duldungsstarre verharren: das Unternehmen nicht, weil es sich mit einem lauen Mitarbeiter verhält wie mit einem faulen Apfel im Korb. Ihre Familie nicht, weil Ihre latente Unzufriedenheit sicher auch dort spürbar wird. Vor allem aber Sie selbst nicht: Sie verschleudern Ihre Lebenszeit.

Ich habe in einem Unternehmen, das seit Jahrzehnten zu 100 Prozent in Familienbesitz ist, einige Vorstandssitzungen moderiert – bis mir klar wurde, daß die Erwartungen einiger Vorstände absurderweise darauf hinausliefen, daß das Unternehmen *nicht* der Familie gehören sollte. Die Vorstände waren nicht bereit anzuerkennen: *Was ist, ist.* An irgendeinem Punkt ist es vorbei mit dem Ändern. Es gibt Lebensumstände, die sich jetzt und von einem einzelnen nicht ändern lassen, die anzuerkennen sind, will man nicht zum Michael Kohlhaas werden. Dann regiert die normative Kraft des Faktischen. Dann stehen wir vor der Entscheidung, ob wir mit dem, was ist, leben können oder besser gehen sollten.

In dieser Situation mögen Sie spontan reagieren mit dem Satz: »Ich kann nicht gehen!« Dahinter verbirgt sich etwas anderes: Sie *wollen* nicht. Anderes ist Ihnen wichtiger. Sie *wollen* den Preis des Wechsels nicht bezahlen. Und dazu ist nichts zu sagen. Niemandem steht es an, die Gründe Ihres Bleibens zu bewerten. Aber dann ist Ihnen Ihr Beschwerdepunkt auch nicht wirklich wichtig. Jedenfalls nicht so, daß er Sie handeln läßt, daß Sie die Angst vor dem Risiko überwinden.

Was wäre, wenn Sie völlig aussteigen würden? Was würde schlimmstenfalls passieren? Erwartet Sie die Arbeitslosigkeit, fürchten Sie Statusverlust, einen Karriereknick? Würden Sie die Selbstachtung verlieren, weil Sie glauben, versagt zu haben? Ich argumentiere hier nicht moralisch. Mir geht es um die Definition des Preises. Es ist die Angst vor Unbekanntem, die uns davon abhält, Veränderungen zu riskieren. Nichts hypnotisiert Menschen mehr als die eigene Ängstlichkeit. Der Weg aus der Angst aber geht immer durch die Angst hindurch. Es ist sogar wahrscheinlich, daß an dem Punkt, an dem wir die meiste Angst verspüren, unser größter Schatz begraben liegt: das Gefühl heiterer Gelassenheit und Zwanglosigkeit; das Gefühl, nicht etwas tun zu *müssen*, sondern nur das zu tun, was wir wirklich *wollen*.

Wenn Sie nun aber zu sich sagen: »Ja, da gibt es zwar einiges, was für mich in diesem Unternehmen nicht in Ordnung ist, aber deshalb will ich es nicht verlassen«, dann können Sie immer noch wählen: Ihre *innere Einstellung*. Sie können vielleicht nicht den Wind bestimmen, aber Sie können die Segel richten. Wer eine unerfreuliche Situation also nicht ändern kann, sollte wenigstens so intelligent sein und seine Einstellung ändern. Selbstverständlich können Sie sich auch weiter als Opfer beklagen. Aber praktischer ist eine andere Möglichkeit: *Lieben Sie, was Sie tun!*

Machen Sie Ihre Arbeit mit Liebe und Hingabe! Nicht weil der Job so toll ist, die Rahmenbedingungen optimal sind oder irgendeine von außen kommende Instanz gesagt hat, wie wertvoll die Aufgabe ist. Sondern ganz einfach darum, weil Sie ihn gewählt haben. Aus keinem anderen Grunde. Jammern und nichts an der Sache tun, immer auf das starren, was fehlt – damit ziehen Sie sich selbst herunter: Wer sich beschwert, macht sich schwer. Tun Sie das, was Sie tun, mit Begeisterung und Enthusiasmus. Enthusiasmus kommt vom griechischen »en theos« = eins mit Gott, etwa: »mit der Energie Gottes«. Sagen Sie ein volles »Ja!« zu Ihrem Handeln.

Oder lassen Sie es ganz.

Im London der frühen 70er Jahre konnte man auf T-Shirts diese Dreistufigkeit bündig zusammengefaßt lesen:

Love it, leave it or change it.

In einigen Unternehmen ist dieser Satz eine gängige Sprachmünze. Allerdings wird sie nicht selten zynisch verkürzt zu »Love it or leave it«. Man begibt sich damit eines der wichtigsten Mitarbeiterpotentiale: der Fähigkeit zur Kreativität und Innovation. Man unterdrückt den Wunsch, zu verändern, zu verbessern, zu gestalten.

Mancher Leser wird das Pathos fürchten, das er hinter den letzten Absätzen zu fühlen meint. Manch anderer hört gar die Sphärenklänge esoterischer Selbstfindungsfolklore. Lieben – das klingt nach Ambra-Therapie, extraterrestrischer Weizenfeldforschung und Reinkarnations-Gymnastik. In der Tat ist Lieben im Deutschen eine sprachliche Peinlichkeit, in der inszenierten Schein-Sachlichkeit des Geschäftslebens geradezu verpönt. Akzeptieren ja, aber doch nicht gleich Lieben! Mit Lieben ist hier gemeint: *etwas mit ganzem Herzen tun*. Die in unseren Unternehmen zum Prinzip gewordene Halb-Herzigkeit abwählen. Voll bei der Sache sein. »Denn nichts ist für den Menschen als Menschen etwas wert«, rief Max Weber seinen Studenten zu, »was er nicht mit Leidenschaft tun kann.«

Was hier gemeint ist, wird vielleicht deutlicher durch eine Aussage Boris Beckers – in seinen besten Zeiten zweifellos ein personifiziertes Commitment. Wie keinem vergleichbaren Spieler konnte man ihm ansehen, ob er mit ganzem Herzen bei der Sache war. Als er zu einem frühen Höhepunkt seiner Karriere (1989) die unter widrigen Umständen durchgeführten US Open in Flushing Meadow gewann, sagte er anschließend in einem Interview: »Du mußt dieses Turnier lieben, wenn du hier gewinnen willst. Du mußt es lieben trotz des Fluglärms über dir, du mußt es lieben trotz der hysterischen Zuschauer, trotz des Betonkessels und trotz der Affenhitze. So wie Jimmy Connors es achtzehn Jahre lang geliebt hat. Wenn du es nicht lieben kannst, gehst du besser vom Platz.« Becker sieht auch das, was fehlt; er kann sich sicher auch idealere Arbeitsbedingungen vorstellen; aber er weiß, er kann nur gewinnen, wenn er die Umstände als Teil des Spiels voll anerkennt, wenn er keine Energie ins Jammern bindet. Energie, die ihm zum Sieg fehlen könnte. Das ist der Becker-Faktor: die Fähigkeit, sich voll auf das Hier und Jetzt zu konzentrieren und keine Energie zu vergeuden. Etwas aus vollem Herzen tun. Auch in klarer Sicht der Dinge, die nicht in Ordnung sind.

Oder Jürgen Klinsmann, der bei dem »Freundschafts«-Spiel gegen Uruguay (Okt. 1993) nach einigen Faustschlägen eines

Gegners hinter dem Rücken des Schiedsrichters zu Boden ging. Nach dem Spiel der Reporter empört: »Was sagen Sie dazu?« Klinsmann, entspannt und nüchtern: »Das passiert mir auf dieser Position immer wieder. Es wäre unsinnig, mich darüber aufzuregen. Ich finde das auch nicht gut, aber es gehört heute einfach zum Spiel dazu.« Um nicht mißverstanden zu werden: Dies ist kein Freibrief für Unfairneß. Wir müssen alles tun, um so etwas zu verhindern. Wenn es aber aus den verschiedensten Gründen so ist, wie es ist, dann können wir es wählen oder abwählen, ob es uns gefällt oder nicht. Es ist einfach unintelligent, darüber zu klagen, daß es »eigentlich« anders besser wäre.

Damit soll nicht der Gottespakt mit den bestehenden Verhältnissen geschlossen, unhaltbare Zustände beschönigt werden. Es geht nicht darum, passiv zu bleiben, eine graue Realität rosarot anzumalen oder sie mit einem mechanischen »Think positive!« ins lächelnde Achselzucken umzulügen (obwohl man dem Positiven damit unrecht tut: »positiv« kommt vom lateinischen »positum« = das Ganze, also auch das Negative sehen und abwägen). Aber es gibt den Punkt, an dem Sie – mindestens zeitweise – die Macht dessen, was ist, anerkennen müssen. Das gilt nicht nur für B.B., nicht nur für die »Grand Slams« Ihres Arbeitslebens.

Einige von Ihnen werden sagen: »Ich kann es mir nicht leisten, diesen Job zu verlieren.« Aber:

Arbeit macht Spaß oder krank.

Wenn Sie Ihren Job nicht lieben, können Sie es sich nicht leisten, ihn zu behalten.

Die Kraft der Liebe

Der »Amateur«, vom lateinischen »amare« = lieben hergeleitet, ist jener, der liebt, was er tut. Durch die zunehmende Verwöhnung durch äußere Belohnungen und Ersatzdrogen hat sich ein abfälliger Halbschatten auf diesen Begriff gelegt. Ist nun der Amateur hoffnungslos naiv, oder ist er, überblickt er seine persönliche Glücksbilanz, nicht doch der wahre Profi? Ein im Bereich Fördertechnik arbeitender Mitarbeiter der Kali und Salz AG bringt es auf den Punkt: »Ich würde meine Arbeit auch machen, wenn ich nicht meine Familie ernähren müßte. Es macht mir einfach Spaß.«

Liebe ist, was Liebe tut. Liebe ist Handeln, ist Aktivität. Liebe ist kein Gefühl, das uns überwältigt, sondern eine Entscheidung, die uns verpflichtet. (Ich meine hier nicht die situative Bewußtseinstrübung des Verliebtseins.) Die Liebe zu einer Sache oder einem Menschen wird häufig als etwas Spontanes gedacht, das »geschieht«, manchmal sogar gegen den Willen. So möglich das in einer Beziehung sein mag – Lieben fordert all das, was Voraussetzung für jedes befriedigende menschliche Tun ist: Disziplin, Geduld und Ausdauer. Wäre Liebe ein Gefühl, wären die vielen lieblosen Handlungen von Menschen, die behaupten, sie liebten, unerklärbar.

Die Liebe ist mithin nicht zu entbinden vom Willen. Wenn Sie wirklich lieben, so deshalb, weil Sie lieben *wollen*. Es geht also auch immer um bewußt eingesetzte, gewollte Energie.

Selbstverpflichtung

Viele Menschen sprechen in diesen Zusammenhängen von Pflicht. Das ist respektabel. Meint aber etwas anderes. In der Pflicht gibt es keine Liebe. Im Begriff der Pflicht ist jener Aspekt der Gefangenschaft, der Unfreiheit, des Sich-Beugens vor der moralischen Norm, die den einzelnen langfristig innerlich zerstört. Es ist immer ein Körnchen Haß darin auf dasjenige oder denjenigen, die uns – scheinbar – hindern, unser Leben selbstbestimmt zu leben. Zwar hat niemand soviel Macht über uns, aber oft möchten wir ihm die Verantwortung dafür zuschieben und lassen uns nicht selten insgeheim auszahlen. Jeden Tag ein bißchen. Im Unternehmen zählen wir dann zu den Betriebsstatisten. Solange wir uns gezwungen sehen, etwas zu tun, weil es unsere Pflicht ist, lieben wir es nicht.

Konsequent gedacht gibt es gar keine Pflicht. Eine etwas vollmundige Behauptung, ich weiß. Aber jede von außen kommende Pflicht steht Ihnen zur Wahl. Wenn Sie dann »in der Pflicht sind«, haben Sie sie selbst gewählt. Sie ist dann immer Selbst-Verpflichtung, wenn sie auch von Ihnen vielleicht im Kontext von Zwang und Unfreiwilligkeit erlebt wird. Sie haben sich dann meistens entschieden, diese Selbstverpflichtung nicht zu mögen. Aber Sie übersehen die Tatsache, daß Sie *Ihre Wahl* nicht mögen. Und daß Sie sich anders entscheiden können.

Führungskräfte glauben bedauerlicherweise oft, sie seien in der Pflicht, ihren Mitarbeitern zu sagen, was sie tun oder lassen sollen. Was sie Pflicht nennen, manchmal sogar Verantwortung, ist Teil jener Dressur- und Überlegenheitskonvention, die sie anbeten. Daraus resultieren hochgradig angepaßte, unterzuständige und obrigkeitshörige Ausführungslakaien, über deren Mittelmäßigkeit man sich in den Führungszirkeln beschwert bzw. lustig macht. Um sie »auf Trab zu bringen«, werden dann vielfältige Ansporninstrumente erdacht, deren Konsequenzen ich an anderer Stelle beschrieben habe.

Gehen wir noch einen kleinen Schritt weiter, so ist unter dem Pflichtbegriff eine weitere Illusion verborgen: »Ich tue das doch nur für dich!« Aus dem Kontext der Selbstverantwortung heraus:

Sie haben noch nie etwas für einen anderen getan. Dem anderen mag Ihr Handeln nutzen. Es mag ihn fördern und stärken. Aber im Grunde handeln Sie, weil *Sie* es für richtig und wichtig halten, so zu handeln. Weil Sie es gewählt haben. Weil Sie sich dafür (und nicht für andere Verhaltensweisen) entschieden haben. Weil es Ihren Werten und Normen entspricht.

Handeln erfüllt immer ein Bedürfnis. Es ist immer *eigennützig*. Damit möchte ich niemanden herabsetzen, der anderen Menschen hilft. Aber dieses Helfen empfängt seine Kraft nicht von außen, nicht aus dem Wofür, sondern aus dem Woraus. Für das Wohl anderer kann man sich – Herbert Witzenmann hat darauf immer wieder hingewiesen – aus den heuchlerischsten Motiven einsetzen. Wenn Sie sagen, Sie machen etwas z. B. für Ihre Kinder, dann ist das falsch und kraftlos. Sie handeln so, weil Sie sich zu den Folgen Ihrer Wahlentscheidung verantwortlich bekennen. Und genau das ist zu würdigen! Nicht die Nummer »Deinetwegen«, die ohnehin nur auf eine verkappte Schuldzuweisung bzw. Ausbeutung hinausläuft. Ein Manager erzählte, nachdem er über diesen Gedanken nachgedacht hatte: »Mein Sohn hat mich einmal

sehr beschämt, als ich meine zunehmende berufliche Belastung mit den Worten entschuldigte: ›Ich tue das doch alles für euch‹, und er mir antwortete: ›Nein, Papa, Du tust das für Dich.‹«

Die einzige Organisation, für die wir alle arbeiten, heißt »Ich«. Damit ist keine Rücksichtslosigkeit legitimiert. Damit ist keine Asozialität entschuldigt. Und es wäre ein Trugschluß zu glauben, eine solche Haltung sei kalt und gefühllos. Das gerade Gegenteil ist der Fall. All unsere Bosheit gründet in unserer Sucht, andere zu beherrschen: z. B. durch erpresserische Wohltaten, die ihnen Dank abnötigen und sie von uns abhängig machen. Mit dem »Ich« ist vielmehr der Punkt beschrieben, den die Ethikforscher schon lange kennen: »Ethik hat nur dann eine Chance, wenn sie auf Egoismus setzt. Denn nur eine solche Klugheitsmoral überfordert den Menschen nicht.« Mag es in Ihren Ohren auch noch so unsympathisch klingen. Nur eine solche Klarheit ermöglicht Selbstverantwortung. Also tun Sie, was Sie tun. Und erwarten Sie keinen Dank.

Es ist mithin Selbstbetrug (oft auch erpresserische Absicht), wenn Sie meinen, Sie täten etwas für den anderen, für den Chef, für das Unternehmen. Dann leugnen Sie Ihre eigene Verantwortung. Alles, was Sie tun, tun Sie für sich selbst. »Selbstloser Einsatz?« – Ich habe nie gewußt, was damit gemeint sein könnte.

Ich-Stärke und Individualismus werden in Deutschland schon seit jeher als degenerativ und unsozial bewertet. Daß sie auch mit Freiheit, Kreativität und Verpflichtung einhergehen können, daß einsichtsvoller Individualismus nicht identisch ist mit Rücksichtslosigkeit, daß Marktwirtschaft einer Machtwirtschaft gerade entgegengesetzt ist – all das ist eher eine amerikanische Denktradition. In einer Zeit, in der in Deutschland wieder überall die restaurative Falle klafft, wo es Zeitgeist ist, einen »überzogenen« Individualismus als Werteverfall und Erosion gesellschaftlicher Stabilität zu denunzieren, wo aufs neue eine formierte soziale Kontrolle die sinnstiftende »Gemeinschaft« über die angeblich sinnlose »Gesellschaft« stellen will, kann es nicht deutlich genug gesagt werden: Das »alte« Unternehmen mit seinen festgefügten Struktur- und Integrationsmustern ist nicht zu bewahren. Es ist unter veränderten Bedingungen neu zu entwerfen. Und diese

Rekonstruktion muß getragen werden vom Vertrauen in die Ich-Kultur. Nur so sind Selbstverantwortung und Selbstverpflichtung in Gemeinschaften denkbar. Das muß man nicht mit »sozialer Kälte« verwechseln. Es kommt darauf an, den Denkrahmen in den Unternehmen so zu verändern, daß Selbstverantwortung ermutigt wird. Das hat nur wenig mit Rhetorik zu tun. Viel mit Führung.

Das Geheimnis der Motivation

Die modernen Unternehmen sind in keiner Angelegenheit so blind wie in der Frage nach den Antriebskräften der Menschen. Da mag man technische Gewalten entfesseln: hinsichtlich der Quellen subjektiver Kraft herrscht größtes Nichtwissenwollen. Woher kommt leidenschaftliche und anhaltende Energie? Ganz sicher nicht von äußeren Anreizen wie Prämien, Incentives, Boni, Lob und Tadel oder anderen Drogen. Wenn wir solche Stimuli nehmen, mögen wir vorübergehend genug Energie spüren, aber kaum daß die Wirkung nachläßt, fallen wir in unseren früheren Zustand zurück und werden von innerbetrieblichen Rauschmitteln immer abhängiger. Langfristig zerstört es die lebendige Energie in uns. Was auf diese Weise treibt und antreibt, ist auch das, was heraustreibt.

»Commitment ist«, so der Coca-Cola-Manager Robert W. Woodruff, »wenn es dir egal ist, wer die Lorbeeren erntet.« – »Ganz schön blöd«, denkt es jetzt bei manchem, und dennoch meint es etwas Richtiges: Wer handelt, um dafür belohnt (oder mindestens nicht bestraft) zu werden, ist gleichsam nicht »bei sich«, sondern abhängig vom Lob und Tadel anderer und gibt damit anderen Macht über sich. Er liefert sich aus an Zuckerbrot und Peitsche. Wer Arbeit für die Tribüne inszeniert, muß damit rechnen, daß die Daumen nach unten zeigen. Und wer sein Commitment vom Applaus der Umwelt abhängig macht, ist eine arme Socke. Er wird dabei vielleicht alt, aber nie erwachsen.

Wenn Sie jemand motivieren kann, dann kann er Sie auch demotivieren. Dann laden Sie alle möglichen Leute ein, über Ihre Lebensqualität zu bestimmen. Andere haben dann Macht über Sie.

Und Ihr Selbstrespekt bleibt auf der Strecke. Es ist daher außerordentlich wichtig, selbst die Verantwortung für die Energie und die Freude an der Arbeit zu übernehmen. Und sich nicht »motivieren« zu lassen. Nur wenn Sie selbst die Verantwortung für Ihre Motivation übernehmen, lassen Sie sich nicht von den Umständen, den Kunden, den Kollegen, kurzum: den anderen, demotivieren.

Jede andere Motivation als die, mit Hingabe zu tun, was Sie gewählt haben, landet mit mechanischer Sicherheit in Frustration, Demotivation und betriebsinternem Drogenhandel. In mehr oder minder großem Umfang hat jeder solche sachfremden Motive. Sie jedoch zu verstärken kann weder in Ihrem noch im Interesse des Unternehmens sein. Schon mittelfristig sinkt die Leistungsbereitschaft. Der Motivationsfaktor »Angst« (vor dem Verlust der Prämie, der Anerkennung, der Karrierechancen, des Arbeitsplatzes) wirft seinen bleichen Schatten. So lassen sich allenfalls Galeeren kommandieren.

Energie, dynamische Kraft und Intensität sind mithin nur als »eigenwillige« Handlung denkbar, niemals als abgeleitete, fremd- oder außengesteuerte, angereizte Handlung. Wo erlebte Wahl-Freiheit ist, da ist Energie.

Der eine oder andere von Ihnen wird sich vielleicht noch leise an den Energie-Erhaltungssatz aus dem Physikunterricht erinnern. Er besagt, daß die Summe aller Energien konstant bleibt, also Energie weder aus dem Nichts entstehen noch ins Nichts vergehen kann. Energie kann nur umgewandelt werden. Seit der Quantentheorie ziehen viele Forscher daher den Begriff der »Wechselwirkung« dem Begriff der Energie vor. Und genau diese Wechselwirkung passiert am Arbeitsplatz, ja in jeder Lebenssituation. Tun Sie etwas mit Liebe und Hingabe, erleben Sie dadurch Glück und Zufriedenheit *im selben Maße*. Sie können natürlich Ihre Aufgaben auch mit halber Energie erledigen; das Ergebnis wird entsprechend sein: halbherzige Ergebnisse, Freudlosigkeit, Mittelmaß. Das ist das Geheimnis der Motivation:

> *Sie erhalten das vom Leben zurück,*
> *was Sie selbst in jedem Augenblick hineingeben.*

Die Beatles texteten auf Ihrem legendären White-Album: »All the love you take is equal to the love you make.« Es ist leicht, das als naive Flower-Power-Romantik abzutun; was es sagt, ist: Wir sind verantwortlich für alles Glück – auch alles berufliche Glück –, das uns in dieser Welt »widerfährt« (wie unverantwortlich doch unsere Sprache ist). Wir sind unsere eigenen Resonanzkörper. Nur das, was wir geben, erhalten wir zurück.

Arbeiten, um zu leben?

Wann spüren wir diese Energie? Wenn wir uns beim Einschlafen freuen, daß wir am nächsten Morgen weitermachen dürfen. Und wenn wir dieses Gefühl nicht für das Hobby reservieren, sondern für unsere ganze Lebenszeit. Denn etwas aufzuteilen in das, was ist, und das, was sein sollte, ist die trügerischste Weise, sein Leben zu leben.

Aber genau dies tun viele. »Arbeiten Sie, um zu leben, oder leben Sie, um zu arbeiten?« Im Kampf zwischen Theke und Stammtisch um die geistige Lufthoheit wird diese Frage meist barsch zur Seite gewischt: »Ist doch klar: Ich arbeite, um zu leben.« Wenn man genauer hinschaut, wird meist deutlich, daß die Arbeitszeit als fremdgesteuerte Zeit, nicht selten als »abgekauftes Leben« empfunden wird. (Diese Atmosphäre lebt noch in der Personaler-Sprache weiter: bei der Vergütungspolitik sprechen sie von »Entschädigung« oder auf neudeutsch »compensation«; die Volkswirtschaftslehre kennt noch den Begriff des »Arbeitsleids«.) Die Energien werden dann am Unternehmen vorbei in die Privatsphäre investiert. Das vertrackte »um zu« wird mentalitätsbestimmend: arbeiten, um – danach – zu leben.

Ist das praktisch? Es ist extrem unpraktisch! Stellen Sie sich vor, wieviel Lebenszeit Sie an Ihrem Arbeitsplatz verbringen. Wer hier die Lust verloren hat, der ist verloren. Wenn Sie Ihren Job nur mit 60 Prozent Ihrer Energie machen, betrügen Sie sich selbst um gelebtes Leben. Wenn Sie an Ihrem Schreibtisch sitzen und von Hawaii träumen, sind Sie weder an Ihrem Schreibtisch noch auf Hawaii. Sie werden krank oder destruktiv, oder beides. Sie tun *für sich* das Beste, wenn Sie Ihr Bestes geben. Dann sind Sie nicht mehr Arbeitnehmer, sondern Arbeitgeber.

Disziplin – Konzentration – Initiative

Energie beinhaltet auch Eigenschaften, die am postmodernen Wertehimmel fast Feindseligkeit provozieren: Disziplin und Konzentration. Ein Mensch auf einem Berggipfel ist nicht dahin gefallen. Ohne Selbstdisziplin ist kein Problem lösbar. Sie ist notwendig für alle Arten des Lernens und Wachsens. Menuhin sagte einmal: »Wenn ich einen Tag nicht übe, merke ich den Unterschied. Wenn ich zwei Tage nicht übe, merken es meine Freunde. Wenn ich drei Tage nicht übe, spricht das Publikum darüber.« Ein alter Zen-Koan sagt: Ein Meister ist, der übt.

Freude – das ist etwas anderes als flüchtiges Vergnügen! – wird nur als Folge hoher Aufmerksamkeit erlebbar und ist nach Auffassung Elisabeth Noelle-Neumanns (selten, daß ich ihr zustimme) niemals das Resultat treulos schweifender Animation, niemals die Beliebigkeit des Genusses, immer ist sie richtungsgleich mit Sich-Anstrengen, Schwierigkeiten-Überwinden, Hindernisse-Beseitigen: »Glück gewinnt man nur durch das Wachstum von Kräften.«

Das lernende Unternehmen muß, wenn es funktionieren soll, eine disziplinierte (und keine disziplinierende) Organisation sein. Alle Entscheidungen, Probleme, Konflikte sind Wachstumschancen. Aber sie sind mit Schmerz, mit Verzicht verbunden. Das englische Wort »decision« – Entscheidung – kommt vom lateinischen »caedere«, was »abschneiden« bedeutet. Entscheidung schließt immer auch Opfer und Verzicht ein. Die Neigung, Problemen und den ihnen innewohnenden Leiden auszuweichen, ist die Hauptursache der Neurosen in unseren Unternehmen. Was das so schwierig macht, ist die Illusion, es müsse leicht gehen, ohne Schmerz: der ideale Arbeitsplatz, der ideale Chef, das ideale Unternehmen, die idealen Mitarbeiter warteten auf uns. Es ist manchmal schwierig, Vereinbarungen einzuhalten. Es ist manchmal schwierig, sich an Spielregeln im Unternehmen zu halten, insbesondere in Zeiten, in denen das Brechen von Spielregeln für Autonomie gehalten wird. Herausforderungen und Schwierigkeiten, Gewohnheiten und Überlebtes aufgeben, alte Denk- und Verhaltensmuster ablegen, offen sein für den Wandel: alles das wird von vielen als unangenehm empfunden – und gemieden.

Schauen wir in die militärische Traditionsvitrine, so finden wir dort Clausewitz, den auch von Hardlinern immer wieder gern Zitierten: Beim Blitzschach um Leben und Tod gehe es darum, die eigenen Kräfte am richtigen Punkt zu konzentrieren. Im »Nebel einer mehr oder weniger großen Ungewißheit«, mit der sich jeder Feldherr herumschlagen müsse, bedürfe es eher eines entschlossenen als eines glänzenden Verstandes; die Geistesgegenwart besiege das Unerwartete. Konzentration also, von der man eigenartigerweise (ich weiß keine Erklärung) oft sagt, daß sie »selbstvergessen« sei: Das ist die Fähigkeit, die gesamte Energie wie Sonnenstrahlen durch eine Linse zu bündeln.

Eine Anekdote dazu: Ein amerikanischer Freund, der mich in Deutschland besuchte und zum damaligen Zeitpunkt noch etwas gebrochen Deutsch sprach, sagte eines Morgens: »Ich werde heute Radio lauschen.« Vorsichtig verbesserte ich ihn: »Bei uns sagt man: Radio hören.« – »Ich weiß«, beharrte er, »aber ich möchte gerne Radio *lauschen*.« Ich begriff nicht sofort; erst später wurde mir klar: Konzentration – das ist der Unterschied, den Commitment ausmacht.

Als etwas entlegenes Beispiel für diesen Unterschied mag die Bemerkung Bertrand Russells über den Philosophen Ludwig Wittgenstein gelten, er sei als Soldat im Ersten Weltkrieg ein Mann gewesen, »der etwas so Belangloses wie explodierende Granaten nie bemerkt haben würde, wenn er über Logik nachdachte«. Thomas Mann, der jeden Tag – wirklich *jeden* Tag – von 9 bis 12 Uhr schrieb; selbst noch – wie Wolf Schneider berichtet – als um seinen Schreibtisch herum die Möbelpacker sein Arbeitszimmer ausräumten; Franz Schubert, der in 18 Jahren bis zu seinem frühen Tod 23 Klaviersonaten, 19 Ouvertüren, 18 Streichquartette, 15 Opern, neun Symphonien, sieben Messen und mehr als 600 Lieder in täglich sieben Stunden niederschrieb; Thomas Edison, dessen unzählige Fehlversuche ihn nicht hinderten, den richtigen Glühfaden zu finden; Sigmund Freud, der auch noch nach 23 Kieferoperationen souverän weiterschrieb; Ernest Hemingway, der einige Kurzgeschichten dutzendmal umformulierte und erst nach täglich exakt 1000 Wörtern zu trinken begann.

»Aber ich bin doch nicht Hemingway«, werden Sie vielleicht denken. (»Vor allem aber der Müller aus dem Controlling nicht!«) Natürlich – überliefert sind diese Beispiele immer von den Genies der Weltgeschichte. Aber ich möchte dem Eindruck vorbeugen, Commitment sei etwas Großartiges, Spektakuläres. Kennt nicht jeder von uns Menschen, ganz normale Menschen, die voller Entschiedenheit, Geduld und Ausdauer *tun, was sie tun*? Menschen mit Handlungsleidenschaft? Die sogar unter den ungünstigsten äußeren Rahmenbedingungen ein Leben voll Wärme, Liebe und Zuversicht leben? Die voll und ganz bei der Sache sind? Committed sind? *Commitment kennt keinen absoluten Maßstab. Der Maßstab bin immer »ich«.* Das meint auch die Bereitschaft einer Person zum persönlichen Opfer. Das Wichtige dabei ist: sie *erlebt* es nicht als Opfer. Natürlich gibt es Grenzen. Aber es ist nicht von vornherein voraussagbar, wo diese Grenzen liegen.

Aus der eingangs erwähnten Befragung:

»Sie ist an manchen Tagen nur wenige Stunden in der Firma; aber im Kopf, da dreht es sich immer um ihre Pläne.«

»Er läßt einfach nicht locker. Wenn er in einer Sache Klarheit haben will, dann will er Klarheit, koste es, was es wolle. Es ist manchmal sehr unbequem.«

»Er ist nicht etwa überheblich, aber bei ihm hat man immer das Gefühl, daß sein aktuelles Projekt das wichtigste des gesamten Konzerns ist.«

Die Stellungnahmen beziehen sich bei genauerem Hinsehen ausnahmslos auf das *Tun*, nicht auf eine Position oder Stelle. Es ist offenbar ein Unterschied, ob wir die Umstände, die Aufmachung, die Symbole unserer Arbeit mögen, oder aber die Substanz. »Ich mag es, Verkäufer zu sein« ist nicht dasselbe wie »Ich mag es, zu verkaufen«. »Ich liebe es, Führungskraft zu sein« ist etwas anderes als »Ich liebe es, Menschen erfolgreich werden zu lassen«. Bevor Sie das als semantische Spielerei abqualifizieren, bitte ich Sie zu prüfen, wie viele Menschen in Ihrem Umfeld ihr konkretes Handeln lieben, oder aber die Umstände, die Statussymbole, das Schmerzensgeld. Falls Sie sich von Leuten trennen wollen, sollten Sie sich allenfalls von jenen trennen, die ihren Job lieben. Niemals von jenen, die ihre Arbeit lieben.

Für den Wirtschaftskontext mögen Begriffe wie »Disziplin« und »Liebe«, Beispiele wie Thomas Mann und Franz Schubert entlegen wirken; aber: die gleichen Grundprinzipien kommen zur Geltung. Ein näherliegender Begriff ist »Initiative«. Initiative, die aus der Erkenntnis erwächst, daß totale Sicherheit grundsätzlich eine Illusion ist. Und daß Sie, was immer Sie verlieren, auch immer etwas gewinnen – wenn Sie bereit sind, das anzuerkennen. Deshalb hat die verbreitete Sehnsucht nach Sicherheit soviel Selbstzerstörerisches. Deshalb zahlt das Unternehmen für das Streben nach Sicherheit – wie vordergründig sinnvoll sich auch die ISO-9001-bis-7-Total-Quality-Null-Fehler-Progamme gebärden mögen – den Preis: Initiative, Mut und Risikobereitschaft drohen auf der Strecke zu bleiben. Unbenommen: Es ist hilfreich, sich auf Qualitätsstandards zu einigen. Aber weit dringender brauchen wir Initiative! Eine Initiative für die Initiative in den Unternehmen: unternehmerische Initiative, technologische Initiative, mentale Initiative.

Was wir brauchen, ist ein Bewußtseinsrahmen, in dessen Mittelpunkt die Eigeninitiative steht. Entwickelt der Mitarbeiter eigene Ideen? Greift er Anregungen auf? Setzt er Begonnenes fort? Wie selbständig arbeitet er? Wartet er auf delegatorische Abfallprodukte, oder sucht er sich selbständig Aufgaben und Ziele? Denkt er über Änderungen innerhalb seines Aufgabengebietes nach? In welchem Maße beschafft er sich selbst die nötigen Informationen? Bleibt er auch in Situationen ungewöhnlicher Belastung konzentriert? – Mit Mitarbeitern, die wie Schrankenwärter immer aufs Klingelzeichen warten, werden wir den Wettbewerb der Zukunft nicht bestehen. Daher: Ermutigen Sie zu Initiative und Zivilcourage? Oder geben Sie Beispiele dafür, daß Anpassung belohnt wird?

Die Ambivalenz der Ziele

Nun wird diese Initiative in Unternehmen vorrangig mit Blick auf irgendwelche Unternehmensziele gedacht, mithin der Blick angestrengt in die Zukunft gerichtet. Zielerreichung um (fast) jeden Preis ist oft die unausgesprochene Losung vieler Unternehmenskulturen. Der Weg zum Ziel wird oft geringgeschätzt, die zieltragenden Prozesse im Unternehmen, das »Wie« der Zielerreichung bleiben oft Stiefkinder. Man denke nur an die Utopien des umgreifenden Visions-Geraunes. Vieles, was an kleinschrittiger Verbesserung möglich ist, verliert sich im visionären Großen und Ganzen. In der dünnen Luft des Zukünftigen ist die Gefahr groß, die konkreten Forderungen der Gegenwart als nebensächliches Kleinklein abzuwerten. Mehr noch: Die Mega-Entwürfe ermöglichen es den Unternehmen nicht selten, in ihren inneren Fehlhaltungen zu verharren. Häufig genug gilt: *Wer eine Vision braucht, hat in der Gegenwart nichts zu bieten.*

Durch die Fokussierung auf Ziele wird der Zukunft der Vorrang auf Kosten der Gegenwart eingeräumt. Ein konkretes Beispiel dazu: In einem großen Konzern der Nahrungsmittelindustrie hatte man nach der Wiedervereinigung 1989 Goldrauschzahlen eingefahren und die Erwartungen der amerikanischen Mutter auch für die Folgejahre entsprechend hochgeschraubt. Rezession und andere Einflüsse ließen die Erwartungen unerfüllt; man wuchs nur noch wenig und produzierte wieder einmal eines jener selbstinszenierten Dramen, die sich an zu hoch gesteckten Erwartungen auftürmen und in Top-Down-Kulturen üblich sind. Überliefert ist, wie ein Manager in einem Meeting einen aus voller Seele lachenden Mitarbeiter anfuhr: »Was lachen Sie denn so! Sie haben wohl den Ernst der Lage nicht richtig erkannt.« Immer noch ist der Glaube verbreitet, daß verbissenes Anstrengen und eine Atmosphäre der langen Gesichter so was wie »zusätzliche« Motivation entfesseln. Genau auf diese Weise wird das Ziel verfehlt. Denn vor den Erfolg haben die Götter den Spaß gesetzt.

Ein anderes Phänomen, das Sie wahrscheinlich kennen: »Wenn ich erst dieses Ziel erreicht habe, dann werde ich ...« – »Beim nächsten Karrieresprung bin ich saturiert, dann kann ich ...« So denkt der Schüler ans Abitur, der Student ans Examen, der Trainee an den Vorstandsjob und der Vorstand daran, sich »zur Ruhe zu setzen« und seine Hobbys zu pflegen. Viele stellen sich, unbekümmert um die Reichtümer, die sie umgeben, auf die Zehenspitzen, um in die Zukunft zu sehen. *Jetzt* meine Arbeit genießen? Später! Später!

Auch diese Erfahrung machen viele: die eigenartige Leere, wenn das Ziel erreicht ist. Ein Ziel erreichen heißt: sich ein neues suchen. Weiter! Weiter! Ein Ziel können Sie – als Ziel – eigentlich nur *zerstören*. Der Volksmund sagt: Wer Ziele hat, hüte sich, sie zu erreichen. Auf zur nächsten Runde! Sisyphos' Scheitern war nicht die Hoffnungslosigkeit seines Bemühens; es bestand lediglich in der Illusion, er wäre glücklich, wenn er sein Ziel erreichte: wenn der Stein oben bliebe.

Carpe diem

Voraussetzung für Exzellenz ist die Freude am Tun.

Wer nur die Zielerreichung im Kopf hat, verkrampft. Das hat Konsequenzen für das Commitment. Ist es erlaubt, die größte Zitiermühle aller Zeiten zu bemühen? »Es schaut der Geist nicht vorwärts, nicht zurück. Die Gegenwart allein ist unser Glück.« Diese Verse aus Goethes *Faust II* beschreiben eine Konzentration auf den gegenwärtigen Augenblick, die vor allem im antiken Zeiterleben der Epikureer aufscheint. Archivalien? Für Commitment ist es sehr praktisch zu sehen, daß strenggenommen nur der Schwebepunkt der Gegenwart erlebt werden kann. Der Augenblick stellt den einzigen Berührungspunkt mit der Wirklichkeit dar, ja er *ist* die gesamte Wirklichkeit. Die Vergangenheit ist vergangen, und Zukunft wird es im bewußten Erleben des einzelnen nie geben. Sie wird, wenn sie erlebt wird, immer Gegenwart sein. Tomorrow never comes. Wer aber nie gelernt hat, seine Energie im Hier und Jetzt zu konzentrieren, wird auch diese spätere Gegenwart nicht wirklich bewußt erleben.

»Die Absicht, daß der Mensch glücklich sei, ist im Plan der Schöpfung nicht enthalten.« Einem resignierenden Sigmund Freud ist mithin nur dann zuzustimmen, wenn man das Glück als Zielpunkt begreift. Seit Aristoteles kennen wir einen zweiten, praktischeren Begriff des Glücks: das Glück als *Wegesglück*. Der Glückliche blickt nicht in die Zukunft. Er ist *jetzt* voller Energie. Engagement denkt nicht an Morgen. Das »carpe diem« des Horaz, das in Peter Weirs Film »Der Club der toten Dichter« eine so unerwartete Renaissance erfuhr, meint diese Einmaligkeit des Augenblicks als Voraussetzung für Commitment. Die alten Griechen wußten noch, daß man niemals glücklich sein kann, wenn man es nicht sofort ist. Jetzt oder nie! Und man hat zum Glücklichsein nichts anderes nötig, als glücklich sein zu *wollen*. Vergangenheit und Zukunft können dazu nichts beitragen. Ein amerikanisches Sprichwort lautet: »Leben ist das, was Dir passiert, während Du andere Pläne schmiedest.«

Aus dem Arbeitsalltag aber vertrieben: die Konzentration auf Konzentration, die Versenkung in die Versenkung, das Bei-sich-

Sein des Meditativen, die Arbeit an Ruhe, Muße und Gelassenheit – all das ist in die Ghettos der Management-Seminare verbannt (und häufig dort nur rationale Kosmetik des Weiter-So). Es wird instrumentalisiert zur Steigerung sich nach vorne werfender, aktionistischer und zielverfolgender Selbstdynamisierung. Für die von Unternehmen so ersehnte Kreativität ist aber gerade das hochkonzentrierte Interesse an der Sache wichtig, das die Energien wie in einem Brennspiegel sammelt und das überhaupt erst den qualitativen Sprung des innovativen Neukombinierens ermöglicht.

Aber so wie viele Menschen auf ein besseres Morgen warten (wie immer das aussehen mag: sie warten auf den Feierabend, das Wochenende, den Urlaub, die Beförderung, die Rente; »wenn ich erst mal ...«), ebenso sind die meisten Unternehmenskulturen solche des *Vorbereitens*. Das Unternehmen als Start- und Landebahn. Ein Transitraum. Kaum ist man gelandet, startet man wieder durch. Der Flug gilt nichts. Wir deplazieren uns, hat Paul Virilio gesagt. Reisen? Transportieren! Arbeiten, um Ziele zu erreichen. Arbeit als Countdown. Eine atemlos-hechelnde Mobilmachung ist, weil sie ständig in die Zukunft blickt, blind für die Gegenwart. Und in dieser Mittelbarkeit des »um zu« verschwinden die Freude am Da-Sein und der Wert des Jetzt.

Der wahre Reisende aber hat kein Ziel, nur eine Richtung. Er geht nicht irgendwohin, sondern entdeckt ständig, daß er anderswo ist. Er reist nicht, um die Distanz zum Ziel zu *überwinden*, sondern um Distanz zu *entdecken*. Nicht das Ziel macht die Reise notwendig, sondern das Reisen macht das Ziel möglich. Der österreichische Psychologe Viktor Frankl – durch sein Überleben der NS-Konzentrationslager so etwas wie ein Kronzeuge – faßt es zusammen: »Peile keinen Erfolg an – je mehr du es darauf anlegst und zum Ziel erklärst, um so mehr wirst du ihn verfehlen. Der Erfolg kann wie Glück nicht ver-folgt werden; er muß er-folgen als unbeabsichtigte Nebenwirkung, wenn sich der Mensch einer Sache widmet.« Kaizen. »Kai« ist das »Gute«. »Zen« ist der »Weg«. Dem Kostenvernichtungsscharfsinn ins Stammbuch: Kaizen ohne Zen geht nicht.

Einverstanden: Wie überall, so besteht auch hier die Gefahr, dem Mißverständnis mit Karacho in die Arme zu rennen. Ein völliger Verzicht auf Ziele hieße, sich hinter Klostermauern zurückzuziehen. Ziele nützen der Orientierung und geben dem Handeln Richtung. Gemeinsam vereinbarte Ziele bündeln Energien. Und Führungskräfte brauchen Voraussicht, um Gefahren abzuwenden und das Überleben des Unternehmens auch langfristig zu sichern. Keine Frage: Verantwortlich handeln heißt auch sehen, wohin wir gehen.

Erwartungen an die Zukunft zu haben bedeutet jedoch nicht, daß das Ziel den Weg rechtfertigt. Es ist genau umgekehrt: der Weg rechtfertigt das Ziel. Auch Commitment ereignet sich nicht so sehr durch Ziele oder Zukunftsideen, sondern in der personalen Erfahrung des gemeinsamen Weges. Dazu bedarf es der Beziehung, der Glaubwürdigkeit, der Nachbarschaft. K. Weick hat – in vollständigem Gegensatz zu den gängigen Unternehmenskonzepten – aufzeigen können, daß keineswegs eine gemeinsame Zieldefinition Menschen zusammenarbeiten läßt, sondern der gemeinsame Weg. Die Zielidee geht davon aus, daß man Menschen gewissermaßen von außen eine Zielidee implementieren könne. Jeder Mitarbeiter eines Unternehmens verfolgt, was immer er auch tut, seine eigenen, »innen« definierten Werte, Normen, Ziele. Was alle verbindet, ist der Weg. Dieser gemeinsame Weg ist das Unternehmen: das Spielfeld, diese Werte umzusetzen. Spielen, um das Spiel zu beenden? Spielen, um zu spielen!

Mehr noch und von großer erlebnispraktischer Auswirkung für das Unternehmen: Mag sein, daß sich die Unternehmensspitze permanent mit Zielen beschäftigt. In der Fläche des Unternehmens spielen Ziele kaum eine Rolle. Erlebt wird das »Wie«, die Stimmung, die Atmosphäre, alles das, was zum Weg gehört. Mit Zielen beschäftigen sich die Mitarbeiter nur zu einem verschwindend kleinen Zeitanteil. Das ist nicht unklug: Wer permanent an den Zielen klebt, ist nirgendwo. Wenn ich mir aber anschaue, wieviel Energie von den Leitungsebenen in das Finden und »Implementieren« von Zielen investiert und wie wenig Aufmerksamkeit dem erlebnispraktischen »Wie« gewidmet wird, dann ist an der Weisheit des Vorgehens zu zweifeln.

Das Problem entsteht also erst, wenn man sich so auf das Ziel versteift, daß einem der Weg der Gegenwart keine Freude mehr bereitet. Ralph Waldo Emerson: »Wir stehen immer kurz davor zu leben.« Commitment heißt: Belohnung zu finden im Ereignis des Augenblicks. Gemeint ist die Fähigkeit, Aufmerksamkeit willentlich auf eine Aufgabe zu richten, sich nicht ablenken zu lassen und sich zu konzentrieren.

Es geht mir hier um die Konzentration der Energie im situativen Erleben. Wer Glück und Zufriedenheit nur bei etwaiger Zielerreichung erlebt, wer zwanghaft ein Ziel verfolgt – der ist nicht mit aller Energie hier und jetzt bei der Sache, sondern immer mit einem Teil seiner Energie woanders, im Morgen. (Unsere Elterngeneration nannte das »sich krummlegen« für eine vermeintlich bessere Zukunft.) Er tut nicht, was er tut, sondern weil er später mal etwas tun will: ein Mensch, der nach der Grammatik des Wiederverkaufswertes lebt. Er erfährt das Jetzt als »Noch-nicht«-Zustand, mithin als defizitär – und genau das ist der Grund für halbherzige Aktionen, unteroptimale Ergebnisse und letztlich – Zielverfehlung. Er kommt nie an, weil er nie da ist, wo er ist. Er hat immer ein Alibi – was übersetzt »woanders« heißt. Und ist damit wieder nicht verantwortlich. Weil er *jetzt* nicht »antwortet«. Oliver Cromwell soll gesagt haben: »Nie steigt ein Mann höher, als wenn er nicht weiß, wohin er geht.«

Die Energie ins Jetzt zu konzentrieren will also nicht heißen, eine totale Augenblicklichkeit zu leben. Der Vorgriff auf Zukünftiges soll nur insoweit relativiert werden, als das Gegenwärtige nicht abgewertet wird und wir uns nicht ablenken, beunruhigen lassen. Alles, was uns ängstigt, ist der Blick in die Zukunft. Handeln aber können wir nur jetzt.

Die Freude an der unmittelbaren Erfahrung treibt Individuen zu Kreativität und ungewöhnlichen Leistungen an. Und dieser Genuß ist abhängig von der Fokussierung der Energie. Der Tennisspieler Pete Sampras, nach seinem Erfolgsrezept befragt: »Ich versuche nie, ein Turnier zu gewinnen. Ich versuche auch nie, einen Satz oder ein Spiel zu gewinnen. Ich will nur diesen Punkt gewinnen.« Oder, näher am betrieblichen Alltag, Edgar Thoms, einer der erfolgreichsten Bezirkskommissare der Provinzial-Versicherungen: »Ich denke nie an die Jahresprämie, an den Monatsabschluß oder das Quartalsergebnis. Ich denke nur an diesen

Kunden, der da vor mir sitzt und der jetzt der wichtigste Gesprächspartner meines Lebens ist.« Jede andere Einstellung schwächt.

Vor einigen Jahren hatte ich Gelegenheit, einige Wochen mit Hopi-Indianern zu verbringen. Eines Mittags übernahm ich die Aufgabe, für die gesamte Großfamilie Kartoffeln zu schälen. Ich muß dabei wohl nicht besonders glücklich ausgesehen haben – jedenfalls beugte sich eine ältere Indianerin über meine Schulter, wies auf Kartoffel und Messer in meinen Händen und sagte: »Get into it.«

Entschiedenheit

Mit zunehmender kultureller Komplexität steigen auch die Wahlmöglichkeiten, was aber oft keineswegs als gestaltbare Freiheit, sondern als Unsicherheit, als innere Zerrissenheit angesichts vielfältiger Anknüpfungsmöglichkeiten, gar als Quelle lähmender Orientierungslosigkeit erlebt wird. Die Äpfel in Nachbars Garten ..., das eigentliche Leben findet woanders statt ..., warum nicht ganz etwas anderes machen ..., beim nächsten Job wird alles anders ... – es sind so viele Interessen, die im inneren Monolog rivalisieren, daß es schwerfällt, klar Prioritäten zu setzen. Je mehr Wahlmöglichkeiten, desto wichtiger ist Entschiedenheit – jeder, der sich mal einen Abend lang durch die verschiedenen TV-Kanäle gezappt hat, kennt das unbefriedigende Gefühl mangelnder Entschiedenheit.

Es ist hilfreich, sich von Zeit zu Zeit zu fragen: Was will ich *wirklich* tun? Bin ich auf dem richtigen Spielfeld? Leiste ich einen echten Beitrag? Mache ich einen Unterschied durch meine Arbeit? Ein Mitarbeiter eines mittelständischen Textilherstellers, der qua eigener Entscheidung seine Führungsaufgabe abgegeben hatte und dadurch bei einigen Kollegen auf Unverständnis, bei vielen aber auch auf heimliche Zustimmung stieß, schildert sein Dilemma und seine Wahl: »Ich hatte ja eine tolle Position, einen sehr kooperativen Chef, wirklich nette und leistungsfähige Mitarbeiter. Ich wurde gut bezahlt und sollte sogar noch befördert werden. Aber mit der Zeit merkte ich, daß mir etwas fehlte: das ruhige und konzentrierte Arbeiten an Sachproblemen, das Austüfteln von Systemlösungen, das, was ich mal gelernt hatte. Dafür war keine Zeit mehr übrig. Und immer mehr wurde mir klar, daß das für mich das wichtigste war. Oft habe ich versucht, mir meine Arbeit schönzureden. Aber irgendwann habe ich mich dann doch entschieden: gegen die Führungsaufgabe und für meine Sache.«

Meine Sache – es ist diese Ent-Schiedenheit, die den Unter-Schied macht. Diese Führungskraft hat gespürt, daß die Führungsaufgabe oder gar die Beförderung ihr mehr Streß bringt, als sie ihr eigentlich wert ist. Was auch immer dem einen wichtig sein mag, was auch immer ein anderer für völlig nebensächlich hält: »Ich habe mich entschieden, also geht es da lang.« Das ist die Formel, die den Anspruchsnebel klärt und den inneren Konflikt zugunsten eindeutiger Priorität löst. Es ist wichtig zu wissen, daß wir unseren Weg selbst gewählt haben und daß unser Glück nun in unseren Händen liegt. Ohne Wählen ist das Wollen richtungslos; ohne Wollen ist das Wählen kraftlos.

Mit aller Energie hinter einem Entschluß stehen – wer könnte bestreiten, daß das der Königsweg zum Erfolg ist? Negativ gewendet: Der einzige Grund, wieso Sie möglicherweise in dieser Arbeit nicht erfolgreich sind, ist, daß Sie sie nicht mit Liebe und Hingabe tun. Sondern weil Sie sie tun, um Ihrem Chef zu gefallen, um die nächste Karrierestufe zu erklimmen, um den nächsten Urlaub buchen zu können, um sich später auf den Lotosblüten der Pensionierung ausruhen zu können, um den Erwartungen Ihrer Eltern und Freunde zu entsprechen, um die Autostrada Ihrer ehelichen Langeweile erträglicher zu gestalten, um zu …, Mittel zum Zweck …, später! Später!

Workaholics

Das alles ist nicht zu verwechseln mit Arbeitssucht. Der Workaholic wählt nicht bewußt die Arbeit. Sondern die Arbeit ihn. Er ist wieder nicht verantwortlich – weil er der Aufgabe unbefragten, gleichsam überindividuellen und mithin totalitären Wert zumißt.

Die heitere Gelassenheit als Synthese zwischen Depression und Erregung ist ihm fremd. Er arbeitet zwanghaft. In der Regel, um etwas zu vermeiden. Er arbeitet ersatzweise, um nicht einem anderen drängenden Problem ins Auge sehen zu müssen. Wie immer, so gilt auch hier: Die Fähigkeit der Menschen, Mängel zu ertragen, ist größer als die Bereitschaft, Mängel abzustellen. Er bleibt passiv, weil er das Anstehende meidet; und er ist abhängig, weil er die Droge Arbeit zur Ablenkung braucht – aber eben nicht wirklich wählt in bewußter Entscheidung gegen die alternative Möglichkeit. Und es ist ein Irrtum zu glauben, aus solchem operativen Aktionismus entstünde für das Unternehmen etwas Gutes. Vielleicht sollte man im Süchtigen den freien Selbstzerstörer respektieren.

In Wirtschaftsmagazinen ist immer wieder von Industriekapitänen zu lesen, die 80 Wochenstunden arbeiten. In grotesker Selbstkasteiung erklären sie stolz, sie hätten in den letzten Jahren kaum Urlaub machen können. Überall respektvolle Mienen. Über soviel eitel-inszenierte Wichtigkeit. Aber da ist oft mehr Hitze als Licht. Und ich kenne Manager, die das Commitment ihrer Mitarbeiter an den Überstunden oder der Bereitschaft zur Wochenendarbeit glauben ablesen zu können. Läßt man die altbacken-frühindustrielle Orientierung (lat. »industria« = Fleiß) an rein quantitativen Maßstäben mal zur Seite, dann sagt meine Erfahrung etwas anderes: Die weitaus besten Führungskräfte, die ich kennenlernen durfte, führen ein balanciertes Leben. Ein Leben, in dem auch Muße eine wichtige Rolle spielt. Dies mit Blick auf die Tatsache, daß sie auch in fünfzehn Jahren noch einen guten Job für das Unternehmen leisten wollen. Die Anwesenheitsliste ist keine Meßlatte für Commitment.

Zum Commitment gehört auch, sich zu erlauben, daß diese Energie schwankt. Wie alle Stromspannung, so schwankt auch unsere Lebensenergie von Zeit zu Zeit. Niemand kann acht Stunden am Tag in gleicher Intensität hochkonzentriert arbeiten. Auch einmal keine Lust zu haben gehört dazu. Es ist wichtig, dies als menschlich (was man ja heute kaum noch ohne die verzeihend milde Abfälligkeit aussprechen kann) anzuerkennen. Ein längeres Absinken des Energieniveaus ist sogar ein nützliches Warnsignal:

möglicherweise ein Zeichen für anstehende Änderungen. Es gibt eine kreative Lebenseinstellung, die das energetische Auf und Ab des Lebens bejaht und nicht zum ewigen Obenbleiben pervertiert. Auch das ist Commitment: bei sich bleiben, achtsam sein, in sich hineinspüren, Überforderung erkennen und mit ihr umgehen lernen, Zeichen der Erschöpfung nicht ignorieren. Nur der kann voll bei der Sache sein, der sich auch voll von ihr lösen kann. Was fertigmacht, ist das Laue.

Die Kraft des Willens

L. H. Farber hat in seinem anregenden Buch »The Ways of the Will« den Willen als den eigentlichen »verantwortlichen Beweger« beschrieben. Und für Rollo May besteht eine enge Verbindung zwischen Willen und Identität: »›Ich‹ ist das ›Ich‹ des ›Ich kann‹. … ›Ich kann‹ und ›Ich will‹ stellen die wesentliche Erfahrung der Identität dar.« Wenn aber von Selbstverwirklichung gesprochen wird, ist damit oft eine krause Mischung aus Hedonismus und Erfolgsgier gemeint. Die wahre Selbstverwirklichung jedoch ist die Ersetzung von »Ich soll« durch »Ich will«.

Commitment im Beruf heißt dann: Ich kann, weil ich weiß, was ich will. Die Arbeit wird nicht nur getan, sie ist auch gewollt. *Wir müssen wollen, was wir tun.*

Jede Arbeit ist ein Selbstporträt, von Ihnen signiert.

Antworten

So wie Sie sind, so ist das Unternehmen.

Worum es in diesem Kapitel geht, verdeutlicht am besten eine Geschichte, die in abgewandelter Form Bernard Benson erzählt hat, ein Höhlengleichnis, 2300 Jahre nach Platon:

Ein wißbegieriger junger Mensch suchte eines Tages einen alten Einsiedler auf, der – wie man sagte – auf alle Fragen eine Antwort wußte. »Ich möchte gerne wissen: Was ist richtig und falsch, schön und häßlich, gut und böse?« Der alte Mann schaute eine Weile in die Flammen seines Feuers. »Hinter mir liegt der Eingang einer Höhle«, antwortete er schließlich, »dort kannst du hineingehen und die Wahrheit finden. Nimm diese Laterne, und du wirst es sehen.«

Neugierig ging der junge Mensch in die Höhle hinein. Sie erschien ihm ganz grau, kalt und gespenstisch. Je weiter er ging, desto düsterer spielten die Schatten an der Wand. Schließlich blieb er stehen und sagte zu sich: »Das kann nicht sein. Es müssen doch sehr schöne Dinge in dieser Höhle zu sehen sein.«

Da entdeckte er plötzlich kleine Seen im Gestein, Wasserfälle, Kristalle, Farben. »Das ist mein Licht!« dachte er. »Was ich um mich herum sehe, hängt ganz allein von mir ab.« Aufgeregt rannte er aus der Höhle. Dort fand er den alten Einsiedler wieder und fragte ihn: »Welche Farbe haben die Höhlenwände denn nun wirklich?«

Da wurden die Augen des alten Mannes ausdrucklos, und er fiel in tiefes Schweigen.

In der alltäglichen Erfahrung ist es zweifelsfrei, daß wir mit unseren Sinnesorganen die Außenwelt wahrnehmen, die wirklich da ist und so ist, wie wir sie wahrnehmen. Wäre es anders, wie hätten wir bis heute überleben können? Aber für manche erledigt sich das Problem der Herkunft von Wasser ja auch durch die Existenz von Wasserhähnen. Nun sagen uns die Biologie und die Neurophysiologie – Forscher wie Heinz von Foerster, Ernst von Glasersfeld, Francisco Varela oder Gerhard Roth –, daß wir aufgrund der Arbeitsweise unseres Gehirns die Wirklichkeit nicht etwa durch Erkennen abbilden, sondern ganz im Gegenteil *selbst konstruieren*. Wir »erschaffen« sie gleichsam, indem wir dem äußeren Sinnesreiz ein inneres Pendant hinzufügen.

Auf dem Weg zu dieser Perspektive finden wir viele Einsichten von Wissenschaftlern seit der Antike:

»Wir können unsere Wahrnehmung immer nur mit unseren Wahrnehmungen, nie aber mit dem Objekt unserer Wahrnehmung (...) vergleichen.« (Sextus Empiricus, 3. Jh. n. Chr.)

»Glaubenssache wird die Annahme einer Außenwelt immer bleiben, da wir doch das, was wir von ihr wissen, thatsächlich nur als unser Inneres wissen (...).« (G. Th. Fechner, 1879)

»Dies ist die stärkste Art der Entfremdung: Unsere Blindheit gegenüber einer Welt relativer Wahrheiten, die wir selbst erzeugen und für die daher der Mensch allein den absoluten Bezugspunkt darstellt (...).« (H. Maturana, 1982)

Das sind zweifellos harte Nüsse für unseren sogenannten »gesunden« Menschenverstand. Geht dieser doch davon aus, daß wir die Wirklichkeit »da draußen« durch unsere Sinne wahrnehmen und schrittweise immer genauer erkennen. Aber wir glauben ja fälschlicherweise auch, daß ein angestrahlter Gegenstand leuchtet – dabei reflektiert er nur.

Wahrnehmen und Erkennen sind nicht als eine wirklichkeits-»abbildende«, sondern eher als eine wirklichkeits-»schaffende« Tätigkeit vorzustellen. Wirklichkeiterfassen ist dann Aktion, nicht Reaktion. »Wir antworten« – ich glaube nicht, daß die 3M Deutschland weiß, welchen Schatz sie in ihrem gleichlautenden Wahlspruch besitzt.

»Klick-Klack« – Die Sprache unseres Gehirns

Unsere Sinne sind keine passiven Organe, sondern aktive Fähigkeiten. Wir sehen nicht mit den Augen: wir sehen mit unserem Gehirn. Wir hören nicht mit unseren Ohren: wir hören mit unserer Erinnerung. Wir fügen den Gegenständen und Ereignissen der Außenwelt etwas hinzu, was wir zusammen dann Wirklichkeit nennen.

Das können Sie sich selbst in diesem Augenblick deutlich machen: Während Sie dieses Buch lesen, macht es in Ihrem Kopf permanent »Klick«, »Klack«, »Klick«, »Klack«. Übersetzt heißt das: »Jetzt hat er recht«, »Nein, das ist falsch«, »Jetzt hat er wieder recht«, »Nein, das ist nun wirklich völlig daneben«. Gemeinhin nennt man das »Denken«. Unser Verstand neigt nämlich reflexhaft dazu, allem, was unserer bisherigen Erfahrung nicht entspricht, unrecht zu geben und bei solchen Argumenten zuzustimmen, die von unserer bisherigen Erfahrung gestützt werden. Wir übersetzen die Ereignisse der Außenwelt in unsere »Sprache« und weisen ihnen erfahrungsgestützte Bedeutungen zu. Das »Original« geht dabei unwiederbringlich verloren. Wir können zwar davon ausgehen, daß diese Außenwelt, das »Original«, auch dann noch vorhanden ist, wenn weder wir existieren noch sonst ein Mensch, der das Gesehene interpretiert. Aber diese Annahme der Tatsächlichkeit der Außenwelt ist für unsere Belange weder zwingend noch wichtig. Wir können behaupten, daß es sie gibt – aber das ist auch schon alles, was wir über sie aussagen können.

Wer Sie also davor warnt, sich von der Wirklichkeit zu entfernen, verkennt, daß sie auch da ist, wo Kassandra sie nicht vermutet.

Falschnehmen?

Es ist der Betrachter, der das Bild von der Wirklichkeit erzeugt. Roland Barthes setzte in einem anderen Zusammenhang die Geburt des Lesers mit dem Tod des Autors gleich. Das Absolute sei illusorisch, die Endlichkeit der Bedeutung wäre das Ende der Freiheit: wir sind frei, wie wir etwas erleben; niemand zwingt uns Bedeutung auf. Emerson schreibt in seinem grandiosen Essay »Self-Confidence«: »Das Gemälde wartet auf mein Urteil; es ist nicht berufen, über mich zu bestimmen, sondern ich bin es, der seine Ansprüche auf Anerkennung festzusetzen hat.« Die Welt ist kein Uni-Versum, vielmehr: ein Multi-Versum.

Es ist daher unsinnig, von »verzerrter« Wahrnehmung zu reden. Ebenso gibt es auch keine Wahrnehmungs-»Fehler«, wie uns die Kommunikationspsychologie glauben machen will. Wahrnehmung ist Konstruktion und Interpretation. (Jeder, der die leidvolle Geschichte der Zensierung von Deutschaufsätzen erlitten hat, kann ein Lied davon singen.) Wahrheit ist eine Frage der *individuellen Perspektive*, der Bedeutungszuweisung. Und Perspektiven sind so verschieden wie Schneekristalle.

Noch einmal: Unsere »Antwort« auf die Ereignisse und Phänomene der Außenwelt ist individuell unterschiedlich durch Erfahrung geprägt. Was Sie wahrnehmen, nehmen Sie für wahr. Sie können ja nichts »falschnehmen«. Und es sind ja immer nur die anderen, die behaupten, man sähe etwas nicht richtig. Aber was immer Sie auch sagen:

Sie haben recht. Das kleine Problem ist: der andere auch.

Was nützen mir diese Gedanken für meinen Alltag im Unternehmen? Sehr viel! Nehmen Sie diese Perspektive ernst, so ergeben sich daraus für die Unternehmen grundstürzende Neuorientierungen. Die Frage ist jetzt: Wie sieht ein Unternehmen aus, wenn die entscheidenden Denkkategorien nicht Wahrheit und Objektivität sind, sondern Brauchbarkeit und Nützlichkeit?

Welt ist immer Welt im Kopf. Und die ist nicht nur von unserer Erfahrung abhängig, sondern auch von unseren Interessen, die unsere Aufmerksamkeit steuern. Wenn Sie gerade ein bestimmtes Auto in einer bestimmten Farbe gekauft haben: plötzlich sind alle Straßen voll von diesem bestimmten Auto in dieser bestimmten Farbe.

Auch das Unternehmen ist immer das Unternehmen im Kopf. So scheint es zwar für jeden Manager klar zu sein, was ein Unternehmen »ist« und wie es sich von anderen Organisationen unterscheidet. Unbestreitbar ist aber auch, daß jeder Manager ein anderes Unternehmen »sieht«, Unterschiedliches für wichtig hält und so »sein« Unternehmen je nach Perspektive anders »baut«. Das Unternehmen ist, so wie Sie es *erleben*. Es ist eine Projektion Ihrer Innenwelt. Jeder macht sich gewissermaßen eine andere Landkarte vom Unternehmen. Diese Landkarte ist aber nicht mit dem Unternehmen zu verwechseln. Das »gibt« es nämlich eigentlich gar nicht. Nur in den Köpfen der Beteiligten.

Heinz Pechek, Direktor des Österreichischen Produktivitäts- und Wirtschaftlichkeitszentrums ÖPWZ: »Unternehmer sagen immer wieder, daß sie ›engagierte, eigenverantwortliche, unternehmerisch mitdenkende Mitarbeiter‹ wollen. Vielfach versteht der Unternehmer darunter, der andere müsse so denken wie er selbst. Er erwartet von den Mitarbeitern, daß sie so denken, so entscheiden, so handeln wie er, eben ›unternehmerisch‹. Das ist in der Praxis nicht realisierbar, weil jeder die Dinge aus seiner eigenen Sicht sieht.«

Ein anderes Beispiel: Das Organigramm eines Unternehmens zeigt zwar, wer der Boß ist und wer wem hierarchisch untersteht. Es schweigt sich aber völlig darüber aus, was für den einzelnen und damit für den Unternehmenserfolg wirklich wichtig ist: Wer sich mit wem bei der Lösung alltäglicher Probleme berät (Beratungsnetz); wer mit wem vertrauliche Gespräche führt und delikate geschäftspolitische Informationen austauscht (Vertrauensnetz); wer mit wem gerne und erfolgreich kooperiert (Kooperationsnetz). Diese verborgenen Strukturen hinter dem offiziellen

Organisationsplan – D. Krackhardt und J. Hanson haben sie beschrieben – sind informelle Netze, die nirgendwo fixiert sind, die aber von den Mitarbeitern *erlebt* werden und die damit über die Produktivität der Organisationsstruktur entscheiden.

Sie machen als Betrachter fortwährend Unterschiede, indem Sie in Gedanken bestimmte Verhaltensweisen unter bestimmte Begriffe zusammenbinden. Denken Sie als Führungskraft an die Gruppe Ihrer Mitarbeiter, so bildet sich in Ihrem Kopf ein System. Vielleicht unterscheiden Sie zwischen »guten« und »schlechten« Mitarbeitern, zwischen »Bremsern« und »Heizern«, vielleicht auch zwischen »jungen« und »alten«, zwischen Männern und Frauen, zwischen Spezialisten und Generalisten. Diese Unterscheidungen hängen von Ihren Werten und Interessen ab. Je nachdem, was Sie für wichtig halten, werden Sie ein anderes Bild im Kopf entwickeln. Keines davon ist besser oder schlechter, höchstens praktischer und brauchbarer für bestimmte Zwecke.

Oder aber: Führung kann zaubern. Durch eine Beförderung wird aus dem Mitarbeiter plötzlich wie durch ein Wunder ein »Vorgesetzter«. Der Betriebssoziologe Goetz Briefs schrieb schon 1931, daß durch die Beförderung zum Vorgesetzten Bekannte zu Fremden gemacht würden, die sich dann genötigt sehen, wie Bekannte zusammenzuarbeiten. Der Beförderte selbst mag sich so fühlen wie zuvor, ja vielleicht will er sogar in der alten Kollegialität weiterleben. Es geht nicht: Er wird von seinen ehemaligen Kollegen anders *erlebt*. Ein anderer Mensch ist geboren. Wo gerade noch zwei Kollegen am Kantinentisch zusammensaßen, sitzen nun – Hokuspokus! – ein Chef und ein Mitarbeiter. Das Gespräch nimmt einen anderen Verlauf, Mimik und Gestik verändern sich; plötzlich gibt es Themen, über die man nicht mehr spricht. Im Gehirn des gerade »erzeugten« *Mitarbeiters* läuft neben dem Film »Was will ich ihm sagen?« der Zusatzstreifen »Wie beurteilt er mich jetzt?«. Beim Chef läuft neben dem Videoband des eigentlichen Gesprächsthemas die Gefühlsspur »Will er mich beeindrucken?« oder »Ist das ein guter Mitarbeiter?«. In Abwandlung einer bekannten Formel Watzlawicks: *Man kann nicht nicht führen.* Alles wird als Verkündigung oder Aufforderung verstanden. In einer Coaching-Situation sagte mir ein

Bereichsleiter: »Ich kann kaum einmal laut denken, schon fangen alle Räder an zu drehen und halten es für eine Anweisung.«

Eine Lektion: Erst als ich vor etlichen Jahren die 3M verließ, hatte ich begriffen, daß mein Geschäftsführer, mit dessen Unternehmensführung ich häufig nicht einverstanden war, in einem völlig anderen Unternehmen arbeitete als ich. Oh ja, wir erhielten beide unser Geld vom selben Gehaltsbüro. Aber wenn *er* über das Unternehmen nachdachte, wenn *er* Entscheidungen vorbereitete, wenn *er* über firmeninterne Prozesse sprach, dann hatte er völlig andere innere Bilder im Kopf. Er hörte völlig andere Stimmen, die ihm bei seinen Entscheidungen zuflüsterten, er hatte andere Erfahrungen, andere Adressaten, andere Interessen, andere Wertmaßstäbe. Die Putzwut unternehmenskultureller Konformität kann das nicht tilgen. Und je größer ein Unternehmen ist, desto unverstehbarer sind Top-Down-Entscheidungen. Nicht, weil »die da oben« blöd sind. Sondern weil sie in einer anderen Wirklichkeit leben. Kurz: Wir arbeiten nicht alle im selben Unternehmen.

So gesehen verhält sich jeder Mensch immer und überall ökonomisch-rational. Sein Verhalten ist immer sinn-voll. Es ist voller Sinn. Aus seiner Sicht. Aber einen anderen Maßstab als »seine Sicht« gibt es nicht, obwohl ein anderer für sich insgeheim einen »besseren« Zugang zur Wahrheit, eben »objektive« Kriterien reklamiert. Deshalb mag ein Verhalten aus der Sicht eines anderen Beobachters noch so »ver-rückt« erscheinen: aus der Innenperspektive ist es sinnvoll. Und es ist wenig hilfreich (»Das ist doch Blödsinn!«), ihm diesen Sinn streitig machen zu wollen. Aus seiner Sicht handelt jeder *immer* rational und ökonomisch.

Fünf Komma sieben, Fünf Komma sechs, Fünf Komma neun

Das gilt auch für Werturteile: »Es ist von nichts, was außer dir ist, die Rede, sondern lediglich von dir selbst« (Johann Gottlieb Fichte). Ich will auf diesen Punkt zu einem späteren Zeitpunkt vertieft eingehen, daher hier nur soviel: Urteile illustrieren vorrangig die Eigenschaften und Perspektiven des Beurteilers, nicht des Beurteilten. Wenn Sie die Wirklichkeit über den anderen suchen, finden Sie immer nur sich selbst. Sie entdecken z. B. nicht den Mitarbeiter, »wie er wirklich ist«, sondern wie Sie ihn *erschaffen.* Alle Beurteilung sagt also immer mehr über den Beurteiler aus als über den Beurteilten.

Jeder bewertet nämlich das Handeln eines anderen (eine Dienstleistung oder ein Produkt) nach einem individuellen Wertsystem. Was eine Ware ist, kann nicht vom Anbieter bestimmt werden. Es wird vom Käufer bestimmt. Auch im Innenverhältnis zwischen Führungskraft und Mitarbeiter: Sie meinen vielleicht, dem Mitarbeiter einen Dienst erwiesen zu haben, den der Mitarbeiter aber gar nicht als »Dienstleistung« anerkennt. Weil er eben andere Werte hat. Sie ärgern sich über Undankbarkeit; der Mitarbeiter wundert sich über Ihre offenen oder versteckten Gegenleistungsforderungen.

Das ist die radikale Autonomie der Wertzuschreibung: Ob eine Dienstleistung wirklich eine Dienstleistung ist, entscheidet ausschließlich der Käufer. Es gibt keine objektiven Wertmaßstäbe für eine Ware. Immer wieder ist zu beobachten, daß irgendwelche Stabsabteilungen Leistungen zur Verfügung stellen, für die sich in der Linie niemand interessiert. Es gibt daher auch keine extrinsische (von außen kommende) Motivation. Jede Motivation ist intrinsisch (von innen kommend), denn sie entspricht einer inneren individuellen Wertzuschreibung dessen, was zu tun oder zu lassen ist.

Das Reich der Freiheit

Organisation ist also ein Ereignis, das in den Köpfen der Beteiligten stattfindet. Und sonst nirgendwo.

Der Mensch ist auch in dieser Hinsicht nicht Eindrucksempfänger, sondern Ausdrucksschöpfer. Damit liegt der Akzent auf Eigentätigkeit statt auf Außensteuerung und bloßem Reagieren: »Das Wesen der Wahrheit enthüllt sich als Freiheit« (Martin Heidegger). Die Außenwelt im Unternehmen hält alle – wirklich *alle*

– Möglichkeiten offen, und es ist keineswegs so, daß sie Sie zwingt, sie so zu erleben, wie Sie sie erleben. *Sie sind voll verantwortlich für Ihre Antwort.*

Und wie Sie antworten, hängt ab von Ihrer inneren Einstellung. Wie oft gelingt z. B. einem Mitarbeiter eine Wahrnehmung nicht, die einem Kollegen fast selbstverständlich erscheint. Oder bei Konflikten: Viele stellen sich aus ihren Phantasien über die Motive des anderen eine »Speisekarte: Konflikt« zusammen. Das Motto: »Der andere hat was gegen mich.« Dann essen sie die Speisekarte statt der Speise, beschweren sich anschließend über den schlechten Geschmack und fühlen sich in dem Verdacht bestätigt, man wolle sie vergiften. Das Drama ist immer das Drama im Kopf.

Wenn Sie Ihre Unzufriedenheit am Unternehmen festmachen wollen, haben Sie vergessen, daß zunächst nur Ihre »Antwort« auf die Vorgänge im Unternehmen und nicht dieses selber defizitär ist. Auch wenn es manchmal schwer zu durchschauen ist: Es sind die einzelnen, die das Unternehmen erschaffen. Das meint: Das Unternehmen ist ein Beispiel dafür, wie Sie sich selbst beschreiben. Spieglein, Spieglein ... Sie vergeuden Zeit und Energie, wenn Sie jemanden oder etwas »dort draußen« beschuldigen. Sie sehen das Unternehmen nicht, wie *es* ist, sondern wie *Sie* sind. Welche Sicht Sie aber wählen, hängt davon ab, wie Sie sind.

Verantwortlich handeln heißt nun, auf eine Situation angemessen zu antworten. Sind Sie dabei ausgeliefert an die Macht der Routine, an konditionierte Reflexe, gefangen im Panzer der Gene, Opfer von Daseinsprogrammen, die in die Großhirnrinde eingraviert wurden? Keineswegs. Die Antwort können Sie wählen. Ihre Einstellung zu den Dingen können Sie ändern. Das bedeutet nicht, daß Sie die *Tatsächlichkeit* der Vorgänge leugnen sollten. Es heißt vielmehr, daß Sie Verantwortung dafür übernehmen, *wie* Sie sie *erleben*, welche Perspektive Sie wählen. Daß Sie Ihren Beitrag an dieser Wirklichkeit anerkennen. Eine sinnvolle, eine sehr hilfreiche Frage: »Was trage ich zu dieser Erfahrung bei?« Und: »Was sagt dieses Unternehmen über mich als Person aus?«

Zwischen dem Reiz aus der Außenwelt und der Art und Weise, wie Sie reagieren, liegt also das Reich der Freiheit: Ihre Antwort zu verantworten. Sie *entscheiden* sich dafür, zu leiden, unglücklich zu sein, sich abwerten zu lassen, Opfergefühle zu haben, anderen Macht über sich zu geben. Oder Sie entscheiden sich für eine andere Art der Antwort: Selbstverantwortung zu übernehmen, Commitment zu leben. Commitment für eine Situation ist dann und nur dann möglich, wenn Sie sich als Beteiligten erleben. Als Mitschaffenden. »Committed sein« löst dabei nicht alle beruflichen und privaten Probleme. Aber die Kontrolle wird eigenmächtig von außen nach innen verlegt. Und damit machen Sie sich zum Verantwortlichen für Ihr Erleben.

Nehmen wir als ein Beispiel »Streß«, für das in manchen Seminaren viele vorbeugende und nachsorgende Handreichungen angeboten werden. Ich würde das Zeug ja gerne als höheren Blödsinn abbuchen (mind-machines!), wenn es nicht das umgreifende Vorurteil bestätigte – nämlich daß es Streß *gibt*. Streß aber *gibt* es nicht als solchen, sondern er wird von jedem einzelnen unter bestimmten Umständen erschaffen, weil er dieses Erleben gewählt hat. Manche Leute bleiben bei fünf gleichzeitig klingelnden Telefonen kühl und sachlich, ja laufen gerade dann zur Höchstform auf. Manche ersteigen die bekannte Palme. Wer ist verantwortlich? Die Telefone?

Nichts und niemand kann Sie stressen. Jeder einzelne kreiert Streß vor dem Hintergrund seiner persönlichen Erfahrung. Er gibt den Dingen individuelle Be-*Deutung*, er deutet sie. Er ist eminent kreativ, weil er das Erleben aktiv gestaltet. Und was den einen aufregt, läßt den anderen völlig kalt.

Mensch, ärgere mich nicht

»Mein Chef hat mich geärgert.« Ist das möglich? Natürlich nicht. Sie selbst produzieren Ärger, weil Sie gewählt haben, sich zu ärgern. Weil Sie glauben, das sei vor dem Hintergrund Ihres Wertsystems die angemessene Reaktion. Nichts und niemand kann Sie ärgern. Das müssen Sie schon zulassen. Das Gesellschaftsspiel weiß das schon lange: »Mensch, ärgere *Dich* nicht!« heißt es, nicht »Mensch, ärgere *mich* nicht!«.

Es besteht aber allseits die Tendenz, sein Umbehagen dem

Unternehmen, dem Chef, dem Kollegen, dem Mitarbeiter anzulasten: »Dieser Chef ist nun aber wirklich die letzte Krücke.« Der Chef ist aber nicht so. *Sie* machen ihn so. Sie sind derjenige, der das Unbehagen verspürt; Sie können auch etwas daran ändern. Warten Sie nicht, daß die anderen etwas tun, da können Sie unter Umständen lange warten. Weil die anderen es anders erleben.

Ärger über einen Mitarbeiter läuft auf den Wunsch heraus: »Wenn Sie mir doch nur ähnlicher wären.« Ist er aber nicht. Es fällt vielen Menschen furchtbar schwer, anderen das Recht zuzugestehen, nicht so zu sein, wie sie sie gerne hätten. Jeder Ärger ist das Ergebnis zwanghafter Erwartungen. Wenn wir das erkennen, sind wir nicht frei von Problemen, aber frei von der daraus entstehenden Lähmung.

Natürlich: wer sich ärgert, lenkt die Aufmerksamkeit auf sich, fühlt sich bedeutend und immer auf der richtigen Seite. »Es geht ja um die Sache!« Um die ging es noch nie. Jeder glaubt zwar, für die »Sache« und für allgemeinste Prinzipien zu streiten, wie »man« sich zu verhalten hat. Dabei macht er nur seine eigenen Wertmaßstäbe, seine Erfahrungen und Sichtweisen verbindlich für alle anderen. Mit welchem Recht?

Gefühle

Es sind nicht die Vorgänge an sich, die uns verletzen. Es ist unsere Art und Weise, darauf zu reagieren. Aber können wir diese Reaktion auch wählen? *Entscheiden* wir uns dafür, unglücklich zu sein? Ich höre den Einwand, das sei doch viel zu rational gedacht. Gefühle seien doch auch im Spiel. Und die Gefühle würden einen doch häufig »überwältigen«. Kann man Gefühle überhaupt steuern?

Schon in den Kuschelkulturen der 68er Generation immunisierte der Rückgriff auf Gefühle gegen jedwede vernünftige Auseinandersetzung um rationale Lebenspraxis. »Das ist halt so mein Gefühl ...« – und das Gespräch war beendet. Gefühle erzielten höchste Respektwerte. Heute noch ist es Brauch, die Verantwortung für ein bestimmtes Verhalten an die Gefühle abzutreten. Eine kleine Liste sprachlicher Unverantwortlichkeiten:

»Er geht mir mit seinem Perfektionswahn furchtbar auf die Nerven.«
»Ich kann nichts dafür, daß ich so empfinde.«
»Als Sie gesagt haben, wir hätten das Projekt nicht im Griff, hat mich das sehr geärgert.«
»Sie haben mich vor aller Augen blamiert.«
»Ich sehe abgespannt aus? Wir machen gerade den Jahresabschluß; da können Sie sich vorstellen, was bei uns los ist.«

Alle diese Sätze sagen unterschwellig: »Ich bin für meine Reaktion nicht verantwortlich. Der andere oder die Umstände zwingen mir Gefühle auf.« Machen Sie eine kleine Übung. Achten Sie bei der nächsten Besprechung mal darauf, wieviel Zeit auf Opfer-Stories, auf Weh und Ach und Ich-kann-nichts-dafür verwandt wird. Sie werden staunen, wieviel Zeit dabei zusammenkommt. Und wieviel Unverantwortlichkeit.

Die in unserer Kultur sehr verbreitete Trennung zwischen Denken und Fühlen steht auf dünnem Eis. Wir können nicht fühlen, ohne zu denken, und nicht denken, ohne gleichzeitig zu fühlen. Entsprechend unseren Erfahrungen in der Vergangenheit produzieren wir richtungsgleich emotionale Energien, die unsere Gedanken energetisch unterfüttern und die wir dann als Gefühle wahrnehmen. Gedanken bedingen Gefühle. Und Gefühle bedingen umgekehrt auch Gedanken.

Die Trennung zwischen »Kopf« und »Bauch« ist somit zwar beliebt, aber nicht haltbar. Sie wäre das Ende menschlicher Freiheit. Warum beliebt? Weil sie uns scheinbar ent-antwortet. Wir verweisen auf die Eigendynamik unserer Gefühle und hoffen auf Preisnachlaß. Die Akten der Verkehrspolizei sind voll von Nachrichten aus dem Jammertal: »Wenn jemand so bescheuert fährt, da *muß* man ja wütend werden!«

Gefühle sind letztlich Kreationen unserer Vergangenheit zum Zwecke des Rechthabens. Dabei geht es nicht darum, sie zu unterdrücken. Aber für unsere Gefühle sind wir genauso verantwortlich wie für unsere Gedanken. Beide stehen in enger Verbindung. Es gibt keinen Unterschied zwischen vorausgehendem rationalen »Erkennen« und nachfolgendem emotionalen »Interpretieren«.

Deshalb können wir unsere Gefühle beeinflussen, indem wir die Qualität unseres Bewußtseins, unserer Gedanken ändern. Indem wir auf *andere* Weise antworten.

Prüfen Sie bitte diesen Gedanken zunächst gründlich, bevor Sie ihn ablehnen. Vielleicht ist es hilfreich, sich vorzustellen, daß Sie sicher zunächst oft spontan gefühlsmäßig reagieren. Aber schon bald können Sie – wenn Sie wollen – innerlich zur Seite treten, sich beobachten und dann entscheiden, ob Sie weiter diese Antwort wählen. Es ist ganz einfach praktisch, so zu denken: Niemand ist so wichtig, daß er es wert wäre, sich über ihn zu ärgern.

Ich erinnere noch sehr gut eine junge Managerin, die darunter litt, daß ihr Chef ihr offensichtlich nur wenig zutraute und bei schwierigen Aufgaben häufig andere Mitarbeiter bevorzugte – bis ihr klar wurde, daß sie selbst diejenige war, die diese Tatsache für sich wichtig werden ließ. Daß sie selbst ihr die Bedeutung gab. Sie räumte diesem Chef außerordentlich viel Einfluß auf ihre Lebensqualität (bis zur Schlaflosigkeit) ein und ließ es zu, durch sein Urteil ihr Selbstwertgefühl ankratzen zu lassen. Sie hielt die Gedanken eines anderen über sich für wichtiger als ihre eigenen. Sie fing an zu glauben, es sei ein »wahres« Urteil über sie. Sie schob ihrem Chef Verantwortung für ihre Gefühle zu. Aber niemand zwang sie, so zu empfinden. Es war an ihr, diese Situation nicht einfach hinzunehmen, sondern zu verändern: ihr Erleben zu schildern, mit der Sichtweise ihres Chefs abzugleichen und die Situation neu zu verhandeln. Oder abzuwählen.

Das Wort »Selbstverantwortung« zeigt: Wir antworten. Wir ver-antworten unsere Antwort vor unserem Selbst. *Das* ist die Instanz, vor der Verantwortung faktisch ist. Viele lassen sich – oft reflexhaft – von dem beherrschen, was andere für richtig oder falsch halten. Wer sich seiner Verantwortung für das Erleben bewußt wird, erfährt sich selbst als Gestalter des Lebens. Die Macht zurückgewinnen. Sich selbst ermächtigen. Das ist die Grundbedingung von Exzellenz: wenn Sie das, was Sie tun, vor Ihrem Selbst verantworten; wenn es Ihnen – ich schränke ein: wenigstens näherungsweise – egal ist, was andere davon halten. Sonst machen Sie sich abhängig von den Wechselfällen des gehobenen oder gesenkten Daumens.

Erkenne dich selbst!

»Denn sie wissen nicht, was sie tun.« Den meisten Führungskräften ist die Tatsache nicht bewußt, daß nicht die »Dinge an sich«, sondern ihre Weltsicht, ihr innerer Bezugsrahmen sich an den Gegenständen äußert. Deshalb interessieren sie sich auch nicht für sich selbst und noch weniger für die Einzigartigkeit ihrer Erfahrung. Sie interessieren sich vor allem für das, was sich an der Peripherie ihrer Existenz abspielt, ohne anzuerkennen, daß sich etwas *in ihnen* abspielt.

Als der weit über 80jährige Management-Papst Peter F. Drucker Anfang 1993 in einem Interview gefragt wurde, welchen Tip er jungen Führungskräften aufgrund seiner langen Erfahrung mitgeben würde, lautete seine Antwort: »Erkenne dich selbst!« Mancher, der nach der »Goldenen Regel«, nach dem Über-Trick schielte, mag enttäuscht worden sein. Aber vor dem Hintergrund der bisherigen Überlegungen ist es für Führungskräfte unabweisbar, wie wichtig dieses »gnothi seauton!«, einst gemeißelt über den Eingang des Apollotempels in Delphi, für verantwortliches Führungshandeln ist. »Eine Antwort wählen« setzt voraus, die Bestimmungsfaktoren der eigenen Persönlichkeit, die individuellen Prägungen und Rollenbilder zu kennen: Was bestimmt mein Lebens-Drehbuch? Was sind die wichtigsten Vorstellungen von guter und schlechter Führung, richtig und falsch, die ich z. T. seit meiner Kindheit durch meine Leben trage? Was treibt mich an? Wo bin ich empfindlich?

Nur wenn Sie sich selbst die wesentlichen Bestimmungsgründe Ihres Handelns, die »Glaubenssätze« Ihres Lebens anschauen, können Sie sich von ihnen distanzieren, d. h., Sie handeln nicht reflexhaft. Andernfalls restaurieren Sie lediglich Ihr inneres Museum. Es sieht aus wie Selbstbestimmung. Aber es ist radikale Fremdbestimmung. Sie können sich jederzeit neu entscheiden, Ihre Glaubensätze wiederzuwählen oder zu ergänzen. Für Führung ist dies unabdingbar: *Nur wer sich selbst begegnet, kann anderen begegnen.* »Ich weiß, wer ich war, wer ich bin und wo ich sein möchte«, sagt Dan Kaplan, der Präsident der Hertz Equipment Rental Corporation, »mit anderen Worten: Ich kenne das

Maß an Verpflichtung, das ich bereit bin einzugehen, und auch *warum* ich bereit bin, es einzugehen.« Auch hier wieder gilt:

Derjenige kommt am weitesten, der bei sich selber bleibt.

Das gilt auch für Ihr individuelles Lebens-Drehbuch: Ihre Vergangenheit – es *gibt* sie nicht. Sie ist eine Erfindung. Auch sie existiert nur in Ihrem Kopf. Sie erzählen sich und anderen Geschichten darüber. (Deshalb beneidet Gott die Historiker: die können die Geschichten ständig neu schreiben.) Sie haben sich entschlossen, bestimmte Sachverhalte so und nicht anders zu beurteilen. Oft zu ver-urteilen. Sie verantworten diese Interpretation. Sie können die Dinge so sehen. Aber Sie müssen sie nicht so sehen. Es ist nie zu spät für eine glückliche Kindheit.

»Der Schlüssel zu erfolgreichem Führen ist Selbst-Aufmerksamkeit«, schreibt James Autry, Geschäftsführer eines amerikanischen Zeitschriftenverlags, und diese Aussage – schon immer gültig – wird durch die rapide Globalisierung der Wirtschaft noch einmal dynamisiert. Stichwort: multikulturelle Kompetenz. Allein die zunehmende Internationalisierung der Mitarbeiter-Zusammensetzung in den Betrieben (führend: die Schweiz – jeder dritte ist Ausländer), die Zunahme multikultureller Schnittstellen, die vielen internationalen Teams: kulturelle und sprachliche Hürden erzwingen förmlich die Einsicht in die eigenen Werte und den Respekt vor den unterschiedlichen Wertvorstellungen. Wenn ein »expatriate« seinen Gesprächspartner durch die Hornbrille eigener Stereotypen betrachtet, wird er sich – zum Nachteil seiner Interessen – unangemessen und erfolglos verhalten. Daher erfordert multikulturelle Kompetenz nicht nur herablassende Toleranz gegenüber einem ansonsten als minderwertig erlebten Wertekanon, sondern Neugier und Offenheit für Neues – ebenso aber Flexibilität gegenüber den eigenen Werten. Das zielt auf Persönlichkeitsentwicklung statt auf Rezeptlisten. Die z. B. für die »Expats« des Schweizerischen Bankvereins durchgeführten Seminare haben gerade im Bereich »Teamarbeit« die Bedeutung einer über die Toleranz hinausgehenden Offenheit immer wieder bestätigt.

Objektiv subjektiv

Die Behauptung von »Objektivität« und »Wahrheit« ist richtungsgleich mit den Totalitarismen der gesellschaftlichen Großversuche des 20. Jahrhunderts. Sie waren gegründet auf mechanistischen Denkmodellen, deren Zwangscharakter dem einzelnen jede Handlungsfreiheit absprach. Er konnte daher auch keine Verantwortung übernehmen. Es liegt auf der Hand, daß solche Modelle mit den hier vorgeschlagenen Denkfiguren unvereinbar sind.

Zum Beispiel die Ethik-Diskussion in den und um die Unternehmen: Von moralischen Gefühlen be-mächtigt, fühlen sich manche durch ihr empörtes Gewissen er-mächtigt, ihre Vernunft zu ent-mächtigen. Wer schon einmal dem Tugendterror einer heilsgewissen moralischen Empörung ausgesetzt war, weiß, wovon ich rede. Gegen die Aggressionen einer selbstermächtigten Gewissenselite hilft nur das Recht, das auch der Moral erst den Freiraum sichert. An das Recht haben sich sowohl der heilige Zorn moralischer Gesinnung wie die laue und dickfellige Gewissenslosigkeit zu halten. Hubert Markl ist zuzustimmen: »Wichtiger als die Erziehung zum Absolutismus des Gewissens ist die Erziehung zum Respekt vor unserer Rechtsordnung.«

Auch die »herrschende Meinung« beweist in keiner Weise irgend etwas. Ebensowenig die sogenannte »wissenschaftliche« Erkenntnis: nichts als das große Ungefähr. »Wissenschaft denkt nicht«, sagt Heidegger und meint damit, daß sie auf Grundannahmen beruht, die sie nicht in Frage stellt, auf denen sie aber widerspruchsfrei aufbaut. Sie ist ein Weg, die Wirklichkeit sinnvoll zu konstruieren, ein Weg, der danach beurteilt werden muß, ob er gangbar und nützlich ist – und nicht, ob er objektiv oder wahr ist.

Das gesamte innerbetriebliche Geschehen geht jedoch nach wie vor davon aus, daß es objektive Tatsachen und Maßstäbe gäbe. Daß man »Wahrheit« erreichen könne. Da wird dann das Hohelied der Expertenschaft gesungen – ein sehr fragwürdiger Cantus, wenn man bedenkt, wie oft sich Experten irren oder nur bestimmte Interessengruppen vertreten. Aber es gibt (obwohl es mir schwerfällt, das einzuräumen) Bereiche im Unternehmen, in denen der Einfluß des Beobachters eher gering ist. In diesen »harten« Bereichen – z. B. ob eine Maschine funktioniert oder nicht – ist relativ leicht Einigkeit zu erzielen. Warum sie u. U. häufig ausfällt – darüber sich zu einigen wird schon schwieriger. In dem »weichen« Bereich hochkomplexer sozialer Zusammenhänge wie z. B. bei Märkten, Teams, Mitarbeitern ist es aber vollständig irreführend, so zu tun, als gäbe es objektive hard facts. Im Bereich menschlichen Wirtschaftens ist die Perspektive des Beobachters entscheidend.

»Aber sehen Sie das doch mal objektiv!« Wer so etwas sagt, appelliert (noch im besten Falle) an Sie, Sie sollten seine Sichtweise übernehmen. Er sagt: »Sehen Sie das doch so, wie ich das sehe!« Das ist aber unmöglich. »Objektiv« heißt übersetzt: vor aller Erfahrung. Aber dort ist für Menschen nichts zu holen.

Eine solche »perspektivische« Perspektive hat immense Konsequenzen für die Führung von Unternehmen. So satteln Führungspositionen in weiten Teilen der deutschen Wirtschaft nach wie vor weitgehend auf fachlicher Kompetenz. Und diese fachliche Kompetenz ist zudem nach Lage der Dinge in vielen Unternehmensbereichen vornehmlich »naturwissenschaftlicher« Herkunft. Nun will ich keinem Chemiker bei BASF, Bayer oder Hoechst zu nahe treten, und es gibt sicher auch viele Führungskräfte, bei denen sich fachlicher Anspruch und soziale Fähigkeiten auf glücklichste Weise paaren. In der Tendenz aber: Nicht zufällig hat dieser Chemiker das studiert, was er studiert hat.

Es gibt sicher viele Ausnahmen. Aber meiner Erfahrung nach haben gerade Naturwissenschaftler aufgrund ihrer Ausbildung und Lebenswelten tendenziell große Probleme, die Subjektgebundenheit der sogenannten »Realität« anzuerkennen. Für sie sind die Dinge eher zweifelsfrei, gewissermaßen »objektiv«. Stellt man z. B. Manager vor die Alternative, bei gleichem Gehalt und Prestige sich mehr mit sachlich-fachlichen Fragen oder mehr mit Personalangelegenheiten zu beschäftigen, so ziehen drei von vier Führungskräften die Fachaufgabe vor. Fritz B. Simon erkennt darin »eine schier unstillbare Sehnsucht nach der Berechenbarkeit und Sicherheit trivialer Maschinen. Die harte Realität sachlicher Fragen, in der es klare Daten und Formeln gibt, um herauszufinden, was ›richtig‹ und was ›falsch‹ ist, verspricht ein einfaches, den Regeln der Logik folgendes Leben, in dem man als Manager weiß, was man zu tun hat.«

»Aber wenigstens Zahlen sind objektiv!« Tatsächlich? Zahlen sind bedeutungsleer. Sie fangen erst an zu sprechen, wenn *Sie* zu ihnen sprechen, das heißt, sie in einen Bedeutungszusammenhang einfügen. Wenn jemand 95 Prozent seines Forecasts erreicht hat, dann sagt das zunächst nur, daß er 95 Prozent seines Forecasts erreicht hat. Ein Sachverhalt. Was es bedeutet, ist abhängig vom Betrachter. Da sagt der eine: »Unter den Bedingungen der Marktturbulenzen im letzten Geschäftsjahr 95 Prozent erreicht zu haben ist eine gigantische Leistung. Bravo!« Ein anderer sagt: »5 Prozent unter Plan! Eine Katastrophe!« Ein dritter: »Wir müssen unsere Planungsabläufe optimieren.« Ein vierter: »Planung ersetzt sowieso nur den Zufall durch Irrtum.« Objektiv subjektiv. Sie sind gut beraten, wenn Sie das Wort »objektiv« aus Ihrem Wortschatz streichen. (Außer vielleicht, sie arbeiten in einem Fotogeschäft.)

»Aber wenn viele andere derselben Meinung sind? Das ist doch dann objektiv.« Die Ähnlichkeits-Maschinerie: »Ich suche mir Leute, die mir ähnlich sind, und die finden diesen Chef auch doof!« Zweifellos führt meistens das Gefühl für die »Meinung der anderen« (was »man« meint) zu realistischen Schätzungen und sinnvollem Verhalten. Wenn etwas plausibel klingt, glaubwürdig erscheint, »augenscheinlich« ist, dann nehmen wir es für »wahr«. Aber Vorsicht ist geboten. Das, was wir für wahr halten, ist nämlich auch hochgradig abhängig von der Wahrnehmung anderer.

Berühmt geworden ist ein von Solomon E. Asch durchgeführtes Experiment, in dem Versuchspersonen aufgefordert wurden, die Länge von Strecken zu vergleichen. Die Teilnehmer sollten ihr Urteil jedesmal laut und deutlich äußern. Einige vorher instruierte Personen hatten vom Versuchsleiter den Auftrag, nach einiger Zeit übereinstimmend falsch zu schätzen. Die Teilnehmer gerieten nun in einen Konflikt zwischen ihren eigenen (richtigen) Wahrnehmungen und den (falschen) Wahrnehmungen der anderen, instruierten Personen. Ergebnis: Die Versuchspersonen begannen nach kurzer Zeit, an ihrer Wahrnehmung zu zweifeln.

Die meisten »fielen um« und schlossen sich der (falschen) Schätzung der anderen an. Nur ganz wenige Versuchspersonen hatten genügend Selbstvertrauen, an ihrer Meinung bis zum Schluß festzuhalten, nicht ohne große Unsicherheit zu äußern.

Machen wir uns das sehr klar: Schon bei relativ einfachen Wahrnehmungen wie bei Strichlängen beugen sich Menschen dem Gruppendruck. Unsere eigene Wahrnehmung wird durch die Wahrnehmung anderer stark beeinflußt, manchmal sogar außer Kraft gesetzt. Das ist natürlich überaus wichtig für die Wirklichkeitskonstruktion in Unternehmen. Denn analoge Phänomene gibt es auch im Unternehmen zuhauf.

Bei einem von mir selbst erlebten Beispiel ging es in einer Topmanagement-Runde um die Auswahl von High-Potentials für ein internationales Entwicklungsprogramm. Ich hatte mich vorher mit einem der auswählenden Manager über einen Kandidaten – nennen wir ihn »Ralf Müller« – unterhalten. Mein Gesprächspartner war der Überzeugung, daß Ralf Müller unbedingt – »objektiv« – zu dieser High-Pot-Gruppe gehören müsse; sein Potential sei noch nicht annähernd ausgeschöpft. Auf mein Nachfragen steigerte er seine Begeisterung noch und lobte ihn in den höchsten Tönen. Ich hatte kein eigenes Erleben von Ralf Müller, nahm also die Schilderung meines Gesprächspartners als das, was sie war: eine Geschichte. Wenn uns jemand eine Geschichte erzählt, will er uns verführen, seine Sichtweise zu übernehmen. Und diese Sichtweise rechtfertigt dann seinen Standpunkt.

Als nun in der Management-Runde das Gespräch auf Ralf Müller kam, ergriff der Vorstandsvorsitzende als erster das Wort: »Ralf Müller, tja, ich kann gar nicht verstehen, wie der in diese Kandidatengruppe gekommen ist. Seine Performance war in den letzten Monaten nicht gerade überzeugend.« Kurze Schweigepause. Und bevor mein Gesprächspartner etwas sagen konnte, sekundierte ein anderes Vorstandsmitglied: »Ich bin vollkommen Ihrer Ansicht. Wenn Müller die Nachwuchselite unseres Unternehmens repräsentieren sollte, dann haben wir ein Problem. Da haben wir doch deutlich bessere Leute.« Zustimmendes Nicken bei den anderen Teilnehmern. – Mein Gesprächspartner sagte nichts mehr. Die Personalakte Ralf Müller wurde zur Seite gelegt.

Menschen haben ein ausgesprochen sensibles Gespür für das umgebende Meinungsklima. Es fällt vielen schwer, sich trotz anderer Einsicht gegen den Meinungstrend zu stemmen. Wenn in einem Meeting ein Interpretationsmonopolist erst einmal seine Meinung kundgetan hat, wirkt sie richtungweisend auf die anderen. Wenn nun ein zweiter, gar ein dritter zustimmt, werden die anderen unsicher: sie zweifeln ihre Wahrnehmung an oder schweigen, um sich nicht rechtfertigen oder außerhalb der Gruppe stellen zu müssen. So entstehen Gruppenmeinungen. Auch Schweigen ist Kommunikation. Die durch die »Schweigespirale« erzeugte Wirklichkeit ist zwar nicht »objektiv«, aber in ihren Konsequenzen faktisch: Ralf Müller ist out.

Wohin das für das Unternehmen führen kann, wird jeder nachfühlen können, der schon einmal ein Unternehmen in den Konkurs hat gehen sehen: Niemand hatte es gewagt, das Lieblingsprojekt des Geschäftsführers in Frage zu stellen.

Kreativität

»Wirklichkeit erschaffen« ist das Urbild menschlicher Freiheit. Äußere Wahrnehmungsimpulse sind nur Anlässe für unser inneres Erleben. Jeder äußere Impuls ist eine neue Chance für die Wahl unserer Ein-Sicht: Daß diese Denkweise große Spielräume für Kreativität eröffnet, ja überhaupt erst Kreativität ermöglicht, liegt auf der Hand. Denn Kreieren heißt Erschaffen. Und da wir alle permanent unsere Wirklichkeit erschaffen, sind wir permanent kreativ. Eine andere Frage ist, ob wir es uns erlauben, unsere Kreativität auszudrücken und anzuwenden. Dabei ist es für mich immer wieder befremdlich, wie Manager einerseits das Hohelied der Kreativität und der Innovation singen, andererseits harthörig von der Objektivität der »Dinge an sich« überzeugt sind.

Schauen wir kurz zurück: Ein unverbildetes Kind, das durch einen Wald geht, fühlt sich einem großen Organismus angehörig. Es spaltet sich nicht als Subjekt vom Objekt »Wald« ab. Es ist *in* ihm. Als Kinder sind wir auf natürliche Weise kreativ. Unser Leben ist ein einziger Abenteuerspielplatz. Wir bauen auf. Zerstören. Bauen wieder auf. Wir sind reich. Erfindungs-Reich. Grenzenlos. Jeder Packkarton ist uns ein Hochseedampfer. Wir schlüpfen in Kostüme, spielen Lebens-Rollen und wechseln sie in Sekundenschnelle, wenn sie uns nicht mehr gefallen. Und wir haben viel Freude dabei.

Unterm Rad der Erziehung wird diese Kreativität oft durch Anpassung an die Üblichkeit verschüttet. Wir fangen an, festzuhalten und uns am scheinbar Objektiven der Gewohnheit und der vorgezeichneten Lebenswege einzurichten. Zu jedem Thema im Leben entwickelt unsere Erfahrung Standpunkte, die wir dann für richtig halten. Wir haben Erfolge und beginnen, diese erfolgreichen Verhaltensweisen und Standpunkte abzuspeichern.

In gewissem Sinne engt deshalb jede Erfahrung ein. Überzeugungen sind Gefängnisse, sagt Nietzsche. Da »Enge« denselben Wortstamm wie »Angst« hat, erklärt es sich, daß einige Menschen die Erfahrungen und Meinungen anderer oft geradezu als Bedrohung erleben. Sie werden aggressiv. Sprechen dem anderen das Recht ab, die Dinge so zu sehen, wie sie sie sehen. Sie rechtfertigen sich, d. h., sie »fertigen« sich das »Recht«. Damit tun sie nichts anderes, als ihre Vergangenheit zu verteidigen. Sie »wieder-holen« ständig das bereits Gelebte, den Bodensatz der eigenen Geschichte. »Ach, wissen Sie, ich habe seit 25 Jahren Führungserfahrung«, sagte mir ein Manager. Dabei hatte er nur *ein* Jahr Führungserfahrung. Und das lag 24 Jahre zurück.

Kreativ sein bedeutet nun, die einengenden Glaubenssätze aus unserer Vergangenheit zu überschreiten. Wir können mit dem Material spielen. Wir alle gehören zur Gattung des Homo ludens. Kreativ sein heißt dann, das grundlegende Konzept fallenzulassen, daß es einen »richtigen« Standpunkt zu jedem Thema gibt. »Neu-Gierig-Sein« ist die Kerntugend von Kreativität. Sich erweitern. Sich bereichern lassen. Das wiederum bedeutet: »richtige« Standpunkte und »wahre« Überzeugungen »seinlassen« können. Damit sind alle Standpunkte und Überzeugungen *in uns*, nicht mehr außerhalb.

Kreativität hat also primär den Charakter des Sich-wieder-Öffnens über das vorgeblich Richtige, Zwangsläufige oder auch nur Routinierte hinaus. Das ist die schöpferische Neugestaltung von

Wirklichkeit (Beispiel: Swatch). Die Schöpferkraft des einzelnen, die Fähigkeit, im Erkenntnisprozeß Wirklichkeit nicht abzubilden, sondern zu erschaffen, das ist der Kern menschlicher Kreativität. Unser Kopf ist rund gemacht, damit das Denken die Richtung ändern kann, sagt Francis Picabia. Kreativität heißt dann: Dasselbe sehen wie alle anderen. Aber etwas anderes dabei denken.

Wenn Wirklichkeit im Unternehmen aber nicht durch irgendwelche objektiven Verhältnisse, sondern durch Kommunikation hervorgebracht wird, dann ist sie veränderbar. Alle Veränderung beginnt im Kopf. Das ist die Stunde der »Kreativität«, die wir so händeringend im Unternehmen zu ent-decken suchen. Kreativität ist gleichzusetzen mit der Ablösung des vorherrschenden Modells, die Dinge zu betrachten. Kreativität ist immer auch *destruktiv*, schon in der berühmten Definition Schumpeters: »Innovation ist die kreative Zerstörung des Bestehenden durch Unternehmer.« Dazu müssen Traditionen, Konventionen, Muster, Normen, Schemata und Rollen, kurz: die Verpflichtung auf konventionelle Verhaltensweisen gelockert werden. Das geht nur in verstärkter Individualität; das geht nur in verstärkter innerer Unabhängigkeit; dazu muß der Status quo mindestens ansatzweise durchbrochen werden. Wir haben viel zu lange die trägen Träume von festen Fundamenten geträumt, von objektiven Garanten und Schiedsrichtern.

Keineswegs geht es mir hier darum, bildungsbürgerliche Individualitätsideale zu verwirklichen. Ich verweise auf die Chancen der Subjektivität beim Erkennen und Bewältigen von Problemen. Das ist die Fähigkeit, auf die es ankommt: die Fähigkeit, den Blick zu wechseln. Für das Thema »Qualität« ist nichts wichtiger. Von innen und von außen betrachten. Nichts für selbstverständlich halten! Keine »Denknotwendigkeiten« anerkennen! So hießen die Forderungen Albert Einsteins. »Wer nicht mehr staunen kann, ist sozusagen tot.«

Robert Nozick hat darauf verwiesen, daß sich schöpferische Menschen vor allem dazu *entschieden* haben, schöpferisch zu sein. Als ein Beispiel diene der japanische Videospiel-Gigant Sega, dessen Mitarbeiter weder Stempeluhr noch feste Arbeitszeiten kennen. Hayao Nakayama, Hauptaktionär von Sega, stellt bewußt alle japanischen Geschäftsregeln auf den Kopf, um eine kreative Leistungsatmosphäre zu schaffen. In seinem Büro hängen die Worte Marcel Prousts: »Die wirkliche Entdeckungsreise besteht nicht darin, neue Landschaften zu suchen, sondern sich die Welt mit neuen Augen anzuschauen.« Kreativität findet nur dort Raum, wo Individualität im Unternehmen ausdrücklich erlaubt, nein: gefordert ist. Die behauptete »Objektivität«, der zur Denkblockade geronnene Sachzwang: das ist der Tod der Innovation.

Positiv gewendet: Ohne radikale Subjektivität keine Kreativität. Die Unternehmen können sich entscheiden zwischen der Windstille stabiler Verhältnisse und dem Sturm dynamisch-kreativen Wandels. Es ist gleichzeitig die Entscheidung zwischen Unzuständigkeit und Zurechenbarkeit. Zwischen Konvention und Wandel. Zwischen organisierter Unverantwortlichkeit und selbstbewußter Eigenverantwortung. Boris Pasternak schrieb: »Das Ziel der schöpferischen Tätigkeit ist es, daß man *sich selbst* gibt« (Hervorhebung R. S.).

Der Markt ist schuld!?

Wie wichtig die Qualität unserer Antwort für erfolgreiches unternehmerisches Handeln ist, kann nicht deutlich genug herausgestellt werden. Die Tatsache beispielsweise, daß es Kundenreklamationen gibt, ist zunächst bedeutungsleer. Sie wird aber unterschiedlich erlebt. Hat der Mitarbeiter z. B. die Perspektive: »Reklamationen sind besonders unangenehm«, wird sein Verhalten völlig anders aussehen, als wenn er die Perspektive einnimmt: »Reklamationen sind besonders wertvoll.« Im ersten Fall hat er vermutlich Schutzstrategien im Kopf und ist defensiv eingestellt bis hin zur vorauseilenden Aggression. Im zweiten Fall begrüßt er die Reklamation als hilfreiche Rückmeldung, als kostenlose Marktforschung und als Einladung zur Innovation: Welche Chance, den Kunden zu halten, wo doch 95 Prozent der Unzufriedenen wortlos zur Konkurrenz wechseln! Der Kunde ist der beste Unternehmensberater! Nimmt er hinzu, daß durch sein Verhalten – wie vielleicht mit keiner anderen sensiblen Stelle im Unternehmen vergleichbar – über das Image des Unternehmens im umgebenden Meinungsklima entschieden wird, so kann sich seine innere Landkarte im Kopf verändern – so, daß er den Kundenärger als besondere Herausforderung empfindet. Er »erschafft« sich seinen Kunden. Und er »erschafft« sich dabei selbst. Vom Opfer der Umstände (»Ich bin den Angriffen der Kunden hilflos ausgeliefert«) zum Regisseur der Situation (»Ich kann die Situation gestalten und etwas Nützliches für alle Beteiligten daraus entstehen lassen«).

Für das Erleben einer solchen Situation sind wir völlig selbst verantwortlich. Und was für den einzelnen gilt, gilt auch für ganze Unternehmen. Selbst wenn diese es oft nicht wahrhaben wollen: Der Markt ist schuld! Dabei können wir wählen, wie wir die von außen kommende Störung des Gleichgewichts zwischen Markt und Unternehmen erleben und wie wir darauf reagieren. Analysen des Nixdorf-Desasters zum Beispiel vermitteln leicht den Eindruck mechanistischer Fatalität: Alles kam so, weil es so kommen mußte. Damit verschwimmt alle Verantwortlichkeit der Handelnden. Ebenso begründen Manager den Erfolg des Unternehmens oft mit Faktoren, die sie nicht beeinflussen können: das richtige/falsche Produkt zur richtigen/falschen Zeit, der günstige/ungünstige Dollarkurs, konjunkturelle Schwankungen, Wandel der Konsumenteneinstellung. Bei Problemen wird die Opfer-Story naturgemäß erweitert: die hohen Personalkosten im Inland, geschlossene Auslandsmärkte, wirtschaftspolitische Unwägbarkeiten, subventionierte Auslandskonkurrenz, staatliche Auflagen, Gewerkschaften, der Wertewandel, die Gesellschaft. Keine Verallgemeinerung ist billig genug, um das Mea culpa! zu vermeiden. Passionsspiele. Und dennoch lehrt der Blick in nahezu alle Branchen: Selbst unter ungünstigen, aber für alle identischen äußeren Rahmenbedingungen sind einige Unternehmen erfolgreicher als andere.

Es gibt keine lineare, gleichsam zwanghafte Ursache-Wirkungs-Relation, wie das immer wieder behauptet wird, um bestimmte unternehmenspolitische Entscheidungen (wie beispielsweise Entlassungen) zu erklären oder gar zu entschuldigen. Die

Störung von außen läßt immer viele Optionen offen. Veränderungen auf den Märkten sind niemals »Ursache« für bestimmte Auswirkungen im Unternehmen. Sie »erzwingen« gar nichts. Vielmehr hat das Unternehmen viele unterschiedliche Möglichkeiten, auf die Wechselfälle in den Märkten zu antworten. Diese Antwort fällt von Unternehmen zu Unternehmen unterschiedlich aus. Einige überleben, einige nicht. Dafür sind sie verantwortlich. Und niemals der Markt.

Wie gering der Handlungsspielraum auch erscheinen mag – selbstverständlich bleibt die Verantwortung der Handelnden bestehen. Keineswegs hebt die nüchterne Ursachenanalyse die Kategorie der persönlichen Verantwortung auf. Natürlich können Sie als Führungskraft darüber jammern: »Die Arbeitsmoral ist gesunken. Der Wertewandel hat die Leute verändert.« Sie können aber auch sagen: »Wir arbeiten immer noch in Strukturen des 19. Jahrhunderts. Wir haben es versäumt, ein Unternehmen zu schaffen, in das die Leute gerne kommen. Wie können wir das ändern?« Im ersten Fall sind Sie machtlos. Opferbewußtsein in Reinform. Im zweiten Fall übernehmen Sie Verantwortung: für das, was ist, und das, was werden soll. Eine Frage der Perspektive. Macht hat auch hier, wer macht.

Verantwortung des einzelnen

»Dieselbe« Situation ist offen für eine Vielzahl von Interpretationen: Eine solche Denkweise definiert den Raum der Selbständigkeit des Denkens und Handelns, das sich keiner angemaßten Autorität beugt. Sie erhöht aber auch – und das ist hier besonders wichtig – die *Verantwortung des einzelnen* für die Gestaltung seiner Umwelt. Eben in diesem Hinweis auf erhöhte Selbst-Verantwortung sieht Heinz von Foerster einen der wichtigsten Gründe für die verbreitete Skepsis: »Die Anrufung der Objektivität ist gleichbedeutend mit der Abschaffung der Verantwortlichkeit; darin liegt ihre Popularität begründet.«

»Alles, was uns widerfährt, ist nur ein Echo auf das, was wir sind« (Jean Gebser). *Eine* Antwort könnte sein, die Dinge zu verändern. Das können nur Sie tun, weil nur Sie es so erleben, wie Sie es erleben. Warten Sie nicht darauf, daß die anderen etwas tun. Die anderen erleben es anders. Wenn Mitarbeiter sich wundern, daß ihre Chefs nicht handeln, untätig bleiben, nicht reagieren: »Aber das muß er doch auch so sehen!« Sieht er nicht. Er sieht es anders. Weil er ein anderer ist. Andere Absichten hat. Andere Erfahrungen gemacht hat. Andere Erwartungen hat. Nur Sie sehen es so. Also sind Sie auch derjenige, der es angehen kann. Nur Sie antworten auf diese Situation so, wie Sie antworten. Also sind Sie auch in der Verantwortung.

Wenn Nietzsches Satz »Nichts ist, wie es ist« praktisch ist, dann ist es die wichtigste Aufgabe jedes einzelnen, die Initiative zu ergreifen und dieses »es« immer wieder neu zu definieren. Die Arbeitsorganisation ist radikal auf Subjektivität angewiesen. Sie muß Subjektivitätschancen formulieren, die im Erkennen und Bewältigen von Störungen liegen. »Aber das ist doch subjektiv!« Ja, gerade *weil* es subjektiv ist, sind Sie in der Verantwortung. Selbstverantwortung gibt es nur bei radikaler Subjektivität.

Wir verstehen uns doch?

Man hat in der Kommunikations- und Führungspsychologie über Jahre das »aktive Zuhören« trainiert. Oft weniger, um den anderen besser zu verstehen, eher, um ihn besser über den Tisch ziehen zu können. »Wer fragt, der führt!« (Regieanweisung: interessiert, aufmerksam): »Darf ich Ihnen zunächst einige Fragen stellen?«, »Soso«, »Interessant!«, »Hm, hm« (zugewandte Sitzposition, freundliches Lächeln, zustimmendes Nicken, leicht geneigter Kopf). Führungs-Technik halt. Schraubendreher-Logik. Alles aus dem Geist der Manipulation.

Dann wurde das verfeinert. »Empathie« etwa, Einfühlungsvermögen war jetzt angesagt. Man solle sich dem Mitarbeiter einfühlend zuneigen. Verantwortlich handeln Sie, wenn Sie die Außenwelt als Spiegelung Ihrer Innenwelt anerkennen: versuchen, es auch einmal durch seine Brille zu sehen. Klang irgendwie nett. Hatte aber auch eine Schlagseite, kam immer leicht von oben, aus der Position des Gewährenden, Überlegenen (für die Transaktionsanalytiker: verdeckt aus dem gütigen Eltern-Ich). Die schiefe Kommunikation zwischen zweien, von denen der eine der Forscher, der andere der Erforschte ist.

Und es funktioniert nicht. Weil es gar nicht funktionieren kann. Nicht, weil es ideologisch oder machtgestützt wäre. Ganz nüchtern – weil uns die Neurophysiologie sagt:

Verstehen ist unwahrscheinlich.

Am Anfang war das Wort. Gleich danach kam das Mißverständnis. Unsere Sprachzeichen reichen zwar im Regelfall aus, um miteinander zu kooperieren. Wir sind sogar zu beeindruckenden Kooperationsleistungen in der Lage. Aber in letzter Konsequenz werden wir den anderen nie verstehen. Wir werden nie wissen, wie er uns erlebt. Wir werden nie wissen, wie sein inneres Bild aussieht, wenn wir beide glauben, wir sprächen über den gleichen Sachverhalt. Selbst wenn Sie zwanzig Jahre lang mit Ihrem Kollegen zusammenarbeiten: Sie haben nicht den Schatten einer Ahnung, wie er *Sie* erlebt.

Daß Verstehen unwahrscheinlich ist, zeigen schon die Wort-Anteile: *ver(für)...* und *...stehen.* Rein mechanisch ist es unausführbar: Genau an dem Ort, an dem der eine steht, kann zur gleichen Zeit niemand anderes stehen. Gleichzeitig, gleichortig können wir nicht stehen. Nicht-Verstehen ist der Normalzustand.

Wir können zwar die Falschmünzen unserer Sprachzeichen austauschen. Aber auch diese werden wieder unterschiedlich interpretiert, mit individueller Be-Deutung versehen. Theodor W. Adorno schrieb: »Ich versuche das, was ich erkenne und was ich denke, auszusprechen. Aber ich kann es nicht danach einrichten, was man damit anfangen kann und was daraus wird.« Es ist sogar sehr wahrscheinlich, daß wir die Dinge, auf die es am meisten ankommt, nur zu uns selbst sagen, und zwar in einem Dialekt, den wir nur selbst verstehen. Als Robert Schumann einmal gebeten wurde, eine schwierige Etüde zu erläutern, spielte er sie ein zweites Mal.

Die einzige Rechenschaft, die wir über das Zusammentreffen zweier Freiheiten ablegen können, ist eine intuitive. Wir glauben zu wissen, daß wir den anderen verstanden haben. Und dieser Glaube reicht ja auch für die normalen Kooperationen im Unternehmen aus. Ja, es ist aus dieser Perspektive schon ein Wunder, daß die Zusammenarbeit im Regelfall so gut klappt. Es erklärt aber eben auch, daß es einen unwiderlegbaren Anteil des Nichtverstehens gibt, der insbesondere in Situationen hoher sozialemotionaler Dichte entscheidet.

Es ist mithin unsinnig, wie das gegenwärtig immer noch geschieht, von einer »Kommunikationsstörung« zu sprechen. Sie hat die Idee einer »störungsfreien« Kommunikation zum Hintergrund, was der Kongruenz innerer Landkarten, mithin einer geklonten Mitarbeiterschaft gleichkäme. Mißverständnisse sind auch bei noch so idealem kommunikativem Verhalten unvermeidbar. Sie sind die Regel, nicht die Ausnahme.

Ist aber »Miteinander-reden« nicht das Mitteilen von Gemeinsamkeiten? Es gilt zwar als Basis für Gemeinschaft und Team im Unternehmen, ist aber das Gegenteil: ein Wolf im Schafspelz. Begreift man Botschaften als Container für »objektiv« vorhandene Inhalte, dann sind sie für alle »objektiv« – für den, der sie hineinlegt, und den, der sie entnimmt. »Versteht« der andere nun aber nicht »richtig«, besteht die verständliche Tendenz, den anderen als inkompetent oder rebellisch abzuwerten. »Sie verstehen mich nicht!« – Wer so spricht, bestimmt, was der Erfolg von Kommunikation ist. Damit ist das Verhältnis der beiden Gesprächspartner asymmetrisch. »Verstehen« wird vom Sprecher entschieden und nicht gemeinsam mit dem Hörer. Die Ziele des Sprechers sind übergeordnet. Im besten Fall lastet man einem »technischen Übertragungsfehler« die Schuld an. »Er kann nicht richtig zuhören«, heißt es dann. Aber auch da entscheidet der Sprecher, was »richtig« ist. Im schlimmeren Fall ist es ein Ärgernis. Der Aggressionspegel steigt. So entpuppt sich das Sprachbild vom »Verstehen« als das, was es schon immer war: die Behauptung eines Deutungsmonopols. Diese Vereinseitigung ist der Anspruch, ablehnen zu können, was andere einer Botschaft entnehmen; die Anmaßung dessen, der recht hat; die Autorität, zu entscheiden, was als *wahre* Interpretation und Perspektive zu gelten hat.

Es ist mithin viel nützlicher, Mißverständnisse als Hinweis darauf zu nehmen, daß wir versäumt haben, unsere inneren Landkarten, unser persönliches Erleben beständig abzugleichen. Das weist wiederum darauf hin, wie wichtig Feedback ist.

»Wir verstehen uns« ist eine schöne Illusion; im betrieblichen Alltag ist sie gefährlich. Bei normalen Arbeitsabläufen mag die Illusion genügen, um einigermaßen problemlos zu kooperieren. Schwierig wird es in Situationen hoher sozialer Komplexität, bei Auseinandersetzungen, schwierigen Entscheidungen, Marktturbulenzen, im Mitarbeitergespräch, bei Zielvereinbarungen. Diese Illusion gaukelt eine Verstehens-Sicherheit vor, die verstörende Konsequenzen haben kann. Sie ist das Einfallstor für viele Enttäuschungen und Irritationen. Gerade in prekären Lagen wie etwa Konflikten gibt ja der Faktor, der unsere eigene Subjektivität repräsentiert, den Ausschlag. Dann springt bei desaströsen wechselseitigen Wahrheitsansprüchen, Schuldzuweisungen und integritätszerstörenden Rechtfertigungen die Katze kreischend aus dem Sack: »Das sehen Sie völlig falsch!« Das kann aber niemand falsch sehen. Das sieht er nur anders. Vom Konzept »Verstehen« ausgehen heißt: bereit sein für ein dornenreiches Leben voller Enttäuschungen.

Warum ich das schreibe? Das Unternehmen ist um das Verstehen herum »gebaut«. Und genau darin besteht das innerbetriebliche Kommunikationsdrama – in dem Glauben: »Der andere muß das doch genauso sehen«, in der Illusion: »Alle sprechen über das gleiche«, in dem Handeln: Monologe, Anweisungen, Top-Down-Information. Und in der Konsequenz: Nicht-Verstehen. Unverständnis. Nicht einverstanden sein. No commitment.

Für unser Leben im Unternehmen kommt noch etwas Folgenreiches hinzu: Erst in zweiter Linie ist Verstehen ein sprachliches Phänomen; in erster Linie ist es sozial-emotionaler Natur. Ohne ein Mindestmaß an *gewollter* Gemeinsamkeit, ohne den *Wunsch*, zu verstehen, ohne die innere Bereitschaft, die unterschiedlichen Vorstellungen einander anzunähern, ist Verstehen nicht einmal näherungsweise wahrscheinlich. Dazu müssen wir aber erst einmal die Unterschiedlichkeit der individuellen Wirklichkeitskonstruktionen anerkennen.

Verstehen ist somit abhängig von der Qualität der *Beziehung.* Wo Sympathie und Ernstnehmen fehlen, wo die Aversion und die Objektbeziehung vorherrschen, ist kaum die Neigung vorhanden, das vorgeschlagene Informationsangebot in sich selbst zu erzeugen, überhaupt an sich herankommen zu lassen. Nach-zudenken. Die emotionale Blockade verweigert die Annahme der Botschaft. »Verstehen ist ohne Wohlwollen unmöglich«, schrieb Max Frisch.

Ich kann es nicht klar genug sagen: *Es geht nicht darum, den anderen zu verstehen.* Das Ernstnehmen will sich nicht einfühlen, interpretieren, analysieren. Ich respektiere den anderen in seiner Unverstehbarkeit. Ich achte seine Ich-Grenze, die unverrückbar zwischen uns liegt und ebenso verbindet wie trennt. Unter Partnern gilt: Wo stehen Sie? Wo stehe ich? Was sind Ihre Interessen? Was sind meine Interessen? An welchem Punkt arbeiten wir zusammen? Dazu muß ich nicht (in einem analysierenden oder interpretierenden Sinn) verstehen. Dazu muß ich hören. Dazu muß ich sagen.

»Ich verstehe« ist also keine sinnvolle Aussage. Sinnvoll kann eigentlich nur der Beobachter sagen, wenn der andere das tut, was der Beobachter beabsichtigt: »Du verstehst.« Strenggenommen kann man nur dann wissen, was man gesagt hat, wenn man die Worte des anderen hört bzw. sein Handeln sieht. Dieses Anerkennen hat Norbert Wiener auf treffende Weise so ausgedrückt: »Wie soll ich wissen, was ich gesagt habe, solange ich nicht die Antwort darauf gehört habe?« *Verstehen heißt Antworten.*

Wie wichtig es ist, daß innerhalb eines Teams gewisse Werte, Muster und Regeln, kurz: eine bestimmte »Wirklichkeit« geteilt wird, liegt auf der Hand. Wählen Sie eine Wirklichkeit, in der alle gerne mitspielen! Diese Wirklichkeit müssen Sie immer wieder neu erfinden und begründen. Dieses Modell bildet die »Geschäftsgrundlage«. Sie müssen sich darauf verlassen können, daß der andere »in etwa« auch über das spricht, über das Sie sprechen. Wenn Sie aber in dem Bewußtsein leben, daß Sie nicht sicher eine gemeinsame Sichtweise voraussetzen können, werden Sie sich um so behutsamer herantasten. *Sie werden eine gemeinsame Wirklichkeit vorsichtig und in gegenseitigem Respekt aufbauen.* Die

Verstehenslücke so klein wie möglich machen, indem Sie alles unterlassen, was Verstehen noch mehr behindert, als es ohnehin schon ist. Dazu bedarf es der inneren Einstellung des »Verstehen ist unwahrscheinlich« und der daraus resultierenden Neugier für die andere Perspektive. Sie müssen dem Nicht-Verstehen entgegenarbeiten *wollen*.

Kommunikation

Die Annahme, alles Erkennen habe konstruktive Züge, bietet nun aber keinerlei Basis für die viel stärkere Behauptung, alles Erkennen sei *nichts anderes* als freie Erfindung. Ich rede hier nicht dem willkürlichen Spiel des interpretatorischen Nonsens das Wort. Er wäre aufgrund seiner Beliebigkeit selbst despotisch: die Demokratie der Sinnverdrehung. Eine Situation verantwortlich (»antwortend«) zu beschreiben, dem anderen wohlwollend, also verantwortlich zu erwidern, heißt keinswegs Realitätsbezug als Schattenboxen oder, wie man so treffend sagt, »Spiegelfechterei«. Es heißt, sich um Beziehung, um Gangbarkeit, um Funktionieren zu bemühen.

Daraus, daß Wirklichkeit nicht beobachterunabhängig »da draußen« ablesbar ist, folgt mitnichten, alle Wirklichkeit sei im Grunde nur Schein, Fiktion oder eine reine Geschmackssache. Es folgt nur, daß Wirklichkeit durch Kommunikation erzeugt und dann auf ihre Brauchbarkeit hin getestet wird. Der Kybernetiker Ernst von Glasersfeld unterscheidet erhellend zwischen »stimmen« und »passen«: »Ein Schlüssel ›paßt‹, wenn er das Schloß aufsperrt. Das Passen beschreibt die Fähigkeit des Schlüssels, nicht aber das Schloß. Von den Berufseinbrechern wissen wir nur zu gut, daß es eine Menge Schlüssel gibt, die anders geformt sind als unsere, aber unsere Türen nichtsdestoweniger aufsperren.« Wir »entschlüsseln« also keine Botschaften. Wir suchen, besser noch: *formen* allenfalls Schlüssel, die passen. Es geht daher um Nützlichkeit, nicht um Wirklichkeit. »Paßt schon«, sagen die Franken.

Den »Schlüssel zum andern« versprechen mithin viele Führungsratgeber, die mit der Komplizenschaft der Psychologie »verstehen wollen« sagen, »steuern wollen« meinen. Ein solches Bewußtsein will nicht *mit* dem Mitarbeiter reden, sondern *über* ihn. Da stehen Sätze wie: »Behandle Deinen Mitarbeiter so, wie Du selbst behandelt werden möchtest.« Überall wird diese Auffassung kolportiert, überall steht sie in Führungshandbüchern zu lesen. Man nickt allseits versonnen und hält diesen Spruch für das Sinnzentrum abendländischer Führungsweisheit. Dabei ist er bestenfalls dumm. In blinder Selbstüberhebung macht er die eigenen Erfahrungen verbindlich für alle anderen. Die eigenen Wertmaßstäbe erhalten die Weihen universaler Gültigkeit. Mit welchem Recht? Weil man Chef ist? Weil man selbst immer ein bißchen mehr recht zu haben glaubt? Das ist dann nur noch schlicht und nicht mehr ergreifend.

Aber ist denn die Alternative gültig? Etwa: Behandle Deinen Mitarbeiter so, wie *er* behandelt werden möchte? Das griffe ebenso kurz. Es wäre auch nur die eine Hälfte. Praktischer ist es, sich dem anderen zuzuwenden. Sie können ihn fragen. Dazu müssen Sie sich für den anderen, für seine Sichtweise wirklich interessieren (lat. »inter-esse« heißt »dazwischen sein«). Dazu müssen Sie ihn – eine sprachliche Sensation! – kennen-»lernen«. Seine Erfahrungen, seine Erwartungen, seine Interessen sind grundsätzlich nicht minder bedeutsam für die Kooperation als Ihre. Sie können sich auf Spielregeln dialogisch einigen. Eben weil es uns unmöglich ist, etwas Objektives über die Realität auszusagen, müssen wir fortwährend »realistische« Wirklichkeitsmodelle mit unseren Kooperationspartnern kommunikativ aushandeln. Denn Wirklichkeit ist das, was wirkt. Und diese Wirkung wird durch Kommunikation erzeugt. Gemeinsam als brauchbar festgelegt. Wirklichkeit ist mithin das Ergebnis von Übereinkunft.

Jeder versteht, was er versteht, ausschließlich aufgrund seiner inneren Landkarte. Kommunikation ist daher vergleichbar mit dem Abstimmen von inneren Landkarten. Miteinander reden heißt: innere Landkarten abgleichen. Immer in dem Bewußtsein, daß da ein nicht verstehbarer Rest bleibt, mit dem wir leben müssen. Ihn so klein wie möglich zu machen ist die Kunst des Dialogs.

»Erst das Wissen um Blindheit«, sagt Heinz von Foerster, »macht sehend.« Wenn Sie an einem Gelingen von Kommunikation interessiert sind, ist es erheblich praktischer (wie ich hoffe gezeigt zu haben), von einem grundsätzlichen Nicht-Verstehen auszugehen. Je eher Sie zustimmen, daß Verstehen unwahrscheinlich ist, um so mehr werden Sie sich – paradoxerweise – um ein Maximum an Verstehen bemühen. Um so mehr werden Sie dem anderen wirklich zuhören. Um so mehr werden Sie immer wieder überprüfen, daß Sie beide – in etwa – das gleiche meinen. Sie werden alles tun, um Verstehen zu *ermöglichen*, und alles verhindern, was Verstehen noch unwahrscheinlicher macht, als es ohnehin schon ist.

Auch das Ansehen Justitias stieg mit ihrer Blindheit.

Wenn Sie davon ausgehen, daß es objektive Wahrheiten, daß es Verstehen gibt, reicht der Monolog aus, das Informieren, die kommunikative Einwegflasche. Strenggenommen brauchen Sie den anderen nicht, denn Ihnen steht je nach Fähigkeit »die ganze Wahrheit« zur Verfügung. Der Beitrag des anderen ist jedenfalls nicht viel wert. Die Hauptquelle für das kommunikative Chaos in vielen Unternehmensbereichen: »Ich sage hier die Wahrheit, und Sie haben Ihre Meinung.« Einer glaubt, ihm liege die Wahrheit klar vor Augen. Dabei erfindet er sie gerade. Auch bei Problemen herrscht das unausgesprochene Muster: Einer hat die richtige Lösung. Frage: Wer? »Meine Lösung ist die richtige, aber die anderen kapieren das noch nicht.« Eine solche Einstellung unterstellt *Einzigrichtigkeit*, die man irgendwo »da draußen« finden könne. Aber »da draußen« gibt es nichts.

Wie kann nun Kommunikation gelingen? Nicht durch irgendwelche Techniken. Nur durch Respekt vor der Individualität des anderen. Die Tatsache des Nicht-Verstehens erzwingt förmlich den Dialog. Wenn beide das wissen, kann es gutgehen. Es ist wie bei Aufführungen desselben Balletts, derselben Symphonie oder desselben Streichquartetts: Erst wenn Sie verschiedene Sichtweisen, verschiedene Interpretationen einbeziehen und miteinander vergleichen, betreten Sie das Reich der Erkenntnis.

Der Monolog verkleinert Ihre Welt. Der Dialog vergrößert sie. Das alles verweist auf eine grundsätzlich dialogische Unternehmensführung. Und das ist kein sozialromantischer Gestaltungswunsch, der auf einer moralisch unterfütterten Humanisierung der Arbeitswelt baut, sondern es ist einfach sachlich geboten. Die Wiedereinführung der Verantwortung in die Unternehmen erzwingt eine radikale Umstellung von hierarchischen *Vorgaben* auf dialogische Verständigung über *Aufgaben*. Im Alltag bedeutet das: Das oft konflikthafte Austragen unterschiedlicher Perspektiven tritt an die Stelle autoritativer Setzung. Konflikthaft? Statt der »Diskussion«, in der immer Gewinner und Verlierer produziert werden und in der jeweils sich ausschließende Wahrheitsansprüche konkurrieren, brauchen wir den »Dialog«: gemeinsam denken, gemeinsam neue Perspektiven finden. Jeder hat recht – das meint nicht Indifferenz und Interesselosigkeit. Gerade im Gegenteil: So starkes Interesse am anderen, daß ich ihn nicht unter meine Werturteile zwinge. Dies aber nicht aus moralischen Gründen, sondern weil es einfach praktisch ist. Anstatt »Wie kommen Sie denn da drauf?« eher ein »Interessant, aus diesem Blickwinkel habe ich es noch nicht betrachtet!«.

Information – Kommunikation

Die Rede von der »Information« geht davon aus, Sie könnten in Ihrem Kopf eine Idee kreieren, in Worte formen, über Schallwellen zu Ihrem Gesprächspartner transportieren, dieser hört die Worte, dekodiert sie und lagert sie dann 1:1 in seinem Gehirn ab. Das alte Sender-Empfänger-Modell der Kommunikationspsychologie war noch nach diesem Verständnis aufgebaut. Man hat sich zwar immer gewundert, wieso das nicht so recht klappte, aber sich weithin mit der Erklärung begnügt, der andere habe wohl nicht richtig zugehört oder man selbst habe nicht die richtigen Worte gefunden. Irrtum! Der Empfänger der Botschaft gestaltet die Botschaft völlig neu. Er unterlegt den wahrgenommenen Worten seine eigene Verstehensfolie und »erfindet« damit eine eigenständige Botschaft. Er fügt Bedeutung hinzu, er deutet die Worte. Klar gesehen heißt das:

Es gibt keine Information.

Nicht die Sprachkonvention will ich hier verflüssigen, sondern das dahinterstehende Weltverständnis. Tatsächlich werden keine Informationen oder Botschaften wie von einem Container in den anderen Container »übertragen«. Sie stellen nur Anregungen dar, in denen aber keineswegs verpflichtend festgelegt ist, wie der jeweils andere sie erlebt und reagiert. Ein Wort ist ein Zylinder, in den der eine ein Kaninchen hineintut und aus dem der andere eine Taube herausholt.

Es gibt daher nur *Kommunikation.* Jeder Empfänger ist gleichzeitig Sender. Jeder Empfänger ein Schöpfer. Innen definiert Außen. Jeder Leser liest hier und jetzt ein anderes Buch. Ein Buch, in dem keine Informationen enthalten sind, nur Impulse für die eigene Kreativität ... auch in einer Weise, die mir nicht immer angenehm ist. Es war für mich faszinierend zu sehen, wieviel Unterschiedliches unterschiedliche Menschen in »Mythos Motivation« hineinlasen, z. T. Gedanken, die mir völlig fernlagen. Einige darunter waren mir ausgesprochen unangenehm. Nicht selten hatte ich den Eindruck, daß einige ein völlig anderes Buch gelesen hatten. Und so werden auch diesmal wieder viele genau das aufnehmen, was sie eigentlich immer schon wußten.

Ebenso frappierend: zu erleben, daß Teilnehmer aus Seminaren eine Denkfigur als besonders wichtig erinnern, die ich nur mit einem Nebensatz erwähnt hatte, der aus meiner Perspektive auch nur randständiger Wert zukam. Aber das habe ich anerkannt: Jeder schaut sich während des Seminars fortwährend sein inneres Heimkino an.

Die Subjektgebundenheit aller Erkenntnis, Wahrheiten und Werte aber hat wichtige Konsequenzen. Wählen wir als Beispiel das unternehmenskulturelle Zauberwort »Vision«.

Diesseits der Vision

Neue Werte braucht das Unternehmen! Wer heute im Unternehmen führen will, muß »Visionen« haben und sich mit ihnen dem Verfall der traditionellen Leistungsmoral entgegenstemmen. Der Verdacht, die innere Verfaßtheit der Unternehmen könnte etwas mit unverantwortlicher Führung zu tun haben, verschwindet in den Kulissen der Corporate Identity, und ein Chor dunkler Klageweiber betritt die Bühne. Ihr Refrain: Die Welt ist ja so komplex geworden.

Um die Stimmung zu heben, muß man offenbar die Ansprüche senken. Und so führt der unternehmenskulturelle Karneval allerorts seine Lieblingsmaske »Vision« durchs Jahr. Wenn früher jemand gesagt hätte, er habe eine Vision, den hätte man wahrscheinlich zum Arzt geschickt. Heute wird er zum Arzt geschickt, wenn er *keine* Vision hat. Dann gilt er als »nicht-visionäre Führungskraft«. Und das entrückende Adjektiv »visionär« veredelt auch noch das platteste Zukunftsgefasel zur Heilsbotschaft. Austauschbar. Konturlos. Unverbindlich. Von den tatsächlichen Inhalten dieser Visionen kennt man vor allem den Lärm, den sie machen.

Was das soll? Die Funktion ist klar: Reduktion der Unternehmenskomplexität, Kanalisierung der Eigendynamik driftender Unternehmensteile, Identitätsbedarf, Kompensation des Vertrautheitsschwundes, Vermittlung von Geborgenheit im Zusammengehörigkeitsgefühl, Vitalisierung des Gesamtsystems. Da können die beiden Harvard-Professoren John P. Kotter und James L. Heskett vergeblich nach einer positiven Korrelation zwischen Unternehmensvision und Unternehmenserfolg suchen, egal: die Zukunfts-Party läuft.

Die Unternehmensleitungen vermögen dabei selten der Versuchung zu widerstehen, die dafür geeigneten Inhalte von oben und normativ vorzugeben. Mehr noch: Nicht selten werden sie den Mitarbeitern gußeisern dahingeklotzt wie weiland die Zehn Gebote dem Moses vor die Füße. Der Jubel hält sich in Grenzen. Vision wird zur »Glaubenssache«. Diese muß die Unternehmensleitung dann gegen Widerstand und Skepsis »durchsetzen«. Die

Flucht in autoritativ vorgegebene »Werte«, die eben gar keine gemeinschaftlich vereinbarten Orientierungen, sondern irgendwo, meistens an der Unternehmensspitze, getroffene Anordnungen über die »Unternehmensgemeinschaft« sind, zeugt dabei von wenig mehr als vom autoritären Dunst geistiger Hinterzimmer. Wenn ich Worte dunklen historischen Angedenkens wie »Ausrichtung« an Gemeinschaftsideen oder »Verankerung« von Werten lese, fahre ich noch immer erschrocken zusammen.

Ich sei da überempfindlich? Mag sein, nur ist es manchmal dringend nötig, überempfindlich zu sein. Wer solche Utopien der Gegenwartsflucht ausschwitzt, sollte mal mit Bürgern der ehemaligen DDR reden, denen man jahrzehntelang die realen Anpassungszwänge als Visionen verkaufte. (»Früher hieß es *Planfortschreibung*, heute *revised budget.*«) Aber offensichtlich reicht die gerade in Deutschland seit Jahrzehnten verfügbare Erfahrung, daß jede von oben oktroyierte Sinnkonstruktion an dem realen Erleben einer andersgearteten individuellen Wirklichkeit zerschellt, nicht aus, den modernen Macher-Traum eines formierten Unternehmens in Mißkredit zu bringen: umfassende Qualität hier und jetzt, Marktführerschaft ein Jahr später, ganz en passant radikale Veränderung der Unternehmenskultur.

Die Vision basiert auf dem Glauben, daß Arbeitnehmer sich mit den Unternehmenszielen identifizieren. Diese Überzeugung wiederum gründet auf dem Glauben an eine einheitliche Sicht der Organisation. Die derzeit modische Hirtenbriefmentalität betont daher gemeinsame Werte, Rituale, Symbole und Mythologien, die als Firmenkitt alle Unternehmensmitglieder richtungsgleich zusammenschweißen sollen: offenbarter Eindeutigkeitssinn.

Die Subjektabhängigkeit aller Erkenntnis jedoch bestimmt, allen voran, das Individuum einzigartig und unentbehrlich als den Ort, an dem Wirklichkeit und Sinn produziert werden. Aller Sinn ist individuell erschaffen und subjektgebunden. Immer bin »ich« es, der der Welt Sinn gibt. Es heißt ja auch Sinn-»Gebung« und nicht Sinn-»Nehmung«.

In den oberen Stockwerken aber artikuliert sich das Abenteuer der Verallgemeinerung, die gegen den Konkretismus des kleinräumigen Alltags das Zusammengehören im großen setzt. Betrachten wir irgendeinen der unternehmenskulturellen Großtexte, so ist nach den bisherigen Überlegungen nicht vorhersehbar, wie der Leser reagiert, da diese Texte nicht »ins Bewußtsein dringen«, sondern lediglich Anlässe für eigenständige Denkvorgänge bieten. Das erklärt die Wirkungslosigkeit vieler »messages«, die von CEOs im Quartalsabstand auf die Unternehmen heruntergestürzt werden.

Für ein Anwendungsbeispiel zitiere ich einen Satz, der sich so oder ähnlich in vielen Unternehmenbroschüren findet: »Der Mensch ist die wichtigste Ressource in unserem Unternehmen.« (Niemand lacht.) Gefahrlos läßt sich für diesen Satz von allen Seiten Beifall ernten. Aber was bedeutet er? Sagt er etwas? Teilt er etwas mit? Und wenn er etwas aussagt – ist er in dieser Aussage wenigstens näherungsweise eindeutig? Ich habe Mitarbeiter eines Unternehmens eingeladen, ihre Reaktionen auf diesen Satz in kurzen Stichworten zu Papier zu bringen. Einige Auszüge:

»Toll! Zu schön, um wahr zu sein.«
»Floskel eines Geschäftsführers ohne jede Glaubwürdigkeit.«
»Der Satz ist richtig, aber so wird bei uns mit Menschen nicht umgegangen.«
»Blabla. Der Mensch ist nur ein Mittel zu Zweck.«
»Das ist für mich eine Beleidigung. Menschen *sind* das Unternehmen, und nicht irgendwelche Input-Geber.«
»Richtig. Ressourcen sind dafür da, verbraucht zu werden.«
»Das ist zwar noch nicht so, aber wir sind auf einem guten Weg.«
»Besser noch als Mensch = Produktionsfaktor.«

In einer vierzehnköpfigen Mitarbeitergruppe gab es nicht zwei Reaktionen, die dem Sinn oder Wortlaut nach auch nur annähernd ähnlich waren! Die Subjektgebundenheit unserer Antwort – unsere Selbst-ver-Antwortung – entlarvt das visionäre Firmament der Firma als pubertäre Vergeblichkeit. Menschen sind keine trivialen Maschinen. Sinn kann nicht – wie wir gesehen haben – »geboten« werden, sondern muß von jedem Mitarbeiter ganz individuell *geschaffen* werden. Es gibt keine gemeinsamen, ein für allemal festgelegten Werte. Es gibt nur das *Gespräch über Werte*,

d. h. wir müssen den Diskurs über Werte im Fluß halten und fortwährend thematisieren.

Wo über »den Sinn« raunend und ambitiös jedweder Unsinn verbreitet wurde (»Kommunikation im Sinnjahrzehnt«!), durfte zwar schon immer bezweifelt werden, daß die allgemeine Visionsgeschwätzigkeit über das Antreiben und Ankurbeln hinaus so etwas wie »den Sinn« im Sinn hatte. Aber der verdeckte Preis ist hoch. Mal zur Erinnerung: Auf der Basis eines marktwirtschaftlichen Wirtschaftssystems besteht der Sinn von Unternehmen darin, Güter und Dienstleistungen zu produzieren und zu verkaufen. Hierbei gilt zwingend das ökonomische Prinzip. Das ist die Geschäftsgrundlage. Das muß zwischen Partnern im Unternehmen klar sein. Dem kann der einzelne auch eine persönliche Sinngebung hinzufügen. Unbenommen. Aber dazu ist keine unternehmensübergreifende Sinnbewirtschaftungsmaßnahme erforderlich. Sie ist sogar schädlich, *weil sie Klarheit und persönliche Verantwortung vernebelt.*

Denn wichtig für das Thema Selbstverantwortung im Unternehmen: die Vision oder die Corporate Identity stehen in der langen Tradition einer Sinnstiftung durch Außenhalt, vergleichbar mit tradierten Gottesvorstellungen. Angestrebt wird eine emotionale Gleichschaltung aller Mitarbeiter, die geschlossen hinter der Unternehmensvision herstürmen, was einer Abwehr des Besonderen, letztlich einer Individualitätsauslöschung nach japanischem Vorbild gleichkommt. Persönliche Verantwortung hingegen resultiert aus der *eigenen* Entscheidung, der *eigenen* Antwort, nicht der Berufung auf eine höhere Instanz. Das macht den Unterschied. Quasi-religiöse Entlastungen entlasten auch von persönlicher Verantwortung. Selbstverantwortung ade!

Identifikation?

Für eine nicht-perspektivische Unternehmenskultur, die auf Eindeutigkeit, Sinn-»Vermittlung« und »klaren Verhältnissen« zu gründen glaubt, sind selbstbewußte und autonome Persönlichkeiten die Pilzkulturen der Anarchie. Sie bevorzugen daher statische, hierarchische Herrschaftsformen. Die Untertanen »unterwerfen« sich der Obrigkeit. Sie sollen im Ganzen »aufgehen«. Das war vor allem die Ideologie des Kommunismus, jener vom Sozialressentiment heiliggesprochenen Ausbeutung. Ihr Zentralbegriff ist die »Identifikation«.

Der Rückgriff auf ein ent-individualisierendes »Aufgehen« und das Aufrechterhalten vorrationaler Gemeinschaftsideen untergräbt jedoch jede Form der Selbstverantwortung. Um es deutlich zu sagen:

Commitment ist nicht Identifikation.

Wer sich identifiziert, wie es in der umgreifenden Kultur der Mitarbeiterirreführung immer wieder gefordert wird, ist »außer sich«. Identifikation hat einen erheblichen Anteil Selbstverneinung. In einer symbiotischen Verschmelzung verschwimmen die Ich-Grenzen zugunsten einer »größeren« Einheit. »Ich opfere mich für das Unternehmen auf«, heißt es dann. Entsprechend konsequent ist das Opferbewußtsein vieler Mitarbeiter.

Sie sind damit bereit für vielerlei Enttäuschungen – immer dann, wenn das idealisierte Größenbild von »ihrem« Unternehmen den Erwartungen nicht entspricht. Das konnte man sehr gut am Beispiel von Bosch oder Henkel erleben, deren patriarchalische Unternehmenskulturen durch die Entlassungen ab 1992 zu grundstürzenden Irritationen bei der Mitarbeiterschaft führten: »Eine Welt bricht zusammen.« Bekannt ist überdies aus der Organisationspsychologie, daß die Aufforderung, sich mit Aufgaben, Produkten oder gar dem ganzen Unternehmen zu identifizieren, zu Identitäts- und Sinnverlusten führt, wenn die Produkte vom Markt genommen oder die Teams aufgelöst werden.

Eine perspektivische Unternehmenskultur – wie hier vorgeschlagen – erkennt jeden einzelnen Mitarbeiter als ein individuelles Gegenüber zum Unternehmen. Zu ihrer Sprachwelt gehören Kreativität, Flexibilität, Organismus, Dynamik. Ihr Zentralbegriff ist die *Beziehung*. Sie vermittelt zwischen dem depersonalisierenden Aufgehen im großen Ganzen und der entscheidungslosen Beobachterposition. Eine Beziehung entscheidet sich *dafür*, übernimmt Verantwortung, sie nimmt teil. Aber sie nimmt sich »ihren Teil«, d.h. sie besteht auf der Einhaltung klarer Ich-Grenzen, die gleichzeitig die Verhandlungsgrenzen markieren.

Die Fähigkeit zur Distanznahme steigert die Handlungskompentenz. Das erst schafft Übersicht und Entschiedenheit. Ihre Basis ist bewußte Wahlfreiheit. Aber auch die Wahl der Zugehörigkeit: inbegriffen ist damit ebenso ein Stück Furcht vor Verlust und Ausschluß (viele MBA-Jobhopper lassen es daran missen). Das Wir-Gefühl entsteht dann aus der entschiedenen Zustimmung zum gemeinsamen Spiel und den vereinbarten Spielregeln. Es ist insofern eine Art innerbetrieblicher *Verfassungspatriotismus.* Eine mündige, selbstbewußte Entscheidung für ein Unternehmen: Dort sind wir Verhandlungs-Partner. Dort werden wir respektiert und ernst genommen. Die Ordnung schafft der Ausgleich zwischen Geben und Nehmen.

Nur in einer Beziehung kann Pflicht zur Selbst-Verpflichtung werden. Nur in einer Beziehung kann Verantwortung zur Selbst-Verantwortung werden. Nur in einer Beziehung ist ein stabiles, langfristiges und selbstbewußtes Commitment möglich. Wenn es Ihnen also um Commitment und Selbstverantwortung geht: es gibt sie nur in einer perspektivischen Unternehmenskultur.

Pragmatisches Hauptstück

Bei der Marketing-Konferenz eines großen Getränkevertriebs stehen wie immer Konferenzkühler mit Erfrischungsgetränken auf dem Tisch. Bald bemerkt man, daß die Öffner fehlen. Der Geschäftsführer raunzt den Marketingleiter an, er habe dafür zu sorgen, daß seine Mitarbeiter dafür zu sorgen hätten ...

Einverstanden, die Mitarbeiter sind selbst verantwortlich. Aber ist die Führungskraft nicht ebenfalls verantwortlich? Die Position dieses Buches lautet: Ja, aber nicht dafür, Öffner in den Kühler zu stecken oder Mitarbeiter dazu anzuleiten, sondern einen Rahmen zu schaffen, der dem Mitarbeiter hilft, sich selbst zu verpflichten, eigeninitiativ zu werden, Commitment für seine Leistung zu geben.

Denn Selbstverantwortung benötigt soziale Voraussetzungen. Es fällt leichter, wenn der einzelne nicht völlig allein dasteht, wenn er sich von einigen Menschen unterstützt weiß – und seien es noch so wenige. So wie eine auf Selbstverantwortung gebaute Unternehmenskultur ohne den Einsatz vieler einzelner nicht zu haben ist, so bedarf auch der einzelne der Ermutigung: eines Rahmens, der Erfolg und Solidarität wahrscheinlich macht.

Die Führungskraft ist aufgrund ihrer hierarchischen Stellung zuallererst aufgerufen, diese Voraussetzungen zu schaffen: die Bedingungen der Möglichkeit von Selbstverantwortung. *Bedingungen der Möglichkeit* – das ist keine gezierte Bescheidenheit, sondern die Einsicht, daß Selbstverantwortung weder abrufbar noch irgendwie »machbar« ist. Letztlich bleibt sie immer Initiative und verantwortliches Handeln des einzelnen.

Wenn Sie Führungskraft sind, fragen Sie sich selbst: Ermutigen Sie zu Mut und Zivilcourage? Oder dümpeln Sie lieber im Flachwasser der Anpassung?

Abschied vom Leithammel

> *Wer immer in die Fußstapfen anderer tritt,*
> *hinterläßt keine Eindrücke.*

Das wird vorgeschlagen: Unternehmer an die Front! Wir brauchen Entrepreneure! Vorbilder! Henkel! Grundig! Neckermann! Nixdorf! Die Unternehmen artikulieren Traditionsbedarf. Sie entstauben die mental-historischen Dachböden nach wegweisenden Urahnen, Gründervätern, traditions- und haltvermittelnden Vor-Denkern, Vor-Machern. Das alarmistische Krisengerede beschwört wieder Schumpeters »kreativen Zerstörer«. Das *manager magazin* weiht – nach dem Muster der amerikanischen *Fortune* – seitenweise eine »Business Hall of Fame« ein. Allseits ist die Renaissance des »great man« zu spüren, die Wiederauferstehung der neokonservativen Denkfigur des »Man-hat's-oder-man-hat's-halt-nicht«. Mitarbeiterorientierung? Schnee von gestern. Der Schnee von heute heißt: Charisma. Persönlichkeit. Ausstrahlung. Der Rückgriff auf *Vorbilder*, der vereinfachende Personifizierungsdrang: Wenn es überhaupt einen gemeinsamen Orgelton der Wirtschaftspublizistik gibt, dann ist es der Appell an die Vorbildfunktion der Führungskräfte, die insbesondere die Kluft zwischen leitbild-erwünschten Verhaltensformen und real existierendem Sozialdesaster überbrücken soll. Führungskräfte als Vorbilder: Es gibt kaum einen geeigneteren Gegenstand, um den notwendigen Paradigmenwechsel in einem Unternehmen zu verdeutlichen, das um das Prinzip Selbstverantwortung herum gebaut ist.

Maskuline Muskelspielerei

Historisch gesehen entstammt das Vorbild-Postulat einer Zeit klarer hierarchischer Zu- und Unterordnung, wo man noch »Untergebener« sagte (und das auch so meinte), typisch für patriarchalische Strukturen, militaristische Grundmuster (Augen zu und durch! Ran wie Blücher!). Es ist richtungsgleich mit dem Wunsch nach Hierarchie, Autorität und elitärem Denken. Denn das Vorbild wächst analog zum Einschüchterungswert. Es ist damit zweifellos ein Relikt aus der Unternehmenskultur eiserner Sekundärtugenden, die für die Generation der vor 1945 Geborenen verpflichtend waren.

Konsequent ist »Vorbild sein« eine ausgesprochen männlich assoziierte Denkfigur (wie auch der Größenwahn bei Frauen viel seltener vorkommt als bei Männern). Auf gewisse Weise erscheint die Vorbild-Idee so als der Gegenentwurf gegen das Individuelle und Spontane, das die weiblich vorgestellte Ursprungsmacht in der griechischen Mythologie verkörpert. Denn das Vorbildliche ist nicht das Individuelle, sondern das vereinfachend Verallgemeinerbare. Die Personifizierung eines Prinzips. Und trotz begreiflicher feministischer Einwände bleibt einstweilen gültig, daß dieser beispielhafte Mensch ein Mann ist.

Führungsgrundsätze: vorbildlich

Ja, »Vorbilder« sollen sie wieder sein, unsere Führungskräfte, mehr denn je. Modelle von Tugend, Moral und Werten. Günter Mordhorst, Vorstandsvorsitzender der Varta AG, stellvertretend für viele: »Autorität sollte ... aus dem persönlichen Vorbild des Führenden abgeleitet werden.« Hat man diese Persönlichkeitsriesen nicht zur Hand, werden künstliche geschaffen: Führungsgrundsätze als Hochglanz-Ersatz-Vorbild. Auch der peinlich-obszöne »Mitarbeiter des Monats« – den sozialistischen Stachanow-Miezen und »Helden der Arbeit« entlehnt – gehört hierher. Der dort für mustergültig ausgewiesene Wertekanon spiegelt im Regelfall die Karriereerfahrungen des Topmanagements wider (bildet insofern Vergangenheit ab) oder ergießt sich in Platitüden des sogenannten gesunden Menschenverstandes. Ich kenne keine einzige Broschüre dieser moralschweren Vorbild-Substitute, in der nicht die Führungskräfte angewiesen werden, in ihrem gesamten Handeln – ja, eben: Vorbild zu sein.

Nun war der Rückgriff auf Vorbilder schon immer ein Kind der Verunsicherung. Insbesondere Ermüdungs- und Schwächephasen induzieren regelmäßig die heftige Nachfrage nach Männern mit Follow-me-Aura, die als einzelne die Überschau haben oder zu haben vorgeben. Sie sollen als Über-Ich mit suggestiver Kraft die Unsicherheit der Gruppe ausgleichen (ach, unser Knirpstum!), Sicherheit und Vertrauenswürdigkeit ausstrahlen. Man will ja schnell sein; man will ja vorankommen; man will ja keine Zeit verlieren.

Warum gerade heute dieser organisationspsychologische Salto rückwärts? Die neue Unübersichtlichkeit, die neue Beliebigkeit machen orientierungslos. Auf die gesamtgesellschaftliche Werteerosion und aktuelle wirtschaftliche Schieflagen reagieren viele Unternehmen mit einer alt-neuen Eliteorientierung, mit dem rückwärtsstabilisierenden Auftürmen von Wertepyramiden. Die aktuelle Konjunktur von Benimm- und Knigge-Trainings für den knitterfreien Marktauftritt postmoderner Manager ist kein Zufall. Hier spricht die Krise.

Aber nicht nur diese: Wenn ich in Führungsseminaren die Teilnehmer frage, was denn aus ihrer Sicht das wichtigste beim Führen sei, kommt mehrheitlich die Antwort: »Vorbild sein!« Und bei einer großen Stadtsparkasse, deren einhundertfünfzig Führungskräfte angaben, welche Eigenschaften sie bei einer Führungskraft für unentbehrlich hielten, fiel die Wahl ebenso unmißverständlich aus: Führungskräfte hätten Vorbild zu sein, zuallererst *fachlich*, sodann, nachrangig, aber kaum weniger wichtig, *menschlich*. (Oft habe ich den Eindruck, sie meinen nur

»länger arbeiten«. Wenn man Führungskraft wird, gibt man offenbar seine Leidensbereitschaft zu erkennen.)

Anstrengende Eitelkeiten

Fachliches Vorbild? Wer das fachliche Vorbild zu seinem beruflichen Lebensideal kürt, hat heute einen dornenreichen Lebensweg. Die Halbwertzeit der Fachkompetenz verkürzt sich auf allen Gebieten dramatisch. Wir gehen heute davon aus, daß sich das Menschheitswissen etwa alle 4 1/2 Jahre verdoppelt. Über 90 Prozent der Wissenschaftler, die je auf dieser Erde gelebt haben, leben heute noch. Wer unter diesen Bedingungen fachliches Vorbild sein will, dem wird der ständige Druck im Nacken Rückenschmerzen verursachen. Diesen Wettlauf zu gewinnen ist unmöglich. Man kann nicht ein Orchester dirigieren und gleichzeitig die erste Geige spielen (außer man heißt Johann Strauß; aber das war gestern).

Natürlich sollte eine Führungskraft nach wie vor wissen, welches Spiel da in ihrem Bereich gespielt wird. Zweifellos sollte sie sich auch fachlich weiterbilden. Aber »Vorbild«? Wieso hat sie überhaupt Mitarbeiter? Ach so, sie hat ein Zeitproblem; am liebsten würde sie alles allein machen. Jedenfalls wird das Maximum an Exzellenz durch sie selbst definiert. Das wird zwangsläufig zur Verkrampfung führen. Der Burn-out wartet. Armer Chef! Aber wir wissen ja: Die genuine Form des Helden ist die Tragödie. Und noch die wenigsten zum Vorbild Hingestellten sind zu Lebzeiten ihres Ruhmes froh geworden. Diese Manager sind die Krone der Erschöpfung.

Besser-Wisser

Man könnte nun sagen, das ist das Problem des einzelnen. Für das Unternehmen aber wird es prekär, wenn das nach wie vor hochdynamische Peter-Prinzip den besten Schraubendreher zum Chef aller Schraubendreher macht. Das Unternehmen hat dann meistens zwei Probleme: einen guten Schraubendreher weniger und eine schwache Führungskraft mehr. Die exekutiert dann Taylors »One best way of Schraubendrehen«, nämlich ihren eigenen, den vorbildlichen, an den Mitarbeitern, nicht nur als Vorbild, sondern als Vor-Schrift: »Seht her, auf diese Weise bin ich doch so erfolgreich geworden!« Ein solcher Chef ist für seine Mitarbeiter eine stetig sprudelnde Quelle der Demotivierung. Er zieht als Ober-Schraubendreher und Besserwisser alle runter, die es anders, nämlich auf ihre eigene Weise machen wollen. Dies wird besonders problematisch, wenn man sich vorstellt, auf welche Chefs die im Vergleich zu früher hochindividualisierten und immer besser ausgebildeten jüngeren Jahrgänge stoßen.

Mehr noch und am wichtigsten: Aus den Suchscheinwerfern des »lernenden Unternehmens« fällt ein schiefes Licht auf die Vorbild-Prosa deutscher Führungskulturen. Das Vorbild will es nämlich nicht nur *sein* – es will es auch *bleiben*. Vorbilder sorgen dafür, daß andere immer hinterherrennen. Sie werden alles tun, damit der Abstand zwischen ihnen und ihren Mitarbeitern auch fachlich respektvoll bleibt. Ihr Weiterbildungsaktionismus *hat* einen Zweck: den Mitarbeiter zu distanzieren. Diese Chefs werden alles tun, um die Entwicklung ihrer Mitarbeiter zu *verhindern*!

Um ein konkretes Beispiel zu nennen: In einer Vorbild-Kultur liegt die Verbesserungsidee des Mitarbeiters in gefährlicher Nähe der Majestätsbeleidigung. Das betriebliche Vorschlagswesen (eine organisationspsychologische Sumpfblüte aus der Zeit der Frühindustrialisierung) wird letztlich immer an diesem Widerspruch scheitern. Denn die selbstinszenierte Tüchtigkeitsarroganz bewacht hochsensibel ihre Fachautorität.

Personalabwickler

Der Chefkoch unter den Führungskräften (»Hier kocht der Chef selbst!«) bezieht seine Existenzberechtigung dabei häufig genug aus der Schwäche seiner Mitarbeiter. Er ist daher gar nicht daran interessiert, seine Mitarbeiter zu entwickeln. Er wird sich nach alter Feldherrenideologie ins Zentrum aller Energielinien stellen und die Mitarbeiterpotentiale seiner Gruppe nicht oder nur unteroptimal entwickeln. Und damit entstellt sich die führungsgrundsätzliche Forderung nach dem Vorbild geradezu als *Negation der Personalentwicklung*, als ihr fundamentaler Widerspruch. Sie ist gleichbedeutend mit der Forderung nach ihrer Abschaffung.

In die Leistungsfähigkeit der Mitarbeiter investieren? Gefahr im Verzug! Exakt aus der Vorbildmentalität vieler Vorgesetzter erklärt sich das verbreitete Zögern gegenüber einer Personalentwicklung, die wirklich etwas bewegen will. Wie soll das auch zusammengehen: partnerschaftliche Netzwerke und Vorbild? Wie soll das passen: vorbild-hörige Mitarbeiter und Intrapreneurship? Deutlich wird: Das Vorbild-Geraune ist eines der verdeckt-wirksamsten, weil unerkannten Hindernisse auf dem Weg zur lernenden Organisation. Mit einer solchen Verschwendung von Leistungskraft wird sich die Zukunft kaum ertragreich bewältigen lassen.

Was bleibt? Wenigstens Führungskräfte als menschliches Vorbild? Das ist schlicht Anmaßung. Mit welchem Recht macht sich jemand zum menschlichen Vorbild für andere? Weil man Führungskraft ist? Dann wird es ja nur noch lächerlich.

Selbst-Aufgabe

Es gibt allerdings nicht wenige Führungskräfte, die sich bis zur Selbstaufgabe melken, um als Vorbild dazustehen. Ja, es ist eine wortwörtliche Form der »Selbst«-Aufgabe – man will ja dem Vor-Bild gerecht werden. Überanstrengung ist der Mindesteinsatz. Ein Vorbild zeigt keine Schwäche. Es ist *immer* Vorbild. Menschliche Regung? Enttäuschung? Unsicherheit? Geschwätz! Stattdessen: Symbolisches Handeln für die Tribüne. Eine Präsentationskultur gelungener Selbstverhärtung, in der etwas nicht getan wird, weil es für richtig und wichtig gehalten wird, sondern weil es anderen gefallen, mithin als vorbildlich gelten könnte. Vorbild sein heißt lügen.

Wie der Weise sagt: *Jede Investition in das Image ist eine Investition in das eigene Gefängnis.* Das selbstgeschaffene Vorbild soll zwar schmücken, normativ gelten – und legt doch selbst fest, wirkt normativ auch nach innen, auf den Investor zurück. Das Vorbild-Handeln verlangt von der Führungskraft ein hohes Maß an Selbstverleugnung unter dem dauernden Anpassungsdruck. Es ist ja anstrengend, sein berufliches Leben einem Stildiktat zu unterwerfen. Die antrainierten Verhaltenspartituren gehen oft bis zur Perversion dessen, was man persönliche Identität nennt. Da nimmt es nicht wunder, daß diese Helden ständig in der selbstgesuchten Gefahr schweben, vom Sog der Selbstüberforderung verschlungen zu werden. Oft zahlt der Aufsteiger einen gesundheitlichen, in der Regel aber einen charakterlichen Tribut. (Stellen Sie sich vor, Sie müssen über Jahre Dinge tun, von denen Sie nicht überzeugt sind; andererseits jahrzehntelang Verhalten unterdrücken, das zu Ihnen paßt!) Den unterstellten Prestigegewinn erkauft er mit der Einengung seiner Handlungsspielräume, letztlich mit Verlust an Freiheit.

Wer sich derart exhibitionistisch auslaugt, beim Exempel, das er statuiert, die Beschämung und den Nacheifernsdruck berechnet: erleidet der ein Martyrium? Nein, er inszeniert es, sagt Nietzsche, und damit bekommt es – etwas Unseriöses. Dort, wo man Wahrhaftiges und Reines vermutet, sind Hintergedanken im Spiel, werden Effekte kalkuliert. Selbstauszehrung, um andere anzustacheln: das ist der unverblümte Kuhhandel, der die Glaubwürdigkeit meuchelt.

Nicht wenige Führungskräfte haben in der Tat die Vorbild-Zumutung derart verinnerlicht, daß sie geradezu als wandelnde Laienschauspieler ihrer selbst daherkommen, reduziert auf eine von außen an sie herangetragene, prototypisch-gestanzte Erwartung, geronnen zu Typen, fast entmenschlicht – und damit auf eigenartige Weise tot. Der Rekurs auf Vorbilder hat nämlich etwas genuin Nachrufhaftes. Wie heißt es doch gleich? »Er wird uns immer ein Vorbild sein.« Das ist die Diktion von Todesanzeigen. Ein zu Lebzeiten Verstorbener, zum Charakterpanzer erstarrt, damit handhabbar für Zwecke. Früher hieß das: »Für Deutsche in verzagter Zeit.« Heute: »Es tut not (!), die wahren Unternehmer öffentlich sichtbar zu machen.« Oder: »Was wir brauchen, sind Führungskräfte mit visionärer Kraft, die ihren Mitarbeitern den Sinn ihrer Arbeit vermitteln.« Hurra! Alle ihm nach! Nur ein Toter kann seinen Dienst als Vorbild überhanglos leisten, ohne das Bild durch Allzumenschliches zu trüben. Sprühende Lebendigkeit macht Brüche sichtbar. So aber strahlt der Grabstein. (Na ja, wer eher stirbt, ist länger tot.)

Ob das Martyrium etwas nützt, ist zweifelhaft; daß es schadet, steht fest. Es liegt auf der Hand, daß die damit einhergehende Verdrängung und Selbstkasteiung ein nicht geringes Aggressionspotential zu mobilisieren vermag. Unter dem dauernden normativen Zwang kommt es zu einer Selbst-Entfremdung, die in wesentlichen Teilen die kommunikative Brutalisierung in unseren Unternehmen zu erklären vermag. Das Ergebnis: die »Nach-uns-die-Sintflut«-Mentalität auf vielen Manager-Etagen. Und die Wüste wächst.

Managing as Parenting

Wer ein Vorbild braucht, für den besteht keine Notwendigkeit für die mühevolle Anstrengung, herauszufinden, was er selbst eigentlich denkt. Kein Vergleich, kein Abwägen von Vor- und Nachteilen, keine Rechtfertigung des Inhalts, der Ziele, der Überzeugung ist hier am Platze. Nur die Empfehlung zur Nachahmung. Das ist nur konsequent. Denn das Vorbild-Denken kommt aus dem »Erziehungs«-Kontext. In einem Führungshandbuch, das 1994 immerhin in der 3. Auflage erschien, steht zu lesen: »Ein guter Chef brüllt nicht bei jeder Gelegenheit seine Mitarbeiter an, sondern erzieht durch Vorbild.« Unabhängig davon, daß dieser Satz mir Übelkeit verursacht: Da ist er, der Erziehungskontext, in dem unmündige Kinder »erzogen« werden sollen, die auf Werte schauen, die andere für sie festsetzen, nach Maßstäben, die andere für sie aufstellen. Er perpetuiert das Modell-Lernen des Eltern-Kind-Verhältnisses. Infantilisierung als Führungsprinzip. Da ist es nur folgerichtig, wenn in einem der größten deutschen Chemieunternehmen die Verbesserungsvorschläge von weiblichen Mitarbeitern mit Kosmetikspiegelchen prämiert werden.

Psychologisch richtet sich das Vorbild aus einer gütigen Elternrolle an das angepaßte Kind in uns. (Im Privaten ist man so oft genau das geworden, was man am wenigsten sein wollte: das Abbild der Eltern.) Unausgesprochen werden die Prinzipien der Kindererziehung auf Führung übertragen – wie ohnehin viele Manager reflexhaft beide Bereiche analogisieren. Und dies bildet sich in der Entmündigungskultur vieler Unternehmen ab: Managing as Parenting.

Eine von Vorbildern (gleich welcher Art) gestützte Unternehmenskultur differenziert die Mitarbeiterschaft dabei in zwei Teile: einen, der das Vorbild ist oder es künstlich erstellt, und einen, der nicht so vorbildlich handelt und der das Vorbild ganz offensichtlich braucht (letzterer Teil ist die Mehrheit). Das heißt im Klartext: Es gibt in unserem Unternehmen viele Mitarbeiter, die ein Vorbild zum Nacheifern brauchen. Die Rede vom Vorbild disqualifiziert einen Teil der Mitarbeiter (den größten!) als eines Vorbildes bedürftig. Spürt noch jemand die Anmaßung, die diese Unterscheidung beinhaltet? Spürt noch jemand die Entmündigung in der Absicht, uns ein Vorbild zum Hinterherlaufen vorsetzen zu können?

Aber die Wirkung auf Produktivität und Motivation hat eine ironische Wende: Die Größe des einen besteht nämlich nur darin, daß der andere ihm seine Kleinheit als Geschenk darbringt. Das Vorbildliche des einen reicht nicht; es muß der andere – damit das Vorbild sichtbar wird – ihm seine Mängelhaftigkeit gleichsam zu Füßen legen. *So wie manche nur deshalb groß erscheinen, weil die anderen sich ducken.* Und wieder sind die Folgen Passivität und Unterzuständigkeit. Ein klassisches Beispiel für das kurzgreifende Denken, das einfache Lösungen für komplexe Phänomene installiert, deren Nebenfolgen aber den angestrebten Effekt aufheben. Oder, in Peter Sloterdijks Worten: »Weil unermeßlich vieles *durch uns* tatsächlich so kommt, wie wir denken, kommt es *mit uns* im ganzen auf explosive Weise anders.«

Nun zeichnen sich viele Menschen durch nichts so sehr aus wie durch einen nachgerade frühchristlichen Widerstand gegen alle Anfechtungen der Selbstverantwortung. Dazu gehört eine Tendenz zur symbiotischen Verschmelzung mit dem Vorbild; Sehnsucht nach Sicherheit. Aber es ist die Sicherheit des Kindes. Viele kalendarisch erwachsene Mitarbeiter reifen so niemals über das Stadium der konventionellen Imitation hinaus; sie bleiben ewig Lehrlinge, mal willige, mal unwillige Befehlsempfänger. Und dieselben Führungskräfte, die eben noch Vorbild sein wollten, jammern nun über die Unselbständigkeit ihrer Mitarbeiter.

Denn jede Organisation gewinnt die Freiheit, die der einzelne an sie verliert – übernimmt damit aber auch die entsprechende Verantwortung. Das Gewissen ist damit auf mehr oder weniger subtile Weise durch betriebliche Autoritätsfiguren geprägt oder auf autoritäre Regeln eingeschworen. Es geht ums »Hinterherlaufen«. So bleibt man dann auch: dahinter. Stets zweiter Sieger. Erwachsene verharren in einem pubertären Zustand, der Möglichkeiten beschneidet und Potentiale der Mitarbeiter ungenutzt läßt. Die Vorbild-Steuerung reduziert erwachsene Menschen zu Betriebsmarionetten, die jeder Beeinflussung offenstehen, die aber niemals in die Verantwortung gehen. Damit wird eine an Vorbildern orientierte Unternehmenskultur kenntlich als Kultur ohne Selbstverantwortung. Die Betonung der Führungskraft als Vorbild ist das Kainsmal unreifer Organisationen.

In Abwandlung eines bekannten Brecht-Zitats: Glücklich das Unternehmen, das keine Helden braucht.

Lebende Imitate

Die Konsequenzen der Vorbild-Idee für die Unternehmen sind schlicht katastrophal. Denn diese Denkfigur beruht auf dem kategorialen Irrtum, daß Vorbilder für das Erreichen der Unternehmensziele nützlich seien.

Fragen wir uns: Sind das die Mitarbeiter, die wir brauchen, jene, die immer hinterherlaufen, jene, die die Nachbilder von Vorbildern sind? Das Original produziert immer Fälschung. Lebende Imitate: »Sei mir gleich!« Mitarbeiter, die nicht lernen, indem sie sich selbst erfahren, sich selbst begegnen, sondern die beeindruckt sind von der Ausstrahlung des Vorbildes. Die nicht kreativ sind, sondern nachahmen. Die nicht denken, sondern kopieren. Macht dieser Mitarbeiter einen Unterschied? Trägt er etwas Eigenständiges bei? Auf ausgetretenen Pfaden rutscht man leicht aus.

Ein solcher Mitarbeiter hat sein eigenes inneres Wertekonzept abgegeben zugunsten einer Abhängigkeit von außen. Aber Menschen, die von etwas abhängen, verlieren leicht das Gleichgewicht. Wer von guten Vorbildern abhängt, hängt auch von schlechten ab. Ein Alptraum: Was also, wenn das Vorbild sich als Mensch aus Fleisch und Blut, mit Fehlern, Schwächen, gar menschlichen Abgründen herausstellt? Was, wenn die Maske fällt? Gerade das Image charismatischer Führungspersönlichkeiten ist besonders gefährdet, einfach wegzukippen (siehe Lee Iacocca). Wer ein Vorbild braucht, bezeugt damit häufig nur seine Ich-Schwäche. Er unterschlägt seine Einzigartigkeit, seine Individualität und deren Möglichkeiten.

Das hat Konsequenzen: Ein negatives Vorbild in hoher hierarchischer Position gilt z.B. oft aus verschiedensten Gründen als »untouchable«. Diese, in einem kurzgreifenden Unternehmensinteresse wohlgemeinte Immunität prägt aber junge Einsteiger oft über Generationen, die an diesem Negativ-Vorbild ablesen, welche Eigenschaften offenbar in diesem Unternehmen belohnt werden. Viele Unternehmen sind völlig blind für diese Neben- und

Spätfolgen ihrer Kurzsichtigkeit, die ein Muster ohne Wert unbeabsichtigt zu hoher Wirksamkeit kommen läßt.

Als ein weiteres Beispiel mag die Orientierung am japanischen Vorbild dienen, die gegenwärtig unter der Flagge des Lean Management segelt. Mit teutonisch-musterschülerhaftem Imitationseifer werden einer gewachsenen Industriekultur die schlanken Konzepte der Japaner aufgepfropft, wo doch die gesellschaftlichen Rahmenbedingungen mit denen des »Vorbildes« völlig unvergleichbar sind. Man kann nur schmunzeln über das, was da an unhistorischem Zeug und in dem Bemühen, die »besseren Japaner« zu sein, ausprobiert wird. Wenig vorbildlich für uns: die hohe zeitliche Verfügbarkeit der Arbeitskräfte in Japan, die außerordentlich hohe Arbeitsintensität, das »Durchreichen« des Kostendrucks an die Zulieferer, das Sozialdumping, die Arbeitgeberbindung der Belegschaft, das ausgeprägte Senioritätsprinzip, patriarchalische Führungsformen, der extreme Konformitätsdruck und das Fehlen jedweder autonomen Interessenvertretung: all das ist in Deutschland weder konsens- noch funktionsfähig – aus guten historischen Gründen, wie mir scheint. Wir brauchen auf der Suche nach tragfähigen Orientierungen nicht erst nach Japan zu schauen: im preußisch-deutschen Traditionskomplex stehen sie uns »näher« und schon lange zur Wahl. Nein, wir müssen unseren eigenen Weg zwischen Taylorismus und Toyotismus gehen, einen Weg, der durch unsere gewachsene mitteleuropäische Ich-Kultur gewiesen und getragen wird.

Hannemann, geh du voran!

Eine auf Vorbilder gebaute Unternehmenskultur schafft mithin unbeabsichtigt Abhängigkeit und unterzuständige Mitarbeiter, die ihr Ich-Zentrum nach außen verlegt haben. »Nachmachen!« denunziert die Mitarbeiter zu tumben Toren, die anders offensichtlich nicht zu mobilisieren sind. Noch einmal: Sind das die Mitarbeiter, mit denen wir die Zukunft gewinnen wollen?

Bedenkliche Wirksamkeiten: Der Vorbild-Betrachter geht nie in die Verantwortung! Er bleibt abhängig von der Vorgabe des idealisierten anderen. »Ich mache es, nicht weil ich es für richtig halte, sondern weil er es vormacht.« Oder: »Ich mache es nicht, wenn der andere es auch nicht macht.« Auch bei jenen, die sonst pikiert Wert auf ihre Eigenständigkeit legen: »Sollen die Vorstände das erst mal vorleben!« Gerade bei negativen Vorbildern: der Verweis auf die Nachbarabteilung, die sich ja auch nicht an die Vereinbarung hält. Oder: »Wenn der sich nicht an die Spielregel hält, muß ich es auch nicht tun.«

Im Grunde aber ist dies des Pudels Kern: Die Forderung nach dem Vorbild ist wieder das »Nicht-verantwortlich-sein-Wollen«. »Hannemann, geh du voran.« Ein Beispiel dafür, daß wieder erst der andere sich ändern muß, bevor ich überhaupt mich selbst in Erwägung ziehe. Selbstverantwortung? Das schlechte Vorbild ist nur allzu häufig ein Argument, passiv bleiben zu können. Vorbilder produzieren notwendig Unterzuständigkeit und Verantwortungslosigkeit.

Wie widersprüchlich die Diskussion gegenwärtig läuft, ist sehr schön am Reengineering-Konzept von Hammer/Champy abzulesen, die fortwährend die Mitarbeiter zur Übernahme von Verantwortung bewegen wollen. Das ganze Buch ist gespickt mit Sätzen wie: »Der Leader fördert den Reengineering-Prozeß durch mitreißende Reden.« – »Die oberste Geschäftsleitung muß mit gutem Beispiel vorangehen.« – »Prozeßverantwortliche motivieren und inspirieren ihr Reengineering-Team.« – »Ein Leader muß eine echte Führungspersönlichkeit sein …, die andere Menschen dazu bringen kann, das zu wollen, was er erreichen möchte.« – »Seid kühn, sagt der Leader, und wenn euch irgend jemand unter Druck setzt, dann verweist ihn an mich.« Tolle Selbstverantwortung.

Vorbild – eine passive Qualität

Ist das überhaupt möglich, das, was überall gefordert wird, nämlich Vorbild zu sein? Ist ein Vorbild absichtsvoll machbar? Das ist äußerst fragwürdig, weil es davon ausgeht, daß es von allen Menschen in etwa gleicher, eben »vorbildlicher« Weise wahrgenommen wird. Das Vorbild ist jedoch niemals ein (Vor-)Bild, das jeder auf die gleiche Weise sieht. Jeder bringt sein eigenes Sein in den Prozeß der Interpretation ein. Jeder macht sich ein anderes Bild vom anderen; und was der eine für vorbildlich hält, hält der andere noch lange nicht für nachahmenswert; was dem einen erstrebenswert scheint, gilt dem anderen nichts. Jene, die am lautesten die Vorbildlichkeit der Führungskräfte einklagen, sind in den Augen ihrer Mitarbeiter oft alles andere als vorbildlich. Erkenntnistheoretisch ist die Forderung, Vorbild zu sein, schlicht Nonsens.

Dennoch – wäre es, das Wahrnehmungsproblem ausgespart, möglich? Natürlich nicht. Vorbild sein ist keine aktive Kategorie, sondern eine passive. Menschen werden zum Vorbild allenfalls *gemacht*. Wenn Sie Führungskraft sind, werden Sie es u. U. nicht verhindern können, daß Sie von anderen zum Vorbild erkoren werden, daß andere in Ihnen etwas Vorbildliches sehen – als Fremd-Zuweisung, Attribuierung; aber nicht als Selbstinszenierung. Zum Vorbild macht man sich nicht selbst, sondern man wird dazu gemacht. Vorbild sein ist allenfalls eine *passive* Qualität, keine aktive.

Ein Vorbild zum Hinterherlaufen kann also nicht (im Doppelsinn) »vorgesetzt« werden. Wenn schon Vorbild, dann wählt der einzelne es selbst, nach seinen individuellen Kriterien. Vorbilder sind keine Sterne, die von alleine leuchten, sondern, wenn überhaupt, Laternen, die wir in uns selbst anzünden.

Wer aber versucht, aktiv Vorbild zu sein, wird es wohl gerade deshalb nicht. Das (aktive) Vorbild handelt nicht, um zu handeln, sondern um Vorbild zu sein; es verlagert damit den Schwerpunkt, das Motiv seines Handelns nach außen; es will »scheinen« (man beachte den Doppelsinn); es inszeniert sein Tun als Wirkung auf andere. Und es wird gerade dadurch seine Wirkung verfehlen. Mitarbeiter haben in der Regel ein sehr feines Gespür für Glaubwürdigkeit. Gerade und vor allem, wenn es daran mangelt.

Brauchen wir nicht dennoch diesen Kanon des Vorbildlichen? Ich übersehe nicht, daß in vielen Unternehmen die Vorbildlichkeit – dort oft auch »Parkettfähigkeit« genannt – als Voraussetzung für (Be-)Förderungswürdigkeit gilt. Natürlich weiß ich auch, daß viele Mitarbeiter Vorbilder (gleichsam als Vater- und Mutterersatz) zu brauchen glauben. Und bekannt ist mir ebenso, daß insbesondere das schlechte Beispiel des Vorgesetzten einerseits die Legitimität der Führungsposition in Frage stellt, andererseits häufig als Freifahrtschein für das Fehlverhalten der Mitarbeiter gilt.

Gleichwohl – müssen wir das auch noch fördern? Noch durch normativ aufgeladene Führungsrichtlinien fordern? Ist es wünschenswert, daß dieses ethische Soll als Zielverpflichtung gilt? Und ist diese Forderung in Zeiten hochvernetzter Arbeitsstrukturen, Team-Organisationen, internationaler Mobilisierung und Flexibilisierung, flacher Hierarchien und breiter Führungsspannen, einer auf Symmetrie und Partnerschaft abzielenden Wertedynamik, eingedenk der Sozialisationsprozesse, die auf frühe Selbständigkeit und ausgeprägte Individualisierung zielen – ist diese Forderung noch hilfreich und sinnvoll? Und kann jemand ernsthaft glauben, daß die zwischen 1945 und 1965 Geborenen, die das heutige Mangement dominieren, eine vorbildgläubige Generation seien? (Achten Sie mal darauf, wie oft bei den beliebten Persönlichkeits-Fragebögen – z.B. in der FAZ – die Frage nach einem Vorbild unbeantwortet bleibt.) Grundsätzlich skeptisch gegen alle moralgepanzerten Ideale, entideologisiert, pragmatisch, aufgewachsen in einer Ethik des umfassenden Selbst, sind sie die abgeklärt Aufgeklärten, mit eher ironischem Verhältnis zu Moralathleten. Für sie gibt es keine autoritativen Eindeutigkeiten mehr, sondern nur noch Subjektivismen, Einstellungen, Präferenzen. Für sie sind die traditionell wertsetzenden Vorbilder schon längst mental emeritiert. We don't need another hero.

Jeder kennt die ursprüngliche Reaktion, wenn man jemanden als Vorbild vorgesetzt bekommt; man wertet offen oder insgeheim ab, sucht nach dem kleinen Fehler – um die Situation sozialer Ungleichheit auszubalancieren. Nein, es geht nicht darum, vorbildlich zu sein. Es geht darum, glaubwürdig und authentisch zu sein. Es ist ein Unterschied, ob Sie authentisch sind, weil es für Sie selbst wichtig ist – oder ob Sie andere damit manipulieren wollen. Glaubwürdige Führungskräfte ermutigen das Vorbild *in jedem einzelnen*. Jeder Mitarbeiter stellt eine einzigartige Persönlichkeit dar. Jeder Mitarbeiter darf beanspruchen, in seiner Einzigartigkeit respektiert zu werden. Unabdingbare Voraussetzung für echtes

Commitment ist, sich von der ständigen Außenleitung durch Vorbilder zu lösen und die Verantwortung für das Handeln selbst zu übernehmen. Thomas Banyacya, Hopi-Elder, sagt: »No one can predict to what height you can soar, until you have spread your wings.«

Und Emerson schreibt in seinem »Selbst-Vertrauen«: *»Es kommt in der Erziehung eines jeden Menschen eine Zeit, in der er zur Überzeugung gelangt, daß Neid Unwissenheit, daß Nachahmung Selbstmord ist, daß er in Freud und Leid sich als sein Schicksal akzeptieren muß; daß, obgleich das Universum voll von guten Dingen ist, kein einziges nahrhaftes Korn zu ihm kommen kann außer durch seine Arbeit, die er dem Fleckchen Erde widmet, das ihm zur Bearbeitung gegeben ist. Die Kraft, die in ihm wohnt, ist neuer Art, und niemand als er allein weiß, was er zu tun vermag; und auch er weiß es solange nicht, bis er es ausprobiert hat.«*

Es lohnt sich, dieses Zitat noch einmal zu lesen.

Führungsziel: Selbstverantwortung

Was bleibt? Vorbild und Selbstverantwortung sind einander entgegengesetzte Begriffe. Die Unternehmen müssen sich entscheiden, ob sie mit einer Horde von Abhängigen und unterzuständig Nacheifernden arbeiten wollen oder ob sie Autonomie, Selbstverantwortung und Commitment unterstützen. Und die einzelne Führungskraft? Ein Vorbild kann sich wehren. Sie müssen als Führungskraft nicht Held der Arbeit sein, wenn Sie es nicht wollen. Sie können etwas tun:

- Sprechen Sie mit dem Mitarbeiter über die Tücken der Vorbildlichkeit.
- Hören Sie auf, anderen um jeden Preis gefallen zu wollen; verkaufen Sie nicht Ihr Erstgeburtrecht auf Selbstbestimmung gegen das Linsengericht des Nacheiferns.
- Seien Sie authentisch; fragen Sie sich: »Handle ich nur so, weil ich andere beeindrucken will?«
- Erlauben Sie es sich, den Erwartungen anderer auch mal *nicht* zu entsprechen.

- Tun Sie ab und zu etwas Unerwartetes; etwas, was so ganz und gar nicht zu Ihrem Image paßt. Sie werden sehen: es befreit ungemein.

Viele Führungskräfte fühlen sich geschmeichelt, als Vorbild auf den Sockel gehoben zu werden. Die verantwortungsbewußte Führungskraft wird diese Idealisierung zu verhindern, mindestens aber zu minimieren suchen. Sie wird alles tun, um die Mitarbeiter von sich unabhängig und damit eigenverantwortlich zu machen. Sie wird, anstatt sich mit der Aura des unfehlbar Vorbildlichen zu umgeben, das Tastende und Brüchige, das Persönliche ihrer Arbeit vor ihren Mitarbeitern wachhalten. Ich ironisiere mich selbst, wenn ich mich meines ersten Chefs – meines Vorbildes – erinnere, der einmal zu mir meinte: »Ich habe keine Lust, für Sie das Vorbild zu mimen.«

Überall wird Grenzüberschreitung gefordert: im überstaatlichen Rahmen, durch Innovation und Kreativität im betrieblichen Rahmen. Warum nicht auch im persönlichen? Dort heißt Grenzüberschreitung: die Grenzen des Vorbildes überschreiten – erwachsen werden. Wir brauchen auch im Unternehmen individuelle Identitätsbildung als kontinuierlichen Lernprozeß. Ich habe nicht den Schatten eines Zweifels, daß wir den Denkrahmen wechseln müssen: Weg vom Vorbild und hin zu einem Führungsverständnis, in dem *Selbstverantwortung* die zentrale Denkfigur ist.

Um jemanden zu ehren, muß man über ihn hinausgehen.

Nachsatz I

Nun ließe sich ja sophistischerweise mein Argument gegen mich wenden, wenn man sagte, eine Führungskraft, die nicht Vorbild sein wolle, könne in dem hier erwogenen Sinne gerade dadurch, gleichsam unter verändertem Vorzeichen, wiederum Vorbild sein. Meine Antwort darauf ist: Man kann Probleme nicht mit einem Denken auflösen, das die Probleme erst hervorgebracht hat. Das so Gedrehte ist nur eine neue, inhaltlich gewandelte Form der Abhängigkeit, die die Selbstverantwortung des Individuums nach wie vor verdeckt unterläuft. Aber (und es fällt mir nicht schwer, das zuzugeben): Kein Chef ist so schlecht, daß er nicht als abschreckendes Beispiel dienen könnte.

Nachsatz II

En vogue ist gegenwärtig das »Feindbild«, gleichsam die Negativ-Ausgabe des Vorbildes. Da in Unternehmen Konsens zu einem chronisch knappen Gut geworden ist, müssen vielerorts – Kienbaum läßt grüßen – Feindbilder als konsensstiftende Ersatzquellen her. Jedem, der es hören will, wird die alte Geschichte vom Nutzen eines gepflegten Dreschflegels erzählt, auf den man gerade in schlechten Zeiten einschlagen sollte, um unternehmensintern zu harmonisieren. Das hat die Funktion, Mitarbeitern vorzugaukeln, sie vollbrächten eine vaterländische Tat, wenn sie sich voll für die Füsilierung des feindlichen Unternehmens einsetzten.

Das geht nach dem alten »Petz-Prinzip«: *Der andere ist schuld!* Alle Gewalt geht vom Feinde aus. Er bedroht uns, nicht umgekehrt. Das denken natürlich beide Seiten. Dabei wird verschwiegen, daß das Bild des Feindes von uns selbst erzeugt wurde. Wieder können wir unsere Hände in Unschuld waschen: Nicht verantwortlich für diese Situation! Unter dem Druck der Verhältnisse, der Aggression des Feindes und immer knapper Zeit wird alles dringlich-dringlich, was zur Abwehr der Bedrohung dient. Erzielt wird Verteidigungskonsens. Dieser ermächtigt einige wenige – »die Verantwortlichen« halt –, irgend etwas für »notwendig« zu halten, was dann die vielen anderen exekutieren sollen. Feindbilder sind geradezu Dukatenesel für Notwendigkeiten. Keine Zeit für langes Geschwafel! Bekanntlich liegt die Autorität einer Regierung über ihre Bürger zum guten Teil in ihrer Macht begründet, Krieg zu führen.

Schweigen möchte ich hier von dem unsäglichen Appell an niederste Instinkte, schweigen von der Dürftigkeit der Argumentation, schweigen von den historischen Parallelen (hatten wir alles schon mal: Juli 1914). Aber es ist einfach unintelligent, so zu verfahren: wehe, der Feind stellt sich als gar nicht so schlimm heraus, wie Sie ihn brauchen können. Wenn Sie ein Feindbild inszenieren, machen Sie das Unternehmen massiv abhängig von einem Außendruck. Auch hier wieder: Sie bauen nicht auf die innere Stärke, sondern auf eine von außen aufgenötigte Haltung, in diesem Falle eine Defensivhaltung.

Es ist zudem ein Irrtum zu glauben, die aggressive Energie ziele nur auf den Konkurrenten. Eine Feindbild-Atmosphäre schürt auch die Binnenaggressivität. Unter dem aggressiven psychologischen Überhang leidet am meisten das eigene Unternehmen. Das Feindbild ist Seelenbeihilfe zum Selbstbetrug.

Vorgesetzte, Führungskräfte

> *Das Modell »Vorgesetzter« ist die Initiation in die Dummheit als Normalzustand.*

Im Manager-Rosenkranz kanonisierter Fahnenwörter werden die Begriffe »Vorgesetzter« und »Führungskraft« meistens synonym benutzt. Dennoch stehen hinter ihnen ganz bestimmte und, wie ich meine, ganz unterschiedliche Modelle. Ich entfalte im folgenden beide Konzepte polarisierend als Idealtypen, weil es mir auf einige wesentliche Unterschiede ankommt; tatsächlich dominieren vielfältige Mischformen.

Das Auslaufmodell

Ein Vorgesetzter ist zunächst nichts weiter als das Resultat der Organisationsstruktur, wobei der hierarchisch-disziplinarische Aspekt betont wird. Seine Autorität ist eine Positionsautorität. Diese wiederum ist an ein Amt gebunden, das er als »potestas« von oben erhält. Dadurch wird er den Mitarbeitern »vorgesetzt«.

Das Konzept »Vorgesetzter« basiert demnach auf der Denkfigur des »oben« – und damit richtungsgleich des »besser«. Das Motto lautet: »Ich bin besser als die anderen!« Der hierarchisch Vorgesetzte hat dabei nicht notwendig die Autorität des tatsächlich »Besseren«, sondern sattelt auf der Autoritätsbehauptung dessen, dem durch die Hierarchie zugemutet wird, der Bessere zu sein. Vorgesetzte nutzen daher nicht selten die beobachtete oder auch nur behauptete Schwäche ihrer Mitarbeiter aus, führen sie mitunter sogar – böswillige Unterstellung, o warte! – bewußt herbei, um »besser« mindestens zu *scheinen*. Das ist konsequent: sie leiten ihre Existenzberechtigung aus der Minderleistung der Mitarbeiter logisch ab. Viele Vorgesetzte sind Großattentäter auf die menschliche Intelligenz. Die Mitarbeiter sitzen immer demoralisierter, immer besiegter und immer lustloser in diesen Unterforderungsveranstaltungen herum.

Im Modell »Vorgesetzter« steht das Subjekt der Umwelt einsam und allein gegenüber. Mitarbeiter sind Objekte der Umwelt. Sie werden kaum selbst als Handelnde wahrgenommen, sondern als »Zeug« (Martin Heidegger), mit denen das Subjekt handelnd umgeht. Sie sind »Personal«. Das wird »behandelt«, so, wie man Computer bedient: mit Hilfe von Befehlsmenüs. Dazu schauen Vorgesetzte mitunter in das Benutzerhandbuch. Oder in die Psychologie. Diese zeigt ihnen hilfreich, wie man mit den Objekten hantiert und operiert, bis sie tun, was man selbst für richtig hält. Vorgesetzte reden *über* fremdes Bewußtsein. Nicht *mit* fremdem Bewußtsein. Sie haben zwar etwas zu sagen, aber wenig mitzuteilen.

Dieses Bewußtsein konstituiert sich seine Umweltbeziehungen durch die Sprache: Da ist ein »Untergebener« (der immer nur geben soll, aber meistens nicht das Richtige); da sind die »direct reports«, die »berichten an mich«, »sie arbeiten für mich«, »die habe ich unter mir«. Amerikanische Manager sprechen gar von »hands«.

Die Vorgesetztenkultur ist geprägt von Sachorientierung und Aufgabenbezug; sie basiert vor allem auf fachlicher Kompetenz. Eine Beförderung zum Vorgesetzten wird daher als Belohnung für Leistung verstanden. Leistung ist aber gleichsam geronnene Vergangenheit; sie sagt nur sehr begrenzt etwas über zukünftige Leistung unter veränderten (Führungs-)Rahmenbedingungen aus. (Leider befördern Unternehmen immer noch mehr die Leistung als das Potential.)

Ein Vorgesetzter wird hierarchisch legalisiert. Er erhält diese Legalisierung »von oben«. Eine Führungskraft hingegen *kann*, aber muß nicht Resultat der Organisationsstruktur sein. Ihre Akzeptierung entspringt ihrer Person, nicht ihrer Position. Sie ist nicht zwingend an ein Amt gebunden, sondern kraft einer von den Mitarbeitern anerkannten Kompetenz, einer »auctoritas«. Sie wird also nicht notwendig hierarchisch legalisiert, sondern *legitimiert*. Diese Legitimation erfolgt »von unten«.

Damit kommt der Mitarbeiter als Bestimmungsfaktor für erfolgreiches Führungshandeln mit ins Bild. Die legitimierende Instanz sind die Geführten. Das ist der wesentliche Unterschied zum Vorgesetzten – in einem Satz:

Führungskompetenz haben Sie nicht,
die wird Ihnen gegeben.

Die einzige Führungsautorität, die wirklich zählt, ist jene, die freiwillig und bewußt von den Geführten eingeräumt wird. Eine Beförderung zum Vorgesetzten gibt Ihnen allenfalls Positionsautorität, niemals personale Autorität. Führungskompetenz aber wird Ihnen von den Mitarbeitern verliehen. Von deren »Antwort« sind Sie abhängig. Die Mitarbeiter *wählen*, ob sie Ihnen das Recht einräumen, sie zu führen. Wenn sie Ihnen dieses Recht aberkennen, dann sind Sie zwar immer noch Vorgesetzter. Aber nicht mehr Führungskraft.

Was jedoch viel wichtiger ist: Sie können Ihren Job nicht mehr machen. Sie können Ihre Aufgabe, das Potential Ihrer Mitarbeiter zum Wohl des Unternehmens zur Entfaltung zu bringen, nicht mehr erfüllen. Moderieren, koordinieren, zusammenfügen – alles das können Sie nicht, wenn Ihre Mitarbeiter Ihre Führungskompetenz nicht anerkennen. Dann hängen Sie in grotesker Weise in der Luft.

Im allgemeinen Machbarkeitswahn wird dieser Vorgesetzte auf Führungsseminare geschickt, um seine Führungsfähigkeit zu fördern. Sogenannte Verhaltenstrainings scheinen dafür das probate Mittel. Meistens wird ein Trainer eingekauft, der baut seine Videokamera auf, bei deren Anblick die meisten Seminarteilnehmer reagieren, wie ein Normalbürger reagiert, wenn er im Rückspiegel ein Polizeiauto erblickt. Dann wird trainiert – vergleichbar mit einer Fußballmannschaft, die Eckentreten trainiert. Und das klappt dann auch, ist nachvollziehbar, logisch und verspricht Kompetenzgewinn: Zweifellos besser als nichts, denn es gibt individuelle Voraussetzungen für gelingende Führung. Aber mit begrenzter Wirkung, denn: Führungskompetenz haben Sie nicht …

Mithin gibt es weitaus mehr Vorgesetzte als Führungskräfte: Nicht jeder Vorgesetzte ist eine Führungskraft. Im Zeitalter der Projekte, Teams, Netzwerke und fließenden Strukturen wird aber mehr und mehr gelten: Nicht jede Führungskraft ist gleichzeitig Vorgesetzter … bis hin zu hierarchieentbundenen Gruppen, in denen ein Sachbearbeiter auch Teamleiter sein kann.

Im Modell »Führungskraft« nimmt das Subjekt andere Subjekte nicht als Umwelt, sondern als Mitwelt wahr. Das Subjekt weiß sich eingespannt in ein Netz von Beziehungen zwischen Partnern, die existentiell gleich sind. Es ist als Führungskraft nicht »besser«, es macht schlicht einen anderen Job.

Durch die mitweltliche Einstellung begreift das Subjekt die Außenwelt/Mitarbeiter als seinesgleichen, zu der es teil-nehmend eingestellt ist. Dann begegnet es seinem Gegenüber mit Respekt und Achtung, weil es sich gleichordnet. Respekt vor dem anderen ist der Respekt vor sich selbst. Verletzt es die Würde des Mitsubjekts/Mitarbeiters, so verletzt es damit zugleich und notwendig seine eigene Würde. Das Wort »Mit-Arbeiter« hat allerdings die ursprünglich teilnehmende Bedeutung der Gleichordnung verloren. Es ist heute eine Bezeichnung der Inferiorität, der Abwertung, ein Etikett für jenen, der keine Führungskraft ist, eben »nur« mit-arbeitet. Aus dieser hier beschriebenen mitweltlichen Einstellung läßt sich der partnerschaftliche Sinn wiederherstellen: im Sinne von »zusammen« und »gemeinsam«.

Fragen Sie sich selbst: Wer entscheidet über die Qualität eines Produktes? Der Kunde. Wer entscheidet über die Servicequalität? Der Kunde. Wer entscheidet über die Qualität der Führung? Zögern Sie nicht: der Kunde. Und der Kunde der Führungskraft ist: der Mitarbeiter.

Kauft der Mitarbeiter die Ware »Führung«? Alles redet von Kundenorientierung. Machen wir Ernst damit! Stellen wir den Kunden in den Mittelpunkt. Dann entscheidet auch der Kunde, ob er die Ware kauft. Sollten wir seine Wahl nicht ernst nehmen? Wenn er sie nicht kauft, wenn er sie abwählt, ist sie nichts wert. Dann hat sie keine Existenzberechtigung.

Sollten wir Führung nicht in weit höherem Maße wählbar und abwählbar machen? Warum nicht Führung durch die Mitarbeiter wählen lassen? Der billige Zwischenruf, dann würde das Unternehmen ja in einen permanenten Wahlkampf gerissen, übersieht, daß Mitarbeiter genau das täglich tun: Sie wählen! *Mitarbeiter wählen mit ihrem Engagement. Sie wählen mit ihrer Initiative. Sie wählen mit ihrem Commitment.*

Im Machtspiel zwischen Führungskräften und Mitarbeitern liegt die Macht bei den Mitarbeitern: Es gibt sie ohne Führungskräfte; aber keine Führungskräfte ohne Mitarbeiter. Und wenn ich mir anschaue, wieviel Motivation tagtäglich von Vorgesetzten zerstört wird, die die Wahl bei ihren Mitarbeitern verloren haben, aber mit verbarrikadierten Gesichtern um die Wahrung ihrer Positionsautorität kämpfen, dann darf nicht gezögert werden, für diese Leute andere Aufgaben im Unternehmen zu finden.

Abermals Einspruch! Die Führungskräfte schleimen sich doch dann nur noch an, um wiedergewählt zu werden. Einspruch abgelehnt. Wenn die Mitarbeiter am Unternehmensergebnis beteiligt werden, werden sie nicht den bequemsten, sondern den besten Chef wählen.

Für eine stärkere Kundenorientierung der Führung ist es wichtig, neben dem Karriereanker »Mitarbeiterführung« weitere Karriereanker gleichwertig zu institutionalisieren. Ebenso muß die Entscheidung, jemanden zur Führungskraft zu machen, ohne

Gesichtsverlust für alle Beteiligten revidierbar sein. Probezeiten und zeitlich begrenzte Führungsaufgaben sind dazu Möglichkeiten. Die Zeiten für solche Flexibilisierung stehen nicht schlecht: Immer mehr Menschen verzichten gern auf die mit der Mitarbeiterführung verbundenen Problemstellungen (»Da muß ich mich nicht dauernd mit den Leuten rumschlagen!«), wenn ihnen in einer Fach- oder Expertenlaufbahn Orden und Ehrenzeichen erhalten bleiben.

Die ideale Führungskraft

Seit Jahrzehnten ist man nun auf der Suche nach dem »idealen« Manager, baut Bibliotheken an Persönlichkeitsvoraussetzungen zusammen – und verkennt völlig, daß Führungskräfte in ihrem Wirkungsgrad von etwas ganz anderem abhängig sind: der Wahl der Mitarbeiter. Auch ich habe mich lange an der Diskussion über die Eigenschaften einer idealen Führungskraft beteiligt. Was sie alles sein und können muß; wahre Heldenbilder ... jedenfalls kann ein Normalsterblicher diese Anforderungsprofile in nur einem Leben kaum erfüllen. Muß er auch nicht. Er muß – und das ist zunächst einmal unabhängig von den destillierten Kriterien – von den Mitarbeitern akzeptiert, sprich: gewählt werden.

Ein Beispiel dafür aus einem anderen Praxisbereich. Ich beriet ein mittelständisches Unternehmen bei einem Auswahlverfahren für Außendienstmitarbeiter. Zwölf Mitarbeiter sollten eingestellt werden. Die Suche nach den geeigneten Selektionskriterien eskalierte fast zum Glaubenskampf. Ich versuchte einen letzten gemeinsamen Punkt zu finden, an dem wir ansetzen konnten: »Das wichtigste scheint mir, daß unser neuer Mitarbeiter beim Kunden eine Beziehung aufbauen kann.« Und, alles Lehrbuchwissen über Bord werfend, fügte ich hinzu: »Laßt uns die ganzen Kriterien vergessen und einfach prüfen, ob der Bewerber *ankommt*.« Das wirkliche Leben abbildend, suchten wir im eigenen Haus sieben sehr unterschiedliche Interviewer – vom Bereichsleiter bis zum Pförtner – und luden die Bewerber zu jeweils einstündigen Gesprächen. Ohne jede Vorgabe von Beurteilungskriterien. Wir baten die Interviewer nur um ein »Ja« oder »Nein« – abermals ohne Angabe von Gründen. Wir baten um Aus-»Wahl«. Bei 6:1 Jastimmen war der Bewerber eingestellt. Ich will offen gestehen, daß ich das Ganze damals für einen Husarenritt hielt. Aber zu meiner Ernüchterung kann ich heute, nach drei Jahren, sagen: Dieses Unternehmen hat in seiner über 40jährigen Geschichte niemals ein erfolgreicheres Auswahlverfahren durchgeführt: Bis auf eine Mitarbeiterin, die das Unternehmen noch in der Probezeit verließ, waren alle übrigen 11 neuen Mitarbeiter Volltreffer.

»Please the Customer!« – Das gilt auch für Führungskräfte. Auch die Führungskraft muß ankommen. Oder, in hard facts: Ein Management, das seine Mitarbeiter so behandelt, wie es möchte, daß diese Mitarbeiter die Kunden des Unternehmens behandeln, könnte einen Großteil seiner Marketingaktivitäten einsparen.

Beziehungskisten

Wenn Commitment im Mittelpunkt einer Unternehmenskultur steht, dann sieht Führen anders aus. Commitment kann weder durch Strukturen noch durch den Management-Regelkreis erzeugt werden. Commitment kann gar nicht von außen erzeugt, allenfalls ermöglicht werden. Der Geschäftsführer des Pharma-Herstellers Grünenthal, Götz Dyckerhoff: »Führung muß Menschen die Möglichkeit eröffnen, Freude an einer Leistung zu haben, die sie für sich und das Unternehmen freiwillig erbringen.«

Commitment kann aber sehr wohl zerstört werden. Wir wissen seit langem, daß die Beziehung zur unmittelbaren Führungskraft die Archillesferse der Arbeitszufriedenheit ist. Hier wird über Motivation, hier wird über Commitment entschieden. Wenn die Beziehung zum Chef stimmt, sind die Mitarbeiter aller Erfahrung nach bereit, mit vielen Widrigkeiten im Unternehmen zu leben.

Das ist eines der meistübersehenen Prinzipien im Management überhaupt:

Führung ist Beziehung.

Um die Führungsaufgabe erfüllen zu können, braucht die Führungskraft eine vitale Beziehung zum Mitarbeiter. Eine Beziehung beginnt mit Vertrauen. Wenn Sie Ihren Mitarbeitern nicht vertrauen, werden Ihre Mitarbeiter Ihnen nicht vertrauen. Mehr noch: Wenn Sie Ihren Mitarbeitern nicht vertrauen, dann haben Sie keine.

Hochkomplexe Systeme kann man nicht ohne empfindliche Geschwindigkeitseinbußen hierarchisch kontrollieren. Wenn man in einem Unternehmen schnell handeln und reagieren will, gibt es dafür nur ein Mittel: eine Vertrauensbeziehung. Die Fachorientierung des Vorgesetztenmodells vermeidet jedoch geradezu eine Beziehungskultur (»Sie müssen zu Ihren Mitarbeitern mehr Abstand wahren!«). Wenn es also darum geht, Mitarbeiter als *Träger*, nicht nur als *Zuträger* von Leistung einzusetzen, kurz: Mitarbeiter in die Verantwortung zu bringen, dann ist die Beziehung zu den Mitarbeitern die alles tragende Voraussetzung für erfolgreiches Führungshandeln. Sprechend dafür ist eine Anekdote über Aristoteles, der einen Schüler mit den Worten nach Hause schickte: »Ich kann ihn nichts lehren, er liebt mich nicht.«

Während die Energielinien der Mitarbeiter auf den »Vorgesetzten« zulaufen und in seiner Person zur schönsten Blüte kommen, steht die »Führungskraft« eher »hinter« bzw. »unter« dem Mitarbeiter, dessen Erfolg sein vorrangiges Ziel ist. Das fordert ein Führungsdenken, das die Entwicklung von Kreativität und Befähigung *des Mitarbeiters* konsequent fördert und für das Gesamtunternehmen nutzt. Die klassische Hierarchiepyramide wird damit gleichsam »auf den Kopf gestellt«. Das bedeutet nicht, daß es keine Führung mehr gibt. Sie wird jedoch dem Handlungs-Sinn nach neu belebt: Nicht Mitarbeiter unterstützen Führungskräfte; Führungskräfte unterstützen Mitarbeiter.

Entsprechend gilt z.B. als zentrale Frage der Toyota-Führungskultur: »What can I do for you?« Wie kann ich Sie unterstützen? Was kann ich tun, um Sie erfolgreicher zu machen? Von dieser Frage leiten sich alle Aktionen ab. Und bei 3M wird gerade das Wort »leader« vom »facilitator« abgelöst. Der Austausch von Etiketten allein tut es nicht, ich weiß. Aber es kann ein Schritt sein.

Beziehung ist wechselseitig. Das heißt, die Führungskraft kann gewisse persönliche Voraussetzungen mitbringen, die die Erfolgswahrscheinlichkeit für ihre Aufgabe erhöhen. Letztlich ist sie aber abhängig vom Votum der Mitarbeiter. Fordern kann man dieses Commitment der Mitarbeiter für eine Führungskraft nicht. Commitment kann nur freiwillig gegeben werden. Mitarbeiter geben es, ähnlich wie man Vertrauen schenkt, wenn sie wählen, es zu geben. Aber Führung kann diesen Prozeß unterstützen. Das wichtigste dabei ist:

Schaffen Sie ein warmes sozial-emotionales Klima.

Auch wenn es zunächst befremdlich klingt: Nur derjenige sollte Führungskraft werden, *der lächeln kann*. Damit meine ich nicht den Schluckauf falscher Fröhlichkeit, wie er von Immer-gut-drauf-Managern als Realitätsfitneß inszeniert wird. Ich meine jene Atmosphäre des Ernstnehmens, die sich in Aufmerksamkeit, Zugewandtheit und echtem Interesse äußert. Ich meine jenen teilnehmenden Bezug zum anderen, der im Mitarbeiter immer auch den Zweck und nicht nur das Mittel erkennt. Der grundsätzlich und bedingungslos freundlich gegenüber dem anderen ist – weil er sich selbst mag. Sie können nur dann einen anderen mögen, wenn Sie sich selbst mögen.

Führen zur Selbstverantwortung

> *Es ist unmöglich, Verantwortung zu delegieren.*

Arbeitsbeschaffungsmaßnahmen

Es war klar: Der Chef war das Problem. Er hielt seine Mitarbeiter davon ab, ihre Aufgaben als *ihre* Aufgaben überhaupt wahrzunehmen. Er dominierte jede Besprechung. Er gab jede Lösung vor – manchmal, bevor das Problem überhaupt klar umrissen war. Er fiel seinen Leuten ins Wort, vollendete und ergänzte ihre Sätze. Ging mit seiner Meinung immer in die Vorlage. »Ich bin offen für alles, aber wir sollten doch …« Er veränderte die Tagesordnung während der Konferenz, sprach Punkte an, auf die niemand vorbereitet war. Er traf die Entscheidungen selbst. – Und er beklagte sich ständig, daß seine Mitarbeiter keine Initiative zeigten.

Dabei verschwieg er geflissentlich, wie wohl er sich dabei fühlte. Sonst würde er es ja anders machen. Es ist ja auch großartig, so wichtig zu sein, immer im Zentrum des Geschehens, am Puls der Zeit, im Auge des Sturms. Feuerwehrmann zu spielen, die Sankt-Georgs-Nummer als helfender Retter schimmelreitend zum Wohle der Gemeinschaft (oder doch eher zum eigenen Wohl?), mit Flugzeugen zu wichtigen Verhandlungen durch die

Welt zu jetten, Faxe meterweise, Rückrufe mitten in der Nacht. Menschen schauen auf ihn, warten auf seine Entscheidung. All das sagt: »Ich bin wichtig, und ich mache einen wichtigen Job!« Heimlich liebt er diese Inszenierungen der Unersetzlichkeit. Dann ist es auch in Ordnung, wenn er den Preis dafür zahlt. Charles de Gaulle wird der ironische Satz zugeschrieben: »Die Friedhöfe sind voll von unentbehrlichen Männern.«

Für das Unternehmen ist es nicht in Ordnung. Es arbeitet energetisch weit unterhalb seiner Möglichkeiten. Um es ganz deutlich zu sagen: Solche Verhaltenweisen sind ein massiver Loyalitätsbruch am Unternehmen. Denn wie können Menschen unternehmerisch handeln, wenn sich Führung von oben nach unten als Weisungs- und Problemlösungshierarchie aufbaut? Solange Führungskräfte ihre Rolle so verstehen, als sei es ihre Aufgabe, die Probleme ihrer Mitarbeiter zu lösen, so lange werden die Mitarbeiter mit ihren Problemen zur Führungskraft rennen. Der Chef löst das Problem, der Mitarbeiter legt sich wieder hin, denkt: »Hat mal wieder funktioniert«, und der Chef jammert über die Unterzuständigkeit seiner Leute.

Was tun? Delegieren! lautet der gutgemeinte, wenn auch etwas altbackene Rat. Na gut, dann delegieren wir mal.

Delegatorische Durchlauferhitzer

So läuft das meistens ab: Der Chef ruft den Mitarbeiter zu sich: »Herr Müller, ich möchte Ihnen diese Aufgabe vollständig übergeben. Es muß in acht Wochen fertig sein, und ich möchte Sie bitten, mir jeden Montagmorgen kurz zu berichten, wie weit Sie sind. Und: Egal was ist – wenn Sie Fragen haben oder Hilfe brauchen, zögern Sie nicht, mich anzusprechen. Die Tür steht immer offen.« Klingt sauber. Aber wie viele Chefs schauen beim Vorübergehen »mal eben« in das Büro des Mitarbeiters hinein und fragen, wie es denn so läuft: »Wie geht's denn voran mit dem Projekt?« Killed by friendly fire: Der Mitarbeiter spürt förmlich, daß ihm permanent über die Schulter geschaut wird. Die Übersetzung lautet: »Ich habe Ihnen das Projekt zwar übergeben, aber natürlich traue ich Ihnen nicht zu, es allein erfolgreich zu beenden, deshalb frage ich jedesmal nach, wenn wir uns sehen.«

Es gibt kaum demotivierendere Praktiken in der Chef-Mitarbeiter-Beziehung. Ein Mitarbeiter muß spüren, daß ihm vertraut wird. Denn Vertrauen ist ein wechselseitiger Prozeß. Grotesk zu sehen, wie viele erzkapitalistische Unternehmer Lenins Satz vom »guten« Vertrauen, aber der »besseren« Kontrolle im Banner tragen. Dabei ist Mißtrauen nur die Intelligenz der Benachteiligten. Ohne Vertrauen jedoch gibt es keine Selbstverantwortung des Mitarbeiters.

»Aber einige Mitarbeiter erwarten doch, daß man sich ständig um sie kümmert!« Tun Sie immer das, was andere von Ihnen erwarten? Oder kommt diese Mitarbeitererwartung Ihren Größenidealen entgegen? Wenn es Ihnen darum geht, daß Mitarbeiter wirklich Verantwortung übernehmen, dann müssen Sie sich auch *innerlich* von dieser Aufgabe lösen und nicht permanent dem Mitarbeiter heimlich oder auch weniger heimlich über die Schulter schielen. Es ist die Aufgabe des Mitarbeiters, und er hat sie zu lösen. Falls er einen Gesprächspartner braucht, stehen Sie bereit. Mehr ist für Sie nicht zu tun.

Please the boss

Viele Führungskräfte haben mehr oder weniger mühevoll das Delegieren gelernt. Aus dem Steinbruch des Chefs werden einige Stücke herausgebrochen und dem Mitarbeiter »überlassen«. (»Am liebsten würde ich ja alles allein machen, aber das Zeitproblem ...«) Der Mitarbeiter erledigt die Aufgabe und liefert das Ergebnis beim Chef wieder ab. Der Chef beurteilt dann die Arbeit, denn er will, daß sein Mitarbeiter so arbeitet, wie er es für richtig hält.

Eine solche Einstellung ist nicht falsch. Aber sie hat Konsequenzen. Auf diese Weise lernen die Mitarbeiter schnell, wie eine Arbeit ausgeführt werden soll – so, daß sie dem Chef gefällt. Sie verbringen viel Zeit damit, darüber nachzudenken, was ihm wohl zusagen könnte. Wenn sie zu keinem Ergebnis kommen, fragen sie nach, wie denn der Chef darüber denkt. Jedes Detail wird gegengecheckt und abgesichert. Sie informieren ihn ständig (was den Chef in der Summe mehr Zeit kostet, als es ihm erspart). Sie sitzen in Meetings und spekulieren, ob dieser oder jener Hierarch die Lösung wohl »mitträgt«. »Please the boss« – das ist die Krankheit, die wir uns durch die Delegationspraxis zugezogen haben. Denn Delegation heißt: Aufgaben abgeben, aber dafür sorgen, daß sie im Sinne des Meisters ausgeführt werden. Selbstverantwortung ade!

Es ist einfach unpraktisch, die eigenen Maßstäbe verbindlich für alle anderen zu machen. Führungskräfte müssen lernen, das »Wunder des Andersseins« (Martin Buber) anzuerkennen. Die Leute gehen nicht in die Verantwortung, wenn man ihnen fremde Maßstäbe aufzuzwingen versucht. In einem Delegationsklima werden die besten Mitarbeiter Sie verlassen. Früher oder später. Physisch oder psychisch. Wirklich kreative Mitarbeiter spielen das Spiel keine sechs Monate mit. Ein solcher Rahmen ist zu eng. Das ist einer der Gründe, wieso so viele gute Leute lieber in kleineren Organisationen arbeiten.

Sagen Sie Ihren Mitarbeitern nicht, was hohe Leistung »ist«. Es ist sowieso nur das, was Sie für hohe Leistung halten. Die Mitarbeiter wissen am besten, was hohe Leistung in ihrem Job bedeutet. Fragen Sie nach! Was heißt hohe Leistung für Sie? Welche Hindernisse hindern Sie, das zu erreichen? Wer kann sie verändern? Sie haben ja immer noch die Möglichkeit zu verhandeln, wenn Sie wesentlich andere Maßstäbe haben.

Es gehört Mut dazu, den Mitarbeitern die Autorität zu lassen, ihren Job so zu machen, wie *sie* ihn machen wollen. Aber es lohnt sich.

Verantwortung »delegieren«?

Wenn von Selbstverantwortung im Unternehmen gesprochen wird – und »Verantwortung delegieren« ist der unbestrittene Management-Hit! –, dann ist eine auffällige Infantilisierung der Mitarbeiter unüberhörbar. Die Führungsgrundsätze eines der größten deutschen Automobilbauer: »Aufgabe des Vorgesetzten ist es, seine Mitarbeiter zu selbständigem Arbeiten anzuhalten.« Das ist die Sprache der Kindererziehung. Logisch läuft das auf eine »Sei spontan!«-Paradoxie hinaus: Eine Aufforderung, die Aufforderung zu ignorieren, vertieft nur noch die irritierende Abhängigkeit: Der Empfänger kann die Aufforderung befolgen oder auch nicht, auf keinen Fall kann er dabei spontan sein.

Eine große bayerische Bank will die »ermächtigte Eigeninitiative«. Ein in der Tat mächtiges Wort. Sicherlich auch gut gemeint. Aber leider Unsinn. Zur Eigeninitiative kann nicht »ermächtigt« werden. Eigeninitiative ermächtigt sich selbst. Sie fragt nicht nach Erlaubnis. Falls sie Erlaubnis braucht, ist sie keine mehr.

Das überall nachgeplapperte Wort von »Verantwortung delegieren« bewegt sich mithin auf der gleichen intellektuellen Höhe wie der Managertraum, man könne Mitarbeiter dauerhaft dazu »motivieren«, etwas zu tun, was sie aus sich heraus eigentlich

nicht tun wollen. Formal delegiert der Chef Aufgaben nach unten, sagt zudem noch modebewußt: »Jetzt haben Sie mehr Verantwortung!« – und stärkt damit unausgesprochen die Abhängigkeit. Eine Doppelbotschaft: »Ich bestimme, wann du selbstverantwortlich sein darfst.« Und das ist so wirkungsvoll wie der herausgebrüllte Befehl: »Sei locker!« Eine Selbstverantwortung von Gottes Gnaden ist psycho-»logisch« leer.

Nicht übertragbar

Ich höre häufig, man müsse zusammen mit der Aufgabe auch die Verantwortung übertragen. Gemeint ist häufig ein Sammelsurium aus freier Wahl des Mitteleinsatzes und der Umsetzung plus »Ich mache Sie dafür verantwortlich!« im negativen Fall. Haben Sie sich schon mal gefragt und bildlich vorgestellt, was das heißt: Verantwortung übertragen? Schauen wir uns dazu – stellvertretend für viele – ein Kreditinstitut an: »Führungskräfte ... geben dem Mitarbeiter die volle Verantwortung der von ihm übernommenen Aufgaben.« Sagt dieser Satz etwas aus? Etwas, das Handlungsbedeutung hat? Nein, auch dieser Satz ist leer. Man kann niemandem Verantwortung *geben*. Die hat er automatisch mit der Aufgabe, wenn er zu der Aufgabe »Ja« gesagt hat. Dann können Sie ihn anschließend zur Verantwortung ziehen, wenn Ihnen das wichtig ist. Aber Sie können niemandem Verantwortung (von außen) geben, wenn er sie nicht nehmen will. Verantwortung kann man nicht »delegieren«. Wenn Ihr Mitarbeiter nicht eigenaktiv Verantwortung übernehmen will, taucht er unter ihr weg.

Selbstverantwortung ist eine Einstellung.
Sie ist nicht übertragbar.

Aufgaben können Sie delegieren, Verantwortung nicht. Verantwortung kann nur der Mitarbeiter *nehmen* – wenn er will, weil er es *gewählt* hat, wenn er der inneren Einstellung nach selbstverantwortlich ist, wie immer auch die juristische Sündenahndung aussehen mag. In diesem Sinne ist Verantwortung immer Selbstverantwortung. Sie ist Aktion des Mitarbeiters. Sie ist eine Ermächtigung aus sich selbst heraus.

Allerdings können Sie als Führungskraft ihm die Verantwortung *wegnehmen*: Dazu müssen Sie ihm die Aufgabe wegnehmen. Zum Beispiel dann, wenn Fehler drohen oder die Aufgabe auf eine Weise ausgeführt wird, die Ihren Erwartungen nicht entspricht. Aber genau hier droht die Klippe. Wenn es eng wird, neigen Führungskräfte traditionell dazu, unter Rückgriff auf die juristisch bzw. machtlogisch »höhere« Verantwortung des Vorgesetzten den Mitarbeiter aus der Verantwortung *herauszunehmen*. Sie machen die Spielräume eng. Die ganze Angelegenheit wird letztlich zur »Chefsache« erklärt. Man sei ja schließlich – »in der Verantwortung«. Aha!

Diese pompöse »Chefsache«: jeder soll wissen, daß das Problem ein ungemein wichtiges ist, daß die anderen, die sich bisher damit befaßten, sämtlich inkompetent waren und daß nun die glänzende Lösung bevorstehe. Wenigstens ist dann klar, wer Herr im Haus ist. Zwei- bis dreimal müssen Sie als Chef so handeln, dann haben Sie ein weiteres Death Valley der Selbstverantwortung produziert.

Führen zur Selbstverantwortung kann also nur heißen:

Den Mitarbeiter in der Verantwortung ***lassen!***

Auch und gerade wenn Schwierigkeiten drohen. Genau in einer solchen Situation wird über das Thema »Selbstverantwortung« im Unternehmen entschieden! Lassen Sie die Verantwortung dort, wo sie hingehört: bei dem, der die Aufgaben macht. Eine große Herausforderung für manche Führungskräfte.

Aber was kann »in der Verantwortung lassen« praktisch heißen?

Verantwortung für Entscheidungen

In einem kleinen und elitären Altersruhestift, das am Ort einem für die Branche relativ scharfen Wettbewerb um wohlhabende Kunden ausgesetzt ist, erstellen der Pflegedienst, der Wirtschaftsdienst und die Verwaltung das gemeinsame Produkt »Dienstleistung am alten Menschen«. Die Verwaltungsleiterin Christiane S. ist gleichzeitig Heimleiterin. Es ist üblich, daß sich die Bewohner des Stiftes mit kleineren Spenden für fürsorgliche Dienste gegenüber dem Personal erkenntlich zeigen. Diese Spenden wurden bislang immer zwischen den Mitarbeitern des Pflegepersonals paritätisch verteilt. Eines Tages erhält die Heimleiterin von einem Angehörigen eines Bewohners ein sehr freundliches Dankschreiben und einen Hundertmarkschein »für das Haus«. Christiane S. verwendet das Geld für den Kauf besonders hübscher Tischdecken, »weil ja dann alle etwas davon haben«. In einer der folgenden Dienstbesprechungen des Pflegedienstes wird Christiane S. beschuldigt, das Geld unberechtigterweise ausgegeben zu haben, da 1) das Geld dem Pflegedienst allein zustehe wegen seines direkten »Dienstes am Menschen« und 2) Ausgaben wie für Tischdecken sowieso von der Stiftungszentrale beglichen werden müßten. Die beiden anderen Dienste melden daraufhin ihren grundsätzlichen Anspruch auf Teilhabe an, »was wir schon immer mal sagen wollten.« In einer tribunalähnlichen Situation rechtfertigt die Heimleiterin ihr Verhalten und delegiert die Entscheidung an den Stiftungsvorstand. Ein Desaster.

Wir haben hier wieder das Grundproblem der organisierten Unverantwortlichkeit: Nicht das Unternehmen erstellt die Leistung, sondern ein partikularer Teil; »wir« leisten den wichtigsten Beitrag. Es herrscht kein Prozeßbewußtsein, sondern ein Abteilungsbewußtsein. Überdies scheinen hier einige psychologische »Altlasten« hochgespült zu werden, die offenbar schon längere Zeit einer aktiven Bearbeitung harren. Dennoch griffe es zu kurz, dem Pflegedienst lediglich Egoismus vorzuwerfen und ein moralisch aufgeschäumtes Gemeinschaftsgefühl einzuklagen. Der Konflikt wäre vermeidbar gewesen: Die Heimleiterin bringt die Dienste in die Verantwortung. Sie schildert kurz die Situation und moderiert einen Entscheidungsprozeß. *Das* ist die Aufgabe von Führung: eine Situation herbeizuführen, in der alle Sichtweisen respektiert werden sowie die berechtigten Ansprüche der Beteiligten offengemacht und verhandelt werden können.

Und dies möglichst, *bevor* am konkreten Anlaß die offenbar lange verschleppten schlechten Gefühle explodieren.

Johannes Kohl, Geschäftsführer der Wacker-Chemie, resümiert die seit 1985 in seinem Unternehmen laufenden Enthierarchisierungsprozesse: »Es ist überraschend, welche erstaunlichen Ergebnisse Sie erzielen, wenn Sie die Entscheidungskompetenz dahin verlagern, wo auch die Sachkompetenz sitzt.« Aber Führungskräfte haben sich angewöhnt, für ihre Mitarbeiter Wahlentscheidungen zu treffen. Das ist ein wesentliches Element ihres Rollenselbstbildes. Die Folgen liegen auf der Hand: Mitarbeiter gehen für die Entscheidung nicht in die Verantwortung. Ein Qualitätsprüfer, der seinen Job selbst abgeschafft und die Qualitätsprüfung wieder in die Hand der »Produzenten« gelegt hatte, erzählte mir: »Was immer ich tat, es war falsch. Wenn ich entschied, auch die qualitativ schlechteren Produkte zu verkaufen, häuften sich die Kundenreklamationen. Unsere Leute sagten dann: ›Sie hätten diese Charge nicht freigeben dürfen!‹ Wenn ich die Ware zurückhielt: ›Einiges von dem Material ist doch nicht so schlecht. Das hätten wir doch noch verkaufen können. So aber bekommen wir unseren Quartalsbonus nicht. Das ist unfair.‹«

Es gibt zweifellos viele Mitarbeiter, die gerne und immer schon Verantwortung übernehmen. Die allermeisten Mitarbeiter fühlen sich verantwortlich für ihr Werk, für die Erfüllung einer Aufgabe, für das Lösen eines Problems, für das Erreichen eines Ziels. Wenn es nicht so wäre, würden manche Unternehmen gar nicht mehr existieren. Ein mittelständischer Bauunternehmer: »Mein Kranführer kauft den Kran selber. Damit habe ich gute Erfahrungen gemacht. Es ist dann ›sein‹ Kran. Er fühlt sich dafür verantwortlich.«

Meiner Erfahrung nach ist dieses Gefühl extrem verbreitet: »Wenn die uns doch mal machen lassen würden.« Solche Mitarbeiter kann man nur demotivieren, indem man ihnen Verantwortung wegnimmt. Dann ist die Reaktion: »Warum engagiere ich mich hier eigentlich?« Dann kann passieren, was sich in einem großen Möbelkaufhaus des Ruhrgebiets zutrug. Dort wurde der Möbeleinkauf, den vorher die Verkäufer selbst zu verantworten hatten, im Rahmen einer großangelegten Restrukturierung von einer zentralen Einkaufsstelle übernommen. Man glaubte dadurch mit Blick auf die Kosten endlich »über den Berg« zu sein. War man auch: Von da an ging's bergab. Der Umsatz sackte in den Keller. Die Verkäufer erkannten sich nicht in den Möbelstücken wieder, die ihnen von der Zentrale zum Verkauf »vorgesetzt« wurden. Sie entwickelten keinen Stolz auf diese Produkte und verkauften lust- und erfolglos. Eine typische Reaktion auf Ent-Antwortung.

Zumutung: Wahl-Freiheit

Aber es gibt auf der anderen Seite eben auch Mitarbeiter, denen die Fahne der Flucht durch die Köpfe weht. Diese Mitarbeiter arbeiten hart daran, ihre Chefs hart arbeiten zu lassen. Und die Chefs arbeiten hart daran, Entscheidungen zu treffen und Probleme zu lösen, die nicht die ihren sind. Der Versuch, Verantwortung zu vermeiden, geht dabei oft mit selbstgewähltem Kleinmachen einher: »Diese Entscheidung ist Managementaufgabe. Dafür werden wir nicht bezahlt.« Klar – sie wurden über Jahre trainiert, von den Entscheidungen ihrer Chefs abhängig zu sein.

Oder verdeckter als »Sich-dumm-Stellen«. Der Marketing-Vorstand eines großen Lebensmittelkonzerns wundert sich: »Die Mitarbeiter übernehmen keine Verantwortung, sie warten ständig ab, schauen einen mit großen Augen an, zögern, machen nie vollständige oder entscheidungsreife Vorschläge. Ich sage dann: ›Setzen Sie sich heute morgen mit X oder Y zusammen, und um 12.00 Uhr besprechen wir das.‹ Was dann um 12.00 Uhr präsentiert wird, ist inhaltlich und formal gleich Null. Meistens mache ich dann Vorschläge.« – Ich weiß: der Zeitdruck. Aber solange dieser Manager sich so verhält, übernehmen die Mitarbeiter keine Verantwortung für sich. Sie haben die Hilfe, die es ihnen erlaubt, nicht an sich zu arbeiten. Der Zeitdruck wird wachsen.

Es ist schwierig – und wir spüren das allenthalben bei den zahlreichen Projekten mit teilautonomen Arbeitsgruppen –, Menschen in der Verantwortung zu lassen. Vielen Menschen ist selbstverantwortliches Handeln schon in der Kindheit aberzogen worden. Sie haben während ihres 30-40jährigen Berufslebens nie gelernt, Entscheidungen zu treffen und die Konsequenzen zu tragen. Statt dessen haben sie sich möglichst geschmeidig der Vorgesetztenmeinung angepaßt und jede Initiative vermieden. Bei einem Pharma-Unternehmen hatte man den etwa 150 Referenten ein persönliches Marketing-Budget von fünftausend Mark jährlich zur Verfügung gestellt. Ein Monat vor Ablauf der Jahresfrist war noch keine einzige Mark abgerufen worden! Ja, Wahlfreiheit wird nicht selten als Zumutung erlebt. Nicht wenige Mitarbeiter meiden Entscheidungssituationen, weil sie nicht bereit sind, den Preis der abgewählten Möglichkeit oder gar des Scheiterns zu zahlen. Wenn ihnen dann jemand die Entscheidung abnimmt, können sie wieder initiativ werden: »Das war aber falsch!« Schnelle Erfolge lassen sich bei diesen Mitarbeitern kaum erzielen. Aber was ist die Alternative? Weitermachen wie bisher?

Dazu eine Geschichte, von der ich nicht weiß, ob sie sich tatsächlich so zugetragen hat; wenn nicht, ist sie gut erfunden: Ein Bereichsleiter für Unternehmensentwicklung war bekannt für seine Neigung, Mitarbeiter in der Verantwortung zu lassen. Eines Tages kam ein Mitarbeiter zu ihm in dem Bemühen, sich abzusichern: »Diesen Fall kann ich nun wirklich nicht entscheiden.«

Daraufhin sein Chef freundlich: »Wenn ich das für Sie entscheide, kostet das über den Daumen etwa 12000 Mark. Die ziehe ich Ihnen in zwölf Raten von Ihrem Gehalt ab – dafür, daß ich Ihren Job mache.« Der Mitarbeiter lachte, hielt es für einen Scherz und ließ den Chef entscheiden. Als seine nächste Gehaltsabrechnung kam, lachte er nicht mehr.

Der Mitarbeiter, der den Job macht, ist auch verantwortlich für den Job. Da gibt es nichts zu »delegieren«. Jeder Mitarbeiter muß für seine Leistung Verantwortung übernehmen. Er muß auch entscheiden, wie dieser Job am besten zu machen ist, welche Hilfsmittel er braucht. Er muß verstehen lernen, Entscheidungen selbst zu treffen und dann mit den Konsequenzen zu leben. Nur wenn jeder Mitarbeiter in dieser Weise verantwortlich ist, ist Commitment für eine Entscheidung möglich. Ein Arbeiter, für das Einfügen von Türen bei Opel verantwortlich: »Ich bestimme, wann ich fertig bin. Bin ich nicht zufrieden, läuft nichts.« Commitment resultiert aus dem »Ja« zu dieser Aufgabe, aus dem Gefühl, für Entscheidungen verantwortlich zu sein.

Diese Form des Loslassens bedeutet nicht, den Mitarbeiter alles machen zu lassen, jede Mitverantwortung zu ignorieren und auf jeden Einfluß zu verzichten. Dieses Loslassen hat auch nichts mit fehlender Überzeugung und laxem Treibenlassen zu tun. Im Gegenteil: es gründet auf der festen Überzeugung, daß die allermeisten Mitarbeiter wissen, was zu tun ist, und daß man ihnen dieses Selbstvertrauen nur abtrainieren kann.

Eine Führung, für die Selbstverantwortung der zentrale Gestaltungswert ist, ist weit mehr vom *Lassen* als vom *Machen* bestimmt. Keine leichte Aufgabe, definieren sich doch die weitaus meisten Führungskräfte über ihre »Durchsetzungsfähigkeit« und »klare Entscheidungen«. Haben Sie immer noch die Illusion einer »einzig richtigen« Entscheidung, die eher Sie als Ihre Mitarbeiter finden? Haben Sie kein Vertrauen in die Entscheidungen Ihrer Mitarbeiter? Dann wundern Sie sich nicht, daß Ihre Mitarbeiter kein Vertrauen zu Ihnen haben. Für eine Führungskraft aber, die begriffen hat, daß es keine Einzig-Richtigkeit gibt, kann Führung nur heißen: *den Mitarbeitern die Wahl nicht abnehmen*. Die Mitarbeiter ihre eigenen Antworten finden lassen.

Führung ist dann verantwortlich dafür, einen Rahmen zu gestalten, der jeden Mitarbeiter ermutigt und befähigt, Verantwortung für seine Leistung zu übernehmen. Willfred Mayer, Mitglied der Geschäftsführung der Wilhelm Karmann GmbH: »Die Kunst in der Führung besteht in der Schaffung von Konstellationen, in denen Mitarbeiter, die entscheiden sollen, es auch können.«

Das bedeutet unter anderem ein so vollständiges Informationssystem, daß die Mitarbeiter über alle relevanten Daten verfügen, die zu einer substantiellen Entscheidung notwendig sind. Vor allem aber müssen die Mitarbeiter die Ergebnisse ihres Handelns kennen.

Auch dann, wenn es sich um Probleme und Schwierigkeiten handelt.

Rat-Schläger

Der Vorarbeiter geht zum Meister: »Das ist also mein Problem. Können Sie mir irgendwelche Anregungen geben?« – »Ja, haben Sie denn schon mal versucht ...« – »Hab' ich schon, aber es hat nicht geklappt.« – »Dann sollten Sie vielleicht ...« – »Das geht auch nicht, weil doch ...« – »Na ja, dann müßten Sie wohl ...« – »Das habe ich doch schon vor drei Monaten versucht! Das geht doch auch nicht!«

Kennen Sie solche Dialoge? Der Meister wird über die Problembeschreibung des Vorarbeiters immer stärker emotional ins Problemfeld hineingezogen, er wird wortwörtlich »ergriffen« von den Schwierigkeiten. Es entsteht ein spürbarer Erwartungsdruck, der Meister beginnt, dem Vorarbeiter Ratschläge zu erteilen. Oder will er nur das Gespräch abkürzen? Ein uraltes Spiel, in Unternehmen täglich tausendfach gespielt nach dem Motto: »Zeig du mir die Suppe, in der ich kein Haar finden kann!« Dieses Psychospiel heißt »Ja, aber ...« und verspricht dem Mitarbeiter dreifachen Gewinn: Erstens erhält er Aufmerksamkeit. Zweitens kann er durch das Ablehnen der Vorschläge seine Überlegenheit demonstrieren (»Kenn' ich schon, weiß ich schon, ich bin ja doch besser als du!«). Drittens aber kann er sich durch diese Form des Sich-Ratschläge-Holens aus der Verantwortung stehlen. Und stiehlt dabei dem Chef die Zeit.

Mitarbeiter erwarten oft eine Lösung. Aber wer ein Problem hat, hat auch immer eine Lösung. *Es ist unmöglich, ein Problem ohne eine Lösung zu haben.* Wenn jemand mit einem Problem zu Ihnen kommt, hat er immer auch die helfenden Ressourcen. Oft ist sein Blick verengt, problemhypnotisch schaut er sich sein Problem an und nicht seine Möglichkeiten. Meistens kennt der Mitarbeiter die Lösung sehr gut, er will nur nicht in die Verantwortung für die Konsequenzen einer Lösung eintreten, will sich absichern. Manchmal aber braucht er nur einen Gesprächspartner, um eine Lösung im Gespräch gemeinsam zu entwickeln.

Führungskräfte, die »wissen, wie es geht«, glauben auch hier wieder an die Einzig-Richtigkeit von Lösungen. Sie ignorieren die Vielfalt der Möglichkeiten. Interessiert sind sie mehr an der Inszenierung ihrer Grandiosität als an der Erweiterung des Mitarbeiterpotentials. Sie kappen den kreativen Suchprozeß des unmittelbar Verantwortlichen. Aber der Preis ist hoch: Ratschläge erschlagen Selbstverantwortung.

Das Sanitäter-Modell

Ausgesprochen verbreitet ist das Sanitäter-Modell der Führung als Erste Hilfe, wonach das richtig ist, was die Dringlichkeit gebietet. Dem grundsätzlichen Unfallcharakter der Mitarbeiter-»Versuche« wird damit am ehesten entsprochen. Zudem entspricht es komplementär den moralisierenden Anheuerungen nicht-verantwortlicher Mitarbeiter. In Vertriebsorganisationen die Regel: Hat ein Außendienstmitabeiter einen Konflikt oder ein Problem mit einem Kunden, rennt er zu seinem Chef. Der zieht die Sache an sich und regelt das Problem mit dem Kunden. Die Wirkung auf den Mitarbeiter ist in jedem Fall negativ: Vielleicht denkt er »Hat wieder geklappt« – und bleibt unterzuständig. Oder er resigniert: »Ich kann meine Probleme nicht alleine lösen.« Die Wirkung auf den Kunden: »Der kleine Außendienstler hat sowieso nichts zu sagen, am besten, ich verhandele gleich mit seinem Chef.« (Und in der Tat wollen dann viele Kunden die wichtigen Gespräche immer mit dem Chef führen.) Der Chef fühlt sich als Katstrophenbeauftragter der P und L großartig. Möglicherweise ist er aber auch überzuständig resigniert und beklagt im nächsten Moment die Unterzuständigkeit seiner Leute. Häufig schwankt er zwischen feuerwehrmännlichen Heldengefühlen und Überlastungsgejammer (»Alles muß man selber machen!«).

Die Kohlen aus dem Feuer holen? Sie können Ihren Mitarbeitern sagen, wo die Zange und die Handschuhe hängen, aber die Kohlen sollen sie selbst aus dem Feuer holen. Jemanden achten heißt vor allem: Nicht retten!

Das beste Korrektiv bei Problemen und Schwierigkeiten ist es, mit den Konsequenzen zu leben. Es gibt für jedes Handeln logisch-natürliche Konsequenzen. Sie ergeben sich aus der Sache. Auf logische Folgen kommen Sie relativ leicht durch die Frage: »Was geschieht, wenn ich mich nicht einmische?« Logisch-natürlich ist es, den Schaden zu reparieren bzw. den Mangel nachzuarbeiten. Mitarbeiter erfahren und tragen so die Folgen ihres Handelns. Wenn die Führungskraft sich auf diese Weise *angemessen* und *überlegt* zurückzieht, können die logischen Konsequenzen ihre Lernenergie entfalten.

Führen heißt mithin, dem Mitarbeiter zu zeigen, daß es in *seiner* Macht steht, das Problem zu lösen. Und nicht das zu tun, was *Sie* verlangen. Raus aus der Symbiose! Selbstverständlich – und ich sage es noch einmal, weil es mir wichtig ist – können Sie Ihre Mitarbeiter darauf konditionieren, das zu tun, was *Sie* für richtig halten. Je mehr ein Manager Probleme für seine Mitarbeiter löst, desto weniger tun sie es selbst, desto weniger Commitment ist im Unternehmen. Das ist weder falsch noch unmoralisch. Aber von Selbstverantwortung sollten Sie dann nicht mehr sprechen.

Eine Führungskraft schrieb mir nach einem Seminar einen Brief: »Jahrelang war ich der Weltmeister im Retten unselbständiger Mitarbeiter. Vor kurzem kam ein Key-Accounter zu mir mit einem Problem, das er mit einem unserer wichtigsten Kunden hatte. Normalerweise hätte ich die Angelegenheit sofort an mich gezogen, zuviel Umsatz stand auf dem Spiel. Diesmal nicht. Ich diskutierte mit meinem Mitarbeiter einige alternative Vorgehensweisen, bat ihn aber, selber eine Entscheidung zu treffen und auch selber das Problem aus der Welt zu schaffen. Mein Mitarbeiter war zunächst geschockt. Gewöhnt, bei Schwierigkeiten meine helfende Hand zu greifen, war er zunächst sehr unschlüssig. Auch ich spürte die Versuchung, die Sache auf meine Weise zu erledigen. Aber er entschied sich dann doch, traf sich mit dem Kunden und regelte die Angelegenheit. Er hat sich später bei mir dafür bedankt, daß ich ihm Gelegenheit gegeben hätte, sein Problem selbst zu lösen. Aber das war nicht mein wichtigster Erfolg. Viel wichtiger war, daß ich der Versuchung widerstanden hatte, die alte Retter-Nummer zu spielen.«

Das gleiche gilt auch für den betriebsinternen Umgang mit Konflikten. In der hierarchischen Konstruktion organisierter Unverantwortlichkeit gibt es kaum direkte Kommunikation. Kommuniziert wird vornehmlich über die Wasserfallkaskade: weil es nicht darum geht, ein Problem zu lösen, sondern den »Dienstweg« einzuhalten. Demotivations-Schneebälle. Hierbei wird unterstellt, daß der Mitarbeiter bei Konflikten zu blöd ist, selbst die Situation zu beschreiben, sein Verhalten zu erklären, ggf. zu verteidigen. Im Lichte der Selbstverantwortung eine ambivalente Situation: Viele Führungskräfte werden sich schützend vor den Mitarbeiter stellen, weil es der Mitarbeiter erwartet. Andererseits muß der Mitarbeiter lernen, sich selbst zu verantworten; er kann seine Konfliktkompetenz erhöhen. Noch heute bin ich meinem ersten Chef dankbar für diese Lektion: Wenn sich bei ihm jemand über mich beschwerte, verwies er diesen mit Seelenruhe an mich, seinen Mitarbeiter: »Der sitzt ein Büro weiter; der kann für sich selber sprechen, und er kann es selbst am besten erklären.«

Fürsorgliche Belagerung

»Herr Meier, glauben Sie nicht, daß Sie für die morgige Präsentation noch einige Charts zur Sicherheit anfertigen lassen sollten?« – »Nein, ich denke, ich stecke so in der Materie drin, daß ich auf alle Nachfragen eine befriedigende Antwort geben kann.« – »Ich meine doch, daß Sie es tun sollten; der Vertriebsleiter stellt häufig unangenehme Fragen, da ist es besser, Sie sind vorbereitet und können ihm etwas anbieten.« Herr Meier geht in sein Büro, um noch einige Charts zu erstellen.

Diese Führungskraft entscheidet, wann der Mitarbeiter hinreichend vorbereitet ist oder nicht. Sie ist überfürsorglich und will ihre Schutz-Autorität ausspielen. Sie scheint vorausschauend, mächtig, erfahren – und hält doch den Mitarbeiter im Zustand der Abhängigkeit. Das alles natürlich unter dem Vorwand, um dessen Wohl äußerst besorgt zu sein. Mehr noch aber spiegelt es den eigenen Mangel an Selbstvertrauen, den Zweifel an den eigenen Fähigkeiten in vergleichbaren Situationen. Und dieser Zweifel wird in unverantwortlicher Weise auf den Mitarbeiter projiziert. Das hätschelt zwar die Eitelkeit und gibt zudem das Gefühl, der Mitarbeiter sei auch nicht kompetenter in solchen Situationen, als man es selbst sei, aber es beläßt den Mitarbeiter in einem Verhältnis der Abhängigkeit. Die heimliche Botschaft: »Du kannst die Situation noch nicht überschauen, deshalb wirst du scheitern, wenn du nicht tust, was ich dir sage.« Damit nimmt die Führungskraft den Mitarbeiter aus der Verantwortung heraus. Der Vorgesetzte tauscht Gedeih gegen Verderb, weil er – ich spreche es aus – vielleicht insgeheim fürchtet, ein »Versagen« des Mitarbeiters könnte auf ihn zurückfallen. Dafür ist er bereit, einen hohen Preis zu zahlen: er schwächt die vorhandene Selbständigkeit und entmutigt die Zuversicht des Mitarbeiters. Dessen Einstellung war ja: »Es wird schon gelingen.« Jetzt hat er die Einstellung: »Es könnte schiefgehen.« Welche Einstellung macht einen Erfolg wohl wahrscheinlicher?

An einer Bürotür las ich einen Aufkleber, der es auf den Punkt bringt: »Bitte nicht helfen, es ist auch so schon schwer genug.«

Eine Führungskraft, der daran gelegen ist, ihre Mitarbeiter in der Verantwortung zu lassen, sollte ihre »Fürsorgepflicht« nicht überziehen. Wir können und sollten Mitarbeiter nicht zu sehr schützen. Sie haben ein Recht darauf zu lernen, wie man schwierige Situationen meistert. Führung ist in der Pflicht, zu Mut und Selbstvertrauen zu er-Mut-igen. Die beste Ermutigung ist die

Überzeugung: »Sie werden es schon schaffen!« Führung heißt dann, zurückzutreten und dem Mitarbeiter Raum zu geben, seine Kraft und seine Fähigkeiten zu entfalten. Hilfe verweigern und dem Prozeß vertrauen – und darauf vertrauen, daß der Mitarbeiter auch aus einer Enttäuschung etwas Positives für sich entstehen lassen kann.

Wenn es Ihnen also darum geht, die Leistungsfähigkeit Ihrer Mitarbeiter zu erhöhen:

Tun Sie nichts, was der Mitarbeiter selbst tun könnte.

Lösen Sie nicht seine Probleme. Lassen Sie die Mitarbeiter in der Verantwortung. Wenn Sie Ihren Mitarbeiter bei jeder Schwierigkeit seiner Verantwortung entheben, dann inszenieren Sie zwar Ihre Grandiosität und Unersetzlichkeit, aber dann dürfen Sie sich nicht wundern, wenn der Mitarbeiter sich unfähig und unverantwortlich fühlt. Viele Führungskräfte *wollen* das so. In Ordnung! Wenn Sie dazugehören, legen Sie spätestens jetzt dieses Buch weg.

Rollen-Spiele

Spiele um die Verschiebung von Verantwortung werden überall gespielt. Nicht jeder, der Hilfe sucht, ist dabei immer in der Opferrolle befangen. Und nicht jeder, der auch mal hilft, ist deshalb schon ein Retter. Aber in solchen Situationen besteht die Gefahr, in manipulative Rollen zu verfallen. Im Bereich Führung und Management mit seinen ausgeprägt hierarchischen Strukturen sind diese Rollen so miteinander verzahnt, daß die Entantwortungsrituale kaum noch auffallen und wie selbstverständlich zum Unternehmensalltag gehören.

Es gibt sogar institutionalisierte Retter: Personalentwickler zum Beispiel oder den närrischen Sprecherausschuß für leitende Angestellte (Ausschuß!). Auch die Betriebsräte, die wie die Gewerkschaften mitunter zum Zitat ihrer selbst degenerieren, weil ihnen ihr Gegenüber langsam abhanden kommt, sind oft kaum mehr als ein innerbetrieblicher ADAC für Blaumänner und Blaufrauen.

In gleicher Weise gehört es zum Rollenselbstbild vieler Führungskräfte, wenn sie nicht gerade anklagen (»So geht das hier nicht weiter!«) oder kritisieren (»Wie oft soll ich Ihnen das denn noch sagen!«), eine Retterrolle zu übernehmen. Nach dem Motto »Wenn Sie mich nicht hätten ...« mischen sie sich als ewig gutmeinende Helfer selbstgerecht in alles und jedes ein, auch wenn sie nicht dazu eingeladen wurden: »Nun sagen Sie doch schon, was Sie so bedrückt!« Sie gefallen sich in dem Ruf, sympathisch und gütig, fürsorglich und immer hilfreich in der Welt zu sein. Sie passen ständig auf, daß anderen nichts passiert. »Ich sehe doch, Sie haben ein Problem!« Und sie übernehmen gerne Verantwortung für andere, ohne das klar abgesprochen zu haben. »Sie können *jederzeit* zu mir kommen, die Tür steht *immer* offen.« Oder, mit Herzbube-Lächeln: »Ich werde mal sehen, was ich für Sie tun kann.«

Um mich aus der Gefahrenzone einer drohenden Verbrüderung zu begeben: Von denjenigen, denen wirklich geholfen werden muß, ist hier nicht die Rede. Aber es finden sich natürlich schnell Mitarbeiter, die eine überfürsorgliche Einstellung mit Vergnügen ausnutzen und Verantwortung abgeben wollen. Wenn sie sich überhaupt verhalten, dann verhalten sie sich verhalten. Sie reklamieren, statt zu kämpfen: »Ich kann machen, was ich will, alles geht schief.« Sie pendeln zwischen Hilflosigkeit (»Das ist heute nicht mein Tag.«) und Rebellion (»Was soll ich denn noch alles tun?«), bedauern sich ständig, bezeichnen sich als Pechvögel (»Warum immer ich?«), warten darauf, daß es von allein besser wird, sind initiativ nur im Klagen und arbeiten oft sehr routiniert mit moralischer Erpressung. Sie sind – häufig unbewußt – immer auf der Suche nach jemandem, der für sie Verantwortung übernimmt. Und machen ihm unentwegt mehr oder weniger offene Angebote zur Symbiose. Sie stellen eine attraktive Falle auf: »Ich weiß nicht mehr weiter, bitte helfen Sie mir«, oder: »Ich kann das nicht entscheiden, bitte entscheiden Sie.«

Ein Mitarbeiter, der so spricht, will passiv bleiben und schiebt auf subtile Weise dem Chef Verantwortung zu. Das hat für den Mitarbeiter Vorteile (nach F. Heinzel):

- Er zeigt keine Initiative – dann besteht auch nicht die Gefahr, anzuecken.
- Er trifft keine Entscheidung – dann besteht auch nicht die Gefahr der Fehlentscheidung.
- Er übernimmt keine Verantwortung – dann kann er auch nicht zur Rechenschaft gezogen werden.

Und viele Führungskräfte fühlen sich in ihrer selbstgerechten Retterrolle bestärkt, wähnen sich omnipotent und tappen mit Vergnügen in die Falle hinein: »Machen Sie es so und so.« Oder machen gar die Arbeit selber: »Kommen Sie, ich mach' das schon für Sie.« Schon bald wird der Mitarbeiter den positiven Wert eines »Ich-bin-so-schwach«-Spiels entdeckt haben – ein weiterer Drückeberger mit Trauerschnauz ist geboren.

Als Führungskraft werden sie in der weltklagenden Geste eines jüdischen Kantors die Unterzuständigkeit ihrer Mitarbeiter beklagen und das Psycho-Spiel »Völlig überlastet« spielen. Aber auch das ist natürlich in Ordnung. Weil Klagen das Gefühl verleiht, dazuzugehören und wichtig zu sein. Wollen Sie darauf verzichten?

Dieses Handlungsprogramm wird in unseren Unternehmen täglich millionenfach durchgespielt. Die Ich-Grenzen verschwimmen; es gibt kein klares »Hier bin ich. Dort sind Sie.« Es gibt keine Verhandlung und keine Vereinbarung, die wirklich zählt. Als Führungskraft streng oder gütig, als Mitarbeiter beflissen und unterzuständig: die sich verschränkenden Befehlshaber- und Fügsamkeitsrollen verschlingen Unmengen an Energie. Es ist eine symbiotische Beziehung, in der sich Chef und Mitarbeiter in komplementären Rollen verklammern, festhalten und damit wie *eine* Person handeln. Energetisch »halbiert« sich damit das Leistungspotential, das dem Unternehmen zur Verfügung steht. Durch die unklare Grenzziehung werden die eigenen Fähigkeiten und Entwicklungsmöglichkeiten vernachlässigt. Die Führungskraft kommt sich unentbehrlich, wenn auch überlastet vor, der Mitarbeiter angenehm entlastet, wenn auch manchmal ungerechtfertigt entmündigt. Je nach Beziehung zwischen beiden pendeln sie zwischen guten und schlechten Gefühlen hin und her.

Selbständige Suchprozesse anregen

Wenn es Ihnen darum geht, die Mitarbeiter in der Verantwortung zu lassen (und gleichzeitig auf den Thrill der Überzuständigkeit verzichten wollen), dann müssen Sie den Mitarbeiter auffordern, die Abhängigkeit aufzugeben. Das machen Sie dadurch, daß Sie keinen Zweifel lassen, daß der Mitarbeiter entscheiden und handeln wird. Stellen Sie sich ihm als Gesprächspartner zur Verfügung. Ihre Aufgabe ist es, die logisch-natürlichen Konsequenzen der Handlungsalternativen zu beleuchten. Krumm wie ein Fragezeichen stehen Sie dabei besser als steif wie ein Imperativ:

- An welche Alternativen haben Sie bisher gedacht?
- Wo liegen aus Ihrer Sicht Vorteile und Nachteile?
- Welche weiteren Informationen brauchen Sie, um das Problem zu lösen?
- Was ist Ihr Vorschlag?
- Was geschieht, wenn Sie nichts tun?

Dazu bedarf es einer Einstellung, die nicht wie die Logik alles an den zwei Fingern des Wahren und Falschen abzählt, sondern einer unendlich vielfältigen Wirklichkeit die ganze Hand hinhält. Führung heißt dann mindestens: Keine Ratschläge geben. Rückdelegation verweigern. Sich aber als Gesprächspartner zur Verfügung stellen und den Blick auf die Möglichkeiten lenken. Fragen stellen, welche *selbständige Suchprozesse beim Mitarbeiter anregen* und auf Ressourcen fokussieren. Den statischen Zustand mobilisieren: Die Situation ist beeinflußbar, wir sind nicht den Umständen ausgeliefert.

Führungskräfte müssen nicht »mehr« wissen. Sie müssen die Lösung nicht kennen. Ihre Kernkompetenz ist es zu wissen, wie man jemanden einlädt, seine eigenständigen Fähigkeiten zu reaktivieren. Und zu den Konsequenzen zu stehen: Optionen aufzuzeigen für die individuelle Wahl, mit klarem Blick für den Preis, der jeweils zu zahlen ist: »Was können *Sie* tun?« Auf diese Weise lassen Sie den Mitarbeiter in der Verantwortung. Die indische Weisheit sagt: »Gib einem Hungernden einen Fisch, und er hat was zu essen für einen Tag; lehre ihn angeln, und er wird überleben.«

Nehmen wir ein alltägliches Praxisbeispiel: Der Mitarbeiter erwägt, auf ein Seminar zu gehen, aber will Ihnen die Verantwortung zuschieben: »Glauben Sie, daß diese Tage mich weiterbringen?« Mit der Antwort »Aber ganz sicher!« nehmen Sie ihm die Entscheidung ab und letztlich auch die Verantwortung für den Optimierungsnutzen, den er aus dem Seminar ziehen könnte. Da ist es nur noch ein kleiner Schritt zu der völlig desolaten Praxis, mit der Chefs ihre Mitarbeiter auf ein Seminar »schicken« (heimliche Botschaft: »Da wirst Du dann dreimal chemisch gereinigt und startest anschließend wieder begeistert durch!«). Wenn Sie aber freundlich antworten: »Was erwarten Sie denn?«, belassen Sie die Beantwortung der Frage da, wo sie hingehört. Vielleicht erkundigen Sie sich: »Welche Erfahrungen haben Sie denn bisher mit Seminaren gemacht?« Nur so bleibt die Verantwortung für den Seminarnutzen auch beim Teilnehmer. Wichtig ist: Dies ist kein rhetorischer Trick, eine Frage mit einer Gegenfrage auszukontern, sondern schlicht die Ablehnung einer symbiotischen Überzuständigkeit, die auch sachlich gar nicht haltbar ist: Woher wollen Sie wissen, ob ein Seminar einen anderen Menschen weiterbringt?

Der faire Blick sieht aber auch die Schattenseite: Mancher Mitarbeiter – möglicherweise seit Jahrzehnten der Verantwortung entwöhnt – wird Sie als »entscheidungsschwach« abwerten; mancher Ihrer Chefs wird wohl argwöhnen, daß Sie Ihre Mitarbeiter »nicht so richtig im Griff haben« (meist fragen sich solche Leute gar nicht, wie *ihnen* zumute wäre, wenn sie erführen, daß eine Stufe höher über sie geäußert würde: »Den habe ich voll im Griff!«). Wenn Sie diesen Preis nicht zahlen wollen, vergessen Sie die Selbstverantwortung.

Der Retter ist immer der Dumme

Gerade weil in Unternehmen die symbiotischen Rollenmuster einander oft so nahtlos ergänzen, werden Konflikte oft als »unharmonisch«, als Störung erlebt. Insbesondere eine Auseinandersetzung zwischen zwei Mitarbeitern sieht keine Führungskraft gern. Im Regelfall werden Konflikte aber nicht in ihrem positiven Wert als wichtige Hinweise auf Entwicklungen, Veränderungen und mit ihren Chancen für Neuanpassungen erlebt, sondern als »Streit«, den man möglichst schnell »schlichten« muß, so wie man Brände mit Wasser löscht.

Und da – wie schon gezeigt – nicht wenige Führungskräfte die Feuerwehr-Nummer als wesentliches Element ihres Rollenverständnisses verstehen, werden von Mitarbeiterseite erfolgreich Einladungen ausgesprochen: »Wir können uns über die Urlaubsregelung nicht einigen; nun sagen Sie doch mal, wer von uns beiden recht hat.« Die Mitarbeiter erhalten Aufmerksamkeit und sind der eigenen Entscheidung auf angenehme Weise enthoben. Und viele Führungskräfte rutschen wieder täppisch auf der bereitgelegten Bananenschale aus. Sie legen die Robe an und spielen mit after-shave-gemeißelter Miene das Spiel »Gerichtssaal«. Eine psychosoziale Selbstschußanlage: Wenn Sie sich für eine der beiden Parteien entscheiden, haben Sie anschließend mit der anderen ein Problem. Vorher hatten Sie kein Problem – jetzt haben Sie eins. Entscheiden Sie sich salomonisch für die Mitte, in der, wie man sagt, die Wahrheit herumliegt, haben Sie anschließend *zwei* Probleme.

Was Sie zudem ignorieren, ist die Tatsache, daß jeder aus seiner Sicht im Recht ist und »sinnvolle« Zwecke verfolgt. Daß es keine »falschen« Argumente gibt. Es ist unmöglich herauszufinden, wer recht hat oder wer schuldig ist! Der Retter ist immer der Dumme. »Dabei wollte ich doch nur helfen.« Eben. Und Sie fühlen sich bestätigt, daß Undank der Welt Lohn ist.

Im weitläufigen Meer der Meinungen rollt, wie könnte es anders sein, auch jene Welle, die den Undank zum Preis erklärt, den eine Führungskraft nun einmal zu bezahlen habe. Einverstanden. Aber darum geht es hier nicht. Daß die Führungskraft nichts tut, damit beide Mitarbeiter ihre Konfliktkompetenz erhöhen: *darum* geht es. Daß sie glaubt, einen privilegierten Zugang zur Wahrheit zu haben: *das* ist das Problem. Daß sie die beiden Streithähne aus der Verantwortung nimmt: *Das* ist ihr Versagen.

Die Mitarbeiter müssen lernen, ihre Konflikte selbstverantwortlich zu lösen. Lassen Sie sich nicht in einen Streit verwickeln!

Lehnen Sie entsprechende Einladungen ab: »Ich bin sicher, Sie werden eine Lösung finden, die für beide tragbar ist.« Belassen Sie die Verantwortung da, wo sie hingehört: bei den Streitenden. Daß es Ausnahmen gibt, sei zugestanden; aber auch, daß es Ausnahmen sind. Der äußerste Notfall, daß in der Tat die Führungskraft einschreiten muß, ist nahezu ausschließlich die Folge einer Praxis, in der sich die Führungskraft schon immer in einen Streit hineinziehen ließ, sogar eingriff, ohne gefragt zu werden, weil »Ruhe die erste Bürgerpflicht« ist.

Führungskräfte haben nicht das Recht, die Verantwortung ihrer Mitarbeiter auf sich zu nehmen, noch dürfen sie die Folgen ihres Handelns übernehmen. Das alles ist Sache der Mitarbeiter. Berauben Sie Ihre Mitarbeiter nicht der Gelegenheit, Konfliktkompetenz zu erwerben, nur weil Sie sich mal wieder gerne in der Rolle des Retters, des Richters, des Schlichters oder des Hilfsheriffs gefallen.

Für mein Beraterleben habe ich mir einen Gedanken zur Leitschnur gemacht, der auch für Führung wichtig sein kann:

Unterstütze niemanden, der unter seiner Verantwortung leben will.

Freundliche Feler

Umwege erhöhen die Ortskenntnisse.

Als Edison zum ersten Mal eine funktionierende Glühbirne hergestellt hatte, erzählte er einem Journalisten, daß von seinen zuvor hergestellten 250 Versuchsglühbirnen nicht eine einzige funktioniert hatte: »Aus jedem Fehler habe ich etwas gelernt, das ich beim nächsten Versuch berücksichtigen konnte.«

Jeder weiß heute, daß ohne Fehler keine Entwicklung, kein Lernen möglich ist. Denn es ist im Grunde eine offene Frage, ob man im Leben überhaupt etwas »richtig« oder »falsch« machen kann. Da die andere Alternative abgewählt wurde, kann niemand wissen, was im anderen Falle passiert wäre. Das Wort »Fehler« scheint mithin nur bei sehr kurzfristiger Betrachtungsweise angebracht. Überschauen wir einen längeren Zeitraum, so stellen sich viele vordergründige »Fehler« als Knotenpunkte oft wichtiger Entwicklungen heraus, die für uns in der Konsequenz förderlich und nützlich sind. Wie der Weise sagt: »Wer weiß, wozu es gut ist ...« Eines der berühmtesten Beispiele dafür ist sicher der Klebstoff der 3M-Post-it-Haftnotizen, der aus der mißglückten Suche nach einem Hochleistungskleber entstand. Das IBM-Modell 360, einer der meistgebauten und profitabelsten Computer, basiert auf der Technologie seines gescheiterten Vorgängers Stretch. Das Insulin, der Staubsauger, der Dynamo – alles Fehler. Shakespeares

Yorick wußte, daß der gerade Weg, wohin immer er führe, stets der schlechtere sei. Weil er das »Reich der ungenützten Möglichkeiten« geringschätze.

Es *gibt* keinen Fehler. Ich kann Ihnen einen Stuhl zeigen. Aber ich kann Ihnen keinen Fehler zeigen. Ein Fehler ist eine Interpretation, eine Frage der gewählten Perspektive. Goethe hatte diese Perspektive: »Stolpern fördert.« Es mag sein, daß eine solche Gangart der Grazie ermangelt. Aber auch die Natur macht Sprünge. Und ohne chaotischen Anteil gibt es keine Selbstorganisation. Jemand, der das so sieht, gewinnt immer: Hat er Erfolg, gewinnt er an Selbstbestätigung, Mut und Energie. Erfährt er eine Niederlage, gewinnt er an Lebenserfahrung und Stimulanz für bessere Ideen. Mehr noch: Eigentlich sollte man seine persönlichen Pleiten geradezu feiern, denn sie bringen Spannung ins Leben und zeigen, daß man sich in einem Wachstumsprozeß befindet. Nur Hindernisse, Widerstände – ob man sie nun im ersten oder im dritten Anlauf nimmt – bringen uns voran.

Mißerfolgs-Vermeider

Auch die Fehler, die im Unternehmen begangen werden, sind nötig, um neue Wege einzuschlagen. Was nicht heißt, daß es intelligent wäre, denselben Fehler mehrfach zu machen. Das Graffito sagt: »Es ist nicht schlimm, einen Feler zu machen. Es ist nur schlimm, einen Feler zweimal zu machen.« Natürlich: Zur Produktivkraft kann ein Irrtum nur dort werden, wo wir ihn nicht zu teuer bezahlen müssen. Und nicht jeder Mist ist Dünger. Dennoch stehen einem konstruktiven Umgang mit Fehlern in der allgemeinen Unternehmenskultur des Rechthabens unausrottbare Vorurteile entgegen.

Zum einen wird in nahezu allen Unternehmen mit Fehlern auf sehr dysfunktionale Weise umgegangen. Nämlich so, als seien sie *bewußt* gemacht worden. Beschuldigungen, wilde »Hätten-Sie-es-nicht-vermeiden-können?«-Spekulationen und der vielgespielte Rechtfertigungs-Blues sind die Folgen. Oft steuert ein Mitarbeiter täglich eine zwei Millionen Mark teure Maschine, produziert täglich ein sündhaft teures Produkt – und sieht sich bei einem Fehler für 10 000 Mark massiven Beschuldigungen ausgesetzt. Angemessen?

Fehler kann man aber nicht bewußt herstellen. Fehler *passieren*. Ihnen, mir, allen. Mehr oder weniger häufig. Strenggenommen also kein Grund, jemanden anzuklagen oder auch nur verstimmt zu sein. Das ist keine achselzuckende Egal-Haltung, sondern Erkenntnis der schlichten Tatsache, daß Fehler nun mal passieren und nicht bewußt gemacht werden können. Ein fehlerfreies Unternehmen ist auch ein unmenschliches Unternehmen. Oder menschenleer.

Wichtig ist: Ein absichtsvoller Fehler ist keiner. Das ist Sabotage. Wie aber unterscheiden, ob ein Fehler oder Sabotage vorliegt? Ein schwieriges Geschäft. Solange der Täter nicht die sabotierende Absicht bekennt, ist vom Fehler auszugehen. Dann aber (ich wiederhole es, weil es mir wichtig ist): Kein Grund, anzuklagen oder sich aufzuregen. Falls zuviele Fehler passieren oder aus Fehlern nicht gelernt wird, hat das natürlich Konsequenzen: Dieser Mitarbeiter gehört nicht an diese Stelle. Mehr ist aber nicht zu sagen.

Zum anderen steigt mit zunehmender Turbulenz der Märkte und wachsenden Risiken der Bedarf an Versicherungen aller Art. Und Manager, die offen zugeben, daß sie umdenken müssen oder sich gar geirrt haben, werden als Memmen und Schwächlinge angesehen. Fast alle Begriffe, die den Vorgang beschreiben, sind negativ besetzt oder fallen durch ihre Theatralik auf: »Fehler eingestehen«, »einen Irrtum bekennen«, »eine Position verlassen«, »nicht zu seiner Meinung stehen«, »den Standpunkt wechseln«. Selbst die Korrektur von Einsichten, das harmlose Wort »Sinneswandel«, hat in der Umgangssprache einen anrüchigen Beigeschmack. Das archaische Ideal der Nibelungentreue steht immer noch über dem Erkenntnisgewinn.

Null Fehler = Null Verantwortung

Verantwortung ist ein scheues Reh. Wenn jemand »zur Verantwortung gezogen« wird, falls er einen Fehler gemacht hat, wird er alles tun, um Verantwortung zu vermeiden. Die beste Fehler-Vermeidungsstrategie ist die Vermeidung von Verantwortung. Er fährt das Null-Fehler-Programm: »Wer etwas macht, macht Fehler. Wer nichts macht, macht keine Fehler und wird befördert.« (Das ISO-Diktat eines Dauerzwangs zum ruinösen Fehlervermeidungsverhalten erhebt das Ganze dann zur unternehmensprägenden Norm.) *Null-Fehler-Programme sind Null-Verantwortungs-Programme.* Wer wundert sich da, daß in den gängigen betriebsinternen Verfolgerkulturen kaum jemand bereit ist, Verantwortung zu übernehmen? Wer glaubt im Ernst, daß Mitarbeiter unternehmerisch handeln, wenn die geheime Spielregel im Unternehmen lautet: Vermeide Fehler um jeden Preis! Je mehr »zur Verantwortung gezogen« wird, desto mehr diffundiert die Verantwortung ins Nichts.

Die betriebswirtschaftliche Entscheidungslehre kennt das »Risk-Return-Paradoxon«. Selbst wenn die Geschäfte ausgezeichnet laufen und hohe Risiken eingegangen werden könnten, werden in der Regel die sicheren Alternativen den unsicheren vorgezogen. Wer Neuerungen und damit Risiken eingehen will, findet sich nur allzu häufig mit einer »Anti-Innovations-Allianz« konfrontiert, die eigenartige Solidarisierungseffekte nach dem Muster des »Not-Invented-Here«-Syndroms hervorbringt. Weltmeister im Verhindern. Am kreativsten ist man beim Aufspüren von Gründen, wieso etwas *nicht* geht. Der konkrete Umgang mit Fehlern ist aber gleichsam der Lackmus-Test für die geforderte innovationsfreudige Unternehmenskultur: Ohne Toleranz gegenüber Fehlschlägen, ohne Unterstützung außergewöhnlicher, risikoreicher Vorhaben keine hohe Innovationsrate! Beim texanischen Stahlkocher Chaparral Steel heißt es zum Thema Fehlerrisiko: »Wie riskant ist Nichtstun?«

Risikolose Risiken

Viele Unternehmen blockieren ihre Mitarbeiter gerade beim Umgang mit Fehlern durch eine paradoxe Programmierung. Die meisten Unternehmen bevorzugen nämlich eine Unternehmenskultur, die die Dimensionen »Sicherheit« und »Ordnung« ins Wappen hebt. Gleichzeitig aber schwellen die Unternehmensbotschaften nur so an vor Intrapreneurship, Innovation und unternehmerischem Handeln. Insgesamt erzeugt das ein höchst widersprüchliches Klima, das unausgesprochen so etwas wie »mutige Fehlerlosigkeit« oder »fehlerresistentes Unternehmertum« oder gar ein »risikoloses Risiko« fordert.

Solange aber die Botschaften doppelzüngig sind, verschanzen sich nicht wenige Mitarbeiter in mehr oder weniger behaglich möblierten Sicherheitscontainern und entwickeln von dort aus ihre Risikovermeidungsstrategien, nicht selten im vollen Besitz des Wissens, daß »nichts-falsch-machen-können« gleichbedeutend ist mit »etwas-gänzlich-Unnützes-tun«. Fragt man z.B.: »Wie spät ist es?«, so könnte die folgende, höchstwahrscheinlich richtige Antwort lauten: »Es ist zwischen fünf Uhr morgens und Mitternacht.« Man könnte allerdings auch antworten: »Es ist neun Minuten nach zwei«, während es eigentlich bereits zehn Minuten nach zwei ist. Es liegt auf der Hand, daß die fehlerhafte Antwort die nützlichere ist.

Je mehr man die Möglichkeit eines Fehlers auszuschalten versucht, um so weniger hilfreich wird man. Es erinnert an das englische Sprichwort: »The man who does not make mistakes is unlikely to make anything.« Oder, wie Peter Drucker es sagt: »To try to eliminate risk in business enterprise is futile. Even the attempt to minimize risks can only result in that greatest risk of all – rigidity.«

So ist es wohl: Wer nie einen Fehler gemacht hat, hat sich wahrscheinlich nicht genug eingesetzt. Wer aber Verlieren vermeiden will, hat zumeist schon verloren: Mut, Risikobereitschaft – und damit seine Selbstachtung.

Ein Problem ist kein Problem

Den Maßstab für jeden echten Lernvorgang hat Karl Popper 1981 in einer Rede formuliert: »Das neue Grundgesetz ist, daß wir, um zu lernen, ... gerade von unseren Fehlern lernen müssen. Fehler zu vertuschen ist deshalb die größte intellektuelle Sünde.« Viele Unternehmen haben daher erkannt, daß nicht das Fehler*machen* das eigentliche Problem darstellt, sondern das Fehler*vertuschen*. Aus der Psychiatrie wissen wir: Wenn man ein Problem hat, so ist das kein Problem. Es ist das Verleugnen, daß man ein Problem hat, was die Schwierigkeit bringt. In den BMW-Führungsgrundsätzen heißt es entsprechend: »Jeder darf Fehler machen – nur nicht den, ihn zum Schaden des Unternehmens zu vertuschen.« Und in »Up the Organisation« prahlt Rob Townsend fast damit, daß er seine Geschäftspartner hauptsächlich rief, um ihnen von seinen letzten Fehlgriffen zu berichten.

Der Chip- und Telefonhersteller Motorola etwa, der 1993 bei einem Umsatz von siebzehn Milliarden Dollar mehr als eine Milliarde Dollar Gewinn machte, startete 1994 eine unternehmensweite Kampagne für »Fehlertoleranz«. Nur ein extrem hohes Maß an Fehlerfreundlichkeit, so die Überzeugung bei Motorola, könne einzelnen Unternehmen in den Vereinigten Staaten insgesamt auf

Dauer ihre Wettbewerbsfähigkeit erhalten. Bei Motorola gelten zwei Grundsätze: »Der Entdecker eines Fehlers ist verantwortlich dafür, ihn zu beheben«, und: »Wir feiern Niederlagen.«

In anderen amerikanischen Unternehmen gibt es ein Ritual, in dem der »Mißerfolg des Monats« annonciert wird. Was immer man von solchen Zurschaustellungen halten mag: Zweck des Rituals ist es keineswegs, den »Tolpatsch des Monats« vorzuführen, sondern den Wert »Toleranz gegenüber Fehlschlägen« ernst zu nehmen; ernst zu nehmen, daß unternehmerisches Handeln auch Mißerfolge produziert und daß aus Mißerfolgen viel zu lernen ist. In einem fehlerverleugnenden Umfeld allerdings werden Fehler vertuscht und deshalb auch nicht korrigiert. Noch schlimmer: es müssen Lügen und immer neue Lügen aufgetischt werden … bis schließlich für Lügen und Nebelwerfen so viel Zeit und Energie aufgewandt wird, daß für andere Dinge keine Zeit mehr bleibt. Der Mitarbeiter in einer fehlerfreundlichen Unternehmenskultur muß weniger Energie aufwenden, um Fehler zu vertuschen. Unvermeidlich sind sie ohnehin.

»Schwarzer Peter« spielen

Die vermuteten oder tatsächlichen Reaktionen des Topmanagements auf Fehler veranlassen viele Führungskräfte und Mitarbeiter, unter allen Umständen ihre Unfehlbarkeit zu beweisen. Zunächst wird der Fehler anderen zugeschoben. Ist die eigene Verantwortung eindeutig, so wird umkostümiert oder geschwiegen. Denn über Erfolge reden alle gerne. Über Mißerfolge schweigen wir. Ein Scheinbild entsteht. Der englische Monty-Python-Darsteller John Cleese erzählt dazu ein interessantes Beispiel: »Ich erinnere mich an eine Fernseh-Dokumentation, in der englische und französische Schüler nach den berühmtesten Schlachten gefragt wurden, die zwischen beiden Ländern geschlagen wurden. Wie Sie wissen, sind Engländer und Franzosen Erzfeinde, die sich lustig über 1000 Jahre hinweg bekämpften. Die englischen Schüler nannten eine lange Liste von Schlachten, die mir alle bekannt waren. Dann legten die französischen Schüler eine völlig andere

Liste vor: Namen, die ich noch nie gehört hatte. In diesem Moment war mir klar, daß ich während meines gesamten zehnjährigen Unterrichts über englische Geschichte an einer englischen Schule niemals die Namen der Schlachten gehört hatte, die die Engländer *verloren* hatten.«

Wenn eine Regierung Geschichtsbücher manipuliert, so wird sie mit diesen »Fehlern« eine Weile durchkommen. Wenn aber ein Unternehmen von Menschen geführt wird, die Fehler als Rückmeldung vom Markt nicht wertschätzen und ignorieren, so werden sie ein angepaßtes Jasagertum züchten, Risikovermeider fördern und Fehler nicht mehr als Möglichkeit zur Kurskorrektur nutzen. Das System ist nicht mehr lernfähig. Innerhalb der Abteilung wird vielleicht noch über Fehler gesprochen. Oft aber ist es lebensgefährlich, Fehler auch nach außen darzustellen. Der Anfang vom Ende vieler Unternehmen. Opfer von Richtigkeit.

Wenn wir also eine Unternehmenskultur haben, die Fehler bestraft, so wird das Unternehmen mehr und mehr vom Kurs abweichen. Der Geschäftsführer wird dem Piloten eines Flugzeugs ähnlich, der seinen Höhenmesser befragt: »In welcher Höhe befinden wir uns?« Und der Höhenmesser antwortet: »Wie hoch hätten Sie es denn gerne?«

Fünfe gerade

Es gibt sie, diejenigen, die Fehler mit der Lupe vergrößern, um andere kleinzukriegen. Tatsächlich sind viele Führungskräfte geradezu krankhaft auf Fehlleistungen fixiert. Das Motto: Fehler suchen und Schuldige produzieren. Wenn aber jeder auch noch so kleine Fehler penibel registriert und sanktioniert wird, kann sich eigenverantwortliches Handeln beim Mitarbeiter nicht entwickeln. Die »Schwachstellenanalytiker« unter den Führungskräften (»Delegieren und darauf achten, daß keine Fehler gemacht werden!«) sind selbst die Schwachstellen einer fehlerfreundlichen und damit zukunftsoffenen Firmenkultur. Wer, statt das Positive an der Mitarbeiterleistung zu sehen (»Glas halb voll«), lieber die große Lupe auf das Defizit hält (»Glas halb leer«), zementiert seine Seele und die seiner Mitarbeiter. Und wer ständig mit großer Souveränität und vom Sockel hierarchischen Rangs seine Kritik (»sachlich« natürlich) versprüht, muß sich nicht wundern, wenn *angstmotivierte* Mitarbeiter die Folge sind und der Output des Gesamtsystems unter das Optimum abfällt. Frederic Vester hat nachgewiesen, daß es in einem angstfreien Prüfungsklima auf 100 Fragen 90 richtige Antworten gab. Wurden die Probanden in Angst versetzt, kamen auf 100 Fragen noch 50 richtige Antworten. Angst »halbierte« gleichsam die Problemlösungsintelligenz. Angst macht dumm.

Handelnd reagieren

Statt anzuklagen, scheint es mir intelligenter, *handelnd* zu reagieren. Der Mitarbeiter weiß selbst sehr wohl und am besten, daß er Mist gebaut hat. Er leidet selbst am meisten, selbst wenn er es zu verbergen trachtet. Das muß man nicht noch dramatisieren. Es führt schlicht zu nichts. Jetzt kann man nur noch Energie verschwenden. Der Fehler ist passiert. Daher noch einmal:

Nicht anklagen – handelnd reagieren!

Führen Sie gemeinsam ein Gespräch über den Fehler, ohne anzuklagen, kommen Sie zu einer gemeinsamen Ursachenanalyse, arbeiten Sie das Lernpotential gemeinsam auf. Achten Sie auch darauf, was an dem Fehler positiv ist. Konzentrieren Sie sich weniger auf das fehlerhafte Verhalten, sondern darauf, wie es richtiger wäre. Stellen Sie Fragen mehr als Angebot zur Veränderung, weniger, um herauszufinden, wie es passiert ist: Was ist *jetzt* zu tun? Was können wir daraus lernen? Wie können wir vorbeugen?

Niemand scheitert gern und freiwillig. Auch wenn es Ihnen schwerfällt: Seien Sie eine Zeitlang besonders nett zu dem Mitarbeiter, dem der Fehler passierte. Bauen Sie eine Brücke.

Fehler kann ich annehmen und etwas Sinnvolles daraus entstehen lassen. Der Fehler ist eine Lernchance und ein Informationsgeschenk. Von Tom Watson, dem Begründer von IBM, erzählt man sich, daß er einen Jungmanager, der gerade einen Verlust von zehn Millionen Dollar verursacht hatte, zu sich rief und auf dessen Frage, ob er nun gefeuert werde, antwortete: »Wie kommen Sie denn darauf, ich habe gerade zehn Millionen Dollar in Ihre Ausbildung investiert.« (Allerdings hätte es sich Watson kaum leisten können, viele Mitarbeiter auf diese Weise auszubilden.)

Siebenmal am Tage

Eigene Fehler verstecken, beschönigen oder »Schwarzer Peter« spielen: Niemand kann das aufgrund seiner Stellung so gut wie eine Führungskraft. Der Gerechte aber fällt bekanntlich siebenmal am Tage: Eigene Fehler und Minderleistungen offen (aber ohne Koketterie!) zu kommunizieren ist immer auch ein Aufruf zur Risikobereitschaft, zum mutigen Handeln.

Denn es liegt in der Natur der Dinge: Jede neue Idee birgt in sich die Möglichkeit zum Erfolg *und* das Risiko des Scheiterns ... sonst wäre es keine neue Idee. Und *jeder* Mensch macht Fehler. Was also nicht sein darf: Daß es ein Fehler ist, über Fehler zu reden. Wir brauchen statt dessen eine Basisvereinbarung: *Offen* darüber sprechen zu können. William Smithbury, Vorstand von Quaker Oats, an seine Mitarbeiter: »Ich möchte Sie einladen, Risiken einzugehen. Es gibt keinen älteren Manager in dieser Firma, der nicht mit einem Produkt zu tun hatte, das ein Mißerfolg war, oder mit einem Projekt, das fehlschlug. Das gilt auch für mich. Es ist, als ob man Skifahren lernt. Wenn man nicht stürzt, dann lernt man es nicht.« Nur noch Bürokraten werden sich leisten können, die Dinge richtig zu tun, statt die richtigen Dinge zu tun. Auf immer zappeligeren Märkten geht oft Schnelligkeit vor Sorgfalt, was zu hohen Fehlerraten führen kann. Qualität ist dabei unbestritten eine wichtige Dimension der Unternehmenskultur. Wenn aber Trial-and-error-Prozesse zunehmend mehr die Basis für das Tempo-Management sind, dann müssen einige – bisher in den Unternehmen vernachlässigte – Dimensionen wie »Straffreiheit« und »Geborgenheit« fester verankert werden. Nur »High Trust« schafft den garantierten Schutz und das Vertrauen, die nötig sind, um über die Grenzen zu gehen. Im psychologischen Sinne brauchen wir hier unternehmenskulturelle »Erlauber«.

Leitbild Fehlerfreundlichkeit

In den USA bestanden 1994 knapp 50 Prozent aller Exporte nach Deutschland aus High-Tech; Japans High-Tech-Exporte zu uns machen noch 27 Prozent aller Exporte aus. Umgekehrt beträgt die deutsche Exportquote für High-Tech nach USA und Japan gerade 16 Prozent. Die große Herausforderung für die deutsche Wirtschaft lautet: Wie können wir mit innovativen Produkten schnell neue Märkte erschließen? Innovative Produkte, Prozesse und Dienstleistungen lassen sich weder verordnen noch herbei-»motivieren«. Sie lassen sich auch keineswegs direkt – etwa durch gezielten Ressourceneinsatz – ansteuern. Es kommt vielmehr darauf an, ein kreatives Umfeld zu erzeugen, indem das Innovationshemmnis Nr. 1 abgebaut wird: Fehlerintoleranz.

Unternehmen sind Organisationen zur Bekämpfung des Irrtums, zur Suche nach Gewißheit, zum Wegarbeiten des Zweifels. Flucht in die Policies, Flucht in die Handbücher, Flucht in die Zertifikate. Dirk Baecker hat darauf verwiesen, daß die Unternehmen jedoch mehr und mehr gefordert sind, genau jene tiefe Ungewißheit in die Organisation wieder einzuführen, auf deren Vermeidung die Funktionsfähigkeit von Organisationen bisher angelegt war. Baecker deutet diese Entwicklung als die »Wiedereinführung des Unternehmens in die Organisation«. Das bedeutet das Zulassen von Umwelt-Irritationen im Innern von Unternehmen. Dazu müssen wir vor allem den Fehlerbegriff entkritisieren.

Wir müssen unsere Unternehmen so anlegen, daß die Produktivität des Irrtums möglich bleibt. Schon Tom Peters forderte 1987, mehr Fehler und diese vor allem schneller zu machen, woraus wolle man sonst lernen? Insbesondere müssen wir lernen, unsere Lernfähigkeit zu erhalten. Die ISO-Welle hat sich den falschen Gegner gesucht. Nicht dem Fehler müssen wir den Krieg erklären, sondern der Fehlerlosigkeit. Nur Fehlerfreundlichkeit schafft Innovation. »Wir irren uns voran« (O. Marquard).

Aus der Evolutionsbiologie, die sich mit dem Entstehen von organisch »Neuem« befaßt, wissen wir, daß dieses Neue, Abgewichene, Unerprobte zunächst weniger tüchtig sein wird, ein »Fehler« ist. Eine andere Kombination äußerer Bedingungen läßt dieses Neue aber in Zukunft vielleicht »tüchtiger« sein. Diese doppelte Fähigkeit von Organismen zu Fehleranfälligkeit und Fehlertoleranz ist die Fehlerfreundlichkeit: eine Überlebensgarantie. Evolution, das dauernde Sich-aneinander-Anpassen und die gemeinsame Weiterentwicklung, ist auf Fehler angewiesen. Das sind Systeme, die Überraschungen, Abweichungen und Andersartigkeit akzeptieren und fördern. Fehlerunfreundliche Systeme sind praktisch tot. Können wir uns ein Unternehmen leisten, das sich den Menschen nicht mehr leisten kann?

Hier wird also nicht das Recht gefordert, zwischen Pulverfässern mit offenem Feuer zu spielen, sondern ein Unternehmen, das man mit einem Streichholz allein nicht in Brand stecken kann. Dazu bedarf es fehlerfreundlicher Strukturen. Und diese sind bedroht, je »schlanker« ein Unternehmen ist. Redundanzen, die vielen Stimmen im Konzert, Überhänge, Machtbalancen, der Markt: all das sind Systeme der Fehlerfreundlichkeit. Aufgabe der Führung ist es, Realitätskonstruktionen anzubieten, in denen Selbstverantwortung auch in dieser Hinsicht wieder genossen werden kann, ohne daß dafür ein zu hoher Preis zu zahlen ist. Dabei sage ich nicht, daß wir den absehbaren Fehler nicht vermeiden sollten. Ich sage nur, daß wir uns dennoch immer wieder irren und wir gerade dort Fehler machen werden, wo sie unvermutet und unvorhersehbar sind. Kein Methodenaufwand bietet absoluten Schutz vor Fehltritten. Wir müssen Strukturen schaffen, in denen Fehler nicht zu teuer werden oder gar tödlich sind. Solange Menschen aus Fehlern lernen können, ist es hilfreich, die Übernahme von Risiko zu ermutigen. Nur einen Fehler dürfen wir nie zulassen: den, den man nur einmal machen kann.

Das alles bedeutet ein hohes Maß an Toleranz gegenüber Fehlschlägen; den eigenen und denen der Mitarbeiter. Und so gibt es denn einen schweren (Führungs-)Fehler: sich selbst und anderen keinen zuzugestehen. Nur das Mittelmaß ist immer in Höchstform.

Wie verändern?

Bekanntlich ist es die Aufgabe des Managements, alle anderen bei der Arbeit zu stören. Dies selbstverständlich unter so großkalibrigen Begründungen wie »Strategien umsetzen«, »den Wandel gestalten«, »restrukturieren«. Vom »Change as an event« zum »Change as a way of life«. Von festen Strukturen zu flexiblen Strukturen. Von Hierarchien zu Netzwerken. Vom Wissen zum Lernen. Man stelle sich vor, es gäbe keine Manager: die Prozesse würden fließen in einer natürlichen, selbststeuernden Weise. Besser? Schlechter? Nach welchem Maßstab? Das Management ist wohl oft die Krise, die es zu bewältigen sucht.

Dieser selbstgesetzte Störungsauftrag bezieht sich auch auf den einzelnen Mitarbeiter. Auch da muß kräftig verändert werden. Der Menschen-Veränderer unter den Führungskräften erfreut sich dabei schon seit längerem der Komplizenschaft der Psychologie. Trickreich kommt sie um die Ecke mit allerhand Mitarbeitertypologien, Bedürfnismodellen, Motivationstheorien. Da gibt es den Alpha-Mitarbeiter, den Beta-Mitarbeiter, den Omega-Mitarbeiter, die natürlich alle auf verschiedene Art und Weise zu »behandeln« sind. Ich sehe sie vor mir, die Führungskräfte, wie sie mit den griffigen Typentaxonomien ihre Mitarbeiter *analysieren*, militärischen Aufklärungsoffizieren vergleichbar, und dann, psychologisch sensibilisiert, NLP-trainiert (Hoch lebe die Partnerschaft!) sich aufmachen, ihre Mitarbeiter den eigenen Erwartungen anzupassen. »Fürchtet euch nicht! Ich bin's doch nur, Euer Chef!«

Alles das ist geboren aus dem Geist des Über-den-Tisch-Ziehens. Es ist geboren aus dem Geist des »Ich weiß was über Dich. Aber Du weißt nicht, daß ich das weiß. Ich mache jetzt etwas mit Dir. Und Du weißt gar nicht, wie dir geschieht.« Alles natürlich nur zum Besten des Mitarbeiters. Was aber das Beste ist, das entscheidet der vorgesetzte Feldgeistliche der Manipulation. In Abwandlung eines Tucholsky-Wortes: Hätte ich einen Degen, ich hebte ihn.

Wie aber nun verändern, ohne zu manipulieren, beeinflussen, ohne zu retten, führen, ohne zu entwürdigen? Was ist zu tun, damit der Mitarbeiter sagt: »Ich tue es!«?

Eines vorweg:

Vermeiden Sie Belohnung und Bestrafung.

Im Belohnen und Bestrafen ist immer ein Achtungsgefälle eingebaut. Kinder werden belohnt und bestraft. Wir belohnen einen uns Unterlegenen, einen Minderwertigen für seine »Hilfe«. Nicht etwa für seinen eigenständigen Beitrag, den er dem Ganzen leistet, sondern weil sein Betrag »mir« gilt. Wenn ich, der Chef, Zielpunkt seiner Bemühungen bin, wenn seine Energie gleichsam in meiner Leistung »aufgeht«. Wie aber soll er dafür in die Verantwortung gehen? Durch ein Element des Belohnens/Bestrafens verwehren wir unseren Mitarbeitern jenes Gefühl der Verantwortung, das allein aus dem Gefühl des eigenständigen Mitwirkens entsteht. Um es klar zu sagen: Wenn Belohnen und Bestrafen eine Rolle spielen, können Sie sich von der Selbstverantwortung verabschieden.

In einem System gegenseitigen Respekts wird getan, was getan werden muß. Unter Partnern leistet jeder seinen eigenständigen Beitrag. Jeder ist verantwortlich für seinen Beitrag. Er arbeitet nicht »für mich«, sondern für das Ganze. Motivation und Commitment erwachsen aus der Harmonie zweier Menschen, die etwas *zusammen* leisten. Die Kooperationspartner sind. Partnerschaft ist, was Partner schafft.

Sie können Mitarbeiter nicht zwingen, Verantwortung zu übernehmen. Niemand kann jemandem Verantwortung übergeben, wenn dieser sie nicht will. Sie können nur *Bedingungen der Möglichkeit* schaffen. Fragen Sie sich: Unter welchen Bedingungen sind Sie selbst bereit, Verantwortung zu übernehmen? Die Antwort kennen Sie: in einer Atmosphäre des Vertrauens, des Dialogs, der Vereinbarung, in gegenseitiger Unterstützung und wechselseitigem Respekt.

Wie aber verändern ohne Belohnen und Bestrafen?

Lassen Sie den folgenden Satz für einige Augenblicke in sich wirken und prüfen Sie, ob er Ihnen etwas Wichtiges sagen kann:

Kritik funktioniert nicht.

Wenn es denn so ist: Warum funktioniert Kritik nicht? Die meisten von Ihnen werden spüren: So »konstruktiv« sich Kritik auch immer gebärden mag, Kritik tut immer weh. Kritik verletzt. Sie selbst hatten ja beste Absichten. Und nach wie vor halten Sie Ihr Verhalten für sinnvoll und den Umständen angemessen. Und da kommt ein anderer daher und sagt: Das ist nicht in Ordnung! Mit welchem Recht?

Kritik tut zunächst deshalb weh, weil Sie möglicherweise vergessen haben, daß alle Urteile selbstbezüglich sind. Daß es nur subjektgebundene Konstruktionen von Wirklichkeit gibt. Sie glauben, das negative Urteil des anderen sagt etwas »Schlechtes« über Sie, dabei spiegelt es vor allem die Wahrnehmungs- und Bewertungsmuster dessen, der so urteilt. Dieser kann strenggenommen nur darüber Aussagen machen, wie er Sie *erlebt*. Nicht wie Sie *sind*. Wenn er sein Erleben offen macht, es Ihnen zur Verfügung stellt, nennt man das neudeutsch »Feedback«. Feedback sagt: »So erlebe ich dich.« Es sagt nicht: »Du sollst dich ändern.« Feedback ist keine Aufforderung, sich nach den Vorstellungen des Feedback-Gebers zu richten. *Feedback läßt die Wahl.* Feedback kommt aus dem Kontext des Dienens. Es stellt dem anderen Informationen zur Verfügung, über die der andere vielleicht bislang nicht verfügte. Es verkleinert den sogenannten »blinden Fleck« im Selbstbild, weil das Selbstbild durch ein

Fremdbild ergänzt wird. Feedback eröffnet damit Lernmöglichkeiten.

Wann aber wird Feedback zur Kritik? Dann, wenn der andere sich anmaßt, die *Wahrheit* über Sie zu sagen. Dann sagt er nicht mehr: »So erlebe ich Dich«, sondern: »So *bist* Du«. Dann verläßt er den Standpunkt subjektgebundener Perspektive. Er behauptet für sich ein Deutungsmonopol: »Ich habe hier das Recht, Dich zu kritisieren.« Und er behauptet für sich einen bevorzugten Zugriff zu wahren Urteilen: »Ich weiß, was gut und richtig ist.« Die innere Einstellung des Kritikers ist die des Verfolgers, der sich im Wissen um absolute, subjektungebundene Maßstäbe wähnt. In Unternehmen wird daher das Feedback gleichsam »strukturell« zur Kritik, wenn es sich an hierarchische Macht koppelt.

Kritische Vergeblichkeiten

Aber noch ist nicht plausibel, wieso Kritik nicht funktioniert. Vier Gründe möchte ich anbieten:

1. Feedback läßt dem anderen die Wahl, zu entscheiden, was er tut bzw. läßt. Wenn Sie aber jemandem sagen, daß er sich so verändern soll, wie Sie ihn haben wollen, machen Sie ihn zum Verlierer, erwarten Sie Unterwerfung. Kritik entwürdigt, indem der Machtaspekt ihn nötigt (nicht zwingt!), sich entsprechend den Maßstäben des Kritikers zu ändern. Der Kritisierte wird daher, um seine Würde zu erhalten, die Kritik ablehnen. Äußerlich geht er wahrscheinlich in die Anpassung, stimmt oberflächlich zu. Aber was ist gewonnen, wenn der andere sich anpaßt? Glauben Sie tatsächlich, daß er das konsequenzlos mit sich machen läßt? Er sagt »Ja« und meint »Nein«. Und läßt sich heimlich auszahlen. Jeden Tag ein bißchen.

Menschen sind »homöostatische« Wesen. Sie bringen sich immer wieder ins Gleichgewicht. Wenn Sie, weil Sie Chef sind, den Mitarbeiter abwerten und in die Anpassung jagen, werden Sie dafür die Zeche zahlen. Denn der andere wird sich auf irgendeine Weise revanchieren. Er wird sich wieder ins Gleichgewicht bringen, seine verletzte Selbstachtung wiederaufbauen. Indem er Sie

abwertet. Indem er Sie heimlich betrügt. Indem er Ihnen an einem Punkt die Rechnung präsentiert, wo Sie es *unmittelbar* nicht merken. Aber mittelbar spüren – wenn die Produktivität einbricht, die Fluktuation zunimmt, Absentismusraten steigen, überall Jammerzirkel eröffnet werden, der Krankenstand Rekordhöhen erreicht. Den Preis zahlen Sie immer. Jede Buchung hat ihre Gegenbuchung. Sie sehen sie vielleicht nicht sofort, aber Sie können sie an Ihrer Profitrate ablesen.

Jede Problemlösung, die jemanden abwertet oder herabsetzt, führt nicht weiter.

2. Wenn Sie jemanden kritisieren, d.h. den Machtaspekt ausspielen, laden Sie ihn zur Rechtfertigung ein. Der Kritisierte wird versuchen, seine Position zu verbessern. Dazu wird er Ihnen eine »Geschichte« erzählen. In dieser Geschichte wird er besser dastehen und die für ihn maximal erreichbare Wahrhaftigkeit zugunsten der Ent-Schuldigung verringern. Das nennt man Lügen.

Wenn Sie die Lüge aufdecken, beklagen Sie wieder ein Phänomen, das Sie selbst mit herbeigeführt haben.

Dasselbe passiert übrigens bei Kindern: Wenn Sie Kinder anklagen, erzählen diese Ihnen eine tolle Geschichte, die not-wendig (um die Not zu wenden) vom Besser-Dastehen-Wollen eingefärbt ist. Und das ist auch in Ordnung. Schon in der Bibel steht an keiner Stelle: Du sollst nicht lügen. Da steht: Du sollst kein falsches Zeugnis geben ... und das ist etwas anderes. Es geht niemals um Wahrheit. Aber immer um Wahrhaftigkeit.

3. Nur der Lernende selbst kann entscheiden, wo seine Lernproblematik liegt. Das können Sie zwar von außen anstoßen, aber wählen muß sie der Mitarbeiter. Es funktioniert nicht, einem Mitarbeiter ein Veränderungsziel vorzugeben, weil es nicht ein (von innen kommendes) »Lern«-Ziel ist, sondern ein (von außen kommendes) »Lehr«-Ziel.

Kritik und Lernen gehen also nicht zusammen. Solange die wirklichkeits-konstruktive Sicht nicht anerkannt wird, solange nicht gewürdigt wird, daß wir nur Aussagen über unser Erleben, nicht aber über Wahrheit machen können, wird es keine lernende Organisation geben. Kritik will Schuldige produzieren, nicht Probleme lösen. Kritik schafft immer Verlierer.

Das Wichtige ist aber: Weil ich mich gegen den so schmerzvoll wahrgenommenen Macht-Aspekt stemme, überhöre ich möglicherweise wichtige Hinweise aus dem Feedback-Aspekt. So werde ich mich niemals ändern. Höchstens anpassen und anschließend auszahlen lassen.

4. Kritik ist Negation. Sie sagt: Tue etwas *nicht*! Das »nicht« ist aber vom Bewußtsein kaum wahrnehmbar. Unser Gehirn kann – nach allem, was wir bisher darüber wissen – das »nicht« offenbar schlecht verarbeiten. Es ist z. B. kaum möglich, an etwas Bestimmtes *nicht* zu denken. Wenn Sie aufgefordert werden, nicht an einen Baum zu denken, dann ist das erste, woran Sie denken, ein Baum. Unser Gehirn tilgt gleichsam das negative Vorzeichen vor dem Gegenstand. Wenn Sie also etwas nicht tun wollen, setzen Sie sich unentwegt prägend einem Handeln aus, das zu meiden Sie sich gerade entschlossen haben. Sie können einigermaßen sicher sein, daß Sie damit das Handeln verstärken. Aus diesem Grunde schei-

tern in der Regel auch die eigenen Vorsätze, etwas *nicht* zu tun, bzw. die Aufforderungen an andere, etwas zu unterlassen. Ohne die elementare Voraussetzung einer *positiven* Erwartung sind die Änderungschancen also gering. Aber das ist Gegenstand der Verhandlung, nicht der Kritik.

An dieser Stelle möchte ich noch einmal den Bogen zum Kontext der Selbstverantwortung schlagen: Sie sind nicht auf der Welt, um nach den Erwartungen und Urteilen anderer zu leben. Wenn Sie kritisiert werden: Rechtfertigen Sie sich niemals. *Wer sich rechtfertigt, entwürdigt sich.* Auch wenn Sie genötigt werden: Übernehmen Sie Verantwortung für das, was Sie tun. Widerstehen Sie der Versuchung, sich reinwaschen zu wollen. Wenn Sie im Unrecht sind, brauchen Sie sich nicht zu rechtfertigen; wenn Sie im Recht sind, erst recht nicht.

Auch beim Feedback können Sie wählen, ob darin ein Hinweis liegt, über den Sie bislang nicht verfügten. Den Sie aber eventuell für sich wichtig werden lassen können. Aber Sie müssen sich nicht reflexhaft dem Urteil des anderen anpassen. Und falls Sie gewählt haben, mit dem anderen zusammenzuarbeiten, werden Sie einen Weg finden, der für *beide* in Ordnung ist.

Ist das zu idealistisch? Es ist ganz einfach praktisch.

Für beide Seiten.

Kritik versus Konfrontation

Führungskräfte neigen dazu, den eigenen Anteil am Verhalten des Mitarbeiters schlicht zu ignorieren. Mehr noch: Sie kommen in der Regel gar nicht auf die Idee, daß es auch etwas mit ihnen zu tun haben könnte. Es sei dahingestellt, ob man dabei so weit gehen sollte wie Willfred Mayer, Mitglied der Geschäftsführung der Wilhelm Karmann GmbH: »Wenn der Mitarbeiter zum Störfaktor wird, muß vor allem die Leistung der Führungskraft begutachtet werden.« Aber zweifellos sagt dieser Satz etwas Richtiges, weil nur allzu oft Übersehenes.

Wenn ein Mitarbeiter dauerhaft mangelnde Leistung bringt, kann das viele Ursachen haben:

- Die Führungskraft hat es versäumt, eine Feedback-Kultur aufzubauen, in der Führungskraft und Mitarbeiter sich regelmäßig ihr wechselseitiges Erleben schildern. Das Problem wird verschleppt, bis es kaum noch lösbar ist. Viele Führungskräfte scheuen Auseinandersetzungen und verpassen dadurch den Zeitpunkt, zu dem das problematische Verhalten noch beeinflußbar wäre.
- Erwartungen und Maßstäbe sind nicht abgeglichen worden. Unverzichtbar ist es, daß Sie sich mit Ihrem Mitarbeiter über ihre *Wertmaßstäbe austauschen*: Was ist mir wichtig? Worauf kommt es mir in unserer Zusammenarbeit besonders an? Was sollte zwischen uns möglichst nicht passieren? Bei welchen Verhaltensweisen bin ich besonders sensibel? Laden Sie auch Ihren Mitarbeiter dazu ein, Ihnen das gleiche aus seiner Sicht zu sagen. Glauben Sie nicht, schon zu wissen, worauf es Ihrem Mitarbeiter im täglichen Kontakt ankommt. Was Sie »verstehen« oder erkannt zu haben glauben, sind lediglich Ihre eigenen Erklärungsmodelle, sind Ihre Spekulationen über die Beweggründe des anderen. Besser ist es, *direkt zu fragen*.
- Der Mitarbeiter ist unzureichend aus- und weitergebildet; verantwortlich ist (auch) die Führungskraft.
- Der Mitarbeiter ist mit seinen Fähigkeiten am falschen Arbeitsplatz; verantwortlich ist (vor allem) die Führungskraft.
- Der Mitarbeiter ist ein notorischer Arbeitsverweigerer; (voll) verantwortlich ist die Führungskraft, die entweder den falschen Mitarbeiter eingestellt hat, nicht früh genug intervenierte oder nicht den Mut hatte, sich in aller Form von ihm zu trennen. Gerade hier haben wir in Unternehmen ein riesiges Konsequenzproblem. (»Es menschelt halt überall!« ist die Kameraderie des schleimigsten Einverständnisses.)

Nun kann es natürlich keineswegs darum gehen, das Verhalten eines Mitarbeiters, das aus Ihrer Sicht nicht in Ordnung ist, einfach hinzunehmen. Feedback, das dem anderen die Wahl läßt, ist das eine. Aber was tun, wenn es nicht mehr um Feedback geht, sondern darum, daß für Sie die Situation einfach untragbar geworden ist? Sie haben ein Recht, eine Situation zu ändern, wenn sie Ihnen nicht mehr gefällt. Das Unverantwortlichste, das Sie tun können, ist, die klare Auseinandersetzung zu vermeiden, den Konflikt zu verschleppen, abzuwarten und dann das Gespräch erst als letzte Möglichkeit zu suchen. Ausgeprägte Harmoniesucht, die Unfähigkeit, mit Konflikten konstruktiv umzugehen, und Alles-im-Griff-Mentalität lassen viele Führungskräfte schweigen, wo klar zu sagen wäre: »Ich bin mit Ihrer Leistung nicht zufrieden!«

Partnerschaftliche Führung wird immer wieder mit Laisser-Faire, Friede-Freude-Eierkuchen, Harmonie und penetranter Heiterkeit auf allen Etagen verwechselt. Aber nicht mal im karneval-verwöhnten Köln ist man das ganze Jahr über brüllend guter Laune. Zähneknirschende Gelassenheit und die Faust in der Tasche helfen niemandem – am allerwenigsten Ihnen. Schleppen Sie sich nicht lange mit negativen Gefühlen durch die Welt, das ist psychosoziale Innenwelt-Verschmutzung (es sei denn, Sie wollen dem Züchterverein für Magenkrebse beitreten). Es gilt unwidersprechlich:

Selbstachtung geht vor Fremdachtung.

Nur wenn Sie authentisch zu Ihren Gefühlen, Interessen und Sichtweisen stehen, nur wenn Sie sich selbst achten, nur dann können Sie auch den anderen achten. Wenn Sie Ihre Selbstachtung zerstören, z. B. wenn Sie schweigen, wo zu sprechen wäre, sind Sie auch zu keiner Fremdachtung, zu keinem konstruktiven Umgang mit anderen mehr fähig. Es ist niemandem gedient, wenn Sie so tun, als sei für Sie alles in Ordnung. Haben Sie Mut zur Klarheit. Es lohnt sich immer.

Was also tun? Nach der Devise *»Handelnd reagieren!«* ist es wichtig, dem anderen klar und möglichst umgehend zu sagen, daß Sie nicht einverstanden sind – ohne ihn dabei zu beschuldigen, einen Verlierer zu produzieren oder die Beziehung zu zerstören. Wichtig ist: *Die Stimmung muß stimmen.* Unter Druck funktioniert es nicht.

Dieses Handeln nenne ich *Konfrontation* (wobei mir dieser Begriff nicht gefällt, ich habe nur keinen besseren). Die Unterschiede zwischen Kritik und Konfrontation stellen sich im Überblick so dar:

Kritik		*Konfrontation*
Person	–	Problem
allgemein	–	spezifisch
beschuldigen	–	ändern
Vergangenheit	–	Zukunft
eigener Vorteil	–	gemeinsamer Vorteil

Ich entfalte im folgenden beide Seiten als Idealtypen, wobei ich im Einzelfall auch überzeichne, um die wesentlichen Unterschiede zu klären. Oft trennt Kritik und Konfrontation nur ein schmaler Grat.

Person – Problem: Kritik macht sich tendenziell an Persönlichkeitsmerkmalen und Charaktereigenschaften des anderen fest. Kritik stellt den ganzen Menschen ins schlechte Licht. Kritik sagt: »Sie sind so.« Konfrontation sagt hingegen: »Sie verhalten sich so.« Konfrontation konzentriert sich auf ein konkretes Handeln, das aus der Perspektive des anderen ein Problem darstellt. Sie bevorzugt die Ich-Botschaft: »Ich habe ein Problem«; sie sagt nicht: »Sie sind ein Schwachkopf.« Sagen Sie Ihrem Mitarbeiter klar, wie Sie sich fühlen. Sagen Sie: »Ich bin sauer.« Sagen Sie nicht: »Sie sind unmöglich.« Das eine ist eine Information. Das andere Beschimpfung.

Allgemein – Spezifisch: Die Konfrontation erfolgt zeitnah und präzise. Sie bleibt bei »diesem« Punkt. »Hier und jetzt« gilt es, dieses spezifische Problem zu lösen.

Kritik hingegen tendiert zur Verallgemeinerung. Um den Anpassungsdruck zu erhöhen, wird das negativ Erlebte ins Allgemeine und Generelle aufgetürmt. Beliebte Wendungen sind »immer«, »nie« oder »typisch«. »Sie machen ja niemals ...« Sehr häufig fühlt sich der Ankläger im Recht, zu generalisieren, denn er hat das inkriminierte Verhalten des Mitarbeiters über längere Zeit beobachtet, geschwiegen, heimlich Strichlisten geführt, dann eine Falle aufgestellt: »Wenn er noch *einmal* ...«, und schwupp!, es hat wieder geklappt. Das Opfer tappt nichtsahnend in die Falle hinein und ist völlig verstört, wenn der Ankläger im vorhält: »Sie machen *immer* ...« Denn es ist ihm gar nicht bewußt, daß er *immer* ... Dieses Psychospiel heißt »Jetzt hab' ich Dich endlich« und ist ein beliebtes Gesellschaftsspiel in unseren betriebsinternen Verfolgerkulturen. Halali!

Beschuldigen – Ändern: Kritik will nicht ändern, Kritik will anklagen. Kritik will, daß der andere Asche auf sein Haupt streut. Es geht ihr um's Beschuldigen. Indem der Kritiker den anderen abwertet, wertet er sich implizit als der Bessere auf. Er fühlt sich moralisch und glaubt mehr Recht zu haben, zur Gemeinschaft zu gehören.

Die Konfrontation hingegen will ändern, will ein Problem lösen. Sie ist nicht interessiert an Schuldzuweisung und Rechtfertigung. Es geht ihr darum, einen unbefriedigenden Zustand zu optimieren, nicht selbst besser dazustehen. Sie spricht offen an, wenn die Leistung sinkt, Probleme umgangen werden oder gar Spielregeln verletzt werden. Gerade an diesem Punkt ist Konsequenz dringend geraten.

Vergangenheit – Zukunft: Kritik suhlt sich in alten Geschichten. Über die Verfehlungen der Vergangenheit hat sie präzise Buch geführt und rechnet jetzt ab. High noon ist angesagt. Alle Energie verwendet sie auf die Problemgeschichte ... während sich die Konfrontation auf mögliche Lösungsgeschichten konzentriert. An alten, abgestandenen Ursache-Wirkungs-Puzzles ist die Konfrontation nicht interessiert. Sie schaut nach vorne, will für die Zukunft eine Verbesserung herbeiführen.

Eigener Vorteil – Gemeinsamer Vorteil: Dem Kritiker geht es darum, seine negativen Gefühle auszudrücken, seine Weltsicht als die »richtige« zu behaupten, vor allem aber: seinen eigenen Vorteil zu sichern. Jede Kritik will den eigenen Vorteil zum Nachteil des anderen. Hingegen ist die Konfrontation bemüht, die Kooperation zwischen zwei Partnern nicht zu gefährden. Für sie steht die »Beziehung« auf dem Spiel. Sie möchte die Beziehung erhalten, indem sie den *gemeinsamen* Vorteil anstrebt. Sie fragt: »Wo ist der Punkt, an dem es für mich wieder in Ordnung ist, der aber auch für Sie voll zustimmungsfähig ist?«

Kritik ist leicht. Diese Nummer haben die meisten von uns seit der Kindheit ausdauernd trainiert. Aber Kritik zerstört Commitment. Konfrontation ist schwierig. Wie alle Führung. Sie erfordert Disziplin, das tief verinnerlichte Wissen um die subjektgebundene Perspektive und ebenso tiefempfundenen Respekt vor dem Anderssein des anderen. Aber nur dieser Respekt kann das Commitment des anderen erhalten.

Be-Urteilungen

Der Wunsch nach Veränderung setzt eine Beurteilung voraus. Deshalb noch ein Wort zum Thema »Leistungsbeurteilung«.

Es gibt eine Sehnsucht nach Objektivität – aber es gibt eine Realität, die heißt Subjektivität. Nur das unerschütterlich gute Gewissen der Gedankenlosigkeit kann leugnen, daß jeder den Mitarbeiter »hervorbringt«, den er bloß zu registrieren meint. Die Beurteilung eines Mitarbeiters illustriert vorrangig die Eigenschaften und Perspektiven des Beurteilers, nicht des Beurteilten. Wenn wir die Wirklichkeit über den anderen suchen, finden wir immer nur uns selbst. Wir entdecken nicht den Mitarbeiter, »wie er wirklich ist«, sondern wie wir ihn erschaffen.

Alle Beurteilung sagt also immer mehr über den Beurteiler aus als über den Beurteilten. In einem Wort:

Jede Beurteilung ist Selbstbiographie.

Was immer also jemand über Sie sagt, es ist *seine* Wahrheit, aber nicht *die* Wahrheit. Terry Cole-Whittaker hat das sehr pointiert ausgedrückt: »Was Sie von mir denken, geht mich nichts an. Es geht Sie etwas an.«

Lesen Sie Leistungsbeurteilungen über Ihre Mitarbeiter als Urteile über sich selbst – und Sie erhalten interessante Informationen.

Grund genug, das ganze System der Beurteilungs- und Fördergespräche über den Haufen zu werfen? Ich meine: Nein. Denn auf der anderen Waagschale liegen auch einige schwerwiegende Aktivposten. Wie subjektgebunden Urteile auch immer sein mögen:

ge-, be- und abgeurteilt wird immer. So oder so. Zudem ist der Verwendungszusammenhang der Urteile in einer Organisation keineswegs subjektiv, sondern *faktisch* und für den einzelnen folgenreich: Über diese Urteile werden Karrierechancen vergeben, Gehälter gesteuert, Förderpläne in Kraft gesetzt, gar die Trennung von einem Mitarbeiter erwogen. Bekanntlich werden Urteile ja »gefällt«. Keine Nebensächlichkeit also. Aus diesem Grunde halte ich es einfach für fair, das Urteil gegenüber dem Mitarbeiter offen zu machen. Einige Hinweise sind dazu vielleicht hilfreich:

- Nehmen Sie die innere Einstellung streng subjektiver Perspektive ein, die andere Meinungen, Beobachtungen und Maßstäbe nicht abwertet, sondern als ebenso gültig zuläßt. Halten Sie Ihre Wahrnehmung eines Mitarbeiters nicht für die Wahrheit.
- In sämtlichen Handbüchern zur Leistungsbeurteilung stehen Tips wie diese: »Räumen Sie ein, daß Sie sich möglicherweise irren können.« Nein! In Ihrem Urteil können Sie sich nicht irren. (Außer Sie sind wissentlich unwahrhaftig oder haben eine Informationslücke.) Sie haben das Recht, Ihren Mitarbeiter so zu sehen, wie Sie ihn sehen. Beschönigen Sie nichts. Schonung ist ein Bärendienst. *Erklären* Sie Ihre Urteile, aber rechtfertigen Sie sie nicht. Daß der Mitarbeiter sein Verhalten anders erlebt, als Sie es tun, liegt in der Natur der Sache. Vereinbaren Sie Erlebensunterschiede als wechselseitige Beobachtungs- und Handlungsverpflichtung (Ziele) für den nächsten Beurteilungszeitraum.
- Es ist entwürdigend und lächerlich, dem Mitarbeiter in einigen Zeilen das Recht auf »Gegendarstellung« einzuräumen. Der Mitarbeiter *kann* seine Leistung und sein Verhalten gar nicht so wie Sie erleben. Es ist unmöglich.
- Lesen Sie Mitarbeiterbeurteilungen auch als Rückkoppelung an sich selbst! Sie erhalten interessante Hinweise auf Ihre Wahrnehmungsmuster, auf Ihre Wertmaßstäbe und vielleicht auch auf Ihren Anteil am Verhalten des anderen.

Anlaß genug, »Ene-mene-muh-und-raus-bist-du«-Urteile zu überdenken. Was den »Wahrheits«-Gehalt der Beurteilungen angeht, sollte man Personalakten nicht lesen, sondern besser wiegen.

Commitment für Vereinbarungen

> *Ein Commitment ist weder gut noch schlecht.*
> *Ein Commitment ist ein Commitment.*

Das Lieblingsspiel der Manager ist zugleich das aussichtsloseste: Mitarbeiter ändern zu wollen. Es läuft nach dem absurden Motto: »Du mußt Dich ändern, damit es mir besser geht.« Das tut der andere aber nicht. Menschen sind keine trivialen Maschinen, die sich auf Knopfdruck bewegen. Das System »Mensch« ist zwar durch externe Einflüsse beeinflußbar, aber nicht steuerbar. Der Mensch verändert sich nur, *wenn er selbst es will.* Entwicklung ist nicht ausgeschlossen. Aber keine Führungskraft kann den Mitarbeiter »entwickeln«.

Mitarbeiter sind, wie sie sind. Es ist verschwendete Energie, den anderen an die eigenen Erwartungen anpassen zu wollen. Die Frage für Führung kann nur lauten: Welche Konsequenzen ergeben sich aus dem ›So wie er ist‹? Das zielt u. a. auf den Organisationsrahmen, auf die Einsatzbedingungen, auf die Leistungsmöglichkeiten. Aber das ist hier nicht mein Thema, sondern die Notwendigkeit klarer Absprachen im Mikrokosmos Führungskraft/Mitarbeiter.

Verhandlung

Ob Unternehmen – was das Thema Selbstverantwortung angeht – wirklich erneuerungsfähig sind, hängt davon ab, ob Menschen sich einbringen können. Daß sie die Erfahrung machen, persönlich mit ihrer Begabung, ihrem Engagement und ihren Interessen gefragt zu sein. Daß sie erleben, daß es sinnvoll und wirksam ist, mitzumachen. Nur wer *etwas* und *sich* einbringen kann, bleibt auf der Bühne. Kein Chef hat die Macht, Mitarbeiter zu zwingen, Aufgaben qualitativ gut zu erfüllen, mit denen sie nicht einverstanden sind. Menschen machen das gut, was sie machen wollen. Menschen machen das nicht gut, was sie nicht wollen.

Aber was ist »gut«? Leistung ist erwartungsabhängig. Wie die tatsächlich erzielten Resultate sich gegen die Erwartung ausnehmen, das entscheidet, ob etwas als Erfolg oder als Mißerfolg bewertet wird. Im Regelfall werden diese Erwartungen top down gedacht; etwa: »Der Mitarbeiter muß wissen, was von ihm erwartet wird.« Ich habe an anderer Stelle darauf verwiesen, wie Erwartungen zustande kommen und welche befindlichkeitssteuernde Kraft von ihnen ausgeht. In einem verantwortlich zuständigen Unternehmen, dem es nicht um Anpassung, sondern um Commitment geht, werden Erwartungen nicht dekretiert, sondern verhandelt.

Alles ist verhandelbar! – Diese Devise gilt unter Partnern. Jeder hat ein Recht, Erwartungen zu haben und sie zu formulieren, sowohl als Führungskraft als auch als Mitarbeiter: »I'll go east, because I'll go to the beach«, und: »I'll go west, because I'll go to the beach.« Wenn Sie als Führungskraft vorschnell sagen: »Das ist nicht verhandelbar«, dann haben Sie das lebendige Verhältnis zwischen Ihnen und Ihrem Mitarbeiter an diesem Punkt getötet. Dort ist dann nur noch Friedhofsstille.

Es ist einfach praktischer, *mit* den Energien der Mitarbeiter zu fließen, als *gegen* sie zu kämpfen. Und es ist besser, den natürlichen Fluß sanft zu steuern, als Dämme zu bauen und Wälle aufzurichten. Wenn ich z.B. im Seminar dafür plädiere, Ausnahmeregelungen zu verhandeln, dann wird mir nicht selten entgegengehalten: »Wo kommen wir denn da hin?« – »Da kann ja jeder kommen!« – »Dann schaffen wir ja Präzedenzfälle!« Dabei wissen wir aus den Naturwissenschaften seit Jahrzehnten, daß ein lebendiger Organismus, der keine Ausnahmen mehr zuläßt, schon gestorben ist. Er ist nicht mehr in der Lage, sich an wechselnde Umweltbedingungen flexibel anzupassen. Wir brauchen aber Standbein *und* Spielbein, um uns zu bewegen. Diese Flexibilität, dieses individuelle Eingehen auf den anderen, die Neigung des Ermöglichens, das ist das Wichtige. Tusch! Das Geheimnis guter Führung:

Why not?

Warum eigentlich nicht? Die allermeisten Führungskräfte sind mit der Einstellung in der Welt: »Yes, but ...« Sie sehen sich in erster Linie als Verhinderer, als Hüter der Regeln, als Ordnungskräfte, als innerbetriebliche GSG 9. Sie fackeln mit reflexhafter Geschwindigkeit zig Argumente ab, wieso etwas *nicht* funktioniert, anstatt auch nur einmal zu prüfen, ob es nicht vielleicht doch funktionieren könnte. »Was können wir tun, um es doch zu ermöglichen?« – Das ist die Haltung des »Why not?«. Das ist die Haltung des Ermöglichers und nicht des Verhinderers. (Das gilt auch für dieses Buch: Ich wünsche mir sehr, daß Sie dieses Buch in der Haltung des »Why not?« statt in der Haltung des »Yes, but ...« lesen.) Warum eigentlich nicht ... z. B. Ausnahmen verhandeln und ggf. auch wieder zurücknehmen? Ist nicht jeder von Ihnen eine Ausnahme wert?

Nur über das »Why not?« nutzen wir auf dem Verhandlungswege die Chancen, die in einer selbstbewußten Zusammenarbeit selbständiger Mitarbeiter stecken.

Vereinbarung

Wann immer ich einen Manager sagen höre: »Ich habe entschieden ...«, höre ich zweierlei: erstens – es wird nicht oder nur unteroptimal funktionieren; zweitens – er hat ein anstrengendes Leben. Bekannt ist seit langem eine wichtige wirkungspsychologische

Verschiebung: Bei Top-down-Entscheidungen schauen die Mitarbeiter immer zuerst, warum es *nicht* funktionieren kann; sie schauen reflexhaft auf das, was fehlt. Denn eine Entscheidung heißt Entscheidung, weil sie scheidet. Wer glaubt, allein entscheiden zu müssen, hat sich häufig von seinem Mitarbeiter ge-schieden. Das ist nicht gut oder schlecht. Aber es hat Konsequenzen. Was Sie auf diese Weise bekommen, ist allenfalls eine Anpassungs-Leistung. Vielleicht reicht Ihnen ja die Anpassungs-Leistung Ihrer Mitarbeiter. Aber dann sollten Sie die Selbstverantwortung abhaken. Was Sie auf diese Weise aber niemals bekommen, ist – Commitment.

Hingegen: Eine Vereinbarung ist eine Ver-Ein-barung. Sie ist kein Diktat. Keine Ziel-Setzung. Keine Top-down-Entscheidung. Sie ist weder autoritär vorgegeben noch demokratisch abgestimmt, sondern das Ergebnis gemeinsam erarbeiteter Ein-Sicht. Sie kommt zustande durch ein Gegenstrom-Verfahren. Dieses Verfahren hat mit kooperativem Führungsstil nur wenig zu tun. (Der beginnt bekanntlich mit einer autoritären Entscheidung darüber, welche Entscheidungen die Mitarbeiter innerhalb vorgegebener Richtlinien selbständig treffen dürfen.) Eine Vereinbarungs-Kultur hat schlicht etwas mit vorausschauendem Klugheitskalkül zu tun. Denn tragfähig und verbindlich sind nur und ausschließlich solche Vereinbarungen, in denen der Partner wirklich mitbestimmend einbezogen wurde. Vereinbarungen, in denen das nicht der Fall ist, sind keine.

Was für das Völkerrecht gilt, das gilt auch für das Unternehmen: Verträge sind nur so lange etwas wert, wie sie allen Beteiligten nützlich erscheinen. Vereinbarungen entfalten dementsprechend nur dann ihre bindende Kraft, wenn sie niemanden zum Verlierer machen. Es müssen *Gewinner-Gewinner-Vereinbarungen* sein. Diese Mechanik ist andernorts hinreichend beschrieben worden. Wichtig ist: Wenn Sie, weil Sie Chef sind, 100 Prozent Ihrer Interessen in einer Verhandlung durchgesetzt haben, sollten Sie sehr nachdenklich sein.

Das schlagkräftigste Argument für eine Gewinner-Gewinner-Vereinbarung ist das *langfristige Selbstinteresse*. Wenn Sie nur kurzfristige Kooperationsinteressen verfolgen, wenn Sie Mitarbeiter austauschen können wie gebrauchte Hemden, mag es angehen, den anderen zu übervorteilen; allenfalls stellt sich eine Frage individueller Moral. Arbeiten Sie mit Ihrem Mitarbeiter aber längerfristig zusammen, dann ist es einfach unpraktisch, ihn zum Verlierer zu machen. Er wird sich auszahlen lassen: Menschen balancieren sich immer! Die Energie und Qualität des gemeinsamen Spiels sinkt. Wenn Sie glauben, das Vereinbaren koste zuviel Zeit, dann bedenken Sie bitte, wieviel Zeit es kostet, den Mitarbeiter nicht zu beteiligen. Viel klüger ist es, Vorteile für beide Seiten zu suchen: den Punkt zu finden, an dem beide aus vollem Herzen »Ja!« sagen. Nur dann fühlen sich beide Partner mit einer Vereinbarung wohl; nur dann fühlen sich beide Partner verpflichtet; nur dann ist die wesentliche Voraussetzung erfüllt für einen weiteren qualitativen Schritt: den Schritt zum Commitment.

Commitment

Der 1991 verstorbene William Gore, Gründer von Goretex, schrieb: »Produktivität resultiert aus Commitment, nicht aus Anweisungen.« Was Commitment ist, habe ich im Kapitel »Wollen« beschrieben. Commitment ist demnach ein wesentlicher Bewußtseins-Schritt über die Vereinbarung hinaus.

Gehen Sie bitte für die folgende Denkfigur davon aus, daß beide Verhandlungspartner nach ehrlicher Verhandlung eine Vereinbarung erzielt haben, in der beide von ihren Maximalforderungen ein Stück abgerückt sind (die Lösungsmöglichkeit C, die die Alternativen A und B in einer Synthese ›aufhebt‹, lasse ich hier unberücksichtigt). Ein Kompromiß also, mit dem Sie – betrachtet man den Entscheidungsalltag im Unternehmen – wohl pragmatischerweise häufig vorliebnehmen werden. Was passiert dann? Nur allzu häufig jammern anschließend beide Partner über das, *was fehlt.* Über das Stück am Ideal, das sie nicht erreicht haben. Insbesondere dann, wenn etwas schiefläuft und wieder das Gezeter losgeht: »Hätte ich doch nur noch diesen Punkt durchsetzen können ...«

Und genau hier ist der qualitative Sprung zum Commitment. *Commitment gibt ein 100prozentiges »Ja!« – für eine 70prozentige*

Vereinbarung. Commitment sagt: »Ich tue es!«, obwohl einige Wünsche unerfüllt blieben. Commitment schaut nicht auf das, was fehlt, sondern auf das, was möglich ist. Commitment kartet nicht nach, sondern steht zu seinem Wort. Commitment ist ein *Versprechen.*

Dies ist sinnvoll vor dem Hintergrund folgender Überlegung: Ich habe gewählt, mein Spiel nicht allein zu spielen, sondern zusammen mit meinem Mitarbeiter. Mir macht das Spiel nur so lange Spaß, wie es meinem Mitarbeiter auch Spaß macht. Verliert er die Lust am Spiel, wird die Qualität unseres gemeinsamen Spiels sinken. Deshalb ist es praktisch und im eigenen Interesse, den Mitarbeiter mitgewinnen zu lassen. Das bedeutet, einen Teil meiner Idealvorstellungen zugunsten des gemeinsamen Spiels zu opfern – und dann aber nicht darüber zu jammern, sondern es als Teil des Spiels voll anzuerkennen. Und der Vereinbarung ein 100prozentiges »Ja!« zu geben.

Es liegt daher auf der Hand, daß man niemanden »verpflichten« = »committen« kann. Commitment ist wie Vertrauen. Sie können es nur schenken. Commitment können Sie nicht fordern. Es heißt doch: »Wir vereinbaren uns«, nicht: »Ich vereinbare dich.« Aber dennoch sollten Sie nachfragen, ob auch der andere sein Commitment für eine Vereinbarung gibt. Falls nicht, verhandeln Sie weiter … so lange, bis Sie beide voll zustimmen können.

Oder treffen Sie eben keine Vereinbarung! Wenn Sie zu keiner für beide tragfähigen Lösung kommen, einigen Sie sich, sich nicht zu einigen. »Let's agree to differ.« Falls Sie häufiger nicht zum Commitment kommen, sollten Sie sich fragen, ob Sie weiter zusammenarbeiten wollen. Wenn Sie aber so tun, als ob Sie ein Commitment gäben, weil Sie glauben, Sie *müßten*, dann tun Sie nichts anderes, als den Bruch der Verpflichtung vorzubereiten.

Selbstverständlich muß die Möglichkeit bestehen, Commitments nachzuverhandeln, falls sich die Rahmenbedingungen wesentlich ändern. Wenn Führungskraft und Mitarbeiter wirklich dialogisch zusammenarbeiten, gibt es auch keine Überraschung, falls der Mitarbeiter nachverhandelt. Das kann auf turbulenten Märkten allerdings zu häufigen Nachverhandlungen führen. Treffen Sie also marktnahe Vereinbarungen nicht überzogen präzise und eng.

Commitment ist eine Einstellung. Ein »Ziel« ist etwas anderes: Sie können das Ziel haben, innerhalb eines Jahres Marktführer zu sein, und Sie wissen, daß das unrealistisch ist. Ein Commitment können Sie nur abgeben für eine Vereinbarung, die eine realistische Steigerung des Marktanteils beinhaltet. Ich kenne ein Unternehmen, das bei gegenwärtig etwa 250 Millionen Umsatz sich bis zum Jahr 2000 ein Umsatzvolumen von einer Milliarde zum Ziel gesetzt hat. Ein solches Ziel kann man haben. Aber niemand kann dafür sein Commitment geben. Das wäre noch zu verschmerzen. Leider aber schafft sich dieses Unternehmen ein unnötiges Problem ins Haus: Ein solches Ziel unterläuft dort die zarten Ansätze einer Commitment-Kultur. Weil dieses Ziel aus Sicht der Mitarbeiter unrealistisch ist und mit schiefem Lächeln quittiert wird.

Das also sind die Regeln:

1. Geben Sie niemals Ihr Commitment, wenn Sie nicht sicher sein können, es zu halten.
2. Geben Sie Ihr Commitment nur für Vereinbarungen, die für Sie wichtig sind.
3. Schreiben Sie Ihre Commitments auf.

Das Schlimmste, was in einer Commitment-Kultur passieren kann, ist die Opfer-Nummer: »Ich habe mich ja sooooo angestrengt, aber es leiderleiderleider nicht geschafft.« Daher: Verantwortung des Mitarbeiters ist es, sofort nachzuverhandeln, falls er – aus welchen Gründen auch immer – die Vereinbarung nicht einhalten kann. Wenn dieser Punkt klar ist, kann der Mitarbeiter sich selbst steuern. Der Mitarbeiter arbeitet in *seiner* Firma. Kontrolle ist überflüssig. Konsequent gedacht, werden in einer wirklich ernst genommenen Commitment-Kultur keine Vereinbarungen gebrochen.

Das Grundgesetz einer Commitment-Kultur lautet daher:

Halten Sie Ihre Commitments.
Immer!

Commitments sind nicht gut oder schlecht. Sie regeln die Zusammenarbeit zwischen Menschen. Wenn Sie Ihre Verpflichtungen ernst nehmen, werden es auch andere tun. Wenn Sie Ihre Commitments brechen, werden auch die anderen sie brechen. Und Sie haben »Ja« zu diesem Commitment gesagt. Wichtig ist nicht, ein Commitment zu halten, weil das moralisch wäre oder in den Augen der anderen die Reputation erhöht. Sondern um die Selbstachtung zu schützen.

Die Marketingleiterin einer großen deutschen Brauerei erzählte mir dazu folgende Geschichte: »Auf einer Geschäftsreise hatte ich bis zum Weiterflug einige Stunden Aufenthalt in Istanbul. Ich wollte mir den Basar anschauen und nahm ein Taxi. Der Taxifahrer gab mir zu verstehen, daß er mich gerne zum Flughafen zurückbringen würde. Wir vereinbarten also Ort und Zeitpunkt. Etwa zehn Minuten vor der vereinbarten Zeit war ich am Treffpunkt. Jede Minute hielt nun irgendein Taxi und wollte mich zum Einsteigen bewegen. Obwohl, wie ich zugeben muß, die Versuchung groß war, wartete ich geduldig bis zur vereinbarten Zeit. Es kam, wie es kommen mußte: Mein Taxifahrer war nicht da. Ich wartete noch weitere fünf Minuten, dann nahm ich ein anderes Taxi. Auf dem Weg zum Flughafen machte ich mir zunächst Vorwürfe: Wie konnte ich nur so furchtbar naiv sein? Dann aber wurde mir klar, daß ich richtig gehandelt hatte: um meinetwillen. Es ging nicht darum, dem Taxifahrer einen Gefallen zu tun. Es ging darum: Ich halte meine Vereinbarungen.«

Wer sein Commitment bricht, schwächt sich selbst, fühlt die innere Selbstabwertung: Ich bin nicht vereinbarungsfähig. Ich kann mir nicht trauen. Der wird dann auch anderen nicht trauen. Und es ist sehr schwer, jemandem zu glauben, wenn man weiß, daß man an seiner Stelle gelogen hätte.

Die Krise der Glaubwürdigkeit

Unternehmens-Botschaften geraten nicht dadurch in Schwierigkeiten, daß man sie angreift, sondern daß man sie ernstnimmt.

- »Es ist völlig unwichtig, wann und wo Sie arbeiten, bei uns zählt nur das Ergebnis.« Sagte der Chef bei der Einstellung. Vierzehn Tage später trifft er die neue Mitarbeiterin auf dem Gang: »Man sieht Sie aber selten hier!«
- »Wir wollen den Mitarbeiter mit Initiative und Mut zur eigenen Entscheidung.« Sagen die Unternehmensleitlinien. Falls der Mitarbeiter dann mutig ist und etwas geht schief, bekommt er einen auf den Deckel: »Was fällt Ihnen eigentlich ein, sich so weit aus dem Fenster zu lehnen?«
- »Wir führen dialogisch!« Oberster Führungsgrundsatz eines deutschen Pharmaherstellers. Top down vom Vorstand erlassen. Entschieden monologisch. Die Form sagt, daß der Inhalt gelogen ist.

Ich möchte im folgenden auf Erfahrungen aufmerksam machen, die umgangssprachlich (und zutreffend) von vielen Mitarbeitern und Führungskräften als »schizophren« beschrieben werden und die in besonderer Weise geeignet sind, eine Diagnose Burkhard Sievers' zu erhellen: »Unsere Institutionen weisen in der Mehrzahl eine eigenartige Spaltung zwischen ... ihren verbindlichen Mythen einerseits und der tatsächlichen Erfahrung ihrer Mitglieder andererseits auf.«

Insbesondere Unternehmen, die den Gedanken der Unternehmenskultur bejaht haben, sind sehr häufig in die Falle der paradoxen Fehlprogrammierung gegangen, die den CI-schwangeren Wunschbildern ihre Profilschärfe nimmt. Man programmiert die kollektive Psyche des Unternehmens häufig ungewollt (manchmal jedoch auch: entweder gewollt oder grob fahrlässig) mit widersprüchlichen Signalen – und stürzt die Mitarbeiter in einen lebhaften Zwiespalt: Man kann sich aussuchen, wie es denn eigentlich gemeint war.

Da gibt es offene Widersprüche zwischen Führungsrichtlinien und anderen Vorschriften; verdeckte Widersprüche zwischen Unternehmensleitsätzen und gelebter Wirklichkeit; das Belohnungsverhalten des Unternehmens spricht eine andere Sprache als die proklamierte Moral: da wird eine sozial völlig unfähige Führungskraft bis in die Top-Etage hochbefördert, während die Unternehmensleitsätze die »kommunikative Kompetenz« als obersten Kulturwert ausweisen – es sind immer zwei mögliche Maßstäbe, an denen man sich – will man ein guter Mitarbeiter sein – orientieren soll. Die Grundbotschaft lautet: »Tue, was ich sage, und nicht, was ich will. Aber tue auch, was ich will, und nicht, was ich sage.« Entscheidungsneurose als Alltagserfahrung: Man weiß nicht, ob man sich die Haare raufen oder alles in die Ecke werfen soll.

Double-Bind

Gregory Bateson prägte den Begriff des »Double-Bind«. Kurzgefaßt charakterisierte er damit das Phänomen zweier sich gegenseitig ausschließender Botschaften, die der Empfänger nicht beide ausführen kann. Es entsteht dabei die paradoxe Situation, daß man der Botschaft folgt, wenn man ihr nicht folgt. Genau das erleben viele Menschen in unseren Organisationen: Man hat immer das Gefühl, nicht das Richtige zu tun. »Was man macht, macht man falsch.«

Dabei spreche ich im folgenden nur sehr bedingt von den Polaritäten, die Oswald Neuberger als »Dilemmata der Führung« klarsichtig beschrieben hat. Es gibt nahezu immer verschiedene, gut begründungsfähige Leitprinzipien, die untereinander konkurrieren und deshalb gegeneinander abzuwägen sind. Zum Beispiel zwischen »Mitarbeiter-Orientierung« und »Aufgaben-Orientierung«. Alltäglich, unvermeidbar, nichts Besonderes also.

Mein Interesse gilt hier vor allem Unternehmensbotschaften, die sich gegenseitig ausschließen. Meine These ist, daß viele Unternehmen sich in eine kommunikative Ausweglosigkeit hineinmanövriert haben. Sie haben eine *Krise der Botschaften* erzeugt, die allzu häufig ein Arbeitsklima der gedämpften Resignation, schlimmerenfalls Rückzug, Demotivation angesichts unerträglicher Dissonanzen schafft. Eine Krise der Glaubwürdigkeit. Vor allem die vielgeübte Praxis, per Bombenwurfstrategie eine Unternehmenskultur dekretorisch gleichsam über Nacht zu erlassen, erzeugt ausweglose Doppelbindungen. Betrachten wir einige aus der Nähe.

Unternehmer ohne Risiko

In der Geschäftsstelle eines großen Geldinstitutes wurden einige Kreditsachbearbeiter entlassen, weil sie ihren Kreditrahmen überschritten hatten. Gleichzeitig aber forderten die neuen Unternehmensleitlinien unternehmerisches Denken: »Riskieren Sie etwas!« Die Reaktion der Mitarbeiter: Absicherung nach allen Seiten. Für diese Absicherung benötigten sie aber mehr Zeit; die Arbeitszeit reichte bald nicht mehr aus. Sie produzierten weniger; ausfallgefährdete Engagements wurden überhaupt nicht mehr angenommen ... was den Ruf nach mehr Risikobereitschaft von der Unternehmensspitze weiter steigerte.

»Unsere Mitarbeiter denken und handeln als Unternehmer.« So steht es auch in den Leitlinien eines großen deutschen Unternehmens der Baustoffindustrie zu lesen. Gerade aber dieses Unternehmen hat eine extrem hohe Vorschriftendichte. Mehr noch: Die wichtigste Eintragung in das heimliche Firmen-Drehbuch lautet:

»Wehe Dir, Du machst einen Fehler!« Fallbeispiele, in denen ein Fehler dem Karriereende gleichkam, werden haufenweise kolportiert. Im Erleben der Mitarbeiter überwiegt diese Seite: Bei Fehlern wird gnadenlos Konsequenz gezogen. Die Auswirkungen sind klar: Die Mitarbeiter sind irritiert von der Doppelbotschaft, ja Triplebotschaft »Handle unternehmerisch!« und »Beachte die Richtlinien!« und »Vermeide Fehler um jeden Preis!«.

Völlig grotesk wird es, wenn dann die Führungskräfte klagen, daß ihre Mitarbeiter die Entscheidungsfreiräume für unternehmerisches Handeln gar nicht ausnutzten. Sie würden sich ständig absichern, ließen sich alles abzeichnen, wären nicht bereit, Risiko zu tragen.

Aber darf das wundern? Es liegt doch auf der Hand, daß eine fehlerintolerante Unternehmenskultur Opportunismus, Anpassertum und Unverantwortlichkeit erzeugt. Tom Peters ist in diesem Punkte zuzustimmen: »Nichts ist widersprüchlicher als ein konservativer Konzernchef, der von seinen Mitarbeitern Mut und Risiko zum Experimentieren verlangt.«

Es ist in der Tat schon einigermaßen grotesk zu sehen, daß man auf der einen Seite in Zeiten des Turbo-Managements eine High-

Trust-Culture mit hoher Handlungsgeschwindigkeit und entsprechender Risikobereitschaft will, während andererseits Null-Fehler-Kampagnen über die Köpfe der Mitarbeiter donnern. Einerseits wird vom lernenden Unternehmen geträumt, während ein gescheitertes Projekt den unausgesprochenen hard fact des Karrierestopps nach sich zieht. Einerseits stöhnt man über den Innovations- und Kreativitätsvorsprung der Japaner, andererseits verdorrt jedwede Initiative unter dem Richtlinien-Wildwuchs. Einerseits. Andererseits. Das ist sie, die innewohnende Struktur des Double-Bind: das Zwielicht des Unentschiedenen, des ewigen Sowohl-als-auch. Wer hier nicht manchmal den Verstand verliert, hat keinen zu verlieren.

Konkurrente Kooperation

»Oft habe ich das Gefühl, das einzige, was meine Teamkollegen an mir wirklich interessiert, ist mein Versagen.« Diese Worte eines jungen Gruppenleiters – gesprochen gegen Mitternacht, einer Zeit, die zweifellos die Selbstehrlichkeit fördert – weisen auf einen Strukturkonflikt hin, der die gesamte Unternehmenslandschaft bis ins Mark durchdringt und vielfältige Schieflagen erzeugt. Teamfähig zu sein ist zweifellos unabdingbar auf Märkten, deren Vielgestaltigkeit nur noch durch das Zusammenführen der verstreuten Kompetenzen im Unternehmen angemessen bewältigt werden kann. Wenn da nicht – von jedem Zweifel ungetrübt – weiterhin unverdrossen »Konkurrenz belebt das Geschäft!« posaunt würde. Ein verwirrendes, ein destruktives Muster:

- »Sei teamfähig! – Aber setz Dich durch!«
- »Sei kooperativ! – Aber stich Deinen internen Konkurrenten aus!«
- »Identifiziere Dich mit dem Ganzen! – Aber belohnt wird nur Deine individuelle Leistung!«
- »Verhalte Dich gemeinschaftsdienlich! – Aber optimiere Deine Selbstdarstellung, schließlich muß man Dich ja auch beurteilen!«

So scheitern viele Teambildungs-Aktivitäten an der Tatsache, daß der hierarchische Flaschenhals oder andere Situationen künstlicher Verknappung auch den geneigtesten Teamplayer letztlich zum konkurrierenden Gegner machen. Führungskräfte werden kaum in Teams zusammenarbeiten, wenn das Unternehmen weiterhin Einzelkämpfertum, Durchsetzungsvermögen und Ressortegoismus belohnt. Die Hierarchiepyramide drückt Mitarbeiter strukturell (nicht unbedingt durch individuelle Absicht!) in den Wettbewerb. Denn ein Sieger produziert automatisch drei bis vier Verlierer, ob er will oder nicht ... was in manchen Situationen schon mal »vergessen« wird, aber schon bei der nächsten Besprechung wieder aufbricht. Ein seelischer Wackelkontakt.

Morton Deutsch hat in seinen Forschungen überzeugend dargetan, daß Vertrauen unter Wettbewerbsbedingungen nahezu unmöglich ist. Der Manager muß daher konkurrieren, ohne konkurrent zu *scheinen.* Er muß *so tun, als ob* er kooperativ ist. Mehr noch: Über die Leistungsbeurteilung konkurriert er sogar mit anderen bezüglich seines Kooperationsverhaltens. (Das kann dann nur noch die Chaostheorie klären.) Die Verhaltenskonflikte sind programmiert: Schauspielerei und Doppelzüngigkeit. Kommunikationspflege als Inszenierung des Scheins.

Einige Unternehmen sehen das Dilemma. Sie sprechen dann von »übertriebener« Konkurrenz, machen den einzelnen für etwas haftbar, was strukturell an- und nahegelegt ist. Sie handhaben dieses Dilemma so, daß sie mit allen möglichen Parolen Kooperation oberflächlich fördern – und stillschweigend Konkurrenz tolerieren, bei Stellenbesetzungen sogar mehrheitlich jene bevorzugen, die »Biß haben«, sich »durchsetzen können«, vor allem aber »nicht zu weich« sind. Die Ermutigung kooperativen Verhaltens wird zwar zur moralischen Maxime hochgestemmt – aber belohnt werden hard facts. So steht zwar »Mitarbeiter entwickeln!« in fast allen modernen Führungs-Curricula, gibt es Unmengen an Trainings zum Thema »Kommunikation und Kooperation« – aber im Beurteilungssystem bleibt speziell diese Leistung nur allzuoft völlig unberücksichtigt.

Konkretes Praxisbeispiel: Viele Unternehmen haben Schwierigkeiten bei der Einführung teilautonomer Arbeitsgruppen. Sie machen im Regelfall die mangelnde kooperative Einstellung der Mitarbeiter für die Übergangsschwierigkeiten verantwortlich. Man habe eben noch nicht gelernt, kooperativ in die Verantwortung zu gehen. Die konkurrenten Rahmenbedingungen, innerhalb deren das modische Kooperationsspiel gespielt wird, bleiben ausgeblendet. Sie sind es aber, die Verhalten belohnen und insofern konditionieren. Es ist kaum möglich, ein umfassendes Gemeinschaftsgefühl mit jemandem herzustellen, der eigentlich mein Rivale ist.

Scheindeutigkeiten

Gegenwärtig scheint ein hierarchiefreies Großunternehmen ohne internen Wettbewerb kaum vorstellbar. Ob jemals – das steht dahin (vielleicht aber reicht auch nur meine Phantasie nicht weit genug). Wir werden gewissen Paradoxien nicht entgehen. Oswald Neuberger hat gar auf die Tatsache aufmerksam gemacht, daß dies die Voraussetzung für die Führungsrolle ist. Auf platt-deutsch heißt diese Fähigkeit »Ambiguitäts-Toleranz«: das Ertragen von Mehrdeutigkeit; das Ausbalancieren widerstreitender Interessen, die beide berechtigt sind.

Aber wir müssen diesen Wettbewerb ja nicht auch noch ohne Not künstlich anheizen. Denn es ist nicht nur zum Totlachen, wenn eine strukturell angelegte Unmöglichkeit durch Appelle an die Flexibilität oder Belastbarkeit des einzelnen weg-individualisiert wird: So wenn man einerseits die allseits erhobene Verpflichtung, »kommunikatives Verhalten« unter Beweis zu stellen, erhebt; andererseits die allgegenwärtige Nötigung zur Geheimnistuerei, zur dosierten Information (»Man kann dem Volk nicht zuviel zumuten«), die taktische Kommunikation unterhalb einer gewissen Führungsebene erlebte Alltagspraxis ist. Häufig kommt noch das Gefühle hinzu, selber von wesentlichen Kommunikationslinien im Unternehmen gänzlich abgeschnitten zu sein.

Und es ist alles andere als komisch, wenn die Teamprämie an Erz-Abbaumeter gekoppelt ist, geradezu nötigend aber das Lied von der »Arbeitssicherheit als Führungsaufgabe« vorgesungen wird. Es ist auch nicht nur lustig, daß lediglich solche Verbesserungsvorschläge prämienberechtigt sind, die zum Pflichtenkreis meines Kollegen gehören. Entweder ich bleibe in meinem Bereich, dann gehört der Verbesserungsvorschlag zum Selbstverständlichen und wird nicht prämiert. Oder ich überschreite meine Zuständigkeitsgrenze (weil nur so die Prämienvoraussetzung erfüllt ist), dann wildere ich im Bereich meines Teamkollegen, Nachbarn, Partners oder Chefs, bekomme aber meine Prämie und mache den anderen mit mechanischer Konsequenz zum Verlierer: »Tja, nicht aufgepaßt, Herr Kollege!« Und das ist derselbe Kollege, mit dem ich in der Projektgruppe »Qualität 100« partnerschaftlich zusammenarbeiten soll.

Führungskräfte und Mitarbeiter erleben diese Situation als hektisch, überfordernd, zerrissen. Sie spüren, daß sie den widersprüchlichen Forderungen nicht gerecht werden können. Und sie rechnen sich dies häufig als persönliches Versagen an. Fälschlicherweise. Die Lösung ist strukturell gar nicht möglich. Man muß auf diesen Boden kommen, um zu erfahren, daß er doppelt ist.

Kundenorientiert – umsatzorientiert

Ein Dauerspagat ist schmerzhaft. Das wird besonders sinnfällig, wenn man einen Blick in die Didaktik der Verkaufstrainings wirft. Dort hat man sich sehr weitgehend von der Drückermentalität vergangener Zeiten gelöst und trainiert nun unter hohem medialen Aufwand Kunden-»Beratung«, langfristige Kunden-»Bindung« und eine saubere Bedürfnisanalyse in der Verkaufsgesprächsführung. Anschließend wird der Verkäufer mit dem »verbonifizierten« Auftrag ins Feld geschickt, um soundso viel Stückzahlen vom Produkt X in den Markt zu drücken. Und das tut er natürlich auch, weil man große Teile seines variablen Einkommens daran gekoppelt hat. Der uraltbekannte Leitgedanke: »Der Schein bestimmt das Bewußtsein.«

Zudem ist die Frage nach dem »Wie« des Verkaufens in nicht wenigen Unternehmen offenbar streng konjunkturabhängig: »kundenorientiert« in guten Zeiten. »Umsatzorientiert« in schlechten Zeiten. Mal geht es um Qualität, ist der Verkäufer »Berater«, »Vertrauenperson« des Kunden und intimer Kenner der Innenverhältnisse. Mal soll er wieder »überreden«, die Produkte »losschlagen«, »das Zeug unter die Leute bringen«. Oft haben wir beides gleichzeitig: »Total Customer Satisfaction« auf der einen Seite, »Abschluß, egal wie!« auf der anderen.

Gerade in Konjunkturtälern wird dem Verkäufer immer wieder (heimlich) zugerufen: »Sei manipulativ!« »Nach außen«, müssen wir ergänzen. Denn paradoxerweise heißt die Gegen-Botschaft: »Sei ehrlich nach innen!« Das Vokabular der Kriegsführung nach außen – das Vokabular friedlichen Miteinanders nach innen. Rechtsherum! Linksherum! Es kann einem schon schwindelig werden. Und anschließend ist den Empörung groß, wenn Verkäufer den Spieß umdrehen und die Manipulation nach innen wenden. High Trust Culture!

An dem Verkäufer-Beispiel läßt sich die Struktur der Doppelbindung exemplarisch verdeutlichen. Es wird (in guten Zeiten) so getan, als seien »Kundenorientierung« und »Umsatzorientierung« *gleichrangige* Werte. Das sind sie aber in der Regel keineswegs. Nur wenn die Kundenorientierung *nicht* der Umsatzorientierung zuwiderläuft, bleibt sie gültiges Ziel. Nicht in jedem Fall aber sind Kunden- und Umsatzorientierung vereinbar. Die Umsatzorientierung *umfaßt* gleichsam die Kundenorientierung.

Wenn beide in eine *logisch hierarchische Beziehung* gesetzt werden (etwa: Kundenorientierung ist Mittel zum Zweck der Umsatzorientierung), dann gibt es lediglich ein situatives Entscheidungsproblem. Doppelbindend (und damit konfus) wird es, wenn

1. diese Werthierarchie nicht markiert wird
2. die zeitliche Staffelung (z. B. Kundenorientierung jetzt führt zu steigendem Umsatz *später*) unberücksichtigt bleibt.

Hier wäre ein klares Wort fällig. Stiehlt man sich aus der Entscheidung, vernebelt man die eindeutige Vor- und Nachrangigkeit, kann niemand mehr zwischen »gewollt« und »ungewollt« unterscheiden. Dann bleibt nur der Sturz in die Depression.

Ruinöse Folgen

Double-Bind ist die Demontage der Glaubwürdigkeit. Und die verstehende Milde des Analytikerblicks, der die Realitäten sieht und die Show entschuldigt, weil die Dinge ja nun mal so liegen, mag überall am Platze sein, nur nicht in den Überlebensfragen des Unternehmens. Wer aber die Veranstaltung durchschaut (und das tun viele), geht auf Distanz. Denn Double-Bind ist eine unaufrichtige Kommunikationsstrategie gegen die Adressaten. Sie höhlt die Unternehmenskultur von innen aus. Sie täuscht zielgerichtetes Handeln vor, wo sie es verhindert. Im Kern der Sache führt sie zu nichts als Orientierungsverlust und Resignation.

Das geht – bekanntermaßen und zynisch gesehen – immer mal eine Weile gut. Die Tünche, die der inszenierte Schein über die Korruption der Unternehmenspolitik legt, ist aber dünn. Wenn Vertrauen gefragt ist, weil Krisen drohen, wenn Loyalität gebraucht wird, in schwierigen Zeiten, wenn ein »Gemeinsam schaffen wir's!« gebraucht wird, dann ist der Preis fällig: »Ich lass' mich doch von denen nicht ...«

Donna Goya, Vice President Human Resources von Levi Strauss & Co., sieht daher eine der Hauptgefahren für das Erreichen der Unternehmensziele in »mixed messages«. Durch sie entstehen Unternehmens-Pathologien anstelle kreativer Kulturen. Aus der Psychotherapie weiß man, daß Doppelbindungen Depressionen verursachen können. Die hellen und heiteren Sozialenergien, die wir für Kreativität und Innovation so dringend brauchen – wo sollen sie herkommen?

Der mangelnde Mut zur klaren, bezugsfähigen Wert-Entscheidung führt zum Double-Bind, innerem Konflikt, zum Verpassen günstiger Gelegenheiten. Die ewige Hochzeit von Einerseits und Andererseits gebiert Folgen, deren Erstgeborene die Lähmung ist. Verantwortung wird nicht übernommen, *kann* nicht übernommen werden. Die lähmende Wirkung dieses Spagats und das Gefühl, den widersprüchlichen Forderungen nicht gerecht werden zu können, zerstören mögliche Leistung. *Nichts* zu erreichen, weil man alles erreichen soll. Das gefährdet das Selbstwertgefühl. Daher werden Abwehrmechanismen aufgebaut. Man zieht sich zurück. Es wird nicht mehr aus dem vollen gelebt, sondern aus dem halben.

Zwickmühlen

Die Doppelbindungs-Inszenierung hat scheinbar Vorteile. Man kann fordern – aber ist nicht verantwortlich. Man ist modern – aber nicht haftbar. Man hat sich festgelegt – und doch wieder nicht. Vor allem kann man andere verantwortlich machen. Je nach Stimmungslage wird umgewertet. Besonders wenn es darum geht, Schuldige zu produzieren: aus eigeninitiativ wird eigensinnig, aus risikofreudig wird leichtsinnig, aus selbstbewußt wird starrköpfig. Eine Forderung bleibt ja immer unberücksichtigt, und die kann nun eingeklagt werden. Ähnlich der Zwickmühle, die man nach Belieben auf- und zuzieht.

Die Doppelbindung immunisiert den Botschafter gegen jeden Einspruch, dient also der Absicherung hierarchischer Macht. Denn wenn es keine klaren, *überpersonalen* Maßstäbe für gewolltes Handeln gibt, hängt alles an der aktuellen, unberechenbaren und willkürlichen Entscheidung des einzelnen. Da er sich nicht festlegt und keinen allgemeingültigen Maßstäben unterwirft, ist seine Entscheidungsfreiheit unbegrenzt. Die seiner Mitarbeiter um so begrenzter.

Diese Situation kreiert geradezu das »Please the Boss«. Der Mitarbeiter hat den Chef ständig im Augenwinkel. Man überlegt, ob der Chef vielleicht zucken könnte – dann kann man ja schon mal prophylaktisch vorzucken. Alles guckt nach oben (statt nach außen: zum Kunden). Alle Energielinien laufen auf den Chef zu. Und dieser Chef beklagt sich dann, daß seine Mitarbeiter keine Verantwortung übernähmen, immer auf seine Entscheidung warteten …

… die Mitarbeiter müßten ja auch mit dem Klammerbeutel gepudert sein, wenn sie – ohne sich vorher abzusichern – eine Entscheidung träfen. Denn das ist die Kehrseite: Die Mitarbeiter spüren die Glaubwürdigkeitslücke, werden zynisch, bleiben passiv, kündigen innerlich, leiten ihre Energien am Unternehmen vorbei in die Freizeitsphäre. Es ist ein Irrtum zu glauben, die Interessen hierarchieorientierter Selbstoptimierer seien richtungsgleich mit den Interessen des Unternehmens. Sie optimieren *sich*, nicht das Unternehmen; sie übernehmen Verantwortung für *ihren* Bereich, nicht für das Ganze; sie investieren in *ihre* Karriere, nicht in die Leistungsmöglichkeiten ihrer Mitarbeiter. Um es ganz deutlich herauszustellen: De facto entsteht ein neuer Widerspruch – zwischen dem Einzel-Interesse des Hierarchen und den Gesamt-Interessen des Unternehmens.

Oral existierende Unternehmenskulturen

Nun unterstelle ich niemandem böse Absichten. Aber mindestens drei Ursachen kann ich nennen, die auch die Chance eröffnen, der Krise der Botschaften zu entrinnen.

1. In ihrem unternehmenskulturellen Machbarkeitswahn haben viele Unternehmen geglaubt, sie könnten die real existierende Verschleißkultur mit allerhand Mensch-im-Mittelpunkt-Gedöns auf Hochglanzpapier weichspülen, mindestens aber trostbringend umwölken. Die Top-down-Missions, welche Entschiedenheit und die Eindeutigkeit »klarer Verhältnisse« nur vorgaukeln, rufen zusammenhanglos nebeneinandergesetzt Doppelbindung hervor. Es entsteht der Eindruck, als seien die immanenten Werte-Botschaften gleichrangig. Gerade die Proklamation irgendwelcher Moralen in Unternehmensleitbildern, Führungsgrundsätzen o.ä. läßt den Eindruck entstehen, als handele es sich um ewige und überall zu zeigende Eigenschaften. Die widerstreitenden Polaritäten – von denen jede ihre Berechtigung hat – werden in Richtung scheinbarer Eindeutigkeit mit oratorischem Brustton verlautbart. Sie tun so, als gäbe es »die andere Seite« nicht. Ja, der andere Pol wird oft sogar tabuisiert. Sie verheimlichen, daß es eine logische Werthierarchie gibt, die sich an der Profitabilität des Unternehmens und individuellen Machtinteressen orientiert.

2. Sehr häufig wird die oral existierende Unternehmenskultur durch konkrete Entscheidungen dementiert. Das Handeln kari-

kiert das Sagen. Denn jedes Unternehmen hat eine Kultur. Sie ist das Ergebnis eines langen Wachstumsprozesses und äußert sich in einer bestimmten Form des Umgangs. Man kann keine Kultur »einführen«, wie man eine neue Spielregel im Fußball einführt. Meiner Erfahrung nach sind daher im Unternehmen die verbalen Botschaften völlig unwichtig. Allein wichtig – und von den Mitarbeitern seismographisch aufgespürt – sind die *unausgesprochenen* Botschaften, wie sie in konkreten Verhaltensmustern, Organisationsstrukturen und Traditionen deutlich werden. »An ihren Taten sollt ihr sie erkennen« – wohlweislich halten sich die meisten Menschen an dieses Bibelzitat. Wie *gehandelt* wird, das sind die wahren Botschaften. Diese Botschaften sind eindeutig. Diese Botschaften kennen keine Krise. Deshalb sind die meisten CI-Broschüren so lächerlich. Und es ist nachgerade absurd zu sehen, wie viele Hierarchen auf ihre Mitarbeiter »visions« und »missions« hinunterstürzen, die Werte beinhalten, denen diese Chefs ihre Karriere gerade *nicht* verdanken.

3. Die dritte Ursache lotet noch etwas tiefer: Jede Berufung auf Werte hat die unangenehme Konsequenz, andere Werte zu diskriminieren. Welche der Botschaften aber ist vorzuziehen? Offenbarte Wahrheit steht immer in Konflikt zueinander, und jede tritt mit dem moralisch hochgestemmten Anspruch auf Erstrangigkeit auf. Aber sie kann nicht zu konkretem moralischen Handeln ausbuchstabiert werden, da sie sonst mit den harten Fakten konfligiert.

Der fälligen Wahlentscheidung kann ausgewichen werden, wenn man sich zu Werten bekennt, die nichts besagen. Sie geraten daher schlicht in Vergessenheit, weil das reale Leben unterhalb der hochtrabenden Visionen weiterläuft. Oder aber man wählt schwache Formulierungen, die stark tönen. So hat man denn vieles im Angebot, was die Entscheidung zwangsläufig offenläßt. Oder aber – drittens – man weigert sich, zu wählen. Wählen bedeutet sehr oft Entscheiden. Das wiederum bedeutet das Ausscheiden einer anderen Möglichkeit, Verzicht. Die Folgen sind Widerstand, innere Rebellion und Passivität, wenn eine Wahl notwendig wäre.

Aber auch das ist noch Vordergrund. Denn eigentlich hat man ja gewählt: die Unentschiedenheit. Das hat abermals Vorteile. Man fürchtet die Verantwortung – man weigert sich, Verantwortung für die Konsequenzen der Wahlentscheidung, besonders für das Abgewählte, zu übernehmen. Bloß nichts riskieren! Die gesamte Werte-Diskussion scheitert an diesem mangelnden Mut zur Klarheit. Was da produziert wird, ist Begriffslametta, das zu nichts verpflichtet als zu seiner schmucken Vermehrung. Werte haben einen hohen Stellenwert! Nach dem Komma.

Leitlinien? Leidlinien!

Double-Bind ist die Methode, Zweck und Mittel oberflächlich zu versöhnen, aber unter der Hand sich die Seite aussuchen zu können, von der man selbst am meisten profitiert. Das hat ruinöse Folgen für die geistige Hygiene des Unternehmens, vor allem aber für die Glaubwürdigkeit der Führung. Das Paradox, das es hinterläßt, wird vielleicht am besten deutlich in einem kurzen Rollenspiel, das auf dem Management-Symposium eines Mineralöl-Konzerns von zwei Führungskräften mit großem Erfolg aufgeführt wurde. Szene: Eine Führungskraft wird nach längerem Auslandsaufenthalt mit den neuen Unternehmensleitlinien konfrontiert:

»Wer hat denn das Zeug geschrieben?«

»Irgend so 'ne Werbeagentur. Die haben wahrscheinlich nur von einer anderen Firma geklaut und einfach das Firmenlogo ausgetauscht. Und eine task force von uns hat das Ganze dann ein bißchen unternehmensspezifisch angepaßt und einige Kommas verschoben. Anschließend hat es dann die Geschäftsleitung genehmigt.«

»Genehmigt. Hm. Einfach so, ohne Änderung?«

»Nee, nee. Die haben extra einen Juristen angeheuert, der dann dafür gesorgt hat, daß die Formulierungen so allgemein sind, daß man sie nicht darauf festnageln kann. Das wäre ja auch noch schöner.«

»Schau mal her: ›Mitarbeiter sind in erster Linie Mitmenschen.‹ Potzblitz. Das Kursbuch der isländischen Staatsbahnen ist informativer. Und hier: ›Wir wollen nach den Grundsätzen der sozialen Marktwirtschaft handeln.‹ Das macht uns nachdenklich, nicht wahr? ›Die XY AG (nein, die Firma wollen wir dann doch nicht nennen) strebt nach Fortschritt.‹ Is' ja 'n Ding! ›Wir bemühen uns um die Aufrechterhaltung eines fairen Wettbewerbs.‹ Wenn ich daran denke, um was ich mich schon alles *bemüht* habe ... ›Wir respektieren anerkannte ethische Maßstäbe.‹ Soll man applaudieren?«

»Ist eigentlich geprüft worden, ob die Aussagen zu anderen Policies, Ausführungsbestimmungen und Führungsinstrumenten passen?«

»Ist das wichtig?«

»Aber das kann doch böse Widersprüche geben.«

»Du nimmst es aber genau. Das fällt doch niemandem auf!«

»Habt ihr denn wenigstens die Führungsseminare an die neuen Grundsätze angepaßt?«

»Ach was, die Grundsätze sind so allgemein gehalten, daraus läßt sich alles heraus- und hineinlesen. Die haben soviel Orientierungskraft wie ein Kreiselkompaß am Nordpol. Da brauchen wir nichts zu ändern.«

»Wie haben die Mitarbeiter reagiert?«

»Die haben sich kaputtgelacht.«

»Warum denn das?«

»Weil die ihr eigenes Unternehmen darin nicht wiedererkannt haben. ›Das muß 'ne andere Firma sein‹, sagen sie.«

In den USA gehört diese Form von Busineßethik dahin, wo sie hingehört: ins Marketing. Solche Leitsätze sagen alles und damit nichts. Eine funktionsfähige Moral beinhaltet klare Wert-Entscheidungen, mithin auch Entscheidungen *gegen* alternative Wertkonzepte. Diese Entscheidung muß getroffen werden und darf sich nicht im Sowohl-als-auch verflüchtigen.

Neue Werte braucht das Land!

Gegenrede: *Aber Menschen brauchen doch Orientierung!* Die Ironie besteht darin, daß es gerade der Mißklang zwischen den konfligierenden Top-down-Offenbarungen ist, der im Effekt moralischen Relativismus bedeutet. Ein Beispiel: Hätten wir uns nicht so propagandistisch unternehmenskulturell aufgerüstet, wäre die Fallhöhe 1992/94 nicht so dramatisch gewesen. So aber hat sich das Gerede vom »Dialog« und vom »Menschen im Mittelpunkt« vielerorts als unternehmenskulturelle Sättigungsbeilage entlarvt. Neudeutscher Schönsprech: Schrieb man früher, daß soundso viele Leute entlassen werden, so werden heute die Unternehmen allenthalben »schlanker«. Klingt ja auch irgendwie netter. Wir haben doch auch in den Zeiten vor Corporate Identity Unternehmen erfolgreich geführt. Gerade *weil* die Unternehmensbotschaften so lautstark proklamiert werden, entstehen die Vergleichsmöglichkeiten zwischen Handeln und Sagen, die andernfalls nicht, zumindest nicht so drastisch, zutage getreten wären. Wenn ich Botschaften verlautbare, muß ich sie leben. Aber dann brauche ich sie nicht mehr zu verlautbaren.

Bleibt uns dann nur noch das Lachen als letzter Trost auf den Trümmerfeldern der Eindeutigkeit? Lachen als korrektive Reaktion auf die unternehmenskulturelle Realsatire? Wenn auch manches da nicht mehr komisch ist, sondern nur noch lächerlich, so bleibt doch etwas zu tun:

1. Jede Zwickmühle ist aufzulösen. Man muß sich von einer Zielorientierung verabschieden, wenn Gleichzeitigkeit vorher das Gebot war. Diese Bezugssysteme und Maßstäbe müssen orientierungsfähig und einklagbar sein. Dazu ist es hilfreich, sie gemeinsam zu entwickeln. Wenn diese Bezugssysteme dialogisch aufgebaut werden, übernehmen Menschen für sie auch Verantwortung.

2. Wir brauchen Klarheit in der Werthierarchie. Die Bezugssysteme müssen in eine logisch-hierarchische Beziehung gesetzt werden. Wir dürfen nicht Werte wahllos aneinanderreihen und so tun, als seien sie gleich-wertig. Wenn man Botschaften nur dann folgen kann, wenn man ihnen gerade *nicht* folgt, bleiben nur Konfusion und der entscheidungshungrige Blick nach »oben«. Das ist das Ende der Selbstverantwortung im Unternehmen.

3. Das, was Führung oft so schwierig macht, ist zu fordern: die Bereitschaft, Prinzipienkonflikte anzuerkennen und die erforderliche »abwägende« oder »schöpferische« Verantwortung zu

übernehmen. Sich dem Dilemma widerstreitender Interessen zu stellen, den Konflikt offen und vollständig darzulegen, Konsequenzen aufzuzeigen und – zur Wahl zu stellen. Nicht so zu tun, als seien die Verhältnisse eindeutig, spannungsfrei. Dazu bedarf es Führungskräfte, die den Blick öffnen für Werte und Interessen, die *beide* berechtigt und daher immer wieder auszubalancieren sind.

4. Haben Sie bei Veränderungsprozessen auch den Mut, etwas in die Abstellkammer zu stellen, sich von etwas Überlebtem zu trennen. Wenn – wie so oft – immer noch etwas *dazu* kommt, erhöht das die Konfusion zwangsläufig.

5. Heinrich Heine schrieb im »Wintermärchen«: »Ich kenne die Weise, ich kenne den Text, ich kenn' auch die Herren Verfasser; ich weiß, sie trinken heimlich Wein, und predigen öffentlich Wasser.« Was wir brauchen, sind Führungskräfte, die glaubwürdig sind. Die das leben, was sie proklamieren. Und die nicht öffentlich »als ob« inszenieren und hintenherum das Gegenteil tun.

Glaubwürdigkeit

»Jedes Folgen aber trägt in sich den Widerstand« – dieser in Martin Heideggers Freiburger Rektoratsrede zentrale Gedanke deutet an, wie prekär und sensibel die Aufgabe einer Führungskraft ist. Ohne wechselseitiges Vertrauen, ohne eine lebendige Beziehung zwischen Führungskraft und Mitarbeiter ist diese Aufgabe nicht lösbar. Wir erleben aber in den letzten Jahren eine nie dagewesene Erosion des Vertrauens der Mitarbeiter in das Management. Nach Aussage vieler älterer Manager hat es wohl in der Nachkriegszeit noch nie eine vergleichbare Glaubwürdigkeitslücke zwischen dem Topmanagement und der Mitarbeiterschaft gegeben wie gegenwärtig. (Dazu tragen sicher die z.T. immensen Einkommensunterschiede zwischen ganz oben und ganz unten bei, die so manchen Sparappell in ein schiefes Licht rücken.)

Viele Unternehmen glauben, machtorientierte Selbstoptimierer unter den Führungskräften erfüllten besser die Unternehmensinteressen. Daher sind Schlüsselpositionen oft mit machtorientierten Menschen besetzt. Die von ihnen gewählte Sozialtaktik schlägt sich immer auf die gute Seite, ist zufrieden, weil nicht betroffen. »Wenn ich denen einrede, ab heute ist ›kooperativ‹ der bessere Weg, dann funktioniert es besser.« Dabei werden oft Führung und Macht verwechselt: Sie sagen »Uns geht es um Führung« und meinen »Uns geht es um Macht«. Macht heißt für sie *Macht über*, nicht *Macht wozu*.

Aus dem bisher Gesagten ergeben sich Persönlichkeitseigenschaften, die als Anforderungen an glaubwürdige Führung gelten können. In Teilen folge ich dabei Peter Rinderles Gedanken zur »Liberalen Integrität«.

1) Das Sagen muß dem Handeln entsprechen.

»Walk the talk«: Das ist die *äußere* Harmonie. Eine Commitment-Kultur ist nur möglich, wenn das Sagen dem Handeln entspricht. Um es noch einmal zu betonen: diese Glaubwürdigkeit als Form ist indifferent gegen jeden moralischen Inhalt. Es geht nicht um »richtige« oder »falsche« Werte, nicht um Wahrheit. Aber um Wahrhaftigkeit. Dazu ist es u. a. wichtig, die Gefühle des Augenblicks – die aus alten Prägungen resultieren – konsequent abzuwählen und einer selbstverpflichteten Norm zu unterwerfen. Die Briten sagen: »Put your money where your mouth is.«

Gegen diese Bedingung verstößt jener Manager-Typ, den ich *sentimentalen Träumer* nenne. Er ist voller gutem Willen, aber er will nicht den Preis für konsequentes Handeln zahlen. Er will nicht wählen. Er verlautbart. Das ist gratis. Aber er handelt nicht entsprechend. Denn dafür hätte er Nachteile in Kauf zu nehmen. Überzeugungen hat er, aber er kämpft nicht dafür. Er gefällt sich in dem Gefühl, intellektuell abgefedert die Dinge zu analysieren, moralisch überlegen zu sein, wenn er räsoniert, was zu tun und zu lassen sei. Dieses Denken ersetzt aber das Handeln. Er sonnt sich in dem Bewußtsein, zu wissen, was getan werden *sollte*. Es geht ihm vor allem um die günstige Meinung, die er von sich selbst hat und die andere von ihm haben.

Sehr häufig wendet er die daraus entstehende Spannung nach außen, indem er Konsequenzen *bei anderen* in rigider Weise einklagt. Selber handeln? Da wäre ja ein Preis fällig. Selbsttäuschung als Lebensprinzip. Sein Handeln sagt, daß seine Worte gelogen sind. »Das habe ich versprochen? Da habe ich mich wohl versprochen.«

Der sentimentale Träumer kann weder für sich noch für das Leben anderer Verantwortung übernehmen. Sein resignativer Fatalismus begründet verantwortungsloses Nichts-Tun. Wichtig ist: Dieser – sehr verbreitete – Managertyp ist nicht vereinbarungsfähig. Verpflichtung und Verbindlichkeit bleiben für ihn Fremdworte. Mit ihm ist keine Commitment-Kultur möglich. Aber er hat ein schlechtes Gewissen. Und das ist der Garant dafür, sein Verhalten zu stabilisieren. Pfiffig, wie er ist, gibt er gewissermaßen sein schlechtes Gewissen »in Zahlung«, um sich wieder innerlich zu balancieren. Dieser Trick ermöglicht es ihm, alles beim alten zu lassen.

2) Der Wert muß Selbstzweck sein.

Diese Grundbedingung für Glaubwürdigkeit besagt, daß ein proklamierter Wert um seiner selbst willen, nicht um eines anderen, verdeckten Wertes willen, gelebt wird. Echte Glaubwürdigkeit kalkuliert nicht. Das ist die Bedingung der *inneren* Harmonie. Eine solchermaßen glaubwürdige Führungskraft schont – um ein Beispiel zu nennen – die Umwelt, weil es wichtig ist, die Umwelt zu schonen, und nicht, um gegenüber einer kritischen Öffentlichkeit besser dazustehen. Wer aber z. B. sich seinen Mitarbeitern freundlich zuwendet, nicht um freundlich zu sein, sondern um sie auf diese Weise besser manipulieren zu können, verfehlt diese Bedingung. Ebenso jener, der sich dem Trend der Enthierarchisierung nicht deshalb anschließt, weil es sinnvoll für die ausgewiesenen Zwecke ist, sondern weil er zeitgemäß erscheinen will.

In der Typologie der Unglaubwürdigkeit ist es der *korrupte Nutzenkalkulierer*, der hier versagt. Er handelt, wie er spricht, aber um eines anderen Zieles willen. Seine Peilschnur ist ausschließlich der persönliche Vorteil. Dafür zahlt er jeden Preis. Opportunistisch und zynisch, wie er ist, hat er keine Überzeugungen. Sein Verhalten ist von keiner inneren Tiefe her bestimmt. Seine Leidenschaften sind Reichtum und Macht.

Auch dieser Managertyp ist nicht vereinbarungsfähig; er bricht jede Verpflichtung um seines persönlichen Vorteils willen. Ist dieser bedroht, gilt ihm Commitment nichts. Das ist ihm leicht: Im Unterschied zum sentimentalen Träumer hat er keine schlechten Gefühle. Die Stimme seines Gewissens ist immer im Stimmbruch.

3) Werte müssen revidierbar bleiben.

Glaubwürdige Führungskräfte leben nicht nur Werte, sie begründen sie auch. Sie setzen ihre Werte einer allgemeinen Kontrolle aus. Sie sind bereit und fähig, über ihre Werte zu kommunizieren – auch in Frage zu stellen und ggf. zu revidieren. Das bedeutet insbesondere, die Konsequenzen der Werte für andere und die eigene Zukunft immer wieder aufs neue abzuschätzen und – falls sich keine tragfähige Begründung mehr rechtfertigen läßt – diese zu revidieren.

Der *fundamentalistische Fanatiker* – ein eher seltener Managertyp – wird diese Glaubwürdigkeitsbedingung nicht erfüllen wollen. Sein Handeln entspricht zwar seinem Sagen, aber er ist kaum bereit, sein Wertewahl zu begründen oder gar zu revidieren. Seine Überzeugung möchte er am liebsten zum allgemeinen Handlungsstandard aufblähen, selbst um den Preis, andere zu zwingen.

Die Bedingung der Glaubwürdigkeit

Im Verhältnis zwischen Führungskräften und Mitarbeitern liegt die Macht bei letzteren. Mitarbeiter sind Kunden der Führung. Mitarbeiter wählen ihre Führung mit ihrer Energie und ihrem Commitment. Wenn überhaupt, dann ermächtigen Mitarbeiter ihre Führungskräfte. Nicht umgekehrt. Unter welchen Bedingungen aber werden Menschen als Führungskräfte anerkannt? Nicht durch hierarchische Position. Angst, Status und Geld erzeugen kein Commitment. Sie erzeugen Anpassung und Anpassungsleistung.

Den Unterschied macht die Glaubwürdigkeit. Glaubwürdigkeit ist die unabdingbare Voraussetzung für Führung in einer

Commitment-Kultur. Sie definiert die Qualität der Beziehung zwischen Partnern.

Wenn das Prinzip Selbstverantwortung die zentrale Gestaltungsidee im Unternehmen ist, dann sind Sie als Führungskraft nur unter einer Bedingung glaubwürdig: wenn Sie glaubwürdig sein wollen, nicht weil das moralisch gut ist oder von anderen anerkannt wird. Sondern weil Sie es *gewählt* haben. Aus keinem anderen Grunde.

Epilog

Am 3. Februar 1965 sendete der Sender Freies Berlin ein Streitgespräch zwischen den beiden Philosophen Theodor W. Adorno und Arnold Gehlen. Doch der von Hauke Brunkhorst einfühlsam nachgezeichnete Disput wollte sich zunächst nicht so recht entzünden. Erst am Problem der Selbstverantwortung, der Reflexionsfähigkeit des einzelnen wurde der Graben sichtbar, der beide zugleich trennte wie verband. Gehlen ging mit Aristoteles davon aus, daß immer nur *wenige* Menschen fähig sind, reflektiert und selbstverantwortlich zu handeln, die *vielen* aber unter der Last der Selbstverantwortung zusammenbrächen. Für ihn sind die Krisensymptome der Moderne in einem *Zuviel* an Reflexion begründet. Wir bräuchten daher starke und autoritäre Institutionen, die entlastend, d. h. auch partiell entmündigend wirken.

Ganz anders Adorno. Für ihn sind es gerade die autoritären Institutionen, die die Entfaltung und mithin auch die Leistungsentwicklung des einzelnen hemmen. Er geht mit Descartes und Kant davon aus, daß die Fähigkeit zu selbstverantwortlichem Handeln »die bestverteilte Sache der Welt« ist und das *Potential* der Reflexionsfähigkeit allen Menschen gleichermaßen zukommt. Man müsse mithin Bedingungen schaffen, die dieses Potential zur Entfaltung kommen ließen. Auf Gehlens Frage, ob man Selbstverantwortung wirklich *allen* zumuten sollte, antwortet Adorno: »Darauf kann ich nur ganz einfach sagen: Ja! ... ich glaube, daß die

Menschen solange, wie man sie entlastet (durch autoritäre Institutionen i. S. Gehlens – R. S.) und ihnen nicht die ganze Verantwortung und Selbstbestimmung zumutet, daß so lange auch ihr Glück in dieser Welt ein Schein ist.« Gehlen: »Da sind wir nun genau an dem Punkt, wo Sie ›Ja‹ und ich ›Nein‹ sage.«

In Gehlens Fall kommen wir über eine Verpflichtung als bloßen Dienst in Gestalt der Anpassung und der Unterordnung nicht hinaus. In Adornos Fall besteht die reale Chance zur Selbstverpflichtung, zum Commitment, die eigenen Fähigkeiten als Potential der Freiheit zu verwirklichen.

Wir können wählen.

Danksagung

Alt ist es, was ich zu sagen hatte. Sehr alt sogar. Zwei-, dreitausend Jahre mitunter. Vieles haben Sie schon gewußt. Vielleicht hatten Sie etwas von diesem Wissen vergessen; bei einigen konnte ich vielleicht die Tür, die ohnehin schon angelehnt war, nur etwas weiter aufstoßen. Oftmals, wenn ich im Zweifel war, erinnerte ich einen Satz Ludwig Wittgensteins aus frühen Studientagen: »... was ich hier geschrieben habe, macht im einzelnen überhaupt nicht den Anspruch auf Neuheit ..., weil es mir gleichgültig ist, ob das, was ich gedacht habe, vor mir schon ein anderer gedacht hat.« Dieser Satz hat mir damals großen Eindruck gemacht, und ich möchte heute gerne anfügen: Für mich war es neu, als ich es gedacht habe, als ich es mit aller Freude neu verknüpfte.

Dennoch würde ich sie gern erwähnen: die, die beigetragen haben. Denn niemand schreibt ein Buch allein. Die Namensliste derer, von denen ich viel lernte, wäre allerdings nahezu so lang wie das Buch selbst. Unübersehbar: Fichte, Heidegger, Kant, Nietzsche, auch Popper sind die Wasserzeichen dieses Entwurfs, die ich meiner eigenen Handschrift anverwandelt habe. Also: (Fast) alles nur geklaut. Der gütigen und intelligenten Heiterkeit eines Ralph Waldo Emerson – der personifizierten geistigen Unabhängigkeitserklärung Amerikas – verdanke ich mehr, als hier auszusprechen wäre. Seine Aktualität versetzt mich immer noch in Staunen.

Die Gedankengänge dieses Buches sind also nicht Eigentum des Verfassers allein, sondern gehören einer bestimmten geistigen Atmosphäre an, die ein einzelner weder erzeugen noch umfassen kann. Spuren hinterließen mein Freund Peter Rieken, Marianne Hammann, Brigitte Roser, Marieluise Wiemer, Karl-Bernd Greve, Michael Irle, Dieter Lange und Christo Quiske vom IAK Burscheid, Franz Lux, Fritz B. Simon, Klaus M. Wilsmann sowie Peter Weiss von Recursos, Santa Fe, New Mexico.

Danken möchte ich aber vor allem den vielen Menschen in den Unternehmen, die mich an ihren Fragen und Problemen wachsen ließen. Sie alle haben mich gelehrt: Wer von nichts eine Ahnung hat als von Managementtheorie, hat von nichts eine Ahnung.

Literaturverzeichnis

Adorno, Th. W.: Erziehung zur Mündigkeit, Frankfurt a. M. 1970
Arbeitsgruppe Bielefelder Soziologen (Hrsg.): Alltagswissen, Interaktion und gesellschaftliche Wirklichkeit, 2 Bde., Reinbek 1973
Argyris, Ch.: Action Science and Intervention, in: Journal of Applied Behavioral Science, 19 (1983), S. 115-140
Asch, S. E.: Änderung und Verzerrung von Urteilen unter Gruppen-Druck, in: Irle, M. (Hrsg.): Texte aus der experimentellen Sozialpsychologie, Neuwied 1969
Assagioli, R.: Die Schulung des Willens, 6. Aufl., Paderborn 1991
Autry, J. A.: Love and Profit, London 1992
Axelrod, R.: Die Evolution der Kooperation, 2. Aufl., München 1991
Baecker, D.: Die Form des Unternehmens, Frankfurt a. M. 1993
Bateson, G.: Ökologie des Geistes, 4. Aufl., Frankfurt a. M. 1992
Beck, U.: Gegengifte. Die organisierte Unverantwortlichkeit, Frankfurt a. M. 1988
Beck, U.: Die Erfindung des Politischen, Frankfurt a. M. 1993
Belasco, J. A./Stayer, R. C.: Flight of the Buffalo, New York 1993
Benson, B.: Der Weg ins Glück, München 1989
Berger, P./Luckmann, Th.: Die gesellschaftliche Konstruktion der Wirklichkeit, Frankfurt a. M. 1980
Bierce, A.: The Devil's Dictionary, 1966
Blair, L.: Rhythms of Vision, New Jersey 1976
Block, P.: Der autonome Manager, Frankfurt/New York 1992
Bodenheimer, A. R.: Verstehen heißt antworten, Frauenfeld 1987
Briefs, G.: Art. Betriebssoziologie, in: A. Vierkandt (Hrsg.): Handwörterbuch der Soziologie, Stuttgart 1931, S. 31-52

Brunkhorst, H.: Utopie und biographischer Bruch, in: Bohnet-von der Thüsen, H. (Hrsg.): Denkanstöße '92, München 1991
Carse, J. P.: Endliche und unendliche Spiele, Stuttgart 1987
Covey, St. R.: Die sieben Wege zur Effektivität, 3. Aufl., Frankfurt/NewYork 1994
Csikszentmihalyi, M.: Flow. Das Geheimnis des Glücks, Stuttgart 1992
Deci, E. L./Connell, J. P./Ryan, R. M.: Self-Determination in a Work Organization, in: Journal of Applied Psychology, 74 (1989), S. 580-590
Doppler, K./Lauterburg, Ch.: Change Management, Frankfurt/New York 1994
Drucker, P. F.: Manager in der nachkapitalistischen Ära, in: Harvard Businessmanager, 4/1993, S. 69-77
Drucker, P. F.: Die postkapitalistische Gesellschaft, Düsseldorf 1993
Dyer, W. W.: Der wunde Punkt, Reinbek 1992
Emerson, R. W.: The Collected Works, Vol. 1, Cambridge/Mass. 1971
Emerson, R. W.: The Collected Works, Vol. 2, Cambridge/Mass. 1979
Emerson, R. W.: Essays, Zürich 1983
Farber, L. H.: The Ways of the Will, New York 1966
Foerster, H. v.: Sicht und Einsicht, Braunschweig 1985
Foerster, H. v.: Abbau und Aufbau, in: Simon, F. B. (Hrsg.): Lebende Systeme: Wirklichkeitskonstruktionen in der systemischen Therapie, Berlin 1988, S. 19-33
Fromm, E.: Die Furcht vor der Freiheit, 3. Aufl., München 1993
Fuchs, J.: Vom Taylorismus zum Organismus – wie Unternehmen leben lernen, in: IBM Nachrichten, 42/1992, S. 14-23
Gardner, J. W.: On Leadership, New York 1990
Garvin, D. A.: Nicht schöne Worte – Taten zählen, in: Harvard Businessmanager, 1/1994, S. 74-85
Glasersfeld, E. v.: Wissen, Sprache und Wirklichkeit, Braunschweig 1987
Guggenberger, B.: Fehlerfreundliche Strukturen, in: Universitas, 4/1994, S. 343-355
Gumbrecht, H. U./Pfeiffer, K. L. (Hrsg.): Paradoxien, Dissonanzen, Zusammenbrüche, Frankfurt a. M. 1991
Habermas, J.: Erkenntnis und Interesse, 3. Aufl., Frankfurt a. M. 1975
Habermas, J.: Moralbewußtsein und kommunikatives Handeln, 3. Aufl., Frankfurt a. M. 1988
Hadot, P.: Philosophie als Lebensform, Berlin 1991
Hammer, M./Champy, J.: Business Reengineering, 5. Aufl., Frankfurt/New York 1995

Heidegger, M.: Vom Wesen der Wahrheit, Frankfurt a. M. 1943
Heidegger, M.: Die Selbstbehauptung der deutschen Universität (1933), Frankfurt a. M. 1983
Heidegger, M.: Sein und Zeit, 16. Aufl., Tübingen 1986
Heider, J.: The Tao of Leadership, Atlanta 1985
Heintel, P./Krainz, E. E.: Was bedeutet »Systemabwehr«?, in: Götz, K. (Hrsg.): Theoretische Zumutungen, Heidelberg 1994, S. 160-193
Heinzel, F.: So geht's besser im Beruf, Freiburg 1983
Hellinger, B.: Finden, was wirkt, München 1993
Höffe, O.: Moral als Preis der Moderne, Frankfurt a. M. 1993
Jonas, H.: Das Prinzip Verantwortung, Frankfurt a. M. 1979
Kennedy, G.: Everything is Negotiable, London 1989
Kinlaw, D. C.: Coaching for Commitment, San Diego 1993
Klauer, K. Ch.: Einstellungen, Göttingen 1991
Kouzes, J./Posner, B.: Credibility, San Francisco 1993
Krackhardt, D. / Hanson, J. R.: Informelle Netze – die heimlichen Kraftquellen, in: Harvard Businessmanager, 1/1994, S. 16-24
Krippendorff, K.: Der verschwundene Bote, in: Funkkolleg Medien und Kommunikation, Weinheim 1990, Brief 3, S. 11-50
Krishnamurti, J.: Ausgewählte Texte, München 1988
Krishnamurti, J.: Einbruch in die Freiheit, Frankfurt a. M. 1990
Kühl, St.: Wenn die Affen den Zoo regieren. Die Tücken der flachen Hierarchie, Frankfurt/New York 1994
Lawler, E. E.: High-Involvement Management, San Francisco 1986
Luhmann, N.: Soziale Systeme, Frankfurt a. M. 1984
Luhmann, N: Erkenntnis als Konstruktion, Bern 1988
Lynch, D./Kordis, P.: DelphinStrategien, Fulda 1992
March, J. G./Olsen, J. P.: Ambiguity and Choice in Organizations, Bergen 1976
Marwitz, K.: Vertrauen zur Ich-Kultur, in: management & seminar, 9/1993, S. 40-42
Maturana, H.: Erkennen. Die Organisation und Verkörperung von Wirklichkeit, Braunschweig 1985
Maturana, H./Varela, F.: Der Baum der Erkenntnis, Bern 1987
May, R. R.: Love and Will, New York 1969
Merten, K.: Inszenierung von Alltag, in: Funkkolleg Medien und Kommunikation, Weinheim 1990, S. 79-109
Meyer, Th.: Die Inszenierung des Scheins, Frankfurt a. M. 1992
Neal, K.: Teutonische Aufholjagd mit vielen Hindernissen, in: management & seminar, 9/1993, S. 43-45

Neuberger, O.: Führen und geführt werden, Stuttgart 1990
Neuberger, O.: Personalentwicklung, Stuttgart 1991
Peck, M. S.: Der wunderbare Weg, München 1986
Peters, T.: Kreatives Chaos. Die neue Management-Praxis, Hamburg 1988
Peters, T.: Big is out. Wie groß darf ein marktnahes Unternehmen sein?, in: Harvard Businessmanager, 3/1993, S. 93-104
Popper, K. R.: Logik der Forschung, 4. Aufl., Tübingen 1971
Rautenberg, W./Rogoll, R.: Werde, der du werden kannst, 6. Aufl., Freiburg 1986
Rawls, J.: Eine Theorie der Gerechtigkeit, Frankfurt a. M. 1979
Rinderle, P.: Liberale Integrität, in: Deutsche Zeitschrift für Philosophie, 1/1994, S. 73-95
Roth, G.: Die Selbstreferentialität des Gehirns und die Prinzipien der Gestaltwahrnehmung, in: Gestalt Theory, 3/1985, S. 228-244
Rusch, G.: Erkenntnis – Wissenschaft – Geschichte, Frankfurt a. M. 1987
Sabetti, St.: Lebensenergie, Bern 1992
Scheffer, B.: Wie wir erkennen, in: Funkkolleg Medien und Kommunikation, Weinheim 1990, Brief 2, S. 46-81
Schmid, B.: Menschen, Rollen und Systeme, in: Organisationsentwicklung, 4/1993, S. 18-26
Schmidbauer, W.: Alles oder nichts, Reinbek 1987
Schmidt, J.: Die sanfte Organisations-Revolution, Frankfurt a. M. 1993
Schmidt, S. J. (Hrsg.): Der Diskurs des Radikalen Konstruktivismus, Frankfurt a. M. 1988
Schmidt, S. J.: Medien und Kommunikation, in: Funkkolleg Medien und Kommunikation, Weinheim 1990, S. 33-38
Schmidt, S. J.: Wir verstehen uns doch?, in: Funkkolleg Medien und Kommunikation, Weinheim 1990, Brief 1, S. 50-78
Schneider, W.: Die Sieger, Hamburg 1992
Schorlemmer, F.: Wege aus der Demokratieabstinenz, in: Universitas, 10/1993, S. 981-988
Scott-Morgan, P./Arthur D. Little: Die heimlichen Spielregeln. Die Macht der ungeschriebenen Gesetzte im Unternehmen, Frankfurt/New York 1994
Senge, P. M.: The Fifth Discipline, New York 1990
Sider, I. N.: Böcke als Gärtner, Vaduz 1993
Siegel, M. R.: Arbeit macht Spaß, Stuttgart 1993
Simon, F. B.: Der Prozeß der Individuation, Göttingen 1984
Simon, F. B. und Connecta-Autorengruppe: Radikale Marktwirtschaft, Heidelberg 1992

Singer, K.: Zivilcourage wagen, München 1992
Skirrbekk, G.: Wahrheitstheorien, Frankfurt a. M. 1977
Sloterdijk, P.: Eurotaoismus, Frankfurt a. M. 1989
Sloterdijk, P./Macho, Th. H. (Hrsg.): Weltrevolution der Seele, 2 Bde., Gütersloh 1991
Sloterdijk, P.: Weltfremdheit, Frankfurt a. M. 1993
Smothermon, R.: Drehbuch für Meisterschaft im Leben, 4. Aufl., Bielefeld 1989
Smothermon, R.: Transformation statt Veränderung, Bielefeld 1991
Staudinger, H./Behler, W.: Grundprobleme menschlichen Nachdenkens, Freiburg 1984
Steiner, G.: Von realer Gegenwart, München 1990
Tiedemann, P.: Über den Sinn des Lebens, Darmstadt 1993
Trebesch, K.: Wieviel Weiterbildung verträgt ein Unternehmen?, in: Organisationsentwicklung, 2/1993, S. 44-49
Trebesch, K.: Unternehmensentwicklung – Ein Konzept für die Praxis, in: Organisationsentwicklung, 2/1994, S. 4-27
Vroom, V. H./Jago, A. G.: Managing participation: A critical dimension of leadership, in: Journal of Management Development, 5/1988, S. 32-42
Wagner, P.: Reklamationen sind hilfreich und wertvoll, in: Führungspraxis, 1/1994, S. 51-54
Walton, R. E.: From Control to Commitment in the Workplace, in: Harvard Business Review, 2/1985, S. 77-84
Watzlawick, P. (Hrsg.): Die erfundene Wirklichkeit, München 1986
Weber, G.: Zweierlei Glück. Die systemische Psychotherapie Bert Hellingers, Heidelberg 1993
Weick, K. E.: Der Prozeß des Organisierens, Frankfurt a. M. 1985
Wheelis, A.: How People Change, New York 1973
Whitmore, J.: Coaching für die Praxis, 2. Aufl., Frankfurt/New York 1994
Willke, H.: Systemtheoretische Strategien des Erkennens, in: Götz, K. (Hrsg.): Theoretische Zumutungen, Heidelberg 1994, S. 97-116
Witzenmann, H.: Intuition und Beobachtung, 2 Bde., Stuttgart 1977
Witzenmann, H.: Verzweiflung und Zuversicht, Dornach 1982
Zürn, P.: Meditationen für Manager, Freiburg 1993

Seminare zum Buch

- ► **Möchten Sie die Gedanken dieses Buches vertiefen?**
- ► **Möchten Sie mit dem Autor diskutieren?**

Seminare mit **Dr. Reinhard K. Sprenger** können Sie buchen …

… in Deutschland: www.sprenger.com

… in Österreich: ÖPWZ, Tel. (+43) 1-5 33 86 36

… in der Schweiz: ZfU, Tel. (+41) 1-7 20 88 88

Fordern Sie Informationsmaterial an!

Führung und Persomalmanagement

Ken Blanchard,
John P. Carlos, Alan Randolph
Kursbuch Selbstverantwortung
So führen Sie Ihre Mitarbeiter zu
mehr Motivation und Leistung
2000.Ca. 280 Seiten
ISBN 3-593-36416-6

Selbstverantwortlich handelnde Mitarbeiter sind der Schlüssel für den Erfolg eines Unternehmens. Doch wie muss ein Unternehmen verändert werden, damit eine Atmosphäre entsteht, in der die Potenziale der Mitarbeiter voll ausgeschöpft werden und die Mitarbeiter ihrerseits stärker motiviert und zufriedener sind? In seinem neusten Buch beschreibt Bestsellerautor Ken Blanchard den schwierigen Weg, auf den sich Vorgesetzte begeben, die ihre Mitarbeiter zu selbstverantwortlichem Handeln führen wollen.
Das Kursbuch Selbstverantwortung ist ein Prozessbegleiter, ein echter Action-Guide, der den notwendigen Veränderungsprozess Schritt für Schritt beschreibt und die häufigsten Fragen von Verantwortlichen und Vorgesetzten beantwortet.

Ken Blanchards Minuten Manager wurde in 25 Sprachen übersetzt und ist eines der erfolgreichsten Business-Bücher überhaupt. In seinem neusten Buch zeigt der Erfolgsautor Führungskräften, wie sie ihren Lippenbekenntnissen zu selbstverantwortlichen Mitarbeitern auch Taten folgen lassen können.

Lesen bildet
Meinung.
Mit uns
garantiert.
Frankfurter Rundschau
Unabhängige Tageszeitung
Die Zeitung zwei Wochen
zum Nulltarif.
☎ 08 00/8 666 8 66

Miske
Pflegebedürftig
... und trotzdem gut betreut

Die Autorin

Andrea Miske ist Diplom-Biologin und Krankenschwester. Durch zehnjährige hauptberufliche Tätigkeit als Dozentin und in der Leitung eines Fachseminars für Altenpflege ist sie mit der Thematik und den internen Strukturen von Pflegeeinrichtungen vertraut. Die Anliegen pflegebedürftiger Menschen und ihrer Angehörigen kennt sie auch aus der pflegerischen Praxis, da sie seit 1995 nebenberuflich als Krankenschwester in ambulanten und stationären Einrichtungen der Altenhilfe tätig ist. Andrea Miske führt Seminare zur Unterstützung pflegender Angehöriger sowie Fort- und Weiterbildungen für Pflegepersonal durch. Sie arbeitet ehrenamtlich im Projekt »Heimbeiräte stärken«.

Andrea Miske

Pflegebedürftig
... und trotzdem gut betreut

Wie Sie
- die beste Betreuungsmöglichkeit finden
- Missstände im Pflegeheim durchschauen
- die Finanzierung sichern

TRIAS

Inhalt

1 Basiswissen

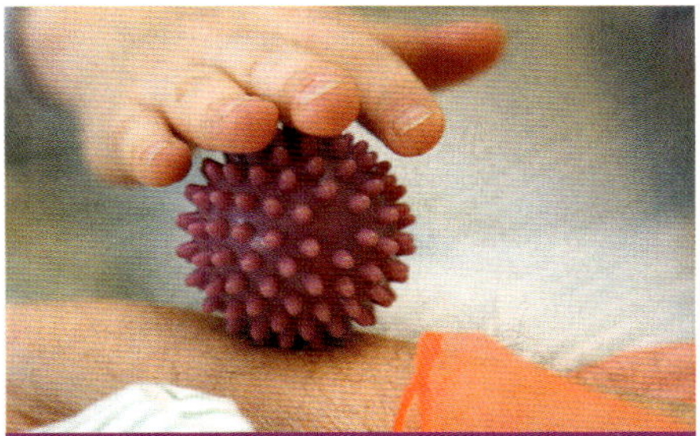

2 Selbsthilfe

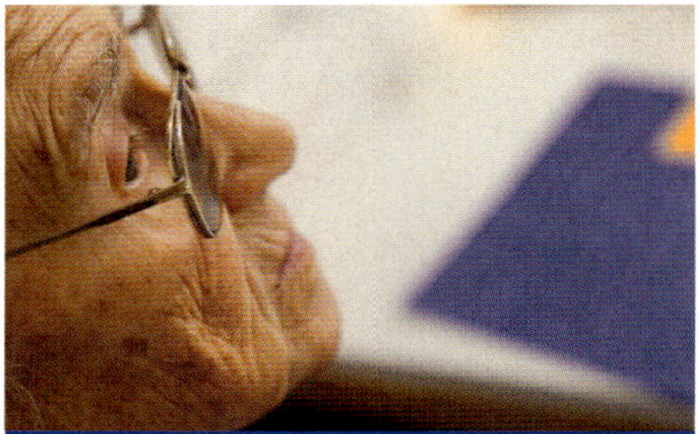

3 Geld & Recht

Vorwort

Liebe Leserin, lieber Leser!

Es gibt viele Möglichkeiten, die Lebensqualität und weitgehende Selbstbestimmung eines betreuungs- und pflegebedürftigen Menschen sicherzustellen, ob zu Hause, in einer alternativen Wohnform oder im Pflegeheim. Dabei spielt die Unterstützung durch die Angehörigen eine herausragende Rolle. Aber auch Betroffene selbst können einiges für ihr Wohl tun.

Bei der häuslichen Pflege besteht die Kunst darin, unter der großen Zahl der möglichen Unterstützungsangebote die passenden auszuwählen und entsprechend der persönlichen Situation in optimaler Weise zu kombinieren. Damit dies gelingt, gibt der Ratgeber Ihnen die notwendigen Informationen.

»Bar jeder Berufskenntnis bin ich bestens geeignet, die Probleme in den Pflegeheimen zu erkennen und zu lösen.«

Wohnformen wie die ambulant betreuten Wohngemeinschaften ermöglichen dem betreuungs- und pflegebedürftigen Menschen ein hohes Maß an Autonomie und erlauben es Angehörigen, sich zu engagieren, ohne sich dabei zu überfordern. Die unterschiedlichen Angebote werden Ihnen hier vorgestellt.

Aber wie ist es um Selbstbestimmung und Lebensqualität bestellt, wenn der Umzug in ein Pflegeheim unabdingbar ist? Immer wieder gelangen erschreckende Vorkommnisse aus den Pflegeheimen in die Medien. Zwar sind die Berichterstatter nicht immer fachlich qualifiziert, und manche Schilderungen scheinen vor allem dem Anheizen von

Emotionen zu dienen; trotzdem sind die Betroffenen und ihre Angehörigen zu Recht alarmiert.

Info
Dem Pflegepersonal bleibt immer weniger Zeit für die Bewohner, die immer mehr Zuwendung benötigen. So kommt es zu Fehlern, Defiziten und kritischen Situationen.

Woran liegt es, dass die Pflegeheime dermaßen in die Kritik geraten sind? Ihre Aufgaben haben sich in den letzten Jahren dramatisch verändert. Einerseits haben die Anforderungen an das Pflegepersonal zugenommen: Intensivere medizinische Pflege und höherer bürokratischer Aufwand führen in Kombination mit fachfremden Tätigkeiten wie Putz-, Hol- und Bringdiensten zu einer belastenden Arbeitsdichte. Andererseits sind Menschen, die in ein Pflegeheim ziehen, in der Regel älter und pflegebedürftiger als noch vor einem Jahrzehnt. Fazit: Dem Pflegepersonal bleibt immer weniger Zeit für die Bewohner, die immer mehr Versorgung und Zuwendung benötigen. Fehler und Defizite sind so vorprogrammiert; kritische Situationen häufen sich.

Trotzdem gibt es Methoden und Maßnahmen, die auch in einem Pflegeheim die größtmögliche Autonomie und Lebensqualität der Bewohner garantieren. Ich möchte Ihnen Mut machen, alle Möglichkeiten zu nutzen. Abseits des Enthüllungsjournalismus bietet Ihnen der Ratgeber Hintergrundinformationen und erklärt häufig vorkommende pflegerische Bezeichnungen und Maßnahmen im Kontext. So können Sie auch kritischen Situationen gut gerüstet entgegentreten. Sie werden feststellen, wie groß Ihr Einfluss ist. Sie müssen ihn nur geltend machen. Als Insiderin kann ich Ihnen zeigen, wie.

Um Ihnen die Realität nahezubringen, schildere ich Situationen, die ich in meiner langjährigen Berufstätigkeit als Krankenschwester in der ambulanten und stationären Altenpflege, als Dozentin in der Altenpflege und als Leiterin eines Fachseminars für Altenpflege immer wieder erlebt habe. Alle diese Situationen sind aktuell und authentisch. Auf die Situationsbeschreibung folgen jeweils eine Analyse zur Beleuchtung der Hintergründe und Zusammenhänge und daran anschließend Lösungsvorschläge.

Vorwort

INFO

Angehörige und Bewohnerinnen

Alle Personen, die einem Pflegeheimbewohner nahe stehen, also Verwandte, Freunde, Nachbarn und Bekannte, habe ich der Einfachheit halber als Angehörige bezeichnet; sie werden in der Folge als weibliche Einzelperson angesprochen. Auch für die Bewohner und Mitarbeiter eines Heims benutze ich bewusst die längere, weibliche Endung, weil Frauen in beiden Gruppen deutlich in der Überzahl sind. Aus diesem Grund sind auch in den meisten Karikaturen Frauen zu sehen. Es sind jedoch immer beide Geschlechter gemeint.

Mit Bedacht habe ich weder die tatsächlichen Namen der Personen noch die der Einrichtungen genannt; die gewählten Namen sind frei erfunden. Da die Probleme strukturbedingt sind, können sie in jedem Pflegeheim in der einen oder anderen Form auftreten.

Wenn Sie einschätzen wollen, welches Pflegeheim das Richtige ist und welche Maßnahmen Sie in einer Krise oder zur Vermeidung einer Krise ergreifen können, so schauen Sie hinter die Kulissen. Vieles wird dann verständlich und Sie werden feststellen: Wichtiger als jede Versicherungskarte sind für die Heimbewohnerin Sie, die Angehörige. Ihr Engagement wird für ihre Lebensqualität die ausschlaggebende Rolle spielen.

Wichtig

Wichtiger als jede Versicherungskarte sind für die Heimbewohnerin Sie, die Angehörige. Ihr Engagement wird für ihre Lebensqualität die ausschlaggebende Rolle spielen.

Die Umsetzung der Lösungsvorschläge wird nur in Zusammenarbeit mit dem Pflegepersonal möglich sein. Sie sind die maßgeblichen Personen, da sie als einzige ständigen und engen Kontakt zu den Bewohnerinnen haben und ihr direktes tägliches Umfeld prägen.

Deshalb gilt grundsätzlich: Bemühen Sie sich um eine entspannte, freundliche Atmosphäre. Wenn Sie höflich und rücksichtsvoll auf das Pflegepersonal zugehen, wird man Ihnen in der Regel auch so begegnen. Fachleute reagieren empfindlich, wenn sie den Eindruck haben, dass ihre Kompetenz infrage ge-

stellt wird – das gilt in besonderem Maße für die unter schwierigen Umständen arbeitenden Pflegekräfte.

Betonen Sie Ihr Ziel: Sie wollen gemeinsam mit dem Pflegepersonal die bestmöglichen Bedingungen für eine Bewohnerin schaffen, die Ihnen nahe steht. Gemeinsam können Sie dieses Ziel erreichen.

Der dritte Teil des Buches beschäftigt sich mit rechtlichen Fragen zum Heimgesetz, Heimvertrag und Einflussbereich des Heimbeirats und natürlich mit Finanzierungsfragen. Hier gibt es seit der Reform der Pflegeversicherung einige Veränderungen. Der Ratgeber bringt Sie auf den aktuellen Stand.

Allerdings wurden im Rahmen der Reform bei weitem nicht alle relevanten Themen erfasst. So fehlen beispielsweise eine erweiterte Definition der Pflegebedürftigkeit und umfassende Kriterien zur Beurteilung der Qualität von Heimen, die die Wahl eines Heims erleichtern würden. Daher ist für mich dieses gesellschaftlich hoch brisante Thema nach wie vor nicht abgeschlossen. Ich werde mich auch weiterhin mit Fragen zur Förderung der Lebenswelten alter, betreuungs- und pflegebedürftiger Menschen beschäftigen. Ab sofort können aktuelle Aspekte zum Thema unter www.seniorenberatung-miske.de abgerufen werden.

Ich lade Sie, die Leserinnen und Leser, herzlich ein, mir zum vorliegenden Ratgeber Rückmeldung zu geben, seien es Kritik, Anregungen, Lob oder Anfragen unter
andrea@seniorenberatung-miske.de.

Andrea Miske
Münster im Juli 2008

1 Basiswissen

Orientierung finden

Wohnen und Lebensqualität sind eng miteinander verknüpft. Das ist auch im Alter nicht anders. Aber die Bedürfnisse ändern sich mit zunehmendem Alter: Oftmals wird die Hilfe von anderen Menschen notwendig, ob im Haushalt, bei der Körperpflege oder der medizinischen Versorgung. Es gibt eine Vielzahl von Wohnmodellen, die diesen Bedürfnissen gerecht werden: von der Pflege in der eigenen Wohnung über betreutes Wohnen bis hin zum Pflegeheim. Wer sich frühzeitig Gedanken macht, wie Leben und Wohnen im Alter aussehen sollen, wird mit Sicherheit das Richtige für sich finden.

Pflege in den eigenen vier Wänden

Die meisten pflegebedürftigen Menschen haben den Wunsch, in gewohnter Umgebung von ihren Angehörigen versorgt zu werden. Das stellt diese vor viele Fragen, die dringendste lautet: Können und wollen wir die häusliche Pflege leisten? Meist werden die weiblichen Familienmitglieder, Ehefrauen, Partnerinnen, Töchter und Schwiegertöchter, mit dem Wunsch konfrontiert, die Hauptverantwortung für die Pflege und Betreuung zu übernehmen. Häufig wird diesem Wunsch entsprochen: Rund zwei Drittel der hilfe- oder pflegebedürftigen älteren Menschen werden im häuslichen Umfeld versorgt, die meisten von ihrer Familie.

Info
Rund zwei Drittel der hilfe- oder pflegebedürftigen älteren Menschen werden zu Hause versorgt, die meisten von ihrer Familie.

Die Leistung der pflegenden Angehörigen kann dabei gar nicht hoch genug eingeschätzt werden, da die Pflege in der Regel hohe körperliche und psychische Anforderungen an sie stellt und ihr Privatleben oftmals grundlegend verändert. Häufig müssen sie eigene Pläne wie Urlaub oder einen Umzug verschieben, im Beruf kürzertreten, eine Pause einlegen oder im Extremfall sogar kündigen. Dadurch wird der eigene Lebensentwurf völlig verändert. Erschwerend kommt hinzu, dass in der Familie manchmal Konflikte entstehen, wenn Partner und Kinder sich vernachlässigt fühlen. Dann kann der Druck auf pflegende Angehörige so groß werden, dass sie der Gesamtbelastung nicht mehr gewachsen sind.

Umso wichtiger ist es, die Entscheidung für eine Übernahme der Pflege vorab gründlich zu überdenken – zum eigenen Wohl, dem des pflegebedürftigen Menschen und aller anderen Beteiligten. Die folgende Checkliste soll Ihnen bei der Entscheidung helfen.

Soll ich die Pflege zu Hause übernehmen?

Setzen Sie sich mit Ihrem Verhältnis zum pflegebedürftigen Menschen auseinander

Wesentliche Voraussetzung dafür, dass die Pflege zu Hause gelingt, ist eine grundsätzlich gute, entspannte Beziehung. Belastungen, wie sie die Pflege häufig mit sich bringt, sind schwer zu bewältigen, wenn das Verhältnis zwischen den Beteiligten ohnehin kompliziert ist. Auf der anderen Seite helfen Nähe und ein liebe- und respektvoller Umgang dabei, auch größere Strapazen zu überstehen.

Gehen Sie davon aus, dass sich während einer lang andauernden Pflege die Beziehung zueinander verändern kann. So können einerseits früher selbstständige Menschen schwach und hilflos werden und auf die zunehmende Hilflosigkeit unter Umständen mit Rückzug oder Aggressionen reagieren, auch und gerade Ihnen gegenüber. Andererseits müssen Sie als Hauptpflegeperson in immer größerem Umfang eine aktive Rolle spielen und Verantwortung übernehmen.

Dieser Rollenwechsel kann für beide Seiten sehr schwierig und schmerzvoll sein. Daher ist es wichtig, dass zumindest zu Beginn das Verhältnis harmonisch ist, denn nur dann bedeutet die Pflegesituation nicht nur Mühe und Belastung, sondern kann auch eine neue Nähe und Vertrautheit schaffen.

Schaffen Sie sich Klarheit über Ihre Beweggründe

Eng verbunden mit der ersten Frage ist die Frage nach Ihrer Motivation. Auch wenn der pflegebedürftige Mensch Ihnen nahe steht und die Beziehung zu ihm konfliktfrei ist, sind Sie für die Übernahme seiner Versorgung vielleicht nicht die richtige Person. Überprüfen Sie kritisch Ihre Beweggründe. Wenn Sie die Verantwortung vorwiegend aus schlechtem Gewissen oder Schuldgefühlen übernehmen, besteht die Gefahr, dass sie schnell zur unerträglichen Last wird.

Auch wenn Sie sich den stillschweigenden oder ausgesprochenen Forderungen vonseiten des pflegebedürftigen Menschen oder dritter Personen beugen, steht die Pflege von vornherein unter einem schlechten Zeichen. Sollte der Gedanke an die Übernahme der Pflege bei Ihnen Abwehr und Ängste hervorrufen, so lehnen Sie ab. Sie

entziehen sich damit nicht Ihrer Verantwortung, sondern suchen nur eine andere, bessere Lösung.

Wenn Sie sich jedoch dazu entscheiden, die Pflege und Betreuung eines pflegebedürftigen Menschen zu übernehmen, so stellen Sie am besten schon im Vorfeld die Weichen zu einem reibungslosen Tagesablauf. Dazu gehören die Anpassung der Wohnung an die neue Situation, das Aneignen von Pflegewissen und nicht zuletzt die Einsicht, dass es allen Beteiligten nur dann gut gehen kann, wenn es auch Ihnen gut geht.

Tipp
Vielleicht fällt es Ihnen zum jetzigen Zeitpunkt schwer abzusehen, welche Umbaumaßnahmen notwendig sind. Suchen Sie sich daher professionelle Hilfe (Adressen siehe Anhang).

Sorgen Sie für eine pflegegerechte Anpassung der Wohnung

Die Räumlichkeiten des pflegebedürftigen Menschen sollten bestimmten Ansprüchen genügen. Idealerweise liegen sie ebenerdig oder sind über einen Aufzug zu erreichen. Sie können bequem beheizt und belüftet werden und verfügen über einen gut zugänglichen Garten oder Balkon, damit der pflegebedürftige Mensch auch bei zunehmender Gebrechlichkeit an die frische Luft kommt, ohne das Haus verlassen zu müssen. Die Räume sollten großzügig geschnitten sein und nicht verwinkelt, damit er sich bequem bewegen kann, auch wenn er auf eine Gehstütze oder einen Rollstuhl angewiesen ist. Aus diesem Grund müssen die Räume auch barrierefrei und die Türen 80 bis 90 Zentimeter breit sein.

Sehr hilfreich kann es sein, für die Umgestaltung oder pflegegerechte Anpassung der Wohnräume die Dienste einer Wohnberatungsstelle in Anspruch zu nehmen. Wenn Sie es wünschen, kommen die Mitarbeiter ins Haus und stellen vor Ort fest, wie die Wohnung dem Bedarf entsprechend angepasst werden kann. Die Wohnberatung ermittelt auch, welche Kostenträger für die Finanzierung einzelner Maßnahmen zuständig sind und hilft Ihnen bei der Durchsetzung Ihrer Ansprüche.

INFO

Hilfsmittel

Informationen über das passende Pflegebett und weitere Hilfsmittel, die dazu dienen, die Selbstständigkeit der Pflegebedürftigen zu unterstützen und Ihnen die Pflege zu erleichtern, wie zum Beispiel Gehhilfen, Toilettenstuhl und Badewannenlift, erhalten Sie bei örtlichen Wohn- und Pflegeberatungsstellen (Adressen s. Anhang), Sozialstationen und in Sanitätshäusern.

Eignen Sie sich ausreichendes Pflegewissen und -können an

»Ein gutes Herz und eine ruhige Hand« reichen nicht aus, um eine verantwortungsvolle Pflege zu Hause zu gewährleisten. Vielmehr benötigen Sie medizinische und pflegerische Grundkenntnisse, um Verschlechterungen des Gesundheitszustands des pflegebedürftigen Menschen rechtzeitig erkennen und Pflegesituationen richtig einschätzen zu können. Auch für den Austausch mit Ärzten, Pflegekräften oder Physiotherapeuten sind ein solides Grundwissen und Kenntnisse der Fachbegriffe sehr hilfreich.

Daneben benötigen Sie aber auch praktische Fertigkeiten, um sich und den pflegebedürftigen Menschen nicht zu gefährden. Wie müssen Sie vorgehen, um ihn sicher von der Bettkante auf den danebenstehenden Stuhl zu setzen? Wie beziehen Sie ein Bett möglichst kräfteschonend, wenn er nicht mehr aufstehen kann? Was bedeutet »aktivierende Pflege« und wie ist sie im Alltag umzusetzen?

Diese und ähnliche Fragen werden zum Beispiel in Pflegekursen beantwortet, die kostenlos von den Krankenkassen in Zusammenarbeit mit Wohlfahrtsverbänden oder Pflegediensten angeboten werden. Durch die Teilnahme an einem solchen Kurs können Sie sich auch zwanglos und unverbindlich mit anderen pflegenden Angehörigen austauschen und so entlasten.

Falls Ihnen der Besuch eines Kurses nicht möglich ist, bieten Pflegedienste, die einen entsprechenden Vertrag mit der Pflegekasse abgeschlossen haben, auch individuelle, ebenfalls kostenlose Kurse zu Hause an. Sie beraten bei der Organisation, der Einrichtung und Ausstattung der Wohnung oder des Krankenzimmers, beim Einsatz sinnvoller technischer Hilfsmittel und sie führen bei Bedarf eine spezielle pflegerische Unterweisung durch.

Tipp

Keine Angst vor Fachbegriffen: Es gibt Gesundheits- und Pflegeratgeber, die speziell für Menschen ohne medizinische Vorkenntnisse geschrieben sind.

Tipp

Nehmen Sie an einem kostenlosen Pflegekurs teil. Sie werden von den Krankenkassen in Zusammenarbeit mit Wohlfahrtsverbänden oder Pflegediensten angeboten.

Achten Sie auf Ihr eigenes Wohlergehen

Zu der körperlichen Anstrengung durch die praktische Pflegetätigkeit kommt die psychische Belastung. Im Pflegealltag können Sie einander nicht aus dem Weg gehen, egal ob Sie erschöpft oder gereizt sind oder der pflegebedürftige Mensch einen schlechten Tag hat, an dem er rücksichtslos, anspruchsvoll oder ungerecht ist. Zudem kann sich der Gesundheitszustand verschlechtern und Anlass zu vermehrter Sorge geben. So können äußerst bedrückende Situationen entstehen, in denen es Ihnen vielleicht hilft, sich längerfristig mit anderen, in ähnlicher Weise Betroffenen austauschen zu können.

Eine gute Entlastung bieten hier Gesprächskreise für pflegende Angehörige. Die Erfahrungen von Menschen, die sich in einer ähnlichen Situation befinden, und die gegenseitige Unterstützung können Ihnen eine große Hilfe sein. Den Kontakt zu einem Gesprächskreis können Sie über Pflegeberatungsstellen herstellen. Problematische Situationen können sich aber auch dramatisch zuspitzen. Im Fall einer kurzfristigen Belastung helfen Ihnen dann die Telefonseelsorge, die Krisenhilfe bzw. der Krisennotdienst.

Tipp

Entspannungsverfahren wie Autogenes Training und Muskelentspannung nach Jakobsen helfen, mit Belastung besser umzugehen und Warnsignale des Körpers bewusster wahrzunehmen.

So hilfreich es ist, sich im Notfall an kompetente Gesprächspartner wenden zu können, noch besser ist es, Krisen und Erschöpfung gar nicht erst aufkommen zu lassen. Pflegende Angehörige neigen dazu, aus lauter Sorge um den pflegebedürftigen Menschen die Warnzeichen ihres eigenen Körpers zu ignorieren und ihre eigenen Bedürfnisse nicht mehr wahrzunehmen. So besteht auch für Sie die Gefahr, sich ständig zu überfordern und dadurch selbst krank zu werden. Dem können Sie vorbauen, indem Sie der Pflege einen klar definierten Platz in Ihrem Alltag einräumen und so verhindern, dass sie Ihre gesamte Zeit, Kraft und Aufmerksamkeit beansprucht.

INFO

Telefonseelsorge

Die Telefonseelsorge ist ein bundesweit geltendes Angebot der Kirchen. Rund um die Uhr beraten geschulte Mitarbeiter anonym und vertraulich und spenden bei Bedarf Trost. Sie ist gebührenfrei unter den Telefonnummern 0800/1110–111 und 0800/1110–222 zu erreichen. Unter www.telefonseelsorge.de können Sie sich außerdem in einem geschützten Chat beraten lassen.

Krisenhilfe/Krisennotdienst

Hierbei handelt es sich, anders als bei der Telefonseelsorge, um lokale Angebote. Die Krisenhilfe bietet telefonische Beratung während der regulären Dienstzeiten. Am Wochenende leistet der Krisennotdienst rund um die Uhr überbrückende Hilfe im Notfall, bis wieder die reguläre Beratung und Behandlung von Fachdiensten und Praxen in Anspruch genommen werden kann. Die örtlichen Adressen und Rufnummern finden Sie im Internet unter www. dajeb.de.

Sorgen Sie für körperliche und psychische Entspannung, indem Sie ganz bewusst Ihre Hobbys pflegen. Nehmen Sie sich ausreichend Zeit für Ihre Familie, Ihren Freundes- und Bekanntenkreis und erholen Sie sich in regelmäßigen Urlaubszeiten. Auch Sie als Hauptpflegeperson sind nicht jederzeit und für alles verantwortlich, sondern haben Anspruch auf Unterstützung und ein Privatleben. Den notwendigen Ausgleich erhalten Sie nur dadurch, dass Sie – möglichst gleich zu Beginn der Pflege – die Belastung auf mehrere Personen verteilen.

Rufen Sie dazu eine Familienkonferenz ein und besprechen Sie mit den Mitgliedern, welche Aufgaben jeder Einzelne übernehmen kann. Dabei sollte Ihnen jede Hilfe und Unterstützung willkommen sein, sei es beispielsweise die Erledigung des Einkaufs, regelmäßiges Vorlesen oder die Wäschepflege.

Außer durch das familiäre Pflegeteam kommt auch eine Unterstützung durch Nachbarn infrage. Wenn Sie eine gute, vertrauensvolle Beziehung zu ihnen aufgebaut haben, werden sie Ihnen gerne helfen, wenn es nötig ist. Eine besondere Form der Nachbarschaftshilfe wird durch Seniorengenossenschaften erbracht (s. Kasten).

INFO

Seniorengenossenschaft

Mitglieder einer Seniorengenossenschaft erbringen Dienstleistungen beispielsweise in Form von Betreuung, leichten hauswirtschaftlichen Arbeiten und Besorgungen. Ihre Entlohnung erfolgt in der Regel nicht in Form von Geld, sondern durch Guthabenpunkte, die eingetauscht werden können, wenn sie selbst einmal Hilfe benötigen. Um die Dienstleistungen in Anspruch nehmen zu können, müssen in der Regel der pflegebedürftige Mensch selbst oder ein naher Verwandter Mitglied sein. Manche Genossenschaften bieten darüber hinaus aber auch Leistungen zu einem sehr geringen Stundenlohn für Nichtmitglieder an (Adressen siehe Anhang).

Erwägen Sie auch, Ehrenamtliche einzubeziehen. Das sind in der Regel Laien, die durch Fort- und Weiterbildungen für Hilfen im Alltag wie Einkaufen, Lesen und Spazierengehen oder Begleitung bei Arztbesuchen geschult wurden. Da sie freiwillig helfen, können sie sich ausgeruht und gut gelaunt der Betreuung widmen. Dadurch gewinnen alle Beteiligten. Sie als Hauptverantwortliche wissen den pfle-

gebedürftigen Menschen in guten Händen und können beruhigt einige freie Stunden nutzen und genießen. Und auch er selbst profitiert: Da er meist nur noch Kontakt zu einem kleinen Personenkreis hat, besteht auch für ihn die Gefahr der Isolation. Durch Ehrenamtliche erfährt er nun Zuspruch und Interesse durch eine Person außerhalb der Familie, die Abwechslung in sein Leben bringt. Informationen und Kontakt zu Ehrenamtlichen erhalten Sie über Pflegeberatungsstellen und den kommunalen Sozialdienst.

Tipp

Achten Sie auf Ihr eigenes Wohlergehen: Auch Sie als Hauptpflegeperson sind nicht jederzeit und für alles verantwortlich, sondern haben Anspruch auf Unterstützung und ein Privatleben.

Wenn Sie sich trotz guten Willens und Unterstützung mit der Pflege überfordert fühlen, so bedenken Sie, dass Sie langfristig nur dann in der Lage sein werden, den Pflegealltag gut zu bewältigen, wenn Ihre eigene Gesundheit und Ihr Wohlergehen gewährleistet sind. Deshalb sollten Sie nicht zögern, zusätzlich auch professionelle Hilfe in Anspruch zu nehmen. Deren Finanzierung kann, bei Vorliegen der entsprechenden Voraussetzungen, durch die Zahlungen der Pflegeversicherung unterstützt werden.

Suchen Sie sich professionelle Unterstützung

Die Zahl der Unterstützungsangebote ist groß und auf den ersten Blick unübersichtlich. Die Kunst besteht darin, die passenden Angebote auszuwählen und entsprechend Ihrer persönlichen Situation in optimaler Weise zu kombinieren. Informationen hierzu finden Sie in den folgenden Kapiteln.

Ambulante Pflegedienste

Neben den Wohlfahrtsverbänden bieten privat-gewerbliche Träger ambulante Pflegedienste an. Die Leistungen umfassen neben der ausführlichen Beratung in der Regel

- die Grundpflege,
- die Behandlungspflege und
- die hauswirtschaftliche Versorgung.

Darüber hinaus bieten viele ambulante Dienste Zusatzleistungen an, wie beispielsweise Gesprächskreise, die Beschaffung von Hilfsmitteln, Mahlzeiten- und Einkaufsdienste.

Suchen Sie zunächst die Adressen nahe gelegener Anbieter heraus und bitten Sie um Zusendung von Informationsmaterial. Vergleichen Sie dann die Angebote hinsichtlich der Pflegeleistung, Preise und Gestaltung des Vertrags und treffen Sie eine engere Auswahl. Führen Sie mit diesen ambulanten Diensten ein kostenfreies Erstgespräch, um detaillierte Informationen zu erhalten, möglichst in Verbindung mit einem unverbindlichen Hausbesuch. Schon im Vorfeld sollten Sie gemeinsam mit dem pflegebedürftigen Menschen genau überlegen, welche Leistungen Sie benötigen. Die Planung kann sich sowohl auf die Art der Pflegetätigkeit als auch den Zeitpunkt beziehen.

Info

Zur Grundpflege gehören Körperpflege, Nahrungsaufnahme, Ausscheidung, Lagerung und Mobilisation.

Art der Pflegetätigkeiten. Welche pflegerischen Maßnahmen und Tätigkeiten übernehmen Sie ungern? Bei welchen fühlen Sie sich unsicher oder reicht Ihre Kraft nicht aus? In welchen Situationen ist es für den pflegebedürftigen Menschen unangenehm, auf Ihre Hilfe angewiesen zu sein? Überlassen Sie alle diese Tätigkeiten vertrauensvoll professionellen Pflegekräften.

Zeitpunkt. Vielleicht benötigen Sie besonders viel Hilfe an bestimmten Wochentagen, beispielsweise immer, wenn der pflegebedürftige Mensch ein Wannenbad nimmt? Oder benötigen Sie besonders viel Entlastung am Wochenende, um dann Zeit für Ihre Familie zu haben? Planen Sie die gewünschten Einsätze

nach Ihren Bedürfnissen und in Absprache mit dem pflegebedürftigen Menschen. Legen Sie beim Erstgespräch Ihre Wünsche und Vorstellungen deutlich dar.

Leistung. Kann der ambulante Dienst alle Leistungen erbringen, die Sie benötigen? Die Klärung dieser Frage ist besonders wichtig, wenn Sie spezielle pflegerische Leistungen erwarten, wie beispielsweise die Versorgung eines demenzkranken Menschen, einer beatmeten Patientin oder Sterbebegleitung. In diesem Zusammenhang sollten Sie auch klären, ob die medizinische Behandlungspflege von examinierten Krankenpflegekräften durchgeführt wird. Wenn Sie einen demenzkranken Menschen versorgen, kann es auch wichtig sein, mit dem ambulanten Dienst zu klären, ob er Einzelbetreuung zu Hause nach dem Pflegeleistungsergänzungsgesetz (§ 45a SGB XI) anbietet (s. Kasten).

INFO

Pflegeleistungsergänzungsgesetz

Nach der Reform der Pflegeversicherung, die am 1. Juli 2008 in Kraft getreten ist, können auch Personen, die einen erheblichen Bedarf an allgemeiner Beaufsichtigung und Betreuung haben, körperlich aber gesund sind, die Kosten für bestimmte qualitätsgesicherte Betreuungsleistungen erstattet bekommen:

- Tages- und Nachtpflege
- Kurzzeitpflege
- Leistungen zugelassener Pflegedienste, soweit es sich um besondere Angebote der allgemeinen Anleitung und Betreuung handelt
- Leistungen der nach Landesrecht anerkannten niedrigschwelligen Betreuungsangebote, beispielsweise Einzelbetreuung durch qualifizierte Ehrenamtliche

Die Begutachtung erfolgt durch den Medizinischen Dienst der Krankenkassen.

Bezugspflege. Niemand möchte von ständig wechselnden, unzureichend informierten Pflegekräften versorgt werden. Klä-

ren Sie daher im Vorfeld, ob die Betreuung und Pflege von einer festen Ansprechpartnerin verantwortet und organisiert wird. Die Zahl der regelmäßig eingesetzten Pflegekräfte sollte überschaubar sein, damit ein Vertrauensverhältnis zwischen ihnen und dem pflegebedürftigen Menschen entstehen kann.

Flexibilität. Können die Einsätze entsprechend den Gewohnheiten und Wünschen des pflegebedürftigen Menschen geplant werden? Dieser Punkt betrifft vor allem die Zeiten des Aufstehens und Zubettgehens. Können bei Bedarf auch kurzfristig zusätzliche Einsätze erfolgen, auch nachts und am Wochenende?

Pflegeplanung und -dokumentation. Wird die geplante, individuelle Pflege mit dem pflegebedürftigen Menschen und mit Ihnen besprochen? Ist die Planung für Sie schlüssig? Die Pflegedokumentation ist gesetzlich vorgeschrieben. Sie spielt eine wichtige Rolle bei einer Überweisung ins Krankenhaus oder einem Wechsel des ambulanten Dienstes. Darüber hinaus dient sie als Nachweis der durchgeführten Pflege, da alle erbrachten Leistungen von den Pflegekräften aufgelistet werden müssen. Jeweils am Monatsende werden Ihnen diese Leistungsnachweise vorgelegt. Da die Pflegedokumentation bei Ihnen bleibt, können Sie jederzeit nachvollziehen, welche Leistungen erbracht wurden, und die monatliche Abrechnung überprüfen.

Kostenkalkulation. Ambulante Dienste mit einem Versorgungs- und Vergütungsvertrag rechnen die Kosten der Grundpflege, d.h. Körperpflege, Nahrungsaufnahme, Ausscheidung, Lagerung und Mobilisation sowie der hauswirtschaftlichen Versorgung mit der Pflegekasse ab. Dabei werden Pflegehandlungen, die häufig gemeinsam in Anspruch genommen werden, in »Leistungskomplexen« oder »Modulen« zusammenfasst und mit einer feststehenden Punktzahl bewertet.

INFO

Behandlungspflege

Die Kosten der medizinischen Behandlungspflege, beispielsweise für das Verabreichen von Spritzen oder die Wundversorgung, rechnet der ambulante Dienst mit der Krankenkasse ab. Voraussetzung für die Kostenerstattung ist immer eine ärztliche Verordnung.

Daraus wiederum berechnet sich der Preis. Gerade weil das Abrechnungssystem so kompliziert ist, sollte aus der Kalkulation deutlich hervorgehen, welche Kosten die Pflegekasse übernimmt und welche Leistungen privat zu zahlen sind. Lassen Sie sich, um nicht überrascht zu werden, einen Kostenvoranschlag machen, überprüfen Sie die Zahlen auf ihre Verständlichkeit und vergleichen Sie sie mit den aktuellen Vergütungsvereinbarungen zwischen Pflegekassen und Pflegediensten.

Vernetzung. Wichtig für eine umfassende pflegerische Versorgung ist auch die Frage, wie gut der Pflegedienst mit anderen Einrichtungen des Gesundheitsbereichs zusammenarbeitet. Kontakte können sich als sehr hilfreich erweisen, beispielsweise zu

- Apotheken
- Sanitätshäusern
- ärztlichen Versorgungszentren
- Rehabilitationskliniken
- Tagesstätten

Tipp
Nicht die Geduld verlieren: Die Zusammenarbeit mit einem ambulanten Pflegedienst muss sich erfahrungsgemäß erst einspielen.

Die Zusammenarbeit mit einem ambulanten Pflegedienst muss sich erfahrungsgemäß erst einspielen. Verlieren Sie also nicht vorzeitig die Geduld, sondern weisen Sie deutlich auf Ihr Anliegen und gegebenenfalls auf getroffene Vereinbarungen hin.

Entscheidend dafür, ob die Leistung ambulanter Dienste über die konkrete Hilfestellung hinaus eine wertvolle Entlastung bedeutet, ist weitgehend vom gegenseitigen Verständnis und der Sympathie zwischen allen Beteiligten abhängig.

Der Pflegevertrag

Die Pflegedienste gestalten ihre Verträge selbst, sind dabei jedoch an geltende Rahmenbedingungen und Qualitätsgrundsätze gebunden. Dementsprechend sollte dem Pflegevertrag eine Kopie des Landesrahmengesetzes und der Qualitätsgrundsätze beigefügt sein. Prüfen Sie den Vertrag in Ruhe zu Hause und wenden Sie sich bei Fragen an die Verbraucherzentrale und an Ihre Pflegekasse. Häufige Fragen betreffen unter anderem die folgenden Punkte.

- ☐ **Regelung zusätzlicher Leistungen.** Hier werden die Kosten und die Finanzierung der Leistungen erfasst, die nicht von der Pflegekasse übernommen werden, beispielsweise Friseur- und Begleitdienste.

- ☐ **Absage eines Pflegetermins.** Termine sollten Sie bis 12 Uhr des Vortags absagen, damit Ihnen keine Kosten entstehen. Sind plötzliche Terminausfälle beispielsweise wegen einer Krankenhauseinweisung des pflegebedürftigen Menschen nicht von Ihnen zu verantworten, dürfen sie vom ambulanten Dienst nicht berechnet werden.

- ☐ **Schlüsselverwahrung.** Wenn die Pflegekräfte einen Schlüssel benötigen, um in die Wohnung zu gelangen, so muss sich der ambulante Dienst dazu verpflichten, für eine sichere Verwahrung zu sorgen.

- ☐ **Honorarerhöhungen.** Preiserhöhungen aufgrund von Verhandlungen zwischen den Pflegekassen und ambulanten Diensten müssen schriftlich angekündigt werden. Dies gilt auch für Honorarerhöhungen für Leistungen, die Sie selbst zahlen müssen. In beiden Fällen können Sie ohne Wahrung einer Frist zu dem Zeitpunkt kündigen, an dem die Erhöhung in Kraft tritt.

- ☐ **Zahlungsbedingungen.** Ambulante Dienste müssen jeden Monat entsprechend den von ihnen erbrachten Leistungen abrechnen.

- ☐ **Haftungsfragen.** Pflegekräfte eines ambulanten Dienstes müssen durch eine Berufshaftpflichtversicherung abgesichert sein.

- ☐ **Ende des Pflegeverhältnisses.** Die gesetzliche Kündigungsfrist von Ihrer Seite beträgt zwei Wochen zum Monatsende. Für den Pflegedienst sollte eine Kündigungsfrist von vier Wochen im Vertrag festgeschrieben sein, damit Sie und der pflegebedürftige Mensch nicht plötzlich ohne Hilfe sind. Während einer Unterbrechung, beispielsweise durch einen Krankenhausaufenthalt oder Urlaub, ruht der Vertrag. Im Todesfall endet das Vertragsverhältnis sofort.

Teilstationäre Pflege

Wenn die Pflege zu Hause auf Schwierigkeiten stößt, stellen die Tages- und Nachtpflege sowie die Kurzzeitpflege Alternativen dar. Hierbei behält die pflegebedürftige Person ihre Wohnung und sucht nur vorübergehend oder zu bestimmten Tageszeiten eine stationäre Einrichtung auf. Eine solche Kombination bietet vielerlei Möglichkeiten.

Tagespflege. Die meisten Tagespflegeplätze werden von Pflegeheimen angeboten. Hilfebedürftige Menschen werden hier etwa acht Stunden täglich betreut und können den Tag in Gesellschaft verbringen, wohnen und schlafen jedoch zu Hause. An Wochenenden und Feiertagen werden sie in der Regel von ihren Angehörigen und ambulanten Diensten versorgt. Pflegende Angehörige werden durch die Tagespflege entlastet, der pflegebedürftige Mensch gezielt gefördert und unterstützt. Der Besuch kann auch an nur zwei oder drei Tagen in der Woche erfolgen. Die Angebote von Tagespflegeeinrichtungen unterscheiden sich häufig stark voneinander (s. Kasten).

Info
Für demenzkranke Menschen gibt es spezielle Betreuungsgruppen als Tagespflege.

Da die Tagespflege in den meisten Fällen einem Pflegeheim angegliedert ist, können Sie und Ihre Angehörige auf diese Weise die Einrichtung auch im Hinblick auf einen möglichen späteren

INFO

Tagespflege

Die Angebote der Einrichtungen sind unterschiedlich. Meist umfassen sie:

- Transport von der Wohnung in die Einrichtung und zurück
- Verpflegung
- pflegerische Maßnahmen wie das wöchentliche Wannenbad, Begleitung bei Toilettengängen, Verabreichung von Medikamenten oder Wundversorgung
- Beschäftigungs- und Therapieangebote wie Spaziergänge, Zubereitung von Mahlzeiten, Lesestunden, Gymnastik und Gedächtnistraining

Einzug kennenlernen. Die Tagesbetreuung steht auch allein lebenden älteren Menschen zur Verfügung, die durch dieses Angebot neue Anregungen und Kontaktmöglichkeiten erhalten.

Nachtpflege. Im Unterschied zur Tagespflege gibt es bisher nur wenige Angebote zur Nachtpflege. Menschen mit einem hohen nächtlichen Pflegebedarf oder einem veränderten Tag-Nacht-Rhythmus können hier während der Nacht betreut werden. Pflegenden Angehörigen bietet das Angebot die Möglichkeit, ungestört und unbesorgt durchschlafen zu können.

Kurzzeitpflege. Bei der Kurzzeitpflege handelt es sich um ein vollstationäres Pflegeangebot für die begrenzte Dauer von Tagen oder Wochen. Diese Form der Pflege ist häufig Krankenhäusern oder Pflegeheimen angegliedert. Qualifizierte Fachkräfte gewährleisten die professionelle Pflege und Betreuung des pflegebedürftigen Menschen. Einerseits kann die Kurzzeitpflege genutzt werden, um einen Krankenhausaufenthalt der Pflegebedürftigen zu vermeiden oder zu verkürzen. Andererseits dient sie der Entlastung von pflegenden Angehörigen, die vorübergehend nicht in der Lage sind, die Pflege zu leisten, beispielsweise, weil sie krank oder im Urlaub sind.

In jedem Fall kann die Kurzzeitpflege dem pflegebedürftigen Menschen Abwechslung und Kontakt zu anderen Menschen bieten. Deshalb spielen neben der pflegerischen Versorgung die therapeutischen Angebote und Leistungen der Einrichtung eine wichtige Rolle. Auch die Erfahrung während einer Kurzzeitpflege in einem Pflegeheim können Sie als Entscheidungshilfe für den Fall einer späteren Suche nach einem dauerhaften Heimplatz nutzen.

Tipp

Nutzen Sie die Zeit in der Kurzzeitpflege, um den Alltag in einem Pflegeheim kennenzulernen.

Mobile Soziale Hilfsdienste und Hausnotrufdienst

Info
Die Mitarbeiter der Hilfsdienste werden meist stundenweise bezahlt.

Tipp
Der Besuch eines »stationären Mittagstisches« ist eine gute Gelegenheit, andere Menschen zu treffen und das Haus im Hinblick auf einen späteren Einzug kennenzulernen.

Von den Mobilen Sozialen Hilfsdiensten (MSD) werden die unterschiedlichsten Serviceleistungen erbracht. Häufig sind sie einem ambulanten Dienst oder einem Heim zugeordnet oder werden von ihnen vermittelt.

Mahlzeitendienste. Essensdienste »auf Rädern« helfen, wenn der pflegebedürftige Mensch tagsüber allein ist und ihm das Kochen schwerfällt. Sie liefern täglich eine warme Mahlzeit oder einen Wochenvorrat Tiefkühlkost ins Haus. Erste Entscheidungshilfe bei der Wahl eines Anbieters sollte ein Probemenü sein, denn das Wichtigste ist, dass das Essen schmeckt. Für die Wahl der täglichen Lieferung einer warmen Mahlzeit spricht, dass hierbei auch ein – wenn auch kurzer – sozialer Kontakt stattfindet. Auch der »stationäre Mittagstisch« findet immer größere Verbreitung. Häufig ist er in Tagesstätten oder Pflegeheimen eingerichtet.

Hilfen zur Haushaltsführung. Sie umfassen beispielsweise Einkaufshilfe, Wäschedienste, Hilfe beim Kochen und Heizen, beim Treppe- und Fensterputzen, Gardinenabnehmen und -aufhängen oder beim Bettenbeziehen.

Mobile Reinigungs-, Renovierungs- und Reparaturdienste. Sie reinigen zum Beispiel Teppichböden, entrümpeln den Keller und führen kleine Reparaturen aus, die sich für hauptberufliche Handwerker nicht lohnen würden.

Friseurbesuch, Maniküre und Pediküre. Zum Haareschneiden, zur Hand- oder Fußpflege kommen entsprechend ausgebildete Menschen ins Haus.

Begleitservice. Hierzu gehören Fahrten zu Ärzten oder Veranstaltungen oder die Begleitung zu Ämtern.

Mobile Bücherdienste, Besuchs-, Schreib- und Vorlesedienste. Weil sie Kontakte und Anregungen bieten, können diese Dienste besonders wichtig sein für pflegebedürftige Menschen, die das Haus nur selten verlassen und deshalb Gefahr laufen, zu vereinsamen.

Hausnotrufdienst und Telefonketten. Hilfebedürftige Menschen fürchten besonders Situationen, in denen sie allein sind und plötzlich Hilfe benötigen. So haben sie Angst, in der eigenen Wohnung zu stürzen und sich nicht bemerkbar machen zu können. Hier kann ein Hausnotrufsystem eine Lösung bieten. Über einen kleinen Apparat mit Notruftaste, den sogenannten »Funkfinger«, der an einem Band um den Hals oder wie eine Armbanduhr getragen wird, kann der pflegebedürftige Mensch jederzeit ein Alarmsignal auslösen, das an eine Notrufzentrale weitergeleitet wird.

Diese verfügt über alle notwendigen Daten der Teilnehmerin, um schnell Hilfe leisten zu können, wie beispielsweise deren Name und Adresse, Telefonnummern des Hausarztes, der Angehörigen und gegebenenfalls eines ambulanten Pflegedienstes. Voraussetzungen für die Installation des »Hausnotrufs« sind ein Telefonanschluss und ein Zusatzgerät. Mittlerweile gibt es auch die Möglichkeit, außerhalb des Hauses über ein Handy mit Notruftaste Hilfe herbeizurufen.

Sehr verbreitet sind inzwischen auch Telefonketten, bei denen sich eine kleine Gruppe hilfebedürftiger Menschen gegenseitig in einer festgelegten Reihenfolge anruft. Sobald eine Person zur festgelegten Zeit nicht erreichbar ist, kümmern sich die anderen Teilnehmerinnen um Hilfe.

TIPP

Richtig kombiniert

Für Berufstätige, die einen pflegebedürftigen Menschen versorgen, bietet die Kombination von Dienstleistungen ambulanter Pflegedienste und mobiler Hilfsdienste häufig eine ideale Lösung. Vielleicht würden Sie sich aber auch wohler fühlen, wenn er ganztägig betreut wird, können diese Leistung aber nicht finanzieren. Dann sollten Sie den Einsatz einer Haushaltshilfe aus Osteuropa erwägen.

Haushaltshilfen aus Osteuropa

Seit 2005 dürfen Haushaltshilfen aus Polen, Slowenien, Ungarn, der Slowakei, Tschechien, Rumänien und Bulgarien zur Versorgung hilfebedürftiger Menschen beschäftigt werden. Seit 2005 ist es erlaubt, ausländische Dienstleister aus den EU-Beitrittsländern in die Bundesrepublik und nach Österreich zu engagieren. Dabei muss unterschieden werden zwischen Arbeitnehmerverhältnissen und Dienstleistungsverhältnissen.

Arbeitnehmerverhältnis

Für die Vermittlung von Haushaltshilfen aus den EU-Beitrittsländern in die Bundesrepublik ist ausschließlich die Zentrale Arbeitsvermittlung (ZAV) der Bundesagentur zuständig, private Arbeitsvermittlungen sind nicht zulässig. Engagieren Sie als Angehörige für einen pflegebedürftigen Menschen in Ihrem Haushalt eine Haushaltshilfe über die ZAV, so werden Sie damit zur Arbeitgeberin mit einer Reihe von Pflichten.

Info
Haushaltshilfen aus Osteuropa dürfen keine medizinisch-pflegerischen Tätigkeiten übernehmen, sondern nur Hilfe im Haushalt und bei der Grundpflege leisten.

Sie müssen für die Beschäftigte eine Kranken- und Unfallversicherung abschließen und den Arbeitgeberanteil der Sozialversicherung leisten (250–375 €). Die Haushaltshilfe hat Anspruch auf einen Tariflohn zwischen 1.000 und 1.200 € monatlich, ein eigenes Zimmer und Verpflegung. Ihre Arbeitszeit beträgt 38,5 Stunden wöchentlich; längere Arbeitszeiten müssen durch zusätzlichen Urlaub oder Sonderzahlungen ausgeglichen werden. Die Haushaltshilfe darf keine medizinisch-pflegerischen Tätigkeiten wie die Verabreichung von Medikamenten oder Spritzen übernehmen, wohl aber grundpflegerische Arbeit wie das Waschen und Anziehen der pflegebedürftigen Person.

Dienstleistungsverhältnis

Bei einem Dienstleistungsverhältnis schließen Sie dagegen einen Vertrag mit einem osteuropäischen Unternehmen. Dieses entsendet eine Person, die bei Ihnen wohnen und die Versor-

gung des pflegebedürftigen Menschen entsprechend den Vereinbarungen übernehmen wird. Dazu müssen Sie vorab den Auftrag zur Versorgung genauestens beschreiben und in einem Vertrag festlegen. Medizinisch-pflegerische Leistungen dürfen auch in diesem Fall nicht gefordert sein. Das osteuropäische Unternehmen sollte seine Leistungen auch im eigenen Land anbieten und seine Mitarbeiterinnen sozialversicherungspflichtig beschäftigen. An das Unternehmen müssen Sie monatlich zwischen 1.400 und 1.800 € zahlen; die einmalige Vermittlungsgebühr liegt zwischen 350 und 1.250 €.

Sie können über einen Vermittlungsdienst auch selbstständige Dienstleister aus Osteuropa engagieren, die in ihren Heimatländern als Gewerbetreibende angemeldet sind und dort auch ihre Steuern und Sozialversicherungsbeiträge zahlen. Legal ist dieses Beschäftigungsverhältnis jedoch nur dann, wenn die Haushaltshilfe auch andere Auftraggeber außer Ihnen hat; ansonsten würde nur Scheinselbstständigkeit vorliegen! Auch sie darf keine medizinisch-pflegerischen Tätigkeiten übernehmen. Die Kosten sind Verhandlungssache, da Sie es mit einer selbstständigen Unternehmerin zu tun haben. In der Regel werden sie ebenfalls zwischen 1.000 und 1.500 € monatlich liegen.

TIPP

Vorteile nutzen

Die Beschäftigung einer Haushaltshilfe, die rund um die Uhr im Haus ist, bietet viele Vorteile. Angehörige können so ruhiger und entspannter ihrem Beruf nachgehen und unbesorgt mehr Zeit der eigenen Familie widmen. Und auch der pflegebedürftige Mensch profitiert von dieser Situation: Er kann jederzeit Hilfe herbeiholen, fühlt sich nicht mehr allein und hilflos.

Was müssen Sie in jedem Fall beachten?

Um hohe Strafen und Nachzahlungen zu vermeiden, beachten Sie unbedingt die gesetzlichen Bestimmungen. Eine erste Hilfe bietet das »Merkblatt zur Vermittlung von Haushaltshilfen in Haushalte mit Pflegebedürftigen nach Deutschland«, das im Internet abrufbar ist oder bei der ZAV angefordert werden kann (s. Anhang). Lassen Sie im Zweifelsfall auch Verträge von der ZAV auf ihre Legalität hin überprüfen.

Die Haushaltshilfe hat, auch wenn sie im Haus oder der Wohnung des pflegebedürftigen Menschen wohnt, keinen 24-Stunden-Arbeitstag, sondern arbeitet wie andere Arbeitnehmer auch nur acht Stunden täglich. Vor Ort ist die Gefahr aber groß, dass ständiger Einsatz von ihr gefordert wird. Planen Sie daher bei der Tages- und Wochenorganisation in Absprache mit ihr ausreichend Schlaf- und Erholungsphasen ein.

Tipp
Prüfen Sie, ob Sie die Kosten für die Haushaltshilfe steuerlich absetzen können.

Achten Sie darüber hinaus darauf, dass Sie eine Haushaltshilfe engagieren, die die deutsche Sprache hinreichend beherrscht, der Sie vertrauen können und die vor allem eine gute Beziehung zum pflegebedürftigen Menschen herstellen kann. Sollte neben der Grundpflege außerdem eine medizinisch-pflegerische Versorgung notwendig sein, können Sie einen deutschen Pflegedienst beauftragen und die Kosten mit der Krankenkasse abrechnen.

Betreutes Wohnen zu Hause

Vielleicht haben Sie nicht die Zeit oder die Möglichkeiten, einen betreuungsbedürftigen Menschen zu versorgen, möchten ihm aber das vertraute häusliche Umfeld erhalten. Dann könnte die Projektform »Betreutes Wohnen zu Hause« eine gute Lösung für Sie sein. Auch für alleinstehende, hilfebedürftige Menschen, die so lang wie möglich in ihrer Wohnung bleiben möchten, kann dieses Angebot sehr interessant sein. Anders als bei der Unterstützung durch einzelne Dienste liegt hier die Koordination aller Maßnahmen bei der verantwortlichen Ansprechpartnerin des Projekts.

Neben der pflegerischen und hauswirtschaftlichen Versorgung wird besonderer Wert auf die soziale Begleitung der hilfebedürftigen Person gelegt. Dementsprechend verbinden Konzepte dieser Art neben einer umfassenden Beratung verschiedene Dienstleistungen:

- Sie ermitteln den individuellen Unterstützungsbedarf und entwickeln darauf abgestimmte Hilfepläne.
- Bei regelmäßigen Besuchen wird die aktuelle Versorgungslage festgestellt.
- Sie arbeiten trägerübergreifend mit verschiedenen Dienstleistern zusammen.
- Bei Bedarf werden ambulante Pflege und mobile Hilfsdienste organisiert und hauswirtschaftliche Dienste vermittelt.
- Es finden gemeinsame Ausflüge, Treffen und Informationsveranstaltungen statt.
- Bei Bedarf werden ehrenamtliche Mitarbeiter engagiert.

Leider gibt es erst wenige Projekte dieser Art. Deshalb lassen sich bisher keine allgemeingültigen Aussagen zu Betreuung, vertraglichen Vereinbarungen und Finanzierung machen.

INFO

Grenzen der häuslichen Pflege

Nicht jede Pflegesituation kann zu Hause durch Angehörige oder mit der Unterstützung ambulanter Pflegedienste gemeistert werden. Wenn die eigene Wohnung den veränderten Bedürfnissen nicht entsprechend umgebaut werden kann oder der Gesundheitszustand des pflegebedürftigen Menschen sich verschlechtert, sodass eine Gefährdung für ihn selbst oder andere Personen besteht, dann sind der häuslichen Pflege Grenzen gesetzt. Eine Gefährdung besteht immer, wenn

- ständiger, nicht planbarer Pflegebedarf besteht,
- die Organisation der Pflege nicht gewährleistet werden kann,
- das Unterstützungsnetzwerk dauerhaft überfordert ist,
- das Wohnumfeld eine angemessene Pflege unmöglich macht,
- die Gefahr der Vereinsamung oder der Selbst- und Fremdgefährdung gegeben ist.

In diesen Fällen kann der Umzug in eine betreute Einrichtung die beste Lösung für alle Beteiligten sein. Das bedeutet nicht zwangsläufig den Umzug in ein Heim. Erwägen Sie gemeinsam zunächst die Möglichkeit eines Umzugs in eine der alternativen Wohnformen.

Wohnformen für unterstützungsbedürftige Menschen

Als Alternative zur Pflege zu Hause bieten sich ambulant betreute Wohngemeinschaften, stationäre Hausgemeinschaften und das betreute Wohnen an. Sie verbinden die pflegerische und hauswirtschaftliche Versorgung mit einer größtmöglichen Selbstbestimmung. Welche Wohnform die passende ist, hängt davon ab, wie viele Aufgaben des Alltags Sie oder der pflegebedürftige Mensch selbst übernehmen.

Ambulant betreute Wohngemeinschaften

Hier lebt eine Gruppe von acht bis zehn hilfe- oder pflegebedürftigen Menschen in familiärer Atmosphäre in einer altersgerecht gestalteten Wohnung oder einem Haus. Wohngemeinschaften liegen in ganz normalen Wohnvierteln und sind keiner Pflegeeinrichtung angegliedert. Sie unterliegen nicht dem Heimgesetz und müssen sich daher nicht nach gesetzlichen Auflagen richten.

Info
Diese Wohnform eignet sich besonders für demenzkranke Menschen, die sich nicht mehr gut orientieren können und daher Betreuung brauchen.

Die Bewohnerinnen und ihre Angehörigen sind »Hausherren«: Sie gestalten gemeinsam ihren Alltag so selbstständig wie möglich und unterstützen sich dabei gegenseitig. Je nach Modell werden Einkauf, Nahrungszubereitung, Wäschepflege oder ähnliche Dinge weitestgehend selbst übernommen. Dann wird bei Bedarf stundenweise Hilfe für besondere Aufgaben angefordert, beispielsweise eine Haushaltshilfe, ein Gärtner oder ein ambulanter Pflegedienst.

Oder aber es wird eine zentrale Bezugsperson eingestellt, die verantwortlich ist für die hauswirtschaftliche Versorgung, Be-

treuung und einfache grundpflegerische Aufgaben. Alle Dienstleister sind Gäste im Haus.

Jede Bewohnerin verfügt über ihren privaten Wohnbereich, daneben gibt es Gemeinschaftsräume wie Küche, Wohn- und Esszimmer. In ambulant betreuten Wohngemeinschaften können pflegebedürftige Menschen grundsätzlich bis zu ihrem Lebensende wohnen.

Info

In ambulant betreuten Wohngemeinschaften leben die Bewohnerinnen in einem Privathaushalt. Gemeinsam mit ihren Angehörigen können sie den Alltag selbstbestimmt nach ihren Wünschen und Vorstellungen gestalten.

Die Vorteile dieser Wohnform für hilfe- und pflegebedürftige Menschen liegen auf der Hand:

- Der Tagesablauf orientiert sich an ihren Wünschen, Bedürfnissen und Gewohnheiten.
- Sie wohnen in einem Privathaushalt mit eigenen Räumlichkeiten.
- Sie bestimmen gemeinsam über alle Belange der Gruppe.
- Sie können sich weiterhin an vertrauten Haushaltstätigkeiten wie Einkaufen, Kochen, Wäschepflege oder Gartenarbeit beteiligen.
- Sie sind in ein normales Wohnumfeld integriert und nehmen weiterhin am Leben des Stadtteils teil.
- Sie erfahren die Unterstützung ihrer Angehörigen und fühlen sich nicht allein gelassen.
- Bei Bedarf kann für sie eine intensive Pflege organisiert werden, wodurch Krankenhausaufenthalte häufig vermieden werden können.

Aber auch den Angehörigen bieten ambulant betreute Wohngemeinschaften Vorteile: So können sie sich einerseits weiterhin für den pflegebedürftigen Menschen engagieren, ohne sich dabei zu überfordern. Und sie erleben andererseits, dass die Autonomie der Bewohnerinnen – so weit wie krankheitsbedingt möglich – erhalten bleibt. Das ist insbesondere für diejenigen Angehörigen ein Gewinn, die sich mit dem Einzug des pflegebedürftigen Menschen in ein Pflegeheim nicht anfreunden können, weil sie befürchten, dass dessen Rechte dort eingeschränkt werden und seine Individualität verloren geht.

Stationäre Hausgemeinschaften

Stationäre Hausgemeinschaften sind Heime nach dem Heimgesetz, sie unterliegen also ebenso wie Pflegeheime definierten gesetzlichen Qualitätsvorgaben. Dementsprechend werden die Kosten des Heimplatzes je nach Eingruppierung in eine Pflegestufe teilweise von der Pflegeversicherung getragen. Strukturell und konzeptionell unterscheiden sie sich allerdings gravierend vom »klassischen« Pflegeheim. So gibt es keine »Wohnbereiche«, sondern teilautonome, kleine, familienähnliche Gruppen von sechs bis zwölf Personen. Der Tagesablauf ist geprägt von normalen, alltäglichen Aktivitäten, die weitgehend von den Bewohnerinnen, ihren Betreuern oder Angehörigen bestimmt werden.

Info
In den stationären Hausgemeinschaften lebt eine kleine Gruppe von Menschen familienähnlich zusammen. Anders als im Fall der ambulant betreuten Wohngemeinschaften unterliegt diese Wohnform dem Heimgesetz.

Verantwortlich sind sogenannte Präsenzkräfte, die die hauswirtschaftliche Versorgung, Begleitung und Betreuung der Bewohnerinnen sicherstellen. Im Unterschied zum klassischen Pflegeheim dominieren die Kranken- und Altenpflege hier nicht, sondern kommen nur bei Bedarf zum Einsatz. Kranken- und Altenpflege stehen gleichberechtigt neben Betreuung und hauswirtschaftlicher Versorgung.

Dieses Konzept wird auch in Form von »Wohngruppen« in klassischen Pflegeheimen umgesetzt, die ansonsten die üblichen »Wohnbereiche« anbieten.

Betreutes Wohnen oder Service-Wohnen

Bei diesem Modell wohnt der hilfebedürftige Mensch und gegebenenfalls sein Partner in einer eigenen, barrierefrei und altersgerecht ausgestatteten Wohnung, die in der Regel in eine Wohnanlage integriert ist. Diese Wohnform wird häufig in Anbindung an ein Pflegeheim angeboten. Die Mieter können ein selbstständiges Leben mit der Sicherheit kombinieren, bei Bedarf auf eine umfassende pflegerische und hauswirtschaftliche

Versorgung zurückgreifen zu können. Sie entscheiden selbst, welche der Angebote ihren Bedürfnissen und ihrer individuellen Situation entsprechen. Die Vorteile liegen auf der Hand:

- Pflege und hauswirtschaftliche Unterstützung sind kurzfristig organisierbar.
- Sie können die Cafeteria und den Mittagstisch des Pflegeheims nutzen und an Veranstaltungen des Heims teilnehmen.
- Sollte ein Umzug ins Heim notwendig sein, so sind ihnen die Räumlichkeiten und ein Großteil des Personals und der Bewohner bereits bekannt.

Insbesondere für Paare bietet sich ein weiterer wichtiger Vorteil: Sollte für einen von ihnen der Umzug ins Heim unvermeidbar werden, so ist es wegen der Kürze des Weges zwischen den Wohnanlagen des Betreuten Wohnens und dem Heim leicht, weiterhin engen Kontakt zu halten.

INFO

Mietvertrag und Servicevertrag

Da die Bezeichnungen »Betreutes Wohnen« bzw. »Service-Wohnen« weder geschützt noch gesetzlich definiert sind, unterscheiden sich die Leistungen in den einzelnen Wohnanlagen häufig beträchtlich voneinander. Neben dem Mietvertrag für eine barrierefreie Wohnung wird ein Servicevertrag abgeschlossen. Hier sind Grundleistungen festgelegt, für die monatlich eine Pauschale zu zahlen ist, unabhängig davon, ob die Leistungen in Anspruch genommen werden oder nicht. In der Regel umfassen diese Grundleistungen Beratung, Hausnotruf und Hausmeisterdienste. Daneben werden Wahlleistungen angeboten, für die nur bei Nutzung Kosten entstehen. Zu den Wahlleistungen können pflegerische und hauswirtschaftliche Dienste und Fahrdienste zählen.

Ein neues Zuhause: das Pflegeheim

Wenn eine medizinische und pflegerische Versorgung oder Betreuung des pflegebedürftigen Menschen rund um die Uhr notwendig ist, kann der Umzug in ein Heim notwendig werden. Verständlicherweise löst dieser Gedanke bei den Betroffenen zunächst meist Ablehnung und Widerstand aus. Für den pflegebedürftigen Menschen ist der Umzug zwangsläufig mit vielen Veränderungen verbunden. Er muss seine vertraute Umgebung verlassen, vielleicht auch liebgewordene Gewohnheiten ändern und wird zu Recht der Meinung sein, dass es nirgendwo so ist wie »zu Hause«. Vielleicht befürchtet er auch, die Fürsorge seiner Angehörigen und seine Selbstständigkeit und Selbstbestimmung mit dem Umzug ins Heim zu verlieren.

Info
Angehörige, Freunde und Bekannte bleiben auch bei einem Umzug ins Heim wichtige Personen im Leben des betreuungsbedürftigen Menschen.

Auch viele Angehörige fürchten sich vor dieser Entscheidung, die häufig mit Gefühlen von Schuld und Versagen verbunden ist. Dabei bedeutet der Umzug in ein Heim nicht das Ende der Fürsorge und Verantwortung für den pflegebedürftigen Menschen. Angehörige geben nur einen Teil ihrer Aufgaben ab. Gerade der wichtige Teil der sozialen Betreuung und Begleitung bleibt bei ihnen.

Gemeinsam das passende Pflegeheim finden

Viele Menschen beschäftigen sich erst mit dem Gedanken an ein Pflegeheim, wenn sie zu einem Umzug gezwungen sind. So verständlich dieses Verhalten auch ist, so verschenken sie damit jedoch die Chance, durch eine sorgfältige und bewusste Suche ein passendes Heim zu finden. Im schlimmsten Fall kann eine plötzliche Notsituation sie zwingen, einen freien Platz in

irgendeinem Pflegeheim anzunehmen und es wäre schon ein ungewöhnlicher Glücksfall, wenn dieses Haus zufällig ihren Vorstellungen entspräche. Wahrscheinlicher ist, dass dann Nachteile in Kauf genommen werden müssen, die man hätte vermeiden können: Vielleicht ist das Heim von Besuchern nur schwer zu erreichen, es finden sich unter den Mitbewohnerinnen keine Gleichgesinnten, das Zimmer ist zu laut oder das Essen schmeckt nicht – schlechte Voraussetzungen für ein zufriedenes Leben.

Hier sind Sie als Angehörige gefragt, Hilfestellung zu leisten. Prüfen Sie gemeinsam ohne Zeitdruck verschiedene Angebote. Denn es gibt sie durchaus: Pflegeheime, die auf die Erwartungen der pflegebedürftigen Menschen und ihrer Angehörigen reagiert haben und größtmögliche Sicherheit bieten bei gleichzeitig hoher Autonomie und Einbeziehung der Angehörigen. Beginnen Sie also gemeinsam und rechtzeitig mit der Suche.

Tipp

Beginnen Sie frühzeitig mit der Suche nach einem passenden Pflegeheim. Dann müssen Sie nicht unter Zeitdruck auf eine Notsituation reagieren.

Aktionsplan: Besichtigung und Beurteilung Schritt für Schritt

Anders als vor einigen Jahren, als Interessenten lange Zeit auf einen Platz im Pflegeheim warten mussten, gibt es heute vielfach ein Überangebot an Heimplätzen. Die Konkurrenz unter den Anbietern ist groß und die Häuser werben um Ihre Gunst. Sie haben die Wahl, nutzen Sie sie!

Beginnen Sie zunächst damit, sich verschiedene Heime anzusehen. Dabei können Sie zunächst auch planlos vorgehen und mal zum Kaffeetrinken in das eine Heim, mal zum Besuch eines Bekannten in ein anderes oder zum »Tag der offenen Tür« in ein drittes gehen. Dabei wird Ihnen unter Umständen das eine Haus spontan besser gefallen als ein anderes. Sie werden aber feststellen, dass Sie so keine fundierte Entscheidung treffen können. Ihnen fehlt noch ein differenzierter und detaillierter Maßstab, an dem Sie die Qualität eines Heims messen können.

Objektive Kriterien zur Beurteilung eines Pflegeheims

Für eine fundierte Entscheidung hilft nur eine Liste mit Kriterien, anhand derer Sie jedes Haus beurteilen können. Standard-Checklisten, die sich mit allgemeinen und grundlegenden Anforderungen an ein Pflegeheim beschäftigen, sind beispielsweise über das Bundesministerium für Familie, Senioren, Frauen und Gesundheit erhältlich.

TIPP

Zertifizierung

Die Zertifizierung ist ein Gütesiegel, mit dem zukünftig Einrichtungen der Altenhilfe verstärkt die Qualität ihrer Pflege nachweisen werden. Hierzu überprüft eine externe Zertifizierungsgesellschaft das jeweilige Qualitätsmanagementsystem der Einrichtung anhand festgelegter Kriterien.

Fachliche Anforderungen für die Umsetzung eines Qualitätsmanagementsystems im Krankenhausbereich und Zertifizierung definiert die KTQ (Kooperation für Transparenz und Qualität im Gesundheitswesen), deren Anwendungsbereich sich aber auch auf Rehabilitationseinrichtungen und Arztpraxen ausweiten lässt. Geplant ist auch eine Ausweitung der KTQ auf Pflegeeinrichtungen und alternative Wohnformen.

Als Kunde profitieren Sie von einer Zertifizierung, denn sie

- motiviert die Einrichtung,
- stellt den Kunden in den Mittelpunkt und
- sorgt für Transparenz.

Die meisten der dort aufgeführten Fragen können anlässlich eines persönlichen oder öffentlichen Besichtigungstermins, beispielsweise am »Tag der offenen Tür« von der Heimleitung beantwortet werden. Zusätzlich können Daten zur Struktur des Hauses interessant sein, die Sie von den Heimen selbst erhalten:

- Lage im Ort
- Hausbus für den Transport zu Veranstaltungen
- Anzahl und Art der Zimmer
- Einkaufsmöglichkeiten im Heim
- hauseigene Wäscherei, Näherei und Friseur
- Gästezimmer für Besucher von auswärts
- Angebot des »Probewohnens«
- unterstützende Maßnahmen wie beispielsweise Kneipp-Anwendungen oder Basale Stimulation (vgl. Kasten auf S. 122)
- Angebot von Hausgemeinschaften für demenzkranke Bewohnerinnen
- Möblierung durch das Heim
- Häufigkeit und Umfang der Grundreinigung der Räume
- Bereitstellung und Instandhaltung der Wäsche
- Anzahl der Mahlzeiten und angebotene Diäten
- medizinische Versorgung durch einen Heimarzt
- Art und Umfang der sozialen Betreuung und Beschäftigungsangebote
- Möglichkeit der Haustierhaltung
- Zertifizierungen

Genauso wichtig: subjektive Kriterien

Um sich ein eigenes Bild zu machen, reichen diese Kriterien noch nicht aus. Es fehlen die individuellen Ansprüche des pflegebedürftigen Menschen an sein zukünftiges Heim. Zunächst sollte er daher überdenken, was ihm an seiner jetzigen Wohnlage und Wohnung besonders gut gefällt und worauf er beim Umzug in ein Heim keinesfalls verzichten möchte. Das könnte beispielsweise die Nähe zur Stadt, der Verbleib im vertrauten Wohnviertel oder die Helligkeit der Zimmer sein. Welche Erwartungen hat er an ein Heim? Sind ihm beispielsweise kulturelle Angebote oder ein eigenes Bad besonders wichtig?

TIPP

Die richtige Umgebung

Die erste Beurteilung beginnt bei der Umgebung eines Pflegeheims:

- Liegt das Heim in einem Stadtviertel, das Ihnen vertraut ist?
- Wie gefällt Ihnen die fußläufige Umgebung? Gibt es in unmittelbarer Nähe Einkaufsmöglichkeiten, können Sie spazieren gehen?
- Ist das Pflegeheim gut an den öffentlichen Nahverkehr angebunden?

Nachdem Sie gemeinsam die Maßstäbe für eine Beurteilung nun genau festgelegt haben, können Sie die Checkliste entsprechend ergänzen und auf Besichtigungstour gehen.

Die Atmosphäre muss stimmen

Schon im Foyer können Sie die Atmosphäre im Haus auf sich wirken lassen und erste Beurteilungskriterien durchgehen: Ist der Empfang besetzt? Ist eine freundliche und zuvorkommende Ansprechpartnerin vor Ort? Ist der Eingangsbereich einladend gestaltet? Wie steht es um die Sauberkeit?

Tipp
Erstellen Sie eine Liste mit Ihren eigenen, ganz persönlichen Kriterien, die das Pflegeheim auf jeden Fall erfüllen soll.

Gute Beurteilungskriterien gleich beim Betreten des Hauses sind der Geruch und die Lichtverhältnisse. Durchdringender Uringeruch im Foyer lässt Schlimmeres in den Wohnbereichen erwarten. Dunkle Räume im Sommer können im Winter gruftähnlich wirken.

Eine gute Möglichkeit, quasi inkognito, ohne Ablenkung und Beeinflussung eine Besichtigung durchzuführen, bieten der »offene Mittagstisch« und die »offene Cafeteria«. Bedenken Sie aber, dass Sie hier weitgehend selbstständige Bewohnerinnen sehen und ausschließlich die Räume, die das Heim Ihnen präsentieren möchte.

Beachten Sie die Umgangsformen der Mitarbeiterinnen gegenüber unterstützungsbedürftigen Bewohnerinnen, zum Beispiel, wenn sie zum Mittagstisch gebracht werden. Herrschen hier, im öffentlichen Raum, schon ein gereizter Ton, Hektik und Unfreundlichkeit, vergessen Sie das Haus und nehmen Sie das nächste unter die Lupe. Wer sich schon auf dem Präsentierteller wenig zuvorkommend verhält, von dem möchten Sie im Fall einer Pflegebedürftigkeit sicher nicht abhängig sein.

Treffen Sie nun anhand Ihrer Kriterienliste eine engere Auswahl. Um unter den verbliebenen Heimen das passende zu finden, gibt es eine hervorragende Möglichkeit: das Probewohnen.

Test für den Ernstfall: das Probewohnen

Viele Pflegeheime bieten inzwischen die Möglichkeit, unverbindlich einige Tage auf dem Wohnbereich das alltägliche Leben kennenzulernen. Nutzen Sie diese Zeit und achten Sie dabei nicht so sehr auf Offensichtliches. Repräsentative Dekorationen, aufwendige Speisekarten und lange Listen mit kulturellen Angeboten und Freizeitbeschäftigung sind manchmal nur Inszenierungen für die Angehörigen und Interessentinnen wie Sie. Aber festlich mit Kerzen eingedeckte Tische an Feiertagen sind kein Genuss, wenn die Kerzen aus Zeitmangel nicht angezündet und die Speisen mit atemberaubender Geschwindigkeit serviert und wieder abgeräumt werden. Lassen Sie sich

Beobachten Sie genau

CHECKLISTE

- Verhalten sich die Mitarbeiterinnen den Bewohnerinnen gegenüber aufmerksam und zuvorkommend?
- Wie reagiert das Pflegepersonal auf Wünsche der Bewohnerinnen?
- Sind die Bewohnerinnen individuell gekleidet und frisiert?
- Sitzen sie von morgens bis abends im Rollstuhl, abgestellt auf dem Flur und weitgehend unbeachtet vom Pflegepersonal, oder erhalten sie Aufmerksamkeit und Pflege?
- Können pflegebedürftige Bewohnerinnen im Bett oder Rollstuhl auf einen Balkon oder eine Terrasse gebracht werden, damit auch sie die frische Luft genießen können? Wird diese Möglichkeit auch tatsächlich genutzt?
- Wird beim Tagesablauf Rücksicht auf die Gewohnheiten und Wünsche der Bewohnerinnen genommen?
- Klopfen die Mitarbeiterinnen an, bevor sie ein Bewohnerzimmer betreten?
- Wird das Abendessen aus Zeitgründen bereits um 17 Uhr serviert oder werden Bewohnerinnen schon um 18 Uhr zu Bett gebracht?
- Werden die Bewohnerinnen bei Bedarf regelmäßig zur Toilette begleitet?
- Erreichen die kulturellen Angebote und Freizeitbeschäftigungen viele der Bewohnerinnen oder ist die Mehrzahl von ihnen wegen Pflegebedürftigkeit von der Teilnahme ausgeschlossen?
- Sind die Räume, insbesondere die Speise- und Sanitärräume, sauber und aufgeräumt?
- Wie ist die Zusammenarbeit mit den Angehörigen? Gibt es feste Ansprechpartner?
- Gibt es einen aktiven Heimbeirat? Mit welchen Themen beschäftigt er sich?

nicht blenden. Für eine langfristige Zufriedenheit sind andere Qualitäten entscheidend.

Tipp

Überprüfen Sie, ob die Kritik anderer Bewohnerinnen mit Ihren eigenen Erfahrungen übereinstimmt.

Ziehen Sie, um eine fundierte Entscheidung treffen zu können, auch Ihre persönliche Kriterienliste zu Rate (s. Kasten). Unterhalten Sie sich während des Probewohnens mit Mitbewohnerinnen und deren Angehörigen und fragen Sie nach ihrer Zufriedenheit und Kritik.

Hilfe und Unterstützung durch Angehörige

Lassen Sie den pflegebedürftigen Menschen mit der Suche und der Entscheidungsfindung nicht allein, denn es geht bei der Wahl eines Heims um eine weitreichende Entscheidung. Durch die Teilnahme an den Besichtigungstouren und durch Besuche während des Probewohnens haben auch Sie sich einen guten Einblick verschafft. Teilen Sie Ihre Eindrücke mit und besprechen Sie die Lage. Erst wenn der pflegebedürftige Mensch in allen Bereichen, die ihm besonders wichtig sind, zufrieden ist und sich in den weniger wichtigen bewusst zu einem Kompromiss entschließen kann, haben Sie das passende Pflegeheim gefunden. Dann sollte er so frühzeitig einziehen, dass er Kontakte zu Mitbewohnerinnen knüpfen und kulturelle Angebote des Hauses nutzen kann.

TIPP

Subjektive Entscheidungskriterien

- Fühlen Sie sich in Ihrem Zimmer wohl?
- Entsprechen die Angebote des Pflegeheims Ihren Interessen?
- Schmeckt Ihnen das Essen? Sind die Essenszeiten flexibel? Können Sie Wünsche äußern und werden sie beachtet?
- Befinden Sie sich unter den Mitbewohnerinnen in angenehmer Gesellschaft? Wenn alle anderen Bewohnerinnen wesentlich älter oder pflegebedürftiger sind als Sie selbst, werden Sie sich vielleicht vom Tag des Einzugs an sehr einsam fühlen.

Ihre Hilfe ist auch bei der Planung der Zimmereinrichtung gefragt. Schon vorab sollten Sie sich gemeinsam gedanklich mit dem Einzug beschäftigen. Wie stellt sich der pflegebedürftige Mensch sein Zimmer vor?

TIPP

Das neue Zimmer

- Schauen Sie sich zunächst die Einrichtung der jetzigen Wohnung an.
- Welche Möbel sollen auf keinen Fall mitgenommen werden? Erstellen Sie eine Liste.
- Küchen- und Badezimmereinrichtung müssen in die Überlegung nicht einbezogen werden. Die Verpflegung erfolgt durch das Heim und das Bad ist eingerichtet. Pflegebett und Nachttisch werden ebenfalls gestellt.

Nehmen Sie den Grundriss des fraglichen Pflegeheimzimmers zur Hand. Versuchen Sie gemeinsam, den Wohnraum mit den ausgewählten Möbeln und Gegenständen gemütlich einzurichten. Wahrscheinlich werden Sie feststellen, dass die erste Auswahl nicht realistisch war: Der Raum ist völlig überfüllt.

Streichen Sie als Nächstes alle Einrichtungsgegenstände, auf die der pflegebedürftige Mensch notfalls verzichten kann. Reduzieren Sie auch seine Garderobe: Zu welchen Gelegenheiten wird welche Kleidung tatsächlich benötigt? Berücksichtigen Sie bei der Auswahl den geringen Stauraum im Schrank. Wählen Sie unter den persönlichen Gegenständen diejenigen aus, die er auf jeden Fall mitnehmen möchte, beispielsweise Bücher und Fotoalben oder ein vertrautes Sofakissen.

Erstellen Sie nun gemeinsam eine Liste aller Dinge, die definitiv in den Umzugswagen geladen werden sollen. Als letzten Schritt stellen Sie sich gemeinsam den Alltag in der neuen Umgebung vor. Spielen Sie gedanklich Situationen durch: Besuch von Angehörigen, Kaffeeklatsch und Kartenrunde. Kann der

pflegebedürftige Mensch sich in seiner neuen Umgebung heimisch fühlen?

Der erste Tag im Heim

Sogar in dem günstigen Fall, dass die Bewohnerin an der Entscheidung für einen Heimeinzug und die Wahl des Pflegeheims beteiligt war, bleibt der Einzug in ein Pflegeheim ein einschneidendes Erlebnis. Wie können Sie als Angehörige das Eingewöhnen erleichtern?

- Sorgen Sie dafür, dass sie sich von Beginn an heimisch fühlen kann durch vertraute Bilder, Fotos und liebgewordene Einrichtungsgegenstände in ihrem Zimmer.
- Verbringen Sie in den ersten Tagen viel Zeit bei ihr und geben Sie ihr die Zuversicht, dass Sie weiterhin für sie da sind.
- Pflegen Sie Rituale und Gewohnheiten, wie beispielsweise Spaziergänge oder das Vorlesen interessanter Beiträge aus der Tageszeitung, damit Ihre Besuche eine verlässliche Struktur erhalten.
- Lernen Sie durch eine Hausbegehung und Spaziergänge rund ums Heim gemeinsam das neue Zuhause und seine Umgebung kennen.

INFO

Die zuständige Pflegefachkraft (ZPFK)

- ist die Hauptansprechpartnerin für die Bewohnerin und ihre Angehörigen,
- erstellt deren Biografie,
- ermittelt den Pflegebedarf,
- plant die Pflege,
- stellt sicher, dass die Pflegeleistungen jederzeit mit der geforderten Qualität erbracht werden,
- koordiniert alle Personen, Stellen und Institutionen, die in die Versorgung und Unterstützung der jeweiligen Bewohnerin einbezogen sind, dazu gehören Ärzte, Apotheken und gegebenenfalls Krankenhäuser oder Rehabilitationskliniken.

- Knüpfen Sie Kontakte zu anderen Bewohnerinnen, die als Gesellschaft infrage kommen.
- Fördern Sie Besuche von Freunden, Bekannten und Verwandten.
- Lernen Sie die Pflegekräfte des Wohnbereichs kennen, vor allem die zuständige Pflegefachkraft. Sprechen Sie gemeinsam mit ihr über wichtige Ereignisse im Leben der Bewohnerin, ihre Vorlieben, Abneigungen und ihren gewohnten Tagesrhythmus.

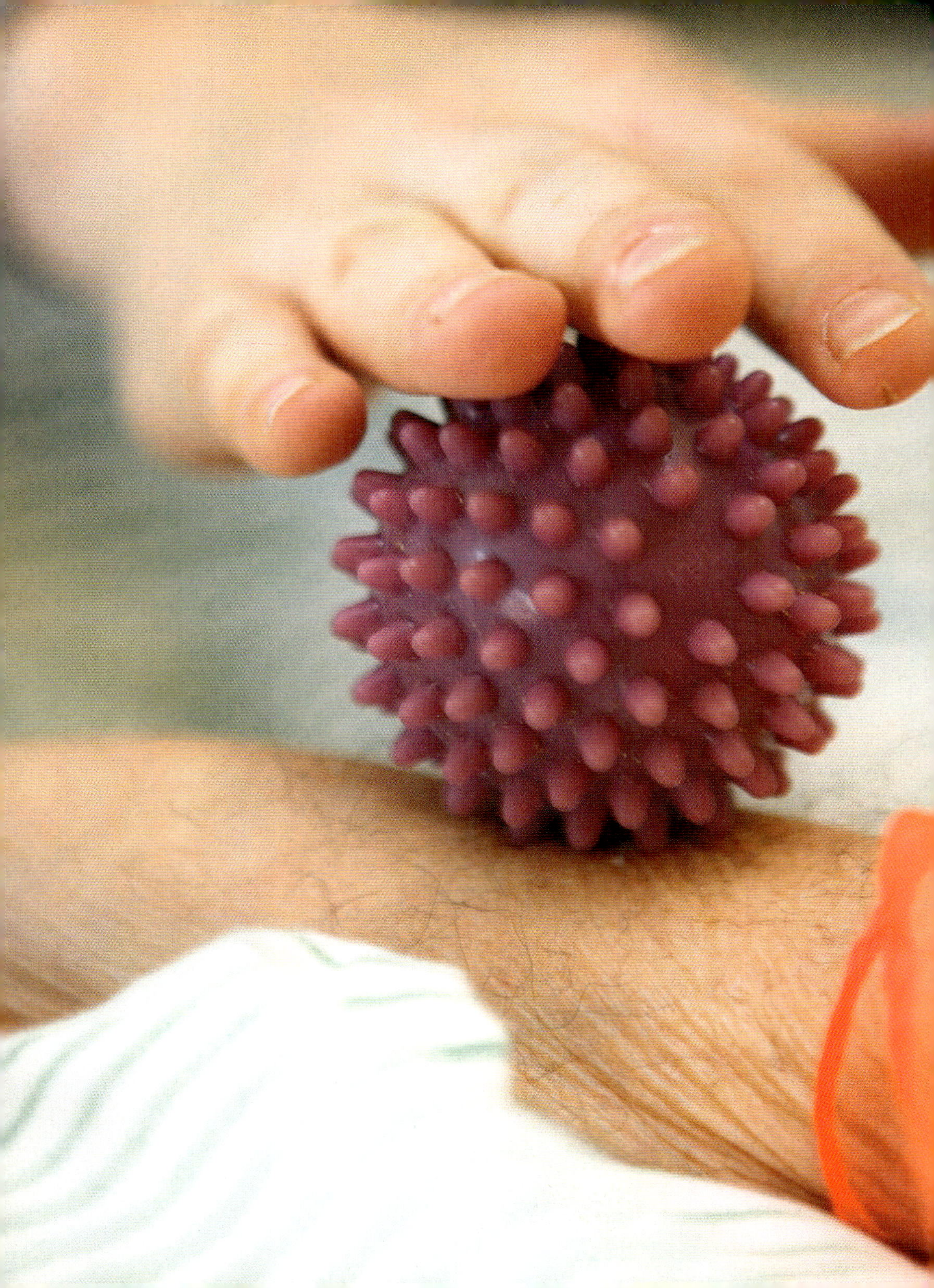

2 Selbsthilfe

Blick hinter die Kulissen

Das Leben im Pflegeheim ist geprägt von den unterschiedlichsten Bedürfnissen und Interessen. Die Bewohnerinnen und ihre Angehörigen, Pflegekräfte, Heimverwaltung und Ärzte – sie alle haben ihre eigenen berechtigten Ansprüche und Blickwinkel. Dass es dabei zu Konflikten kommen kann, ist verständlich. Im folgenden Kapitel werden häufig auftretende Situationen geschildert. Lesen Sie nach, was Sie für eine größtmögliche Lebensqualität der Bewohnerin im Pflegeheim tun können.

Behandlungspflege: »Tracheostoma kann ich nicht!«

Vogel-Strauß-Politik: »Ich will der Gefahr – der Blamage – nicht ins Auge blicken!«

Zum Arbeitsbereich der examinierten Pflegekräfte gehört neben der Grundpflege als originärer, eigenverantwortlicher Aufgabe die Behandlungspflege. Sie besteht in der Ausführung einer ärztlich verordneten Therapie. Politische und gesellschaftliche Veränderungen in den letzten Jahren haben zur Folge, dass die Zahl und die Komplexität der behandlungspflegerischen Maßnahmen rapide ansteigen und viele Pflegekräfte überfordert sind.

AUS DEM LEBEN

Zwischen Anspruch und Überforderung

Mittwochnachmittag im Pflegeheim »Abendsonne«. Heute wird Frau Walther, die neue Bewohnerin, einziehen. Ihr Zimmer ist nett hergerichtet und auf dem Nachtschränkchen stehen Blumen mit einem Willkommensgruß. Die Altenpflegerin Sabine Strauß wird Frau Walther empfangen und später bei ihr die Abendpflege durchführen.

Frau Walther, 81 Jahre alt, erlitt vor vier Wochen in ihrer Wohnung einen Schlaganfall. Nur durch Zufall wurde sie von ihrer Haushaltshilfe gefunden und konnte rechtzeitig in einem Krankenhaus versorgt werden. Da das Atemzentrum betroffen war, wurde operativ ein Tracheostoma angelegt, eine Öffnung der Luftröhre nach außen, über die Frau Walther in der ersten Zeit beatmet wurde. Zunächst erholte sie sich schnell, doch noch in der Rehabilitationsklinik erlitt sie einen weiteren Schlaganfall. Nun wird sie auf Dauer schwerstpflegebedürftig bleiben. Frau Walther atmet inzwischen selbstständig, leidet jedoch immer noch unter Atemstörungen. Daher wurde das Tracheostoma bisher nicht entfernt.

Um 15.30 Uhr kündigt die Pforte die Ankunft von Frau Walther telefonisch an. Sabine Strauß, die den ganzen Nachmittag schon aufgeregt und ängstlich gewirkt hat, bricht der kalte Schweiß aus. Was versetzt sie in eine derartige Panik? Aufgrund ihrer langjährigen Berufserfahrung reagiert sie sonst meist ruhig und gelassen auf jede Neuaufnahme. Alltägliche pflegerische Tätigkeiten wie Waschen, Ankleiden, Lagern und Essen reichen gehen ihr leicht von der Hand.

Ihr Problem: Sie verfügt nur über geringe Kenntnisse und Erfahrungen in der Mitwirkung bei ärztlichen Therapien, wie beispielsweise der Versorgung eines Tracheostomas. Dessen ist sie sich bewusst und es verunsichert sie sehr. Voller Panik läuft sie daher nach dem Anruf in ein Bewohnerzimmer und macht sich dort eine Viertelstunde lang zu schaffen, ohne die Anwesenheitsleuchte einzuschalten. Sie hofft, dass sie so nicht gefunden wird und die Situation sich irgendwie ohne sie klärt. Als sie schließlich verspätet im Zimmer von Frau Walther erscheint, ist die Stimmung gereizt. Die alte Dame liegt im Bett, verängstigt und angespannt, umringt von ihren empörten Angehörigen. Auch die schöne Willkommenskarte kann die Situation nicht mehr retten. Frau Walther und ihre Angehörigen, die eine lange, belastende Zeit voller Angst hinter sich haben, sind enttäuscht. Ihre Hoffnung, hier im Pflegeheim endlich Ruhe und Sicherheit zu finden, hat sich nicht erfüllt. Ihr Vertrauen in die Kompetenz des Pflegepersonals ist zutiefst erschüttert.

- Sabine Strauß fühlt sich elend. Offensichtlich ist sie den Anforderungen nicht gewachsen. Sie fürchtet die Kritik vonseiten der Angehörigen und eine Beschwerde über ihr Verhalten bei der Pflegedienstleitung.
- Das Tracheostoma wird an diesem Abend nicht mehr versorgt, obwohl dies dringend notwendig gewesen wäre.

Wie kommt es zu dieser Situation?

Warum war Sabine Strauß von der Aufgabe überfordert? Die Antwort ist in der Berufsgeschichte zu finden. Bis 2003 lagen die Schwerpunkte der Altenpflegeausbildung und der Berufsausübung in den Bereichen »Betreuung« und »Beratung«. Das entsprach auch weitgehend dem Bedarf der Pflegeheime, in denen überwiegend fitte Bewohnerinnen lebten, die Unterstützung und Begleitung benötigten. Der medizinisch-pflegerische Bereich, die Behandlungspflege, war eher von untergeordneter Bedeutung.

Menschen, die in ein Pflegeheim ziehen, sind heute meist älter und leiden häufig an Krankheiten, die medizinisch-pflegerische Kompetenz erfordern.

Weil die Menschen heute in höherem Lebensalter in die Pflegeheime aufgenommen werden und häufig an mehreren Krankheiten leiden, hat sich der Bedarf geändert. Inzwischen benötigen Altenpflegekräfte fundierte Kenntnisse und Fertigkeiten im medizinisch-pflegerischen Bereich, Behandlungspflege genannt, um ihrer Aufgabe, die Bewohnerinnen professionell zu pflegen, gerecht werden zu können. Diesem Umstand trägt das Bundesgesetz über die Berufe in der Altenpflege Rechnung, das im August 2003 in Kraft trat. Der Unterricht zum Thema »Bei der ärztlichen Diagnostik und Therapie mitwirken« umfasst 200 Stunden. Seither werden Altenpflegeschülerinnen vermehrt hinsichtlich der Tätigkeiten geschult, die das Pflegepersonal nicht selbstverantwortlich, sondern im Auftrag des Arztes durchführt. Dazu gehören zum Beispiel:

- Umgang mit Medikamenten
- Wundversorgung
- Sauerstoffverabreichung
- Pflege von Tracheostoma und Anus praeter (künstlicher Darmausgang)
- Vorbereitung und Verabreichung von Infusionen und Injektionen

Aber auch Pflegekräfte mit großer behandlungspflegerischer Kompetenz stoßen in den letzten Jahren häufig an die Grenzen ihres Wissens und Könnens: Neben der zunehmenden Multi-

INFO

Tracheostoma

Ein Tracheostoma ist eine operativ angelegte Öffnung der Luftröhre nach außen. Die Öffnung wird mit einer Kanüle offengehalten. Die Tracheostomapflege und der Kanülenwechsel verursachen bei der Bewohnerin häufig Angst und Atemnot. Deshalb muss die Altenpflegerin die Technik beherrschen, die Tracheostomapflege möglichst schnell und schonend durchzuführen. Außerdem benötigt sie medizinische Grundkenntnisse, um Komplikationen zu vermeiden.

morbidität (Mehrfacherkrankung) der Bewohnerinnen sorgt die Einführung der sogenannten DRG in den Krankenhäusern für neue Probleme in den Pflegeheimen (siehe Kasten unten).

Die Einführung der Fallpauschalen hat statistisch zu einer kürzeren Aufenthaltsdauer der Patienten im Krankenhaus geführt. Zwangsläufig steigt dadurch der Grad der Pflegebedürftigkeit der Entlassenen. Kritiker sprechen von »blutiger« Entlassung. Auch Bewohnerinnen von Pflegeheimen, die zur Diagnose und Therapie in ein Krankenhaus eingewiesen wurden, werden oft frühzeitig zurückverlegt. Ihre anschließende medizinisch-pflegerische Versorgung zu gewährleisten, ist Aufgabe und

INFO

DRG und Fallpauschale

Das Patientenklassifikationssystem DRG (Disease Related Groups, sinngemäß »Fallpauschalen«) teilt alle stationär behandelten Patienten entsprechend ihrer Diagnose in 661 Gruppen ein. Unabhängig von der Verweildauer erhält das Krankenhaus eine Pauschalvergütung für jeden Patienten einer Fallgruppe. Ziel des Gesetzgebers ist mehr Transparenz und eine Vergleichbarkeit der Krankenhäuser. In der Folge steigt der finanzielle Gewinn des Krankenhauses, je früher ein Patient entlassen wird.

Verpflichtung der Heime und ihres Pflegepersonals. Manche Altenpflegerinnen sind diesen veränderten Aufgaben noch nicht gewachsen.

Neue Aufgaben verlangen neue Fähigkeiten

Sabine Strauß und ihre Kolleginnen, die ihren Beruf vor Jahren erlernt haben, müssen diese Kenntnisse und Fertigkeiten nachträglich erwerben. Dagegen sind Altenpflegekräfte, die ihre Ausbildung nach dem neuen Gesetz absolviert haben, in der Regel gut auf medizinisch-pflegerische Aufgaben vorbereitet. Dasselbe gilt selbstverständlich auch für Krankenpflegekräfte. Ihrem ursprünglichen Einsatzgebiet in Krankenhäusern entsprechend, werden sie in ihrer Ausbildung schwerpunktmäßig auf behandlungspflegerische Aufgaben vorbereitet. Dies ist einer der Gründe dafür, dass sie in den letzten Jahren vermehrt auch in Pflegeheimen eingesetzt werden.

Das können Sie tun

Sie möchten sicherstellen, dass eine Ihnen nahe stehende Heimbewohnerin auch in allen Belangen der Behandlungspflege kompetent versorgt ist. Was können Sie tun? Stellen Sie zunächst durch Nachfrage Folgendes fest:

- Wie viele Pflegekräfte auf dem Wohnbereich sind examiniert?
- Wie viele der examinierten Pflegekräfte sind Altenpflegerinnen, die nach dem neuen Gesetz von 2003 ausgebildet wurden, oder Gesundheits- und Krankenschwestern? Bei beiden Berufsgruppen können Sie davon ausgehen, dass sie die Behandlungspflege grundsätzlich beherrschen und ihre Kenntnisse bei Bedarf aktualisieren.
  Ist der Prozentsatz der Altenpflegerinnen hoch, deren Examen weiter zurück liegt, steigt dagegen die Wahrscheinlichkeit, dass in diesem Bereich Defizite bestehen. Fragen Sie, wie in diesem Fall die umfassende Pflege sichergestellt wird.

Sollten Sie keine zufriedenstellenden Antworten erhalten, so achten Sie auf Folgendes:

- Werden Altenpflegerinnen, die nach altem Gesetz ausgebildet wurden, durch kompetente Kolleginnen angeleitet?
- Wird im Heim eine passgenaue hausinterne Fort- und Weiterbildung zu Themen der Behandlungspflege durchgeführt?
- Wird eine zertifizierte Nachqualifizierung für Altenpflegerinnen angeboten? Deren erfolgreicher Abschluss stellt Altenpflegerinnen den examinierten Gesundheits- und Krankenschwestern gleich.

- Überzeugen Sie sich vom Wissen und Können der Pflegekräfte, indem Sie nach Absprache mit der Heimbewohnerin bei der Durchführung der Behandlungspflege anwesend sind und sich pflegerische Maßnahmen erklären lassen.
- Falls sich die Heimbewohnerin zurzeit in einem Krankenhaus aufhält und in Kürze ins Heim zurückverlegt werden soll, so achten Sie darauf, dass sich die zuständige Pflegefachkraft von den Kolleginnen im Krankenhaus in die medizinisch-pflegerische Versorgung einweisen lässt.

Tipp

Erkundigen Sie sich: Wer ist die zuständige Pflegefachkraft der Heimbewohnerin und welche Ausbildung hat sie?

Schon mit diesen einfachen Mitteln haben Sie viel geleistet, um eine kompetente Behandlungspflege der Heimbewohnerin sicherzustellen.

Demenz:
»... Vater darf nichts merken!«

»Oh Schreck, ich muss nach Hause, sonst wird Papi böse!« – »Reden Sie nicht solchen Unsinn! Ihr Vater ist längst tot!«

Die Zahl der Menschen, die in Deutschland an einer Demenzerkrankung leiden, beträgt schon jetzt ungefähr 1,5 Millionen und wird in den nächsten Jahren noch steigen. Sie sind im Pflegeheim in besonderem Maße auf die Betreuung und Begleitung durch ihre Angehörigen angewiesen.

AUS DEM LEBEN

Anknüpfen an die Vergangenheit

7.00 Uhr morgens. Altenpflegerin Anne Aufmerksam hat die Aufgabe, Frau Lebenslust zu waschen, anzukleiden und mit dem Rollstuhl in den Frühstücksraum zu fahren. Ihr graut davor. In den vergangenen Tagen war die Pflege ein Kampf, an dessen Ende die Bewohnerin mehr schlecht als recht versorgt und total erschöpft war. Frau Lebenslust ist an Demenz erkrankt und erkennt Anne Aufmerksam schon nach wenigen Minuten Abwesenheit nicht mehr.

Jeden Morgen erlebt sie von neuem, dass sie von einer fremden Person, de-

ren Absicht sie nicht versteht, aus der vertrauten Wärme ihres Bettes vertrieben und im vergleichsweise kalten Bad ausgezogen wird. Sich nackt vor Fremden zu zeigen ist schamlos, so hat sie es gelernt und ihr Leben lang beherzigt. Also wehrt sie sich nach Kräften. Sie schreit, tritt, schlägt und kneift die Fremde. Bisher musste sie aber letztlich immer vor deren Kraft und Geschicklichkeit kapitulieren.

Als Anne Aufmerksam heute am Bett steht, ruft Frau Lebenslust wie bisher: »Hilfe, Hilfe, Einbrecher!« Dabei gerät ihr aber zufällig ein Zipfel des T-Shirts der Altenpflegerin zwischen die Finger und sie hält ihn fest. Augenblicklich verstummt ihr Rufen. Sie reibt den Stoff zwischen ihren Händen, lächelt und sagt: »So ein schöner Stoff. Rot.«

Sie beginnt zu erzählen: Sie erinnert sich an ihre Kleidung und auf einmal werden ihre Kindheit und Jugend, Tanzturniere und Verehrer wieder lebendig. Anne Aufmerksam setzt sich auf die Bettkante und hört zu. Manchmal, wenn Frau Lebenslust verstummt und sie argwöhnisch betrachtet, stellt sie behutsam eine neue Frage. Während des Gesprächs bringt sie Frau Lebenslust schließlich ins Bad, wäscht sie und kleidet sie an. Durch die Erzählung lernt sie eine ganz andere Seite der Bewohnerin kennen: Sie war sehr unternehmungslustig, hat sich schöne Kleider genäht und den Männern den Kopf verdreht. Verschwörerisch guckt sie Anne Aufmerksam an: »Mit meiner Schwester klettere ich dann abends aus dem Badezimmerfenster. Vater darf nichts merken.« Sie erlebt sich noch einmal als junge Schönheit, hält den Kopf schräg und schaut schelmisch hoch.

Frau Lebenslust wird die Altenpflegerin schon morgen nicht mehr wiedererkennen. Anne Aufmerksam aber hat durch Zufall den Schlüssel entdeckt, der ihr jeden Tag erneut die Kontaktaufnahme ermöglichen wird und sie in den Augen von Frau Lebenslust zur Vertrauten werden lässt: Das große Interesse von Frau Lebenslust an schönen Stoffen und Kleidern.

Wie kommt es zu dieser Situation?

Leider ist diese Situation ein Glücksfall. Wenn nicht, wie hier, der Zufall mitspielt, muss vom Pflegepersonal eine professionelle, aufwendige Biografiearbeit geleistet werden, um immer wieder Kontakt zu einer demenzkranken Bewohnerin herstellen zu können. Das bedeutet, dass die Pflegekräfte die Lebensgeschichte eines Menschen und damit ihn selbst besser kennenlernen, um in der Folge besser pflegen zu können. Dazu braucht es viel Zeit, aufmerksames Interesse und Kenntnisse

INFO

Biografiearbeit

Von besonderer Bedeutung sind die wichtigen Stationen des Lebensweges in Kindheit, Beruf und Familie sowie einschneidende Erlebnisse wie der Verlust des Lebenspartners. Auch das Wissen um frühere Interessen wie Hand- oder Gartenarbeit oder die Mitgliedschaft in einem Verein erleichtert den Kontakt zur pflegebedürftigen Person.

über die gesellschaftspolitischen und kulturellen Ereignisse zu Lebzeiten der betroffenen Person.

Info

Viele demenzkranke Menschen werden ruhiger, wenn sie etwas Vertrautes wahrnehmen. Das kann Musik sein, ein bekannter Duft oder das Lieblingsgericht.

Die Biografiearbeit ermöglicht dauerhaft den emotionalen Zugang zur demenzkranken Bewohnerin und dies auch zu einem späteren Zeitpunkt, wenn ein rationaler Zugang nicht mehr möglich ist. Schon ein vertrautes Kinderlied oder eine frühere Lieblingsspeise können einen verwirrten und verängstigten alten Menschen aufmuntern und spannungsgeladene Situationen entschärfen. Leider fehlen den Pflegekräften im hektischen Berufsalltag häufig Zeit und Ruhe, die Lebensgeschichten und Eigenarten der Bewohnerinnen mehr als nur oberflächlich kennenzulernen. Auch anerkannte Methoden, mit einem nicht realitätsbezogenen Verhalten von Bewohnerinnen umzugehen, beispielsweise die sogenannte Validation, können aus Unwissenheit und Zeitmangel häufig nicht genutzt werden.

INFO

Demenz

Als Demenz wird eine erworbene, organisch bedingte psychische Störung bezeichnet, bei der die intellektuelle Leistungsfähigkeit immer mehr zurückgeht. Nach heutigen Erkenntnissen ist eine Demenz nicht heilbar. Die Symptome sind verminderte Gedächtnisleistung, emotionale Störungen, Persönlichkeitsveränderungen und körperlicher Abbau. Die häufigsten Demenzen im Alter sind die Alzheimer-Demenz und die vaskuläre Demenz aufgrund von Durchblutungsstörungen im Gehirn.

Ursprünglich ist die sozialpflegerische Betreuung unter anderem in Form von Beschäftigungsangeboten originärer Bestandteil der ganzheitlichen Pflege. Hier könnten sich auch heute Pflegepersonal und Bewohnerinnen durch gemeinsames Singen, Vorlesen und Spielen zwanglos und in angenehmer Umgebung besser kennenlernen. Die Pflegekräfte würden viel Neues über die Lebensgeschichten und Hobbys der Bewohnerinnen erfahren und könnten in entspannter Atmosphäre interessiert, freundlich und zugewandt auf sie zugehen. Diese Erfahrung würde das Vertrauen stärken und die gemeinsam verbrachte Zeit käme beiden Gruppen zugute.

Info

Da Freizeitangebote häufig von Ehrenamtlichen und Sozialarbeitern betreut werden, fehlt ein wichtiges Element, das Vertrautheit zwischen Bewohnerinnen und Pflegekräften herstellen könnte.

Umso bedauerlicher ist es, dass die Beschäftigungsangebote in vielen Pflegeheimen nicht mehr vom Pflegepersonal gestaltet, sondern an Ehrenamtliche und Sozialarbeiter delegiert werden. Diese Vorgehensweise führt mitunter zu dem absurden Ergebnis, dass Ehrenamtliche mehr über die Biografie einer Bewohnerin wissen, als die zuständige Pflegefachkraft. Leider können sie jedoch mit den gewonnenen Eindrücken nach dem Beschäftigungsangebot nur noch wenig anfangen. Ganz anders als die Pflegekräfte, die auf die Informationen dringend angewiesen wären, um eine qualitativ gute Pflege durchführen zu können.

Das können Sie tun

Der erste und wichtigste Schritt besteht darin, für die demenzkranke Bewohnerin die passende Wohnform mit fördernden Strukturen zu finden (siehe Kasten auf Seite 58). Heime mit Rahmenbedingungen, die vornehmlich der Effizienz dienen, verschärfen die Problematik der Krankheit.

Neben den räumlichen und strukturellen Rahmenbedingungen ist der angemessene, professionelle Umgang des Pflegepersonals mit der verwirrten Bewohnerin maßgeblich dafür verantwortlich, dass sie sich im Heim wohlfühlen kann. Erfragen

TIPP

Kritische Strukturen

- Zimmereinrichtungen, die sich weitgehend an den Bedürfnissen einer schnellen Pflege orientieren und nur geringe individuelle Gestaltung ermöglichen, schmale, kurze und dunkle Flure, in denen sich die Bewohnerinnen nicht ungefährdet bewegen können
- Speise- und Aufenthaltsräume, die von den Bewohnerinnen nur zu festgelegten Zeiten genutzt werden dürfen
- Tagesabläufe, die detailliert geplant und organisiert sind und individuelle Abweichungen nicht zulassen
- Ständiger Wechsel des Pflegepersonals durch flexible, Kosten sparende Dienstpläne
- Untätigkeit und Langeweile durch Ausschluss der Bewohnerinnen von vertrauten Tätigkeiten wie zum Beispiel Kochen, Backen, Wäscheversorgung und Heimwerken

Strukturen zum Wohlfühlen

- Helle Bewohnerzimmer, die weitgehend individuell eingerichtet werden können
- gute Ausleuchtung aller Räume
- Rund- oder Endloswege, auf denen Demenzerkrankte gefahrlos ihr Laufbedürfnis ausleben können, und ein geschütztes Außengelände
- Aufenthaltsräume mit gemütlichem Mobiliar, in denen die Bewohnerinnen wie früher im Wohnzimmer zwanglos den Tag verbringen können
- Tagesabläufe nach individuellem Lebensrhythmus
- großzügige Zeiträume für die Einnahme der Mahlzeiten
- Wechsel zwischen Ruhe- und Aktivphasen
- Präsenz von vertrauten Bezugspersonen
- Anregung und Anerkennung durch Mithilfe in der Küche oder Werkstatt
- Geduld und Einfühlsamkeit des Pflegepersonals

Sie deshalb, ob es geschult ist in der Validation oder anderen Maßnahmen wie der Positiven Personenarbeit nach Tom Kitwood und den Konzepten der Milieutherapie und des Realitäts-Orientierungs-Trainings (s. Glossar).

Achten Sie ganz besonders auf die Atmosphäre im Wohnbereich. Unruhe, Ärger und Stress im Team übertragen sich ebenso schnell auf die Befindlichkeit der Bewohnerin wie Harmonie und Gelassenheit.

Sie kennen die Bewohnerin gut. Als deren »biografische Expertin« sind sie oftmals der einzige Schlüssel zu ihrer Lebensgeschichte. Unterstützen Sie deshalb nach Kräften das Pflegepersonal dabei, die wesentlichen Aspekte des Lebens der Bewohnerin kennenzulernen. Eine gelungene Biografiearbeit ist Garant für eine angemessene, individuelle Pflege. Das gilt insbesondere dann, wenn die Krankheit fortgeschritten ist und die Bewohnerin nicht mehr selbst Auskunft geben kann.

Nur, wer weiß, mit wem er es zu tun hat, kann gut pflegen.

Hängen Sie Fotos von Angehörigen, Reisen und früheren Haustieren auf. Sie helfen der Bewohnerin, sich zu erinnern und bieten Anlass für Gespräche. Setzen Sie sich bei der Heimleitung dafür ein, dass regelmäßig sozialpflegerische Betreuungsangebote von den Mitarbeiterinnen des Pflegeteams durchgeführt werden können, damit diese die Bewohnerinnen in entspannter Atmosphäre besser kennenlernen können.

INFO

Validation

Validation bedeutet wörtlich Gültigkeitserklärung. Bei dieser Kommunikationsform werden die Äußerungen verwirrter Menschen nicht analysiert oder bewertet, sondern ihr emotionaler Gehalt wird akzeptiert und bekräftigt. Grundlage der Validation ist die Biografiearbeit.

Ein Beispiel: Eine demenzkranke, alte Frau läuft mit einer Tasche voller Essensreste auf dem Flur auf und ab. Mit kindlicher Stimme ruft sie verzweifelt nach ihrer Mutter, der sie das Essen bringen will. Eine geschulte Altenpflegerin, die aus der Lebensgeschichte der Bewohnerin weiß, dass es eine solche Situation im Krieg tatsächlich gab, wird sie nun nicht über die reale Situation aufklären. Vielmehr wird sie die Bewohnerin in ihrer subjektiven Wirklichkeit belassen, indem sie ihr bestätigt, dass sie gut für ihre Mutter sorgt und anschließend ein beruhigendes, ablenkendes Gespräch führen.

2 Selbsthilfe

Info
Einheitliche und gleichbleibende Abläufe im Alltag verschaffen der demenzkranken Bewohnerin Sicherheit.

Den Symptomen der Krankheit können Sie am besten begegnen, indem Sie individuelle, hilfreiche Handlungs- und Tagesabläufe mit der Bewohnerin und der zuständigen Pflegefachkraft besprechen und sich auf eine gleichbleibende, einheitliche Vorgehensweise verständigen. Das gibt allen Beteiligten Sicherheit und vermeidet, dass die Bewohnerin durch ständig wechselnde Situationen zusätzlich verwirrt wird. Die Pflege sollte sich dabei an früheren Lebensgewohnheiten und Ritualen orientieren. So sollte jemand, der zeit seines Lebens gebadet hat, auch jetzt die Möglichkeit dazu erhalten, statt geduscht zu werden.

Orientierung

Stellen Sie sich bei jeder Kontaktaufnahme mit Namen vor.

- Sorgen Sie dafür, dass die Zahl der Besucher und Betreuer für die demenzkranke Bewohnerin überschaubar bleibt. Zu viele und wechselnde Kontaktpersonen verunsichern sie zusätzlich.
- Pflegen Sie Rituale, zum Beispiel das Glas heiße Milch vor dem Zu-Bett-Gehen. Sie geben dem Alltag Struktur und dienen der Wiedererkennung.

Kommunikation

Dem zunehmenden Sprachverlust können Sie begegnen, indem Sie:

- langsam und deutlich sprechen,
- beim Sprechen den Blickkontakt suchen und warten, bis der Blick der Bewohnerin Aufmerksamkeit signalisiert,
- einfache und kurze Sätze bilden,
- Fragen stellen, die mit »Ja« oder »Nein« beantwortet werden können.

Tipp
Ein Beispiel für Kommunikation ohne Sprache: Führen Sie die ersten Bürstenstriche gemeinsam mit der Bewohnerin aus, dann wird sie sich häufig selbstständig zu Ende frisieren können.

Wenden Sie die Regeln der Validation an. Wenn Sie bei Aufforderungen auf Unverständnis stoßen, reden Sie nicht auf die Erkrankte ein. Führen Sie stattdessen die gewünschte Tätigkeit vor oder handeln Sie gemeinsam mit der Bewohnerin.

Manchmal hilft ein Bewegungsimpuls und der Rest geht wie von selbst.

Je schwieriger die Verständigung über die Sprache wird, desto wichtiger werden Mimik, Gestik, Blickkontakt und vor allem Berührung. So können viele betroffene Menschen nur dann entspannen, wenn sie sich unter vertrauten Personen befinden oder Körperkontakt haben.

Bewegung

Sorgen Sie dafür, dass die Beweglichkeit der Bewohnerin möglichst lange erhalten bleibt.

- Dazu können Sie beispielsweise mit ihr regelmäßig in vertrauter Umgebung spazieren gehen oder auch einen Rundgang im Heim machen.
- Bewahren Sie sie vor Stürzen. Aufgrund der Gangunsicherheit ist sie extrem gefährdet und benötigt oftmals Begleitung auf ihren Wegen. Sorgen Sie für festes Schuhwerk, die ihr sicheres Stehen und Gehen ermöglicht.
- Entfernen Sie die Teppiche im Zimmer der Bewohnerin. In dieser Situation sind sie nur teure, dekorative Stolperfallen.

Waschen und Kleiden

Unterstützen Sie die Selbstständigkeit der Bewohnerin.

- Pflegeutensilien sollten gebrauchsfertig und immer in gleicher Ordnung am Waschbecken liegen.
- Legen Sie die Kleidung in richtiger Reihenfolge zum Anziehen bereit.
- Sorgen Sie dafür, dass die Kleidungsstücke mit Gummizug und Klettverschlüssen ausgerüstet werden, damit die Bewohnerin sie leichter selbstständig handhaben kann.

Selbsthilfe

Tipp
Wenn Besteck nicht mehr benutzt werden kann, erfüllen die Finger denselben Zweck.

Ernährung

- Die Bewohnerin soll so lange wie möglich selbstständig essen und trinken, auch, wenn sie dabei kleckert.
- Achten Sie darauf, dass das Pflegeheim geeignetes Geschirr und Besteck und einen Kleidungsschutz zur Verfügung stellt.
- Leisten Sie der Bewohnerin möglichst oft Gesellschaft beim Essen und bringen Sie ihre Lieblingsspeisen mit. So wird sie die Mahlzeiten mehr genießen können. Reichen Sie das Essen gegebenenfalls an und üben Sie sich dabei in Geduld.

Ausscheidung

- Achten Sie darauf, dass das Pflegepersonal ein regelmäßiges, konsequentes Toilettentraining durchführt, um eine drohende Inkontinenz möglichst lange zu verhindern.

Tipp
Nehmen Sie Kontakt zu einer Selbsthilfegruppe auf. Der Austausch mit Menschen, die ebenfalls eine demenzkranke Person betreuen, kann Ihre psychische Belastung verringern.

Mit den genannten Vorschlägen helfen Sie der Bewohnerin und werden selbst sicherer im Umgang mit ihr. Trotzdem werden Sie von der zunehmenden Verschlechterung der Symptome unter Umständen sehr betroffen sein. Dieses »Abschiednehmen auf Raten« ist sehr belastend. Das gilt insbesondere dann, wenn die Demenzerkrankte Ihre Bemühung nicht mehr würdigen kann, Sie nicht mehr erkennt oder sogar ablehnt.

Achten Sie deshalb auch gut auf sich! Hilfreich kann in diesem Zusammenhang der Kontakt zu einer Selbsthilfegruppe sein. Dort können Sie sich Unterstützung holen im Austausch mit Menschen, die sich in einer ähnlichen Situation befinden. Auch die Prinzipien der »Validation« können hier erlernt werden.

Gewalt:
»Sie gehorchen und damit basta!«

»Warten Sie ab, was passiert, wenn ich das meinem Mann erzähle!«

Gewalt kann sich in vielen Formen äußern, beispielsweise in körperlichen Übergriffen, Vernachlässigung und verbalen Demütigungen. Aus Angst vor Repressalien wagen es alte, pflegebedürftige Menschen und ihre Angehörigen häufig nicht, diese Missstände zu kritisieren und Abhilfe anzumahnen.

AUS DEM LEBEN

Gewalt hat viele Facetten

Schlecht erzogen?

Frau Mut leidet an Harninkontinenz und benötigt Inkontinenzeinlagen, die vom Pflegepersonal »Windeln« genannt werden. Nach langem Zögern fasst sie sich am späten Nachmittag ein Herz und geht mit ihrem Rollator den Flur entlang zum Pflegedienstzimmer. Frau Mut: »Ich brauche noch eine Windel für die Nacht.« Darauf die Altenpflegerin Gerda Grob: »Sie hatten heute schon drei, das muss reichen.« »Und was mache ich dann heute Nacht?« Gerda Grob antwortet in einem energischen Tonfall: »Dann machen Sie eben ins Bett.« Und zur Kollegin gewandt: »Die teilt sich die Windeln demnächst besser ein. Die Leute müssen nur richtig erzogen werden.«

Lüge als Mittel zum Zweck

Frau Elegant bewohnt ein Einzelzimmer. Sie ist selbstständig, voll orientiert und sehr eigen, was ihre Kleidung betrifft. Insbesondere ihren Lieblingspullover gibt sie nur ungern in die hauseigene Wäscherei, weil es immer mindestens zwei Wochen dauert, bis sie ihn zurückbekommt. Durch das lange Tragen hat er nun einige Flecken. Deshalb drängt die Altenpflegerin Helene Hinterhalt Frau Elegant zu einem Wäschewechsel. Frau Elegant lehnt ab und besteht auf ihrem Recht, über ihre Kleidung selbst zu bestimmen. Aber Helene Hinterhalt weiß sich zu helfen: Sie überredet die Nachtwache, den Pullover nachts aus dem Zimmer der Bewohnerin zu holen. Als Frau Elegant am nächsten Morgen aufgeregt ihren Pullover sucht, stellt Helene Hinterhalt sich ahnungslos: »Sie haben ihn sicher nur verlegt.«

Drohgebärden

Frau Stark ist schwerstpflegebedürftig und sehr eigensinnig. Sie verhält sich meist aggressiv gegenüber dem Pflegepersonal, beißt, kratzt, schlägt und schimpft bei jeder Gelegenheit. Das ändert sich, als die neue Kollegin Doris Droh ihren Dienst auf dem Wohnbereich aufnimmt. Schon nach wenigen Tagen ist Frau Stark wie ausgewechselt. Bei der Pflege kommt es zu keinen tätlichen Übergriffen mehr und Frau Stark kommt jeder Aufforderung von Doris Droh in Windeseile nach. Die Kolleginnen staunen. Als sie Doris Droh nach dem Grund für diese Veränderung fragen, berichtet diese stolz, dass sie Frau Stark mit ihrem großen, starken Ehemann gedroht habe. Er werde kommen und sie schlagen, wenn sie nicht pariere.

Wie kommt es zu diesen Situationen?

Allen Situationen ist gemein, dass vom Pflegepersonal Gewalt ausgeübt wird, Bewohnerinnen gedemütigt oder entmündigt werden. Auch verbale Gewalt verletzt und schon die Bezeichnung »Windel« für die Inkontinenzvorlage eines erwachsenen Menschen bedeutet eine Herabsetzung. Wodurch wird in Pflegeheimen die Entstehung von Gewalt begünstigt? Hier kommen gleich mehrere Risikofaktoren zusammen:

Die Bewohnerinnen sind Mitglieder einer Gruppe, die in einer Zeit grassierenden Jugendwahns nicht hoch angesehen ist. Dementsprechend ist das öffentliche Interesse an ihrer Situation und ihrem Wohlergehen gering. Sie selbst sind aber kaum in der Lage, sich gegen Übergriffe zur Wehr zu setzen. Entweder wagen sie es nicht aus Angst vor Repressalien oder sie sind dazu aus gesundheitlichen Gründen gar nicht mehr in der Lage.

INFO

Subtile Formen von Gewalt

- Missachtung der Privat- und Intimsphäre
- Verweigerung von Hilfestellungen und notwendigen Hilfsmitteln
- herablassende und demütigende Behandlung
- Verhinderung von Selbstbestimmung
- Vernachlässigung

Die Pflegekräfte leisten täglich körperlich, geistig und seelisch Schwerstarbeit. Grundsätzlich ist es ihr erklärtes Ziel, die anvertrauten Bewohnerinnen fürsorglich zu versorgen. Sie sind jedoch häufig chronisch überlastet. Da darf es nicht wundern, dass in Krisensituationen, wenn zur ständigen Überforderung eine akute Belastung hinzukommt, die ohnehin niedrige Gewalthemmschwelle überschritten wird.

Im Pflegeheim leben ausschließlich alte, pflegebedürftige Menschen. Sie werden rund um die Uhr von einem relativ konstanten Mitarbeiterstab betreut. So ist das System weitgehend geschlossen. Außenstehende erhalten kaum Einblick in die Strukturen und Abläufe im Pflegeheim. Auch der Einfluss der offiziellen Aufsichtsorgane, des Medizinischen Dienstes

der Krankenkassen (MDK) oder der Heimaufsicht ist gering, da die Tätlichkeiten selten dramatische Ausmaße wie Körperverletzung oder Tötung annehmen. Subtile Formen entziehen sich aber der Sicht und Beurteilung der Aufsichtsorgane (s. Kasten auf S. 65).

Das können Sie tun

Den besten Schutz vor Gewalt in Pflegeheimen bietet eine größtmögliche Transparenz. Wenn das Pflegeheim offen ist für viele und unterschiedliche Besucher, erhalten diese aus ihrer individuellen Perspektive Einblick in die Tagesabläufe und die Umgangsform zwischen Pflegepersonal und Bewohnerinnen. So entstehen Kontakte, die Kommunikation und das gegenseitige Verständnis werden gefördert. Nebenbei erfüllen die Besucher bewusst oder unbewusst auch eine Kontrollfunktion.

Besuchen Sie deshalb die Bewohnerin möglichst oft und fördern Sie ihre Kontakte zu Personen, die außerhalb des Pflegeheims wohnen. Dabei kann es sich sowohl um Verwandte, als auch um frühere Nachbarinnen und ehrenamtliche Besuchsdienste handeln. Pflegen Sie einen engen Kontakt zur zuständigen Pflegefachkraft. Eine persönliche Beziehung verringert die Gefahr gewalttätiger Übergriffe.

Tipp
Je enger und persönlicher Ihre Beziehung zur zuständigen Pflegefachkraft ist, desto geringer ist die Gefahr gewalttätiger Übergriffe.

Selbstverständlich müssen Sie direkt reagieren, wenn Sie Gewalt in handfester körperlicher oder verbaler Form gegen die Bewohnerin feststellen. Achten Sie aber auch auf die Zeichen, die nicht so offensichtlich sind, aber auf Übergriffe hindeuten.

Verletzung der Privat- und Intimsphäre

Anders als in einer Wohnung reduziert sich die Privatsphäre der Bewohnerin im Altenheim auf wenige Quadratmeter. Umso wichtiger ist es, diesen verbliebenen Raum zu respektieren und vor Übergriffen zu schützen. Die professionelle Pflege betrach-

tet den Schutz von Privat- und Intimsphäre des pflegebedürftigen Menschen als eine ihrer elementaren Aufgaben. Um ihn zu gewährleisten, gelten für das Pflegepersonal im Rahmen der Berufsethik klar formulierte Verhaltensvorschriften:

- Vor dem Betreten des Zimmers wird deutlich angeklopft, eine kurze Pause zwischen dem Anklopfen und dem Eintreten ins Zimmer wird eingehalten.
- Die Erlaubnis der Bewohnerin wird vor jedem notwendigen Griff in ihre Schränke eingeholt.
- Die Bewohnerin wird vor der Durchführung über die pflegerische Maßnahme informiert.

Tipp
In der Alltagshetze werden diese Regeln nicht immer eingehalten. Achten Sie auf Berücksichtigung der Privatsphäre und weisen Sie auf Missstände hin.

Ein noch größeres Problem stellt vielfach die mangelnde Beachtung der Intimsphäre dar. Selbstverständlich muss bei der Pflege der Schutz vor den Blicken Dritter gewährleistet sein und der Genitalbereich abgedeckt werden. Gegen diese Regel wird immer dann verstoßen, wenn die Tür zum Flur während der Pflege offen steht oder sich Fremde im Zimmer aufhalten. Viele Bewohnerinnen empfinden es auch als beschämend, sich vor Pflegern nackt zu zeigen oder sogar von ihnen im Intimbereich gewaschen zu werden. Sobald sich dieses Problem stellt, sollten Sie ein klärendes Gespräch mit der Stationsleitung führen. In vielen Fällen kann sie durch eine andere Organisation gewährleisten, dass die Pflege durch eine weibliche Pflegekraft erfolgt.

Einschränkung der Selbstbestimmung

Alle Entscheidungen, die eine Bewohnerin selbstständig treffen kann, müssen ihr überlassen bleiben. Dazu gehört auch die Wahl ihrer Kleidung. Sie können ihr dabei behilflich sein, indem Sie am Vortag gemeinsam planen und die gewünschten Kleidungsstücke bereitlegen.

Tipp
Besprechen Sie mit dem Pflegepersonal, welche kleinen persönlichen Wünsche im Pflegealltag erfüllt werden können. Das trägt viel zur Lebensqualität der Bewohnerin bei.

Das Angebot bei den täglichen Mahlzeiten sollte so vielfältig sein, dass die Bewohnerin eine Auswahl hat. Der individuellen Planung des Tagesablaufs sind dagegen enge Grenzen gesetzt.

Da die meisten Pflegeheime sehr straff durchorganisiert sind, gibt es nur geringe Spielräume. Diese sollten Sie aber zum Wohl der Bewohnerin ausfindig machen und nutzen. So kommt einer Frühaufsteherin die Morgenpflege um 6.30 Uhr vielleicht entgegen, eine andere ist aber zufriedener, wenn sie erst kurz vor dem Frühstück geweckt wird. Einer Bewohnerin gefällt es, zu duschen, während eine andere ein Wannenbad vorzieht. Finden Sie gemeinsam mit der Bewohnerin deren Vorlieben heraus und versuchen Sie, diese in Absprache mit dem Pflegepersonal zu realisieren. Schon die Erfüllung kleiner persönlicher Wünsche trägt viel zur Zufriedenheit der Bewohnerin bei.

Vernachlässigung

Die Verweigerung von Hilfestellungen und notwendigen Hilfsmitteln ist besonders häufig im Zusammenhang mit der Inkontinenz festzustellen. Die Bewohnerin hat ein Anrecht darauf, regelmäßig und bei Bedarf zur Toilette begleitet zu werden. Versetzen Sie sich in ihre Lage: Wie beschämend muss es für sie sein, sich zu beschmutzen, nur, weil sie nicht die notwendige Hilfestellung erhält. Keinesfalls darf sie dazu aufgefordert werden, ihre Notdurft in die Inkontinenzvorlage zu verrichten. Diese dient ausschließlich der Vorbeugung und dem Schutz der Wäsche. Sie muss in ausreichender Größe und Anzahl zur Verfügung stehen.

Zur Vernachlässigung gehört auch die mangelnde Versorgung der Bewohnerin mit Essen und Trinken. Vor allem eine fehlende Flüssigkeitszufuhr hat gravierende gesundheitliche Folgen für die betroffene Bewohnerin. Da das Hunger- und Durstgefühl des Menschen im Alter abnimmt, er also nicht aus eigenem Antrieb ausreichend isst und trinkt, ist seine Umgebung für die notwendige Versorgung verantwortlich. Wenn das Pflegepersonal die Speisen nur hinstellt und gegebenenfalls unberührt wieder abräumt, wird es seiner Verantwortung nicht gerecht. Aber auch Sie können einiges zur Verbesserung der Situation leisten (s. Kasten)

TIPP

Das können Sie selber tun

Unterstützen Sie das Pflegepersonal bei der Versorgung der Bewohnerin:

- Sorgen Sie dafür, dass immer ein Getränk in Reichweite der Bewohnerin steht.
- Bieten Sie ihr bei Ihren Besuchen zu trinken und zu essen an.
- Sorgen Sie für Lieblingsspeisen und -getränke.
- Nehmen Sie es keinesfalls hin, dass die Bewohnerin zu wenig trinkt aus Sorge, beim nachfolgenden Toilettengang keine Begleitung zu haben.

Sollten Sie feststellen, dass die Interessen der Bewohnerin ignoriert und ihre Anliegen schroff zurückgewiesen werden, so wenden Sie sich umgehend an die Stationsleitung. Wenn kurzfristig keine Besserung erfolgt, ist Ihre nächste Ansprechpartnerin die Pflegedienstleitung oder die Heimleitung. Diese Fürsorge ist auch dann notwendig, wenn die Gewalt ursprünglich von der Bewohnerin ausgeht. Es ist immer Aufgabe des Pflegepersonals, konfliktreiche Situationen professionell und gewaltlos zu meistern.

Zögern Sie nicht, sich an die Vorgesetzten zu wenden, wenn Sie mit Beschwerden keinen Erfolg haben.

Berufsbild im Wandel:
Es hat sich ausgeschwestert

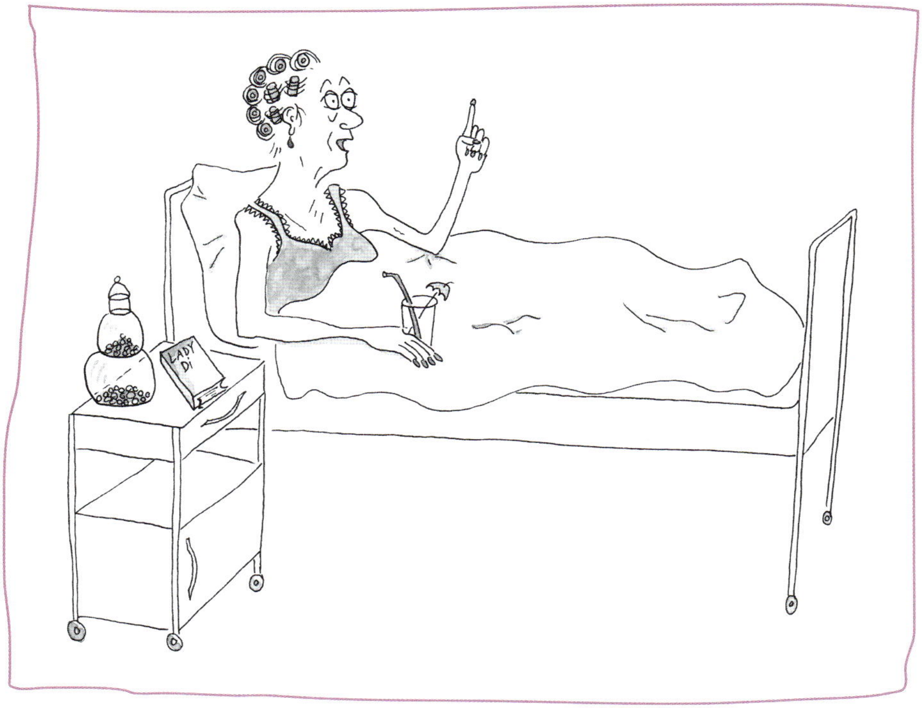

»Schwester! Bedienung!«

Mit den neuen Aufgabenfeldern und der veränderten Ausrichtung hat der Pflegeberuf die Chance und die Pflicht, sich von geschichtlichem Ballast zu befreien und ein professionelleres Berufsverständnis zu entwickeln. Ganz langsam begeben sich die Angehörigen dieser Berufsgruppe auf den Weg. Die daraus resultierenden Veränderungen können auch zu Unruhe und Missverständnissen führen.

AUS DEM LEBEN

Pflegen, nicht bedienen

»Ich bin nicht Ihre Schwester!«

Es ist 20.53 Uhr. Im Wohnbereich III des Pflegeheims »Abendsonne« atmet die Krankenschwester Waltraud Wütig erleichtert auf. In sieben Minuten ist Dienstschluss. Sie ist erschöpft und froh, nach einem anstrengenden Nachmittag nach Hause gehen zu können. Da ertönt die Schelle. Waltraud Wütig stöhnt gereizt und sieht auf die Schalttafel. »Frau Müßig, ausgerechnet«, denkt sie. »Dabei kann die sich ja nun wirklich gut selbst helfen!« Sie stürmt zum Zimmer. Als sie die Zimmertür öffnet, ruft Frau Müßig erleichtert: »Schwester, ich brauche noch eine Flasche Wasser für die Nacht und außerdem haben Sie im Bad die schmutzige Wäsche noch nicht weggeräumt.« Darauf Waltraud Wütig: »Erstens bin ich nicht Ihre Schwester und zweitens können Sie Ihre schmutzige Wäsche gefälligst selbst wegräumen.« Spricht es, stellt die Klingel aus, schließt die Tür und fährt mit dem Fahrstuhl ins Kellergeschoss zum Umkleideraum. Frau Müßig bleibt verblüfft und erbost zurück. Bisher war Waltraud Wütig immer freundlich und hat die benutzte Wäsche anstandslos weggeräumt. Warum verhält sie sich heute Abend so anders und was ist falsch an der Anrede »Schwester«?

Zum Bedienen verpflichtet?

Frau Stehauf, Mitbewohnerin von Frau Müßig, ist eine unternehmungslustige alte Dame. Sie benötigt eigentlich nur ein wenig Unterstützung bei der Körperpflege. Aber sie lässt sich gerne bedienen und vertritt vehement die Meinung, darauf auch einen Anspruch zu haben. Bei der Morgenpflege streckt sie der Krankenschwester Dagmar Deutlich die Arme entgegen, um sie waschen zu lassen. Dagmar Deutlich weist Frau Stehauf freundlich, aber bestimmt darauf hin, dass sie sich ihre Arme sicher selbst waschen könne. Aber da hat sie die Rechnung ohne Frau Stehauf gemacht! »Sie wollen eine Schwester sein und weigern sich, mir zu helfen? Meine Kinder zahlen jeden Monat 2000 Euro ans Heim. Da kann ich doch wohl etwas mehr Service erwarten! Wenn ich Ihnen sage, dass Sie mir die Arme waschen sollen, dann tun Sie das gefälligst.«

»Hier entscheide ich!«

Frau Jensen, 76 Jahre alt, ist seit einer Gehirnoperation schwerstpflegebedürftig. Wie weit sie ihre Umwelt noch wahrnehmen kann, ist ungewiss. Vor der Operation lebte sie jahrelang im Haushalt ihrer Tochter, Frau Klammer. Sie haben zusammen gekocht, Ausflüge und Reisen unternommen und liebten beide die klassische Musik. Frau Klammer hat sich aufopfernd um ihre Mutter gekümmert und fühlt sich auch nach dem Umzug ihrer Mutter ins Heim verantwortlich.

Als die Altenpflegerin Ursula Unerschrocken am Sonntagnachmittag das Zimmer betritt, um Frau Jensen zu lagern, trifft sie dort Frau Klammer und eine weitere Besucherin. Als sie fest-

stellt, dass Frau Jensen vor der Lagerung eine Intimpflege benötigt, bittet sie die Damen, so lange vor dem Zimmer zu warten. Mit der folgenden, heftigen Reaktion hat sie nicht gerechnet. »Ich habe meine Mutter häufig genug nackt gesehen und lasse mir von Ihnen nicht vorschreiben, wann ich den Raum verlasse! Außerdem bestimme ich über meine Mutter und darüber, wer bei der Pflege anwesend sein darf!« Ursula Unerschrocken jedoch ist der Meinung, dass sie als professionell Pflegende den Schutz der Intimsphäre von Frau Jensen zu gewährleisten habe, da diese sich nicht selbst äußern könne. Frau Klammer hält dagegen und droht, sich bei der Pflegedienstleitung zu beschweren. Der Streit eskaliert, bis Ursula Unerschrocken schließlich nachgibt.

Wie kommt es zu diesen Situationen?

Das Berufsbild der Pflege befindet sich im Wandel: mehr Professionalität, weniger »dienende« Funktion.

Die geschilderten Situationen spiegeln das Spannungsfeld, in dem Pflege heute stattfindet. Einerseits ist die gesellschaftliche Erwartung hoch. Zu Recht wird von Pflegekräften sowohl eine umfassende Sach- und Fachkompetenz als auch eine einfühlsame und zugewandte Betreuung der Bewohnerinnen erwartet. In der christlich-abendländischen Tradition spielt aber nach wie vor eine weit darüber hinausgehende Vorstellung von der jederzeit einsatzbereiten, aufopferungswilligen »Schwester« eine große Rolle. Ihr zufolge ist Pflege der selbstlose Dienst aus Nächstenliebe. Das Bild ist sowohl gesellschaftlich als auch

INFO

Ökonomische Zwänge

In Zeiten leerer öffentlicher Kassen und hoher Sozial- und Gesundheitsausgaben ist nicht alles bezahlbar, was wünschenswert ist. Auch die Pflege unterliegt ökonomischen Zwängen. So bemisst sich die Zahl der Pflegekräfte, die eingesetzt werden, nach den Pflegestufen der Bewohnerinnen auf dem Wohnbereich. Das bedeutet, dass ein Heim nicht den Service eines Hotels bieten und Unterstützung nur so weit wie nötig gewähren kann.

in den Berufsvorstellungen der Pflegekräfte fest verankert und wird wenig infrage gestellt. So beantworten die meisten Berufsanfänger die Frage nach ihrer Motivation mit dem Wunsch zu helfen.

Angesichts der ebenfalls zu Recht geforderten Professionalität wird eine vorwiegend »dienende« Funktion dem Berufsbild aber nicht mehr gerecht. Pflege folgt vielmehr eigenen Berufsgrundsätzen und orientiert sich an verbindlichen Standards. Zudem müssen die heutigen komplexen Rahmenbedingungen des Pflegeberufes berücksichtigt werden.

Viele Bewohnerinnen sind aufgrund ihrer Krankheit auf Hilfe angewiesen. Aber auch Menschen, die noch weitgehend selbstständig leben könnten, geraten in Pflegeheimen häufig in eine erlernte Unselbstständigkeit. Das kann passieren, wenn Tagesabläufe und soziale Beziehungen der Bewohnerinnen durch zunehmende Pflegebedürftigkeit immer abhängiger werden von den Rahmenbedingungen des Heims. Es gibt für sie dann nur noch diesen einen Lebensbereich, dessen Organisationsformen, Regeln und Personal sie ausgeliefert sind. Dadurch werden sie zu Insassen im wahrsten Sinne des Wortes. Auf den Verlust des Berufes, des eigenen Heims, des gesellschaftlichen Status, häu-

INFO

Erlernte Unselbstständigkeit

Nachlassende körperliche und geistige Kräfte führen zu immer größerer Abhängigkeit vom Pflegepersonal, das für die Bewohnerin leistet, wozu sie selbst nicht mehr in der Lage ist. Diese Verluste werden als Kränkungen erlebt und können zu einem veränderten Verhalten führen, das durch eine weitgehende Passivität gekennzeichnet ist. Die pflegebedürftige Person leugnet dann vor sich und anderen ihre verbliebenen Fähigkeiten. Sie verweigert sich und fällt in frühere, kindliche Verhaltensmuster zurück, in die sogenannte Regression. Vom Heim fordert sie umfassende mütterliche Fürsorge.

fig auch des Bekannten- und Freundeskreises folgt der Verlust der persönlichen Autonomie (s. Kasten auf S. 73).

Tipp
Überdenken Sie als Angehörige Ihr Verhalten: Greifen Sie unnötig viel in den Pflegealltag ein und kontrollieren Sie den Ablauf zu genau?

Wenn Angehörige nicht loslassen können

Eine völlig andere Ursache hat ein zweites konfliktträchtiges Problem. Gerade Angehörigen, die lange Zeit selbst gepflegt haben, fällt es häufig schwer, Verantwortung an das Pflegepersonal abzugeben. Aufgrund ihrer oft langjährigen Betreuung sind sie zu Experten der individuellen Bedürfnisse und Wünsche des pflegebedürftigen Menschen geworden. Nun befürchten sie, dass sich niemand mehr so gut wie vordem sie selbst um die Bewohnerin kümmern wird. Sie bezweifeln, dass die Pflegekräfte die notwendige Versorgung sicherstellen können, da ihnen der persönliche Bezug und die Erfahrungen fehlen. Schmerzlich ist ihnen bewusst, dass die Bewohnerin nun nur noch ein pflegebedürftiger Mensch unter vielen ist. So sind sie hin- und hergerissen zwischen dem Wunsch, mit dem Pflegepersonal zusammenzuarbeiten, damit es der Bewohnerin an nichts fehlt, und dem Bedürfnis, zu kontrollieren und einzugreifen. Dadurch gestaltet sich die Zusammenarbeit zwischen ihnen und dem Pflegepersonal zum Wohle der Bewohnerin mitunter schwierig.

Das können Sie tun

Sie erwarten zu Recht eine umfassende Fach- und Sachkompetenz. Nur sie garantiert eine professionelle Pflege. Dazu gehört auch die mitfühlende Betreuung der Bewohnerin. Eine darüber hinausgehende Forderung nach aufopfernder Einsatzbereitschaft ist jedoch überzogen. Um eine gedeihliche Zusammenarbeit, die dem Wohle der Bewohnerin dient, zu fördern, können Sie folgendermaßen vorgehen:

- Machen Sie der zuständigen Pflegefachkraft deutlich, dass Sie sehr an einer harmonischen Zusammenarbeit mit ihr interessiert sind.

- Erkennen Sie die Professionalität des Pflegepersonals an und kommen Sie dessen berechtigten Forderungen nach. Bedenken Sie dabei, dass Sie sich ja gerade auf diese Professionalität verlassen in Situationen, denen Sie nicht gewachsen wären.
- Bringen Sie den Pflegekräften Wertschätzung entgegen, dazu gehört auch, sie zu fragen, wie sie angesprochen werden möchten. Möglicherweise bevorzugen sie die Kombination »Schwester« ergänzt durch den Vornamen oder die Anrede mit dem Nachnamen.
- Unterstützen Sie in jeder möglichen Form die Selbstständigkeit der Bewohnerin. Größtmögliche Autonomie ist vorteilhaft für den Erhalt ihrer Fähigkeiten und beugt der Verschlechterung von Krankheitsbildern vor. Sie stärkt darüber hinaus das Selbstwertgefühl der Bewohnerin und dient so auch ihrem Wohlbefinden.
- Vermitteln Sie ihr, dass sie selbstverständlich Anspruch auf Hilfe und Unterstützung hat in allen Belangen, in denen sie nicht selbstständig handeln kann.
- Bitten Sie die Bewohnerin, so weit wie möglich Rücksicht auf den Stationsablauf zu nehmen. Anliegen, denen nicht sofort entsprochen werden muss, sollten von ihr außerhalb der Stoßzeiten geäußert werden.
- Wenn Sie den Wunsch haben, an der Pflege beteiligt zu werden und die Bewohnerin damit einverstanden ist, so bieten Sie an, die Pflege ab und zu oder zu bestimmten Zeiten gemeinsam mit der Pflegekraft durchzuführen.

TIPP

Kooperieren statt konkurrieren

Vermitteln Sie dem Pflegepersonal Ihr Verständnis für strukturelle Zwänge, Wertschätzung und Kompromissbereitschaft, dann werden Sie gemeinsam zum Wohl der Bewohnerin handeln und Konflikte vermeiden oder zumindest entschärfen können.

Lobbyisten:
»Schnell, die Angehörigen kommen!«

»Das wird wieder eine lange Nacht!«

Alte und pflegebedürftige Menschen in Pflegeheimen benötigen eine Lobby vor Ort, damit ihre Interessen und Bedürfnisse im hektischen Pflegealltag die notwendige Berücksichtigung finden. Hier können engagierte Angehörige eine wichtige Rolle als Garanten für einen gelungenen Lebensabend spielen. Dabei sollten Sie beachten: Meist ist es nicht Unwille, sondern Arbeitsüberlastung des Pflegepersonals, wenn wünschenswerte Maßnahmen unterbleiben.

AUS DEM LEBEN

Angehörige als Lobbyisten

Aufstehen aus Zeitnot vertagt

Ostermontag. Es ist ein herrlicher Frühlingstag. Die Sonne scheint und die Kinder von Frau Ernst möchten mit ihrer Mutter, die gerne im Rollstuhl in den Park gefahren wird, einen Spaziergang machen. Frau Ernst ist Bewohnerin des Pflegeheims »Abendsonne« und schwerstpflegebedürftig. Sie kann weder sprechen noch in anderer Form auf sich aufmerksam machen. Als die Kinder um 10 Uhr die Zimmertür öffnen, bleiben sie wie angewurzelt stehen: Im Zimmer ist es stockdunkel. Die Vorhänge sind geschlossen und es brennt kein Licht. Ihre Mutter liegt, noch mit dem Nachthemd bekleidet, im Bett.

Aufgebracht suchen sie eine Pflegekraft und finden schließlich den Altenpfleger Linus Lügner, der hektisch durch den Flur läuft. Auf die Frage, warum ihre Mutter noch nicht gewaschen und angekleidet sei, erklärt er: »Ja, Ihre Mutter hatte leider Durchfall; außerdem hat sie in der Nacht erbrochen. Deshalb soll sie heute in ihrem eigenen Interesse den ganzen Tag im Bett bleiben und jetzt erstmal ausschlafen.«

Die Angehörigen reagieren verblüfft und ungläubig. Ihrer Mutter ging es am Vorabend bestens und sie haben den Verdacht, dass die Begründung des Altenpflegers nur vorgeschoben ist. Beweise dafür haben sie aber nicht. Sie beschließen, in Zukunft häufiger frühzeitig zu kommen, um der Sache auf den Grund zu gehen. Für den heutigen Tag müssen sie die Dinge auf sich beruhen lassen.

Was war passiert? Das Pflegepersonal war überlastet. Ein Altenpfleger, eine Altenpflegehelferin und eine Küchenhilfe mussten 27 Bewohnerinnen bei der Morgentoilette helfen, die unterstützungsbedürftigen Bewohnerinnen in den Frühstücksraum begleiten, Medikamente verteilen und das Frühstück vorbereiten, verteilen und anreichen. Bis 10 Uhr war das nicht zu schaffen.

Das Pflegepersonal einigte sich darauf, einige der Bewohnerinnen erst nach 10 Uhr zu pflegen. Möglichst diejenigen, deren Pflege sehr aufwendig war und deren Ernährung über eine Magensonde erfolgte. Zu diesen unglücklichen Bewohnerinnen gehörte auch Frau Ernst. Diese strategischen Überlegungen konnte Linus Lügner den Angehörigen aus nahe liegenden Gründen nicht mitteilen, so dass er improvisieren musste.

In Zukunft wird das Pflegepersonal jedoch anders disponieren und es wird heißen: »Frau Dunst kann warten! Erst kommt Frau Ernst. Da kommen um 10 Uhr die Kinder und die machen immer solchen Ärger.« Arme Frau Dunst.

Am hellichten Tag zu Bett

Derselbe Wohnbereich, ein anderer Tag, 17 Uhr. Frau Feist, die sonst um diese Uhrzeit vergnügt im Speiseraum sitzt und auf das Abendessen wartet, trägt heute bereits ihren Nachtoverall und liegt im Bett. Üblicherweise wird sie nachmittags von ihrer Tochter besucht, die ihr das Abendessen anreicht und sich bis gegen 18:30 Uhr mit ihr

unterhält. Heute ist die Tochter verhindert. Das Pflegepersonal hat daher die weniger arbeitsintensive Zeit direkt vor dem Abendessen genutzt, um die Bewohnerinnen, die keinen Einspruch erheben können und keinen Besuch von Angehörigen haben, zu Bett zu bringen. Frau Feist gehört heute bedauerlicherweise auch dazu.

Wie kommt es zu diesen Situationen?

Selbstverständlich ist es ein unzumutbarer Zustand, wenn Bewohnerinnen aus rein organisatorischen Gründen am helllichten Tag im Bett liegen. Was ist der Grund für diesen Missstand? Von wenigen Pflegekräften muss zu viel Arbeit in zu kurzer Zeit geleistet werden. Der Aufgabenbereich des Pflegepersonals ist in den letzten Jahren dramatisch gewachsen. Auf der einen Seite nimmt er zu, weil die Patienten nach Einführung der Fallpauschalen im Krankenhaus häufig in einem äußerst pflegebedürftigen Zustand ins Altenheim entlassen werden.

Die Einführung der Fallpauschalen im Krankenhaus führt häufig zu einer frühen Entlassung. Da die Patienten dann noch sehr pflegebedürftig sind, steigt der Pflegeaufwand im Heim.

Auf der anderen Seite werden dem Pflegepersonal zunehmend pflegefremde Tätigkeiten wie Küchen- und Putzdienst, Hol- und Bringdienst zusätzlich zu ihrer Pflegearbeit aufgebürdet. Katastrophal wird der Zustand, wenn zusätzlich Kolleginnen ausfallen, beispielsweise in Urlaubszeiten, durch Schwangerschaften oder Krankheiten. Anders als die Ärzteschaft, die durch bundesweite Aktionen lautstark auf eine unzumutbare Situation aufmerksam macht, wehren sich die Pflegekräfte aber nicht hinreichend gegen die miserablen Arbeitsbedingungen. Eine Ursache liegt im Helfersyndrom (s. Kasten).

Und so versuchen sie, den beruflichen Ansprüchen durch immer größere Geschwindigkeit und Anstrengungen zu genügen. Dem entspricht auch der Versuch, bei der täglichen Arbeit auf dem Wohnbereich jede Gelegenheit zu nutzen, um Zeit einzusparen und Spitzenbelastungen zu vermeiden. Dieser ökonomischen Planung können zuweilen die Interessen der Bewohne-

rinnen zum Opfer fallen mit dem Resultat, dass einzelne noch um 10 Uhr im Bett liegen oder schon um 17 Uhr die Abendpflege erhalten. Mit angemessener, bewohnerzentrierter Pflege hat das nichts zu tun. Das weiß auch das Pflegepersonal, dessen erklärtes Berufsideal darin besteht, umfassend und individuell zu pflegen. Es leidet unter der Situation, zumal es erleben muss, dass alle Bemühungen letztlich erfolglos bleiben, wenn die Personaldecke zu dünn ist.

INFO

Helfersyndrom

Das Phänomen ist unter den Angehörigen sozialer Berufe und so auch im Pflegeberuf weit verbreitet. Menschen mit einem Helfersyndrom neigen dazu, die eigene Belastbarkeit für grenzenlos zu halten und versuchen, ungerechtfertigte Anforderungen durch besondere Anstrengung zu kompensieren. Diese Form der Selbstausbeutung erwarten sie auch von den Kolleginnen. Jede, die sich diesem Anspruch verweigert, muss mit Ablehnung rechnen.

Das können Sie tun

Nicht Unwillen des Pflegepersonals ist in den meisten Fällen der Grund dafür, dass wünschenswerte Maßnahmen unterbleiben, sondern eine Arbeitsverdichtung, die nicht mehr zu bewältigen ist. Daher sind Diskussionen und Kontroversen mit den ohnehin angespannt arbeitenden Pflegekräften nicht hilfreich. Trotzdem müssen Sie eine Notlüge, die dem Vertuschen eines Missstands dienen soll, nicht hinnehmen. Weisen Sie vielmehr darauf hin, dass Sie großen Wert auf Transparenz und gegenseitiges Vertrauen legen. Signalisieren Sie Verständnis dafür, dass bei einem plötzlichen Personalausfall nur das Notwendigste erledigt werden kann und verzichten Sie darauf, vehement Ihre Interessen durchzusetzen. Das hätte nur zur Folge, dass vor allem die Bewohnerinnen mit den hartnäckigs-

ten Angehörigen angemessen versorgt würden, zu Lasten aller anderen. Berechtigterweise muss sich das Pflegepersonal in dieser Situation aber vorrangig um diejenigen Bewohnerinnen kümmern, die der Hilfe am meisten bedürfen.

Info

Das Pflegepersonal befindet sich häufig in dem Spagat zwischen dem Wunsch, umfassend zu pflegen, und einer Arbeitsverdichtung, die nicht mehr zu bewältigen ist.

In der Checkliste sind Maßnahmen aufgelistet, die Sie ergreifen können, um die Pflege Ihrer Angehörigen in außergewöhnlichen Situationen, wie sie durch plötzlich auftretende Krankheiten und dadurch bedingten aktuellen Personalmangel entstehen können, zu sichern. Ganz anders zu betrachten ist die generell vorherrschende Personalknappheit auf den Wohnbereichen, deren Ursache in der mangelhaften Ausstattung der Heime mit den notwendigen Planstellen liegt. Hier muss eine gesellschaftspolitische Diskussion geführt werden, um eine einvernehmliche, dem Wohl pflegebedürftiger Menschen dienende Lösung zu finden.

Notfallplan zur Sicherung der Pflege

Besteht zum Beispiel aufgrund von Krankheit vorübergehend ein Personalengpass, dann helfen folgende Maßnahmen, um wirkungsvoll die Interessen der Bewohnerin zu vertreten:

- Warten Sie einen relativ ruhigen Zeitpunkt ab und führen Sie dann mit der zuständigen Pflegefachkraft ein Gespräch, in dem Sie das Wichtigste klären.
- Bestehen Sie darauf, dass alle Maßnahmen ergriffen werden, die unabdingbar sind:
  - Behandlungspflege
  - hygienisch absolut notwendige Maßnahmen wie Mund- und Intimpflege
  - Essen und Trinken
  - Mobilisation
- Machen Sie deutlich, in welchen Punkten Sie im Gegenzug kompromissbereit sind.
- Achten Sie in der Folge darauf, dass sich alle Beteiligten an die getroffenen Vereinbarungen halten.
- Versuchen Sie, über Kleinigkeiten hinwegzusehen. Eine beschmutzte Serviette oder ein in der Wäsche verloren gegangenes Kleidungsstück kann zwar Anlass zu Ärger geben, ist für das Wohlbefinden der Bewohnerin mitunter aber ohne Belang.
- Richten Sie es nach Möglichkeit so ein, dass Sie während außergewöhnlicher Belastungszeiten so oft vor Ort sind, dass Sie die fehlende soziale Betreuung der Bewohnerin ausgleichen können.
- Sollte sich eine solche Zeit unangemessen in die Länge ziehen, so stärken Sie dem Pflegepersonal den Rücken, indem Sie sich an die Leitung des Heims wenden und Abhilfe einfordern. Ein Lösungsansatz wäre der Einsatz qualifizierter Zeitarbeitskräfte, die, einmal eingearbeitet, auch in künftigen Notsituationen zur Verfügung stünden.

Pflegeerleichterung:
»... nur zu Ihrem Besten!«

»... und noch ein Löffelchen.«

Wird bei der wachsenden Zahl alter und pflegebedürftiger Menschen einerseits und der zurückgehenden Zahl der Berufstätigen andererseits überhaupt noch eine individuelle Pflege möglich sein? Oder ist die Pflege am Fließband das Modell der Zukunft?

AUS DEM LEBEN

Nur Maßnahmen gegen die Zeitnot?

Frau Schnecke, heute 85 Jahre alt, ist vor vier Jahren ins Pflegeheim »Abendsonne« eingezogen. Damals war sie eine rüstige, etwas vergessliche alte Dame. Sie benötigte Unterstützung beim Waschen und Ankleiden, war aber in allen anderen Belangen selbstständig. Die Mahlzeiten waren für sie immer die Höhepunkte des Tages. Ungefähr ein Jahr nach der Aufnahme ins Heim ließen ihre Kräfte nach und sie verlor nach und nach ihre Selbstständigkeit. Sie aß und trank immer weniger, litt an einer Harninkontinenz und ihr Gang wurde so unsicher, dass auch der Rollator keine ausreichende Sicherheit mehr bot.

Seit zwei Monaten ist Frau Schnecke dauerhaft bettlägerig. Sie erhält morgens und abends eine Grundpflege und wird – zur Vorbeugung von Druckgeschwüren – alle drei bis vier Stunden gelagert. Es wurden ihr ein Blasenverweilkatheter zur Ableitung des Urins und eine Magensonde zur Versorgung mit Sondenkost gelegt.

Frau Schnecke isst und trinkt nichts mehr. Das wäre jetzt auch gar nicht mehr möglich. Da ihr seit dem Legen der Magensonde die Zahnprothesen nicht mehr eingesetzt werden, hat sich der Kiefer so verformt, dass die Prothesen nicht mehr passen.

Vor ihrer Bettlägerigkeit war die Pflege und Betreuung von Frau Schnecke sehr zeitaufwendig. Sie musste zum Speisesaal und zurück begleitet werden und es dauerte 20 bis 30 Minuten, ihr ausreichend Essen und Getränke anzureichen. Jetzt ist sie praktischerweise jederzeit in ihrem Bett anzutreffen und das Anhängen der Flaschen mit Sondenkost oder Tee dauert nur zwei oder drei Minuten.

Auch die Zeit für die zahlreichen Gänge zur Toilette aufgrund ihrer Inkontinenz und die manchmal notwendigen Kleidungswechsel können jetzt eingespart werden. Der Katheterbeutel wird morgens und abends bei der Grundpflege geleert. Das kostet täglich nur wenige Minuten. Bei komplikationslosem Verlauf kann die Versorgung der beiden Einstichstellen für die Magensonde und den Blasenverweilkatheter problemlos und schnell im Rahmen der täglichen Grundpflege erfolgen.

Die fehlende Aufmerksamkeit und Zuwendung haben Folgen: Frau Schnecke zieht sich völlig zurück und reagiert kaum noch auf Ansprache.

Wie kommt es zu dieser Situation?

Zweifellos gibt es Erkrankungen und Krankheitsfolgen, die das Legen einer Magensonde oder eines Blasenverweilkatheters zwingend erfordern. So können unter anderem ein Schlaganfall, eine Speiseröhrenverengung oder Darmentzündungen eine PEG erfordern.

Die durch die pflegeerleichternden Maßnahmen gewonnene Zeit kommt den Bewohnerinnen meist nicht zugute.

Fraglich ist jedoch, ob bei der ständig wachsenden Zahl der Eingriffe tatsächlich in jedem Fall eine krankheitsbedingte Indikation vorliegt. Werden sie nicht vielmehr auch zur Arbeitsentlastung ergriffen, weil die Pflegekräfte sonst die anstehende Arbeitsflut gar nicht mehr bewältigen könnten? Der Verdacht liegt nahe, zumal die Gutachter des Medizinischen Dienstes der Krankenkassen seit September 2006 explizit dazu aufgefordert sind, verstärkt auf defizitäre Pflegesituationen zu achten, d.h. auf Anwendung von Inkontinenzartikeln, Blasenverweilkathetern oder PEG-Sonden ausschließlich zur Erleichterung der Pflege. Diese Anweisung wäre nicht notwendig, wenn nicht eindeutige Hinweise auf entsprechende Missstände vorlägen.

Geschieht eine solche Maßnahme nur aus Gründen der Zeitersparnis, bleiben die Interessen der Betroffenen auf der Stecke. Obwohl gerade sie dringend auf Zuwendung angewiesen sind, verbringt das Pflegepersonal noch weniger Zeit mit ihnen als mit ihren pflegeaufwendigen Mitbewohnerinnen. Die Pflegeheime sparen, wo sie können und da bieten sich die Personal-

INFO

Blasenverweilkatheter und Magensonde

Es gibt verschiedene Blasenkatheter: solche, die über die Harnröhre in die Blase geschoben werden (transurethraler Blasenverweilkatheter), und solche, die über die Bauchdecke direkt in die Blase gelegt werden (suprapubischer Blasenverweilkatheter). In beiden Fällen wird der Urin in einen Katheterbeutel abgeleitet.

Die Magensonde PEG (perkutane, endoskopisch kontrollierte Gastrostomie) wird gelegt, wenn eine Patientin künstlich ernährt werden muss. Die Nahrung wird mit einer Spritze oder häufiger durch ein Überleitsystem aus einer Sondenkostflasche verabreicht. Die PEG eignet sich besonders zur langfristigen Sondenernährung. Der Schluckvorgang wird durch die Magensonde nicht beeinträchtigt, sodass die Möglichkeit, Nahrung über den Mund aufzunehmen, grundsätzlich erhalten bleibt.

kosten als größter Ausgabenposten an. Dann bleibt, was nicht zwingend getan werden muss, bei der entstehenden Akkordarbeit häufig ungetan. Es droht die Gefahr, dass pflegeerleichternde Maßnahmen in naher Zukunft in einem nie gekannten Ausmaß entwickelt und eingesetzt werden – ein Markt ist aufgrund der vergreisenden Gesellschaft und der wachsenden Zeitnot des Pflegepersonals vorhanden.

In Deutschland startete 2006 am Fraunhofer Institut für Arbeitswirtschaft und Organisation ein neues EU-Projekt mit dem Ziel, Roboter zu entwickeln, die in Zukunft einen Teil der Pflege übernehmen und dadurch das befürchtete Desaster in der Kranken- und Altenpflege verhindern sollen.

Tipp

Prüfen Sie: Wird eine Magensonde oder ein Katheter gelegt, weil eine Krankheit es erfordert oder geschieht dies aus Gründen der Zeitersparnis?

Das können Sie tun

Ergreifen Sie mit Unterstützung des Pflegepersonals alle vorbeugenden Maßnahmen, die einen Blasenverweilkatheter oder eine PEG überflüssig machen. Anlass für das Legen eines Blasenverweilkatheters ist in den meisten Fällen eine Harninkontinenz (s. Kasten).

TIPP

Vorbeugende Maßnahmen bei Harninkontinenz

- Wenn die Bewohnerin beim Toilettengang auf Hilfe angewiesen ist, ermuntern Sie sie, sich zu melden, um Unterstützung zu erhalten.
- Achten Sie darauf, dass das Pflegepersonal ein regelmäßiges Toilettentraining mit ihr durchführt. Teilen Sie dazu der zuständigen Pflegefachkraft die bisherigen Gewohnheiten der Bewohnerin mit.
- Mobile Toilettenhilfen können eingesetzt werden, wenn die Bewohnerin die Toilette nicht schnell genug erreichen kann. Zu ihnen zählen Toilettenstühle, Urinflaschen und Steckbecken.
- Als Wäscheschutz muss immer die kleinste angemessene Inkontinenzvorlage genutzt werden. Je kleiner das Produkt, desto größer ist der Tragekomfort für die Bewohnerin. Die Vorlage dient dabei ausschließlich dem vorübergehenden Schutz, ersetzt aber in keinem Fall den Toilettengang.

Eine PEG wird häufig dann gelegt, wenn mangelnder Appetit und eine unzureichende Nahrungs- und Flüssigkeitsaufnahme zu starkem Gewichtsverlust, Austrocknung und Verwirrtheit geführt haben. Auch einer solchen Mangelernährung kann durch eine enge Zusammenarbeit mit dem Pflegepersonal und dem behandelnden Arzt erfolgreich vorgebeugt werden. Zunächst sollte bei vagem Verdacht auf Mangelernährung ein detailliertes Ernährungs- und Trinkprotokoll über den Zeitraum von mindestens einer Woche geführt werden. Bestätigt das Ergebnis Ihre Vermutung, können vorbeugende Maßnahmen hilfreich sein (s. Kasten).

TIPP

Vorbeugende Maßnahmen bei Mangelernährung

- Bieten Sie der Bewohnerin ihre Lieblingsgerichte und -getränke an.
- Verteilen Sie die Nahrungsmenge auf fünf bis sechs kleine Mahlzeiten.
- Stellen Sie sicher, dass der Bewohnerin bei Bedarf Hilfsmittel zur Verfügung gestellt werden, beispielsweise Becher mit beidseitigen Henkeln oder ergonomisch geformtes Besteck.
- Leisten Sie ihr bei den Mahlzeiten möglichst oft Gesellschaft und reichen Sie ihr gegebenenfalls das Essen.
- Bieten Sie ihr auch zwischen den Mahlzeiten immer wieder Getränke an.
- Sind Schluckprobleme erkennbar? Erste Hilfe kann unter Umständen die Anpassung der Konsistenz der Nahrungsmittel bieten. Flüssigkeiten können angedickt, feste Nahrung kann püriert werden.
- Besprechen Sie mit dem Arzt, ob eine Logopädin helfen könnte.
- Vermeiden Sie Zeitdruck.

Wenn die vorbeugenden Maßnahmen erfolglos bleiben und der behandelnde Arzt das Legen einer PEG oder eines Blasenverweilkatheters für notwendig hält, sollten Sie in einem Gespräch mit der Bewohnerin, der zuständigen Pflegefachkraft und dem Arzt die weitere Vorgehensweise besprechen.

Klären Sie, ob der Bewohnerin zusätzlich zur Sondenkost Speisen und Getränke angeboten werden können, damit sie weder das Essen und Trinken verlernt, noch den Genuss daran verliert.

Erfolgt die Ernährung ganz oder überwiegend über eine Sonde, so ist der Speichelfluss, der zur Selbstreinigung des Mund- und Rachenraums beiträgt, reduziert. Daher nimmt die Gefahr einer Infektion zu. Achten Sie deshalb darauf, dass mindestens zweimal täglich eine spezielle Mundpflege durchgeführt wird.

Akzeptieren Sie wegen der gravierenden Nachteile den Blasenverweilkatheter oder die Magensonde zunächst nur als vorübergehende Maßnahme. Nutzen Sie von Anfang an alle Möglichkeiten, die Bewohnerin zu fördern, damit sie ihre Selbstständigkeit in diesen Belangen möglichst zurückgewinnt. Drängen Sie auf eine rasche Entfernung, sobald kein zwingender Grund mehr vorliegt.

Tipp

Vereinbaren Sie mit dem Arzt, dass er die Notwendigkeit der Anlage in Abständen überprüft.

Mobilisieren:
»Da säge ich ja am eigenen Ast!«

»Am Selbstschmierertisch brummt das Leben!«

Im Rahmen der Reform der Pflegeversicherung wird die Rehabilitation erstmals finanziell vergütet. So wird die Einstufung in eine niedrigere Pflegestufe mit einer Prämie von 1536 Euro belohnt. Dringend notwendige vorbeugende Maßnahmen werden davon jedoch nicht profitieren. Greift das Gesetz zu kurz?

AUS DEM LEBEN

Mehr Arbeit für weniger Geld

Das Team ist in Aufruhr! Gerade hat die Pflegedienstleitung mitgeteilt, dass, gemessen an der Zahl und den Pflegestufen der Bewohnerinnen, eine Personalüberbesetzung vorliegt. Wenn es nicht gelingt, Bewohnerinnen in eine höhere Pflegestufe eingruppieren zu lassen, muss eine Mitarbeiterin auf einen anderen Wohnbereich des Heims wechseln. Das Pflegepersonal weiß, was das bedeuten würde: Mehrbelastung in Form von Teildiensten und Überstunden. Die beste Aussicht, in eine höhere Pflegestufe eingruppiert zu werden, hat Frau Patent – allerdings nur, wenn sie keine individuellen Maßnahmen zur Förderung ihrer Gesundheit erhält.

Frau Patent ist seit drei Jahren Bewohnerin des Pflegeheims »Abendsonne«. Sie war zum Zeitpunkt des Einzugs eine energische, fröhliche und vollkommen selbstständige 76-jährige Frau. Schon frühmorgens traf sie sich üblicherweise mit einigen Mitbewohnerinnen im Speisesaal, voller Freude auf die erste Tasse Kaffee. An den beiden großen Tischen des Speisesaals sitzen die mehr oder weniger selbstständigen Bewohnerinnen des Pflegeheims; an dem einen Tisch diejenigen, denen das Essen mundgerecht zubereitet werden muss, an dem anderen die sogenannten »Selbstschmierer«. Frau Patent war immer gesellschaftlicher Mittelpunkt des Selbstschmierertisches.

Vor zwei Monaten erlitt sie eine Hirnblutung. Auch nach dem Aufenthalt im Krankenhaus und der Rehabilitationsklinik blieb sie pflegebedürftig. Sie konnte den rechten Arm und das rechte Bein nur wenig bewegen, der rechte Mundwinkel hing herunter, Speichel tropfte und ihre Sprache war undeutlich. Frau Patent wurde zunächst in die Pflegestufe I eingruppiert; eine Höhergruppierung in Pflegestufe II wird angestrebt. Als offizielles Ziel des Pflegeteams galt bisher die stufenweise Mobilisation, damit Frau Patent wieder so selbstständig wie möglich würde. Aufgrund der aktuellen Ankündigung durch die Pflegedienstleitung stehen Frau Patents Chancen auf persönliche Förderung allerdings schlecht.

Die zuständige Pflegefachkraft Ute Unwirsch sieht keinen Grund, sich für die angestrebte Selbstständigkeit zu engagieren. Sie unterlässt jede Anstrengung, Frau Patent zu aktivieren, sodass Frau Patent ihre Tage im Rollstuhl und schließlich im Bett liegend verbringt. Da Frau Patent wütend ist über den Verlust ihrer Selbstständigkeit und ihre Aggression sich zunehmend auf ihre Pflegerin richtet, wird ihr schließlich eine andere Pflegefachkraft zugeordnet, die Krankenschwester Anke Andersch. Damit verändert sich die Situation zum Guten.

Anke Andersch nimmt Kontakt mit dem Hausarzt auf und Frau Patent erhält seither regelmäßig Förderung durch eine Logopädin. Außerdem führt ein Physiotherapeut zweimal wöchentlich Bewegungsübungen mit ihr durch und trainiert Handlungsabläufe. Anke Andersch lässt sich von ihm anlernen und nutzt jetzt selbst jede Gelegenheit, die Bewohnerin zu aktivieren. Schon nach wenigen Wochen kann Frau Patent sich zum ersten Mal seit ihrer Erkrankung weitgehend selbst waschen. Sie weint vor Freude. Zunehmend wird sie selbstständiger und mittlerweile ist sie wieder mobil, geht mit einem Rollator auf dem Flur spazieren, wo sie sich mit Mitbewohnerinnen lebhaft unterhält. Das Essen muss für sie nicht mehr mundgerecht zubereitet werden. Mit viel Vergnügen und selbstbewusst sitzt sie wieder am begehrten »Selbstschmierertisch«.

Die erreichte Selbstständigkeit hat Folgen: Eine Eingruppierung in die Pflegestufe II ist nun nicht mehr zu erwarten.

Wie kommt es zu dieser Situation?

Pflegeheime sind per Gesetz zu aktivierender Pflege und Rehabilitation verpflichtet – finanziell lohnen sich solche Maßnahmen auf lange Sicht aber meist nicht.

Die Eingruppierungssystematik des Medizinischen Dienstes der Krankenkassen orientiert sich grundsätzlich an den Defiziten der Bewohnerinnen und dem daraus resultierenden Pflegebedarf. Es besteht also ein direkter Zusammenhang zwischen den Pflegestufen der Bewohnerinnen, den Zahlungen der Pflegeversicherung an das Heim und der Zahl der Pflegekräfte auf dem Wohnbereich. Engagiert sich also das Pflegepersonal und erreicht damit, dass eine Bewohnerin durch aktivierende Pflege ihre Selbstständigkeit behält, so sägt es tatsächlich am Ast, auf dem es sitzt. Das ist paradox, zumal es laut Alten- und Krankenpflegegesetz zu aktivierender Pflege und Rehabilitation verpflichtet ist.

Info

Der Gesetzgeber muss bessere Rahmenbedingungen schaffen. Nur dann kann die Pflege ihrer originären Aufgabe gerecht werden, vorhandene Fähigkeiten der Bewohnerinnen lange zu erhalten.

Auch die einmalige Zahlung bei der Rückgruppierung in eine niedrigere Pflegestufe dient bestenfalls einer verstärkten Bemühung des Pflegepersonals im Rahmen einer Rehabilitation. Die Anwendung dringend notwendiger vorbeugender Maßnahmen, um die Verschlechterung eines Krankheitsbilds zu verhindern, wird dagegen nicht gefördert.

INFO

Personalbemessungssystem

Die Frage, welche Pflegeleistungen hinsichtlich Häufigkeit, Umfang und Zeit ein pflegebedürftiger Mensch in Anspruch nehmen darf, bedarf immer noch einer letztendlichen Klärung. Daher gibt es trotz vorliegender Modelle kein Bemessungssystem für den notwendigen Personaleinsatz, das von Einrichtungen und Kostenträgern verbindlich anerkannt wird. Hilfsweise dient zur Überprüfung der personellen Ausstattung in den Pflegeeinrichtungen die Fachkraftquote nach der Heimpersonalverordnung. Demnach müssen mindestens 50 Prozent des eingesetzten Personals Fachkräfte sein. Es besteht allerdings die Gefahr, dass die Quote nach der Entscheidung der Föderalismusreform, das Heimrecht auf die Länder zu übertragen, gesenkt wird.

Das können Sie tun

Unternehmen Sie alles, damit die Bewohnerin so lange wie möglich mobil bleibt. Gehen Sie oft mit ihr zusammen spazieren, begleiten Sie sie zu den Mahlzeiten an den Tisch und machen Sie nach Möglichkeit auch kleine Ausflüge in die Umgebung. Achten Sie bei den gemeinsamen Aktivitäten auf alle Anzeichen, die darauf hinweisen, dass sich ihre Beweglichkeit verschlechtert:

- Steht die Bewohnerin instabil?
- Hält sie sich häufig an Möbeln fest?
- Fällt ihr das Gehen am Rollator schwer?

Teilen Sie Verschlechterungen umgehend dem Pflegepersonal und dem behandelnden Arzt mit und ergreifen Sie gemeinsam die passenden Gegenmaßnahmen. So kann es bei Gangunsicherheiten manchmal helfen, wenn ein Physiotherapeut mit der Bewohnerin Bewegungsabläufe einübt, die dann auch mit Ihnen und den Pflegekräften trainiert werden können.

Unterrichten Sie umgehend das Pflegepersonal und den behandelnden Arzt, wenn sich der Zustand der Bewohnerin verschlechtert. Dann können rechtzeitig gegensteuernde Maßnahmen ergriffen werden.

Immobilität entwickelt sich mitunter schleichend. Nach einer längeren Phase der Instabilität kann ein Ereignis wie beispielsweise ein Krankenhausaufenthalt dazu führen, dass die Bewohnerin auf einen Rollstuhl angewiesen ist. Aber das bedeutet nicht notwendigerweise das Ende der eigenständigen Fortbewegung. Achten Sie in dem Fall darauf, dass der Bewohnerin ein individuell angepasster Rollstuhl mit einem bequemen Sitz zur Verfügung steht. Damit sie ihn wirklich nutzt, muss sie ihn leicht manövrieren und idealerweise seine Liegefläche verstellen können. So ausgerüstet kann die Bewohnerin sich weiterhin selbstständig im Wohnbereich von Raum zu Raum bewegen und auch weiteren gemeinsamen Spaziergängen steht nichts im Wege. Achten Sie darauf, dass der Rollstuhl regelmäßig gewartet wird und die Reifen aufgepumpt sind, damit er funktionstüchtig bleibt.

Was tun bei Bettlägerigkeit?

Eine gravierende Verschlechterung liegt vor, wenn die Bewohnerin immer häufiger einen Teil des Tages oder sogar den ganzen Tag im Bett verbringt. Während die sogenannte Bettruhe vorübergehend und oft ärztlich verordnet ist, handelt es sich bei der Bettlägerigkeit um einen längerfristigen Zustand, der viele Risiken birgt:

- Dekubitus (Druckgeschwür)
- Pneumonie (Lungenentzündung)
- Thrombose
- Kontraktur
- Diarrhö

Neben diesen gesundheitlichen Risiken für die Bewohnerin droht zusätzlich die Gefahr der sozialen Isolation, da sich der Kontakt zu den Mitbewohnerinnen und den Pflegekräften reduziert. Selbstverständlich muss es akzeptiert werden, wenn die Bewohnerin das Bett nicht verlassen möchte. Wegen der skizzierten Folgen sollten Sie aber den Ursachen dieser Entscheidung möglichst schnell auf den Grund gehen. Meist stecken hinter der Weigerung, das Bett zu verlassen, Ängste und fehlende Motivation. Dann können Sie mit Engagement und wenigen geeigneten Maßnahmen schnell Abhilfe schaffen.

Fürchtet die Bewohnerin, dass sie durch ihren Wunsch, aus dem Bett genommen zu werden, dem Pflegepersonal zur Last fällt? Vor allem, wenn sie merken, dass die Pflegekräfte voll ausgelastet sind, wollen Bewohnerinnen häufig keine zusätzliche Arbeit machen und schrauben ihre Bedürfnisse zurück. Das ist zwar verständlich, schädigt aber langfristig ihre Gesundheit. Bestärken Sie die Bewohnerin daher in ihrem Recht, mobilisiert zu werden und führen Sie notfalls ein klärendes Gespräch mit der zuständigen Pflegefachkraft.

Tipp
Schaffen Sie Anreize, das Bett zu verlassen. Das kann ein Ausflug, der Besuch von Verwandten und Freunden oder die Teilnahme an einem Fest sein.

Vielleicht drückt der Wunsch der Bewohnerin, im Bett zu bleiben, aber einfach nur aus, dass sie keinen Anlass sieht, das Bett zu verlassen. In diesem Fall sind Sie gefragt! Niemand kann die

INFO

Ängste

Zeigen Pflegekräfte Unsicherheiten beim Transport auf die Bettkante oder vom Bett in den Stuhl, so befürchtet die Bewohnerin zu Recht zu stürzen. Sichere Transfers setzen spezielle Kenntnisse und Fähigkeiten des Pflegepersonals voraus.

- Erkundigen Sie sich deshalb, ob die Pflegekräfte entsprechende Schulungen nach dem Bobath- oder Kinästhetik-Konzept absolviert haben (vgl. Glossar).
- Machen Sie sich nach Absprache mit der Bewohnerin selbst ein Bild von der Sicherheit der Transfers. Vielleicht können Sie ihr durch Ihre Anwesenheit auch zusätzliche Sicherheit vermitteln.

Gut ausgebildetes Pflegepersonal verbreitet Zuversicht und beherrscht die notwendigen Methoden für eine sichere Mobilisation. Ist die Bewohnerin zu schwer oder unbeweglich, kann auch der Transport durch zwei Pflegekräfte oder mit einem Patientenlifter hilfreich sein.

Bewohnerin so gut motivieren wie Sie, da Sie ihre Biografie, ihre Vorlieben und Wünsche kennen.

Hinterfragen Sie eine lang andauernde Bettlägerigkeit. Sie werden vielleicht feststellen, dass die Ursache häufig gar nicht mehr bekannt ist. Dann sollten Sie in Absprache mit der Bewohnerin darauf bestehen, dass vorsichtig mit einer stufenweisen Mobilisation begonnen wird.

Hygiene:
Quirliges Leben im Grießpudding

Das fröhliche Hobby der Krankheitserreger: Bewohnerinnen-Hopping

In den Pflegeheimen leben durchaus auch fitte, unternehmungslustige Bewohnerinnen. In den letzten Jahren nimmt allerdings die Anzahl der sehr alten Bewohnerinnen, die an mehreren Krankheiten leiden, kontinuierlich zu. Ihr Immunsystem ist in der Regel geschwächt und die Gefahr, an einer Infektion zu erkranken, ist groß. Verschärft wird das Risiko durch die Einführung der Fallpauschalen (vgl. Seite 51), die dazu führen kann, dass aggressive Erreger aus den Krankenhäusern ins Pflegeheim transportiert werden.

Natürlich ist das Heim für die hygienischen Verhältnisse verantwortlich. Aber auch Sie als Angehörige können einiges dafür tun, das Risiko für Infektionen gering zu halten.

AUS DEM LEBEN

Von Epidemie zu Epidemie

Seit Jahren wird das Pflegeheim »Abendsonne« immer wieder von schwer beherrschbaren Infektionen heimgesucht. Sie äußern sich bei den Betroffenen durch schweres Erbrechen und Durchfall. Dann liegen die meisten Bewohnerinnen im Bett und die wenigen verbliebenen Pflegekräfte schleppen sich über die Flure, bis auch sie sich krank melden. Der Wohnbereich wirkt zeitweise wie ausgestorben. Vorübergehend wird der Betrieb durch das Pflegepersonal anderer Wohnbereiche aufrechterhalten und nach zwei Wochen ist der Spuk meist vorüber.

Die wiederkehrenden, Kräfte zehrenden Infektionen fallen inzwischen auch den Angehörigen der Bewohnerinnen auf. Die Tochter von Frau Kachexis will das nicht länger tatenlos hinnehmen. Da ihre Mutter schwach und untergewichtig ist, fürchtet sie bei einer weiteren Magen-Darm-Infektion um deren Leben. Sie fragt daher die Heimleitung nach der Ursache der häufigen Infektionen. Dort erfährt sie, dass bisher keinerlei Anstrengungen unternommen wurden, den Erreger zu ermitteln. Die sporadisch auftauchenden Infektionen wurden stillschweigend hingenommen. Allenfalls war die Heimleitung beunruhigt über den hohen Krankenstand des Pflegepersonals und die daraus resultierenden Kosten. Jetzt wird sie allerdings handeln müssen, da die Tochter von Frau Kachexis auf Klärung und Abhilfe drängt.

Auch die neu eingestellte Krankenschwester Olga Obacht ist alarmiert. Sie stellt anhand der Dokumentationen und durch Befragung der Angehörigen fest, dass in den letzten Jahren neben den auffälligen Magen-Darm-Erkrankungen auch häufig Harn- und Atemwegserkrankungen auftraten. Als sie gezielt nach den Ursachen sucht, fallen ihr untragbare hygienische Zustände auf:

- Spritzen, mit denen Sondenkost verabreicht wird, sind verschmiert.
- Katheter werden nicht oft genug oder unter unsterilen Bedingungen gewechselt.
- Toilettenstühle und Lifter sind verschmutzt.
- Die Behälter für die Zahnprothesen werden nicht gereinigt und Salben verschimmeln.

Wie kommt es zu dieser Situation?

Infektionskrankheiten in Pflegeheimen nehmen rasant zu. Wo liegen die Ursachen? Alte Menschen, die an mehreren Krankheiten leiden, sind für Infektionen grundsätzlich besonders anfällig. Ihr ohnehin geschwächtes Immunsystem kann aggres-

sive Krankheitskeime häufig nicht mehr effizient bekämpfen. Das enge Zusammenleben der Bewohnerinnen im Pflegeheim begünstigt dann eine schnelle Ausbreitung der Erreger auf einem Wohnbereich oder im ganzen Heim.

Info
Besonders gefürchtet ist der Methicillin- bzw. Oxacillin-resistente Staphylococcus aureus.

Erschwerend kommt hinzu, dass alte und mehrfach erkrankte Bewohnerinnen im Durchschnitt auch häufiger ins Krankenhaus eingewiesen werden müssen. Dort kommen sie in Kontakt mit zahlreichen Krankheitserregern und können sich infizieren. Durch die immer frühere Rückverlegung aus den Krankenhäusern werden die pathogenen Keime in die Pflegeheime eingeschleppt. So können sich vor Ort Infektionsrisiken ergeben, die denen in den Kliniken vergleichbar sind.

Staphylococcus aureus und eine Reihe anderer gefährlicher Erreger sind auf dem Vormarsch. Durch eine schlechte Ernährungs- und Immunlage können Tuberkelbakterien reaktiviert werden, sodass es bei Menschen, die früher bereits einmal an Tuberkulose erkrankt sind, zu einem erneuten Ausbruch der Krankheit kommen kann. Sie kann grundsätzlich alle Organe

INFO

Staphylococcus aureus

Dieses Bakterium ist in Krankenhäusern und Pflegeheimen besonders gefürchtet. Auf verunreinigten Oberflächen bleiben die Keime wochenlang vermehrungsfähig. Die Verbreitung erfolgt über die Luft durch keimhaltigen Staub. In nährstoffhaltiger Flüssigkeit, Sondenkost, Infusions- und Injektionslösungen, Tropfen und Nahrungsmitteln kann eine explosionsartige Vermehrung erfolgen. Haut und Schleimhaut gesunder Menschen können von dem Bakterium besiedelt werden, ohne dass diese daran erkranken. Treffen die Bakterien aber auf einen abwehrgeschwächten Organismus, können sie Wundinfektionen, Harn- und Atemwegserkrankungen auslösen. Sie erweisen sich in zunehmendem Maße als resistent gegenüber Antibiotika (Methicillin- bzw. Oxacillin-resistenter Staphylococcus aureus, MRSA bzw. ORSA).

betreffen, führt in den meisten Fällen aber zu einer Erkrankung der Lunge. Durch unhygienische Lebensbedingungen werden die Erreger dann weiterverbreitet.

Eine gefürchtete Form der Lungenentzündung mit hoher Sterblichkeitsrate insbesondere bei bettlägerigen Bewohnerinnen wird ausgelöst durch das Bakterium Streptococcus pneumoniae. Salmonella typhi und paratyphi sowie Rota- und Noro-Viren können Ursache von Durchfallerkrankungen sein. Die ansteckende Hauterkrankung Skabies kann epidemisch in Pflegeheimen auftreten; sie wird durch die Krätzmilbe hervorgerufen.

Die Hälfte aller Lungenentzündungen gehen auf das Konto des Bakteriums Streptococcus pneumoniae.

Aus jeder Infektion kann eine Sepsis werden, die sogenannte »Blutvergiftung«, die trotz moderner Behandlungsmöglichkeiten nach wie vor mit einer hohen Letalität verbunden ist. Die schon grundsätzlich hohe Infektionsgefahr für die Bewohnerinnen wächst, wenn folgende Risikofaktoren vorliegen:

- hohes Alter
- Immobilität
- Stoffwechselstörungen
- chronische Erkrankungen
- offene Hautverletzungen
- Blasenkatheter, Ernährungssonden und Trachealkanülen

Wer ist verantwortlich für den Schutz der Bewohnerinnen vor Infektionen? Primär liegt die Verantwortung für den Schutz der Bewohnerinnen beim Träger der jeweiligen Einrichtung. Laut Heimgesetz darf ein Heim nur betrieben werden, »wenn der Träger und die Leitung einen ausreichenden Schutz der Bewohnerinnen und Bewohner vor Infektionen gewährleisten und sicherstellen, dass von den Beschäftigten die für ihren Aufgabenbereich einschlägigen Anforderungen der Hygiene eingehalten werden«.

Dementsprechend hält jedes Heim Hygienepläne vor, in denen einzelne Maßnahmen, beispielsweise der Umgang mit Sonden-

Info
Jedes Heim besitzt Hygienepläne mit detaillierten Angaben zu hygienischen Maßnamen. Die Überwachung der Hygieneregeln in den Heimen erfolgt durch die Gesundheitsämter.

kost, der Einsatz von Schutzkleidung und Kriterien der Personalhygiene detailliert festgelegt werden. Überwacht wird die Einhaltung der Hygieneregeln von den zuständigen Gesundheitsämtern. Sie führen regelmäßige Begehungen und Beratungen der Pflegeeinrichtungen durch.

Das können Sie tun

Die Verantwortlichkeit laut Gesetz ist also eindeutig geregelt. Was können Sie als Angehörige darüber hinaus tun, um das Infektionsrisiko für die Bewohnerin zu reduzieren? Schon Sauberkeit und Ordnung im persönlichen Umfeld der Bewohnerin dienen dem Infektionsschutz (s. Kasten auf S. 99).

Besondere Beachtung verdient die Hygiene im Umgang mit Lebensmitteln. Sie haben zwar keinen Einblick in die Kühlung, Lagerung und Zubereitung der Speisen, können aber folgende Kriterien durchaus beurteilen und damit unter Umständen helfen, einer Magen-Darm-Infektion vorzubeugen:

- Geht das Personal beim Verteilen und Anreichen der Speisen achtsam mit den Nahrungsmitteln um?
- Sind Geschirr und Besteck sauber?
- Wie ist es um die Sauberkeit der Esstische, Stühle und des Bodens im Speiseraum bestellt?
- Wird bei der Verteilung von verpackten Nahrungsmitteln das Verfallsdatum beachtet?

Welche Infektionen gibt es und wie beugen Sie vor?

Die Harnwege sind am häufigsten von Infektionen betroffen, gefolgt von den Atemwegen und der Haut.

Die Harnwege sind am häufigsten von Infektionen betroffen. Ursache ist in vielen Fällen ein transurethraler Blasenkatheter. Vorbeugend können Sie bei einer Harninkontinenz gemeinsam mit der Bewohnerin und dem behandelnden Arzt mögliche Alternativen besprechen, wie beispielsweise aufsaugende Vorlagen oder auch die Anlage eines suprapubischen Katheters (vgl. Kasten auf S. 84). So kann eine Infektion der Harnwege durch

TIPP

Schaffen Sie Ordnung

- Sorgen Sie in Absprache mit der Bewohnerin für übersichtliche Zimmer und Schränke.
- Sortieren Sie aus, was überflüssig und verbraucht ist, zum Beispiel unpassende Kleidung, leere Zahnpasta- und Cremetuben, abgelaufene Medikamente und alte Zahnbürsten.
- Stellen Sie sicher, dass der Bewohnerin zweckmäßige Kleidung und die notwendigen Pflegeartikel in ausreichender Menge zur Verfügung stehen.
- Achten Sie darauf, dass Kleidung und Pflegeartikel wie Haarbürste, Maniküreset und Zahnbecher sauber und gepflegt sind.
- Lebt die Bewohnerin in einem Doppelzimmer, so sorgen Sie dafür, dass Badezimmerschränkchen, Prothesenbecher und Waschschüssel namentlich gekennzeichnet sind.
- Geben Sie den Pflegekräften Rückmeldung, wenn Möbel, Räume und insbesondere die sanitären Anlagen nicht sauber sind.

Erreger aus dem Enddarm vermieden werden. Zudem ist die Bauchdecke weniger mit Keimen besiedelt als die Harnröhre und die Einstichstelle ist in der Regel einfacher zu versorgen.

Die zweithäufigste Infektion im Alter sind Atemwegsinfektionen. Besonders gefürchtet ist die »Aspirationspneumonie«. Dieser Lungenentzündung geht häufig ein Verschlucken voraus. Kleine Speisebestandteile geraten dabei in die Atemwege und unter Umständen auch in die Lunge, wo anhaftende Keime ideale Wachstumsbedingungen vorfinden. Dann können sie sich rasant vermehren und eine Lungenentzündung hervorrufen. Achten Sie deshalb vorbeugend darauf, dass die Bewohnerin ihre Speisen nur in aufrechter oder halbaufrechter Position (45-Grad-Winkel) zu sich nimmt, damit sie sich nicht verschluckt.

Infektionen in der Mundhöhle können ebenfalls eine Atemwegserkrankung zur Folge haben. Eine regelmäßige Mund-, Zahn- und Prothesenpflege sind daher wesentlich.

Info
Weibliche Krätzmilben werden 0,2–0,5 mm groß und graben bis zu 1 cm lange Gänge. An dessen Ende ist eine rote Erhebung, in der das Tier sitzt.

Auch die Zahl einer ganz besonderen Infektionskrankheit der Haut nimmt zu, die Krätze (Skabies). Sie wird hervorgerufen durch die Krätzmilbe, die kleine Gänge unter der Haut anlegt, in denen die weibliche Milbe ihre Eier ablegt. Symptome sind Juckreiz oder auch allergische Reaktionen. Die Übertragung erfolgt durch direkten oder indirekten Körperkontakt. Da die Krätze hochansteckend ist, sind meist nicht nur einzelne Personen betroffen, sondern ganze Einrichtungen. Deshalb sollten Sie bei einem stark juckenden Ekzem der Bewohnerin auch eine Infektion durch die Krätzmilbe in Betracht ziehen und zur Sicherheit einen Hautarzt zu Rate ziehen.

INFO

Schutzimpfungen

Der Infektionsvorbeugung dienen auch Schutzimpfungen. Laut Empfehlung des Robert-Koch-Instituts in Berlin kommen folgende Impfungen infrage:

- Tetanus
- Diphtherie
- Influenza-Schutzimpfung (jährlich im Herbst)

Eine Pneumokokken-Schutzimpfung gegen Lungenentzündung wird für Menschen empfohlen, die älter sind als 60 Jahre oder an einer chronischen Krankheit leiden. Besprechen Sie die möglichen Impfungen mit der Bewohnerin und dem behandelnden Arzt.

Kommunikationsstrukturen:
Der Fisch stinkt vom Kopf!

»Jeden Tag die Wäschesäcke ausspannen, sonst gibt es keine frische Wäsche!«

Für die Atmosphäre eines Pflegeheims ist der im Haus geübte Führungsstil von maßgeblicher Bedeutung. Er drückt sich auf allen Hierarchieebenen aus und erreicht so auch die Bewohnerinnen. Auf den Führungsstil im Pflegeheim haben Sie zwar keinen Einfluss. Aber Sie können für einen angemessenen und respektvollen Umgangston gegenüber der Bewohnerin sorgen.

AUS DEM LEBEN

Wer redet wie mit wem?

Heimleitung und Pflegedienstleitung versus Mitarbeiterinnen

Schon vor Wochen hat die Heimleitung beschlossen, die stellvertretende Wohnbereichsleitung Anne Ahnungslos auf eine andere Station zu versetzen. Mit der Versetzung ist der Verlust der bisherigen Leitungsfunktion verbunden, also auch ein Zuständigkeits- und Ansehensverlust. Die geplante Maßnahme ist bereits vielen Mitarbeiterinnen des Heims bekannt, nicht aber Anne Ahnungslos. Sie hört erstmalig davon, als sie von der Wohnbereichsleitung ihrer zukünftigen Station auf den Dienstplan angesprochen wird – drei Tage vor dem Wechsel. Sie kennt weder die Gründe für die Entscheidung der Heimleitung, noch erhält sie die Möglichkeit, Stellung dazu zu nehmen.

Wohnbereichsleitung versus Kolleginnen

Das Verteilen des nachmittäglichen Kaffees nutzt Krankenschwester Ottilie Ordentlich, um benutztes Geschirr vom Vormittag in den Bewohnerzimmern abzuräumen. Als die Wohnbereichsleitung auf ihr Tun aufmerksam wird, weist sie Ottilie Ordentlich an, das benutzte Geschirr wieder zurück in die Bewohnerzimmer zu bringen. Sie wolle ein Exempel statuieren. Bestimmt habe Altenpflegehelfer Siegfried Sorglos wieder vergessen, das Geschirr abzuräumen. Der werde am nächsten Tag was erleben! Und tatsächlich geht sie am folgenden Tag mit dem ahnungslosen Siegfried Sorglos in die Bewohnerzimmer und ruft ihn dort angesichts des schmutzigen Geschirrs vor den Bewohnerinnen scharf zur Ordnung.

Pflegekraft versus Pflegekraft

Beide Schichten des Wohnbereichs befehden sich seit Monaten. Jede Schicht sucht akribisch nach Fehlern der Gegenschicht. Auch kleinste Nachlässigkeiten wie das Vergessen eines benutzten Wasserglases im Aufenthaltsraum werden triumphierend schriftlich festgehalten. Die Pflegekräfte machen sich gegenseitig das Leben schwer, so gut sie können: Informationen von Ärzten oder Angehörigen werden nicht weitergegeben, Fehler genüsslich vor allen Mitarbeiterinnen ausgebreitet, Pflegekräfte der Gegenschicht vor den Bewohnerinnen schlecht gemacht.

Pflegekraft versus Bewohnerin

Altenpflegehelfer Willi Wichtig bringt Frau Modisch zu Bett. Frau Modisch ist eine sehr selbstbewusste 98-jährige Dame. Sie sieht und hört schlecht, weiß aber ganz genau, was sie will. Und heute Abend will sie das geblümte Nachthemd tragen, keinesfalls das weiße. Sie äußert diesen Wunsch laut, energisch, aber etwas undeutlich. Willi Wichtig antwortet: »Hör du erstmal auf zu nuscheln, bevor du mit mir sprichst, vorher passiert hier gar nichts.«

Wie kommt es zu diesen Situationen?

Die geschilderten Situationen zeigen einen autoritär-erzieherischen Führungsstil, gekennzeichnet durch einen herabsetzenden Ton, fehlende Transparenz und Teilhabe an Entscheidungen. So kann kein Vertrauen entstehen. Dem entspricht das Ergebnis einer Umfrage, nach der fast die Hälfte der Altenpflegekräfte meinten, sich auf ihre Vorgesetzten nicht oder nur teilweise verlassen zu können.

Fatalerweise haben Führungsfehler auf der Leitungsebene gravierende Folgen, wenn sie auf den folgenden Hierarchieebenen wiederholt werden. Die Wohnbereichsleitung verhält sich gegenüber ihren Kolleginnen genauso autoritär-erzieherisch und respektlos, wie die Mitarbeiterinnen untereinander. So können schwerwiegende Konflikte im Team entstehen, die Zeit und Energie kosten. Beides, Zeit und Energie, sind im Pflegealltag aber Mangelware. Ist das Pflegepersonal vorrangig mit den eigenen Problemen beschäftigt, geht dies zu Lasten der Bewohnerinnen. Schlimmer noch, es besteht die Gefahr, dass ein respektloser, gereizter Umgangston auch vor den Bewohnerinnen nicht halt macht.

Statt des autoritär-erzieherischen benötigen die Pflegekräfte vielmehr einen partnerschaftlichen Führungsstil mit folgenden eindeutigen Vorzügen:

- Es bestehen viele gemeinsame Überzeugungen, Werte und Verhaltensregeln.
- Die Mitarbeiterinnen haben bei Zielbestimmung, Planung und Problemlösung ein Mitspracherecht.
- Entscheidungen werden transparent gemacht.
- Die Hierarchien sind flach.
- Die Leitung unterstützt und fördert die Pflegekräfte.
- Die Mitarbeiterinnen erhalten Anerkennung für die geleistete Arbeit.

Info
Fast die Hälfte der Altenpflegekräfte haben das Gefühl, sich nicht oder nur teilweise auf ihre Vorgesetzten verlassen zu können.

So können gegenseitiges Vertrauen und Respekt entstehen, die allen zugute kommen, auch den Bewohnerinnen.

Das können Sie tun

Leider können Sie bei der Wahl des Pflegeheims den herrschenden Führungsstil nur schwer erkennen. Sie können ihn auch nicht direkt ändern. Sie können aber einerseits einem herabsetzenden Umgangston durch Ihre eigene partnerschaftliche Kommunikation mit den Mitarbeiterinnen einen Riegel vorschieben (s. Kasten). Andererseits können Sie die Bewohnerin auch direkt vor Respektlosigkeiten schützen.

Akzeptieren Sie keinesfalls verbale Respektlosigkeiten der Bewohnerin gegenüber. Ausdrücke des Pflegealltags wie »Fertigmachen«, »Durchbetten«, »Pampern« erinnern an Fließbandar-

TIPP

Kommunikation mit den Pflegenden

Verhalten Sie sich grundsätzlich höflich und freundlich gegenüber allen Mitarbeiterinnen.

Vermeiden Sie jegliche Parteinahme bei innerbetrieblichen Streitigkeiten. Sie können sonst schnell zwischen die Fronten geraten und das wäre dem Wohl der Bewohnerin abträglich.

Wenden Sie sich in Angelegenheiten der Bewohnerin möglichst direkt an die zuständige Pflegefachkraft und schaffen Sie durch regelmäßigen Kontakt zu ihr eine Vertrauensbasis.

Vertreten Sie die Interessen der Bewohnerin in sachlichem Ton und bemühen Sie sich um klare Absprachen. Zeigen Sie dabei auch Ihre Bereitschaft, Kompromisse einzugehen.

Halten Sie bei berechtigter Kritik den Dienstweg ein, indem Sie sich zunächst an die zuständige Pflegefachkraft und danach an die Wohnbereichsleitung wenden. Erst wenn auch dann noch keine Abhilfe geschaffen wurde oder aber bei gravierenden Vorkommnissen, sollten Sie die Pflegedienst- und Heimleitung ansprechen.

beit und stellen eine individuelle Pflege infrage. Herabsetzend ist auch die Babysprache, die sich in Ton und Wortwahl – »Oma«, »Schätzchen«, »Liebchen« – deutlich von einer angemessenen Erwachsenensprache unterscheidet.

Tipp

Verbale Gewalt: respektlose Ausdrücke, erniedrigende Wortwahl und Babysprache sollten Sie nicht akzeptieren.

Unangemessen sind sowohl verniedlichende Ausdrücke wie »Popöchen« als auch eine grobe oder Vulgärsprache. Etiketten werden der Bewohnerin nicht gerecht. Achten Sie darauf, dass sie beim Pflegepersonal weder als grundsätzlich »pflegeleicht«, noch als »schwierig« gilt. Verbitten Sie es sich, wenn die Bewohnerin geduzt wird, ohne dies ausdrücklich zu wünschen. Das »Du« drückt keineswegs immer ein besonderes Vertrauensverhältnis aus, sondern wird viel häufiger benutzt aus Bequemlichkeit und Respektlosigkeit. Es kann auch Geringschätzung ausdrücken.

Medizin und Pflege:
Hand in Hand

»Sie müssen sich jetzt schon entscheiden, wem Sie Ihr Vertrauen schenken wollen: mir, die ich mich täglich um Sie kümmere, oder diesem Arzt!«

Eine wirkungsvolle medizinische Therapie verlangt die vertrauensvolle Zusammenarbeit beider Experten: des Arztes und der Pflegekräfte. Das setzt Respekt und Kooperationsbereitschaft auf beiden Seiten voraus. Als Angehörige können Sie den Informationsfluss zwischen Pflegepersonal, Ärzten und Therapeuten fördern und so die Kooperationsbereitschaft steigern. Dazu sollten Sie natürlich selbst ebenfalls immer auf dem aktuellen Informationsstand sein.

Einsatz statt Gleichgültigkeit

Informationsfluss von der Pflege zum Arzt

Mittwochnachmittag. Dr. Burger besucht seine Patientin Frau Rastlos im Pflegeheim »Abendsonne«. Da Frau Rastlos in den letzten Wochen zunehmend unter Unruhe und großer Anspannung litt, hat er ihr Librium, ein Beruhigungsmittel, verschrieben. Es soll Angst und Anspannung lösen und einen ausgeglichenen Gemütszustand bewirken. Bei der heutigen Visite möchte Dr. Burger sich von der Wirkung des Medikaments überzeugen. Als er im Schwesterndienstzimmer niemanden antrifft, weiß er sich zu helfen: Er geht direkt in das Zimmer von Frau Rastlos, begrüßt seine Patientin und betätigt die Schelle. Wie erwartet, betritt nach geraumer Zeit Altenpflegerin Sarah Selten den Raum.

Von Dr. Burger nach der Wirkung des Medikaments befragt, kann sie keine Auskunft geben. Sie bedauert und erklärt, dass sie nur wenige Tage im Monat im Pflegeheim arbeite und von der zuständigen Pflegefachkraft weder über den heute anstehenden Arztbesuch noch über die Gabe von Librium informiert worden sei. Der herbeigerufene Kollege von Sarah Selten, Miroslav Mrewicz, spricht nur wenig Deutsch und hat Mühe, die Frage überhaupt zu verstehen.

Dr. Burger seufzt und wünscht Einsicht in die Dokumentation in der Annahme, dort aktuelle Informationen zu finden. Leider ist die letzte Eintragung im Pflegebericht drei Wochen alt. Der Arzt ist verärgert über die lückenhafte Dokumentation und die fehlende Informationsweitergabe. Er bemängelt gegenüber Sarah Selten die schlechte Zusammenarbeit zwischen Hausarzt und Pflegepersonal, die den Bewohnerinnen schade.

Informationsfluss vom Arzt zur Pflege

Der Altenpflegeschüler Werner Wissbegierig ist im ersten Lehrjahr und sehr aufmerksam und engagiert. Schnell hat er die komplette Pflege von drei alten Damen übernommen. Auch die mittägliche Übergabe an die nächste Schicht übernimmt er für diese Bewohnerinnen weitgehend selbstständig. Bei mehreren Frühdiensten hat er festgestellt, dass eine der Bewohnerinnen, Frau Fussek, seit neuestem geschwollene Knöchel hat. Als er während einer Übergabe nach möglichen Gründen für die Schwellung fragt, stößt er nur auf geringes Interesse und den Rat, sich doch in der Dokumentation die Diagnosen anzusehen. Die wenigen aufgeführten Diagnosen sind jedoch alt und ungenau. Sie helfen ihm nicht weiter. Bei der nächsten Visite bei Frau Fussek begleitet Werner Wissbegierig deshalb den Hausarzt. Er teilt ihm seine Beobachtung mit und fragt, ob es sich bei den Schwellungen um Ödeme, also um Wasseransammlungen im Gewebe, handeln könne.

Der Arzt bejaht die Frage und sieht in den Ödemen ein Symptom für die

Verschlechterung einer seit sieben Jahren bekannten Herzinsuffizienz. Als Folge der Beobachtung des Altenpflegeschülers ändert er die Therapie und verordnet ein Medikament zum Ausschwemmen der Ödeme. Auf die Frage von Werner Wissbegierig, warum die Diagnose »Herzinsuffizienz« in der Dokumentation nicht aufgeführt sei, antwortet er, dass Diagnosen den Pflegeheimen keineswegs immer mitgeteilt würden. Er fügt hinzu: »Das Pflegepersonal muss auch nicht alles wissen.«

Wie kommt es zu diesen Situationen?

Da viele Bewohnerinnen in Pflegeheimen an mehreren Krankheiten gleichzeitig leiden, benötigen sie häufig ärztliche Behandlung. Deren Erfolg erfordert eine enge und vertrauensvolle Zusammenarbeit zwischen dem Pflegepersonal und den behandelnden Ärzten. Insbesondere sind dazu folgende Voraussetzungen notwendig:

- Kooperationsbereitschaft zwischen den Vertretern der beiden Berufsgruppen
- kompetente und verantwortungsvolle Umsetzung ärztlicher Anordnungen durch das Pflegepersonal
- sorgfältige und zeitnahe Dokumentation durch Pflegefachkräfte und Hausärzte

Eine harmonische Zusammenarbeit zwischen den behandelnden Ärzten und den Pflegekräften ist keineswegs selbstverständlich. Woran liegt das? Hindernisse und Vorurteile gibt es auf beiden Seiten: Da sind auf der einen Seite die Mediziner, die nicht selten aus Dünkel und falsch verstandenem Standesbewusstsein nicht bereit sind, sich auf einen partnerschaftlichen Dialog mit dem Pflegepersonal einzulassen. Traditionell sind sie es nicht gewohnt, »Herrschaftswissen«, in diesem Fall Diagnosen und Untersuchungsergebnisse, zu teilen.

Erschwerend kommt hinzu, dass manche Vertreter der ärztlichen Zunft die Kompetenz des Pflegepersonals gering schät-

zen. Deshalb sind sie häufig nicht daran interessiert, Informationen der Pflegekräfte zu berücksichtigen. Damit verspielen sie die Chance, von den täglichen Beobachtungen kompetenter Pflegekräfte zu profitieren und sie als tatkräftige Kooperationspartner zu gewinnen.

Je mehr das Personal über medizinisch-pflegerisches Wissen verfügt, desto eher erkennt es Symptome und kann deren Bedeutung einschätzen.

Auf der anderen Seite halten sich auch bei den Pflegekräften hartnäckig Vorurteile. Viele beurteilen die behandelnden Ärzte der Pflegeheimbewohnerinnen durchweg als arrogant und überheblich. Sie sind schnell gekränkt, wenn eigene Beobachtungen und Vorschläge zur Behandlung nicht gewürdigt und ihnen Informationen vorenthalten werden.

Neben den gegenseitigen Vorurteilen können auch Zeitmangel, schlechte Terminabsprachen und insbesondere mangelnde Kenntnisse des Pflegepersonals einer effizienten Zusammenarbeit im Wege stehen. Um im geschilderten Beispiel des engagierten Altenpflegeschülers Werner Wissbegierig zu bleiben: Nur wer in der Lage ist, Ödeme als mögliches Symptom einer Herzinsuffizienz zu deuten, sieht die Notwendigkeit, den behandelnden Arzt darauf hinzuweisen.

Auch Mitarbeiter, die die deutsche Sprache nur bedingt und die medizinisch-pflegerische Fachsprache gar nicht beherrschen, wie der bedauernswerte Miroslav Mrewicz, scheiden als kompetente Kooperationspartner für Ärzte aus.

Vorurteile auf beiden Seiten, Zeitmangel, lückenhafte Informationsweitergabe und mangelnde Kenntnisse des Pflegepersonals behindern oftmals die Zusammenarbeit von Pflegekräften und Ärzten.

Um eine optimale medizinische Versorgung zu gewährleisten, muss aber auch die Informationsweitergabe zwischen den Pflegekräften funktionieren. Gerade in der heutigen Zeit mit vielen Teilzeitbeschäftigten und Mitarbeiterinnen, die nicht in der Pflege ausgebildet sind, ist es mitunter äußerst schwierig, wichtige Informationen den verantwortlichen Akteuren zugänglich zu machen. Hier sind regelmäßige mündliche Übergaben, vor allem aber die ordnungsgemäße, gewissenhaft und zeitnah geführte Dokumentation das Mittel der Wahl. Sie ist der Dreh- und Angelpunkt in der Zusammenarbeit zwischen

den Pflegekräften, insbesondere aber auch zwischen der zuständigen Pflegefachkraft und den behandelnden Ärzten und damit Garant einer effizienten Zusammenarbeit.

Pflegeheime, Pflegepersonal und behandelnde Ärzte müssen sich mehr als bisher mit der veränderten gesundheitlichen Situation der Bewohnerinnen vertraut machen und Organisations- und Kommunikationsstrukturen entwickeln, die der Kooperation und damit dem Wohl der betagten, häufig multimorbiden Bewohnerinnen dienen. Ansätze zur Lösung des Problems sind bereits zum Beispiel in Form eines Verbunds aus Ärzten, Krankenhäusern und Heimen erkennbar (AOK-Pflegenetzwerk in Bayern). Laut Pflegeversicherungsreform sollen die Pflegekassen darauf hinwirken, dass Pflegeheime mit niedergelassenen Ärzten zusammenarbeiten oder Heimärzte einstellen.

INFO

Lückenlose Dokumentation

Die Dokumentation enthält alle pflegerelevanten Daten einer Bewohnerin, Diagnosen und ärztlichen Verordnungen. Um als Garant einer effizienten Zusammenarbeit zwischen Pflegekräften und Ärzten dienen zu können, muss sie von beiden Berufsständen sorgfältig und zeitnah geführt werden und folgende Voraussetzungen erfüllen:

- Sie muss aktuell und wahrheitsgemäß geführt sein.
- Die Sprache muss knapp, klar, eindeutig und genau sein.
- Die medizinisch-pflegerische Fachsprache muss von allen Beteiligten beherrscht und angewandt werden.
- Alle Maßnahmen und Besonderheiten müssen schriftlich erfasst werden, und zwar in leserlicher Schrift. Das gilt für alle Beteiligten, Ärzte eingeschlossen.

Das können Sie tun

Niemand möchte den beteiligten Personen grundsätzliche Kooperationsbereitschaft absprechen; es gilt vielmehr, diese zu fördern. Das vorhandene Wissen und die Kompetenz der Berufsgruppen müssen sinnvoll vernetzt werden, sodass die Bewohnerin größtmöglichen Nutzen daraus ziehen kann. Hier sind Sie als Moderatorin gefragt.

Damit Sie selbst als ernst zu nehmender Ansprechpartner wahrgenommen werden, kann es hilfreich sein, sich Grundwissen der medizinisch-pflegerischen Fachsprache anzueignen.

Tipp

Sorgen Sie für einen engen Kontakt zwischen behandelnden Ärzten und dem Pflegepersonal. Bemühen Sie sich dabei um den Aufbau einer vertrauensvollen Zusammenarbeit.

TIPP

Angehörige als Moderatoren

- Pflegen Sie regelmäßigen Kontakt mit den behandelnden Ärzten und dem Pflegepersonal und bemühen Sie sich dabei um den Aufbau einer vertrauensvollen Zusammenarbeit.
- Fördern Sie den guten Informationsfluss zwischen den behandelnden Ärzten, den Pflegekräften und gegebenenfalls Physiotherapeuten und Logopäden.
- Regen Sie auf dem Wohnbereich an, dass die Visiten von der zuständigen Pflegefachkraft und dem Arzt gemeinsam durchgeführt werden. So werden Informationsverluste weitgehend vermieden.
- Sprechen Sie Schwierigkeiten hinsichtlich des Ablaufs einer Therapie direkt an und bringen Sie die Beteiligten möglichst schnell zu gemeinsamen Absprachen an einen Tisch. Akzeptieren Sie keinesfalls unangemessene Gesprächsrahmen wie das sogenannte »Flurgespräch« oder Absprachen, die über den Kopf der Bewohnerin hinweg getroffen werden.
- Treffen Sie Entscheidungen gemeinsam mit der Bewohnerin, den behandelnden Ärzten und dem Pflegepersonal. Das erhöht die Wahrscheinlichkeit, dass Maßnahmen auch von allen Betroffenen verantwortet und getragen werden. Überprüfen Sie die Umsetzung der Entscheidungen.
- Machen Sie deutlich, dass Sie eine professionelle Dokumentation voraussetzen und sehen Sie die Unterlagen nach Absprache mit der Bewohnerin selbst ein.
- Drücken Sie Ihre Erwartung aus, dass die Pflegekräfte Anordnungen der behandelnden Ärzte kompetent umsetzen, einschließlich der medikamentösen Therapie.
- Achten Sie auch darauf, dass Sie selbst auf dem aktuellen Informationsstand sind.

Sedieren und Fixieren:
Zur eigenen Sicherheit?

»Ihre Mutter ist gerade beim Volksmusikkurs«.

Freiheitsentziehende Maßnahmen dürfen ausschließlich zum Schutz der betroffenen Person angewendet werden. Keinesfalls dürfen sie genutzt werden, um einen reibungslosen Betriebsablauf sicherzustellen oder eine Störung der Mitbewohnerinnen oder deren Angehörigen zu vermeiden.

Maßnahmen, die die Bewegungsfreiheit einschränken, haben meist Folgen: Zum einen mindern Sie die Lebensqualität der Bewohnerin deutlich, zum anderen können Sie auch gravierende gesundheitliche Folgen haben.

AUS DEM LEBEN

Abwägen zwischen Sicherheit und Freiheit

Frau Unruh vermisst schmerzlich ihren Mann. Obwohl sie schon seit vielen Jahren schwer an Demenz erkrankt ist, pflegte er sie liebevoll zu Hause. Nach seinem plötzlichen Tod entschieden sich ihre Kinder schweren Herzens, ihre Mutter in einem Pflegeheim unterzubringen. Nun wohnt sie seit zwei Wochen im Pflegeheim »Abendsonne«. Tagsüber fühlt sie sich hier im Großen und Ganzen auch recht wohl. Am späten Nachmittag aber wird sie immer unruhig und beginnt im Wohnbereich laut rufend nach ihrem Mann zu suchen.

Da sie zu Fuß unsicher ist, benutzt sie normalerweise einen Gehstock, vergisst ihn aber, wenn sie aufgeregt ist. Dann besteht die Gefahr, dass sie stürzt. Aufgeschreckte Bewohnerinnen und Besucher suchen das Pflegepersonal auf, weil sie einerseits besorgt sind um die Sicherheit von Frau Unruh und sich andererseits durch sie belästigt fühlen.

Deshalb sind die Pflegekräfte dazu übergegangen, Frau Unruh um 17.00 Uhr zu einem frühen Abendessen in ihr Zimmer zu bringen. Um 17.30 Uhr führen sie die Abendpflege durch und ziehen ihr ein Nachthemd an. Das ist jedes Mal ein Kampf, weil Frau Unruh es gewohnt ist, ausschließlich von ihrem Mann versorgt zu werden und niemanden an sich heranlassen will. Sobald die Pflegekraft ihr den Rücken kehrt, nimmt sie die Suche nach ihrem Mann auf den Fluren und in den Zimmern des Wohnbereichs wieder auf.

Das überfordert sowohl das Pflegepersonal als auch die Mitbewohnerinnen und behindert den reibungslosen Betriebsablauf. Deshalb wird sie seit einigen Tagen direkt nach der Abendpflege in ihrem Bett mit einem Gurt ruhig gestellt. Weil eine erhöhte Sturzgefahr besteht, liegt ein entsprechender Gerichtsbeschluss für diese Maßnahme vor. Gegen die Fixierung sträubt sie sich nach Kräften, schlägt um sich und ruft nach ihrem Mann.

Wie kommt es zu dieser Situation?

Vom Pflegepersonal werden Fixierungen in den meisten Fällen damit begründet, dass man die Bewohnerin vor Stürzen schützen wolle. Als zweithäufigster Grund werden Unruhe und Weglauftendenzen genannt. Die Fürsorge ist sicher ernst zu nehmen, erschreckend sind aber die Unkenntnis, die mangelnde Sensibilität und der kritiklose Umgang mit freiheitsentziehenden Maßnahmen (s. Kasten S. 114).

INFO

Freiheitsentziehende Maßnahmen

Hierunter fallen alle Maßnahmen, die die Bewegungsfreiheit einer Person ohne ihre Zustimmung einschränken. Dazu gehören Bettgurte und -gitter, Vorsatztische sowie Bauchgurte an Stühlen, die verhindern, dass die betreffende Person aufsteht. Aber auch verschlossene Türen und ruhigstellende Medikamente, die mit demselben Ziel verabreicht werden, sind freiheitsentziehende Maßnahmen im Sinne des Gesetzes.

Wer veranlasst diese Maßnahmen? In erster Linie entscheidet die betroffene Bewohnerin selbst in Form einer schriftlichen Einwilligung. Nur, wenn sie nicht einwilligungsfähig ist, entscheidet der gesetzliche Vertreter, d.h. ihr Bevollmächtigter oder der gesetzliche Betreuer, über die Anwendung freiheitsentziehender Maßnahmen gemäß § 1906 Abs. 4 BGB. Grundlage ist eine vormundschaftsgerichtliche Genehmigung. Dazu benötigt das Gericht außer dem entsprechenden Antrag des gesetzlichen Vertreters eine ärztliche Stellungnahme. Bei Bedarf bestellt es einen Verfahrenspfleger als Anwalt für die betroffene Person. Nach einer persönlichen Anhörung vor Gericht wird ein Gerichtsbeschluss gefällt, der die Maßnahme untersagt oder gestattet. Der Beschluss legt die Form der freiheitsentziehenden Maßnahme fest und den Zeitraum, für den sie maximal gestattet ist. Andere Personen wie Angehörige, Pflegekräfte oder Ärzte dürfen ohne einen solchen Beschluss keine freiheitsentziehenden Maßnahmen ergreifen. Ausnahme ist der rechtfertigende Notstand (s. Kasten).

INFO

Rechtfertigender Notstand

In der Pflege dürfen in einer Akutsituation, wenn Gefahr in Verzug ist für Leben, Körper, Freiheit oder Eigentum des Betroffenen oder anderer, kurzfristig ausnahmsweise Maßnahmen zur Fixierung ergriffen werden. Das gilt jedoch nur, soweit die Maßnahme ein angemessenes Mittel ist, um die Gefahr abzuwenden.

Die Anwendung freiheitsentziehender Maßnahmen kann mit einer Gefahr für die betroffene Person verbunden sein. So droht bei jeder Fixierung, die mit Immobilität verbunden ist, neben der Gefahr eines Druckgeschwürs auch die des Muskelabbaus. Dadurch nehmen Koordinations- und Gleichgewichtsprobleme zu. Mit der Dauer der Fixierung wächst also das zukünftige Sturzrisiko. Insbesondere Personen, die an Demenz erkrankt

sind und deshalb ein großes Bewegungsbedürfnis haben, werden durch Bewegungseinschränkungen noch unruhiger.

Schließlich besitzen die Maßnahmen selbst teilweise ein hohes Gefährdungspotenzial. So kommt es vor, dass sich Bewohnerinnen an den Bettgittern die Beine einklemmen oder bei dem Versuch, sie zu überwinden, stürzen. Noch dramatischere Folgen können Fixierungsgurte haben, wenn die Sicherheitsrichtlinien nicht beachtet werden: Strangulierungen, teils mit tödlichem Ausgang, sind vorgekommen. Aber es gibt alternative Maßnahmen, die Sie ausprobieren können.

TIPP

Alternative Maßnahmen

- Statt die Bewegungsmöglichkeit zu reduzieren, sollte sie möglichst gezielt trainiert werden. So stärken regelmäßige, altersangepasste Kraft- und Balanceübungen die Muskulatur, erhöhen die Beweglichkeit und dienen so der Sicherheit.
- Dazu tragen auch rutschfeste Böden in den Einrichtungen bei, Stopper-Socken oder Antirutsch-Hausschuhstrümpfe.
- Hüftprotektoren können vor dem gefürchteten Schenkelhalsbruch schützen.
- Gute Erfahrungen haben Einrichtungen auch mit Betten gemacht, die sehr niedrig gestellt werden können, oder mit »Pflegenestern«: Matratzen, die auf dem Boden liegen und in denen die Bewohnerin durch Kissen oder eine dicke, weiche Schaumstoffschlange vor dem Herausfallen geschützt ist.
- Insbesondere für Bewohnerinnen, die an Demenz erkrankt sind und deshalb die Rufanlage nicht bedienen können, ist der Einsatz von Sensormatten und Bewegungsmeldern sinnvoll. Sie senden elektrische Signale aus, die auf die Bewohnerrufanlage umgeschaltet werden können und so das Pflegepersonal alarmieren.
- Besonders für demenzkranke Bewohnerinnen, die nachts häufig umherirren, aber auch für alle anderen Bewohnerinnen, die nicht schlafen können, könnte die Einrichtung eines Treff- und Ruhepunktes auf dem Wohnbereich sinnvoll sein, ein sogenanntes Nachtcafé.
- Allen Bewohnerinnen, die sturzgefährdet und unruhig sind, kommt eine hausinterne Tagesbetreuung zugute, die durch die individuelle Pflege und Aufmerksamkeit für die einzelne Bewohnerin potenzielle Gefahren minimiert.

Das können Sie tun

Häufig ist die Bewohnerin besonders in der Eingewöhnungsphase nach dem Umzug ins Heim, nach Krankenhausaufenthalten und bei einer Verschlechterung ihres Gesundheitszustands unruhig, verunsichert und verwirrt. Dadurch steigt das Sturzrisiko. Versuchen Sie dann während Ihres Besuchs, die Bewohnerin an die veränderte Situation zu gewöhnen, damit sie sich wieder sicher fühlen kann. Bei Gangunsicherheit können Sie in Absprache mit dem Arzt eine Physiotherapeutin hinzuziehen und auch selbst Bewegungsabläufe mit ihr üben. Achten Sie darauf, dass freiheitsentziehende Maßnahmen, beispielsweise das Hochziehen des Bettgitters während der Nacht, möglichst nur mit Ihrem Einverständnis angewendet werden.

Anders liegt der Fall, wenn es sich zeigt, dass die risikoreiche Zeit nicht begrenzt ist, sondern sich die Lage grundsätzlich

TIPP

Lebensqualität trotz freiheitsentziehender Maßnahmen

- Wirken Sie darauf hin, dass die schonendste, die Freiheit am wenigsten einschränkende Maßnahme getroffen wird.
- Überzeugen Sie sich davon, dass Ihrem Wunsch entsprochen wird, indem Sie Einblick in die Dokumentation nehmen: Jede Maßnahme muss in ihrer Art und ihrem zeitlichen Umfang schriftlich festgehalten werden.
- Achten Sie darauf, dass körpernahe Fixierungen sachgerecht durchgeführt werden, damit die Bewohnerin nicht gefährdet wird.
- Haben Sie besonderes Augenmerk auf Beruhigungsmittel: Die Vergabe der sogenannten Bedarfsmedikation hängt weitgehend davon ab, wie das Pflegepersonal die Situation einschätzt. Sprechen Sie im Zweifelsfall mit der zuständigen Pflegefachkraft, um eine übermäßige Sedierung der Bewohnerin zu verhindern.
- Stellen Sie die freiheitsentziehenden Maßnahmen bei dem behandelnden Arzt und dem Pflegepersonal infrage, sobald sich die Situation ändert.
- Betreuen Sie die Bewohnerin intensiv, um die möglichen psychischen Folgen freiheitsentziehender Maßnahmen wie Aggression, Angst und inneren Rückzug möglichst gering zu halten.

zum Schlechteren entwickelt. Dann ist es sinnvoll, rechtzeitig dafür zu sorgen, dass Sie oder eine andere vertraute Person eine Vollmacht von der Bewohnerin erhalten, um im Sinne der Bewohnerin entscheiden zu können, falls diese ihre Entscheidungsfähigkeit verliert.

Tipp
Handeln bevor es zu spät ist: Verschlechtert sich der Zustand der Bewohnerin, sollten Sie frühzeitig über eine Vollmacht nachdenken.

Ist die Bewohnerin bereits gefährdet, aber nicht mehr in der Lage, selbst zu entscheiden, so achten Sie darauf, dass erst alle anderen Möglichkeiten genutzt werden, bevor freiheitsentziehende Maßnahmen angewendet werden.

- Nutzen Sie Ihre Kenntnisse aus der Biografie der Bewohnerin, um sie sinnvoll zu beschäftigen und ihre Ängste und Unsicherheiten abzubauen, beispielsweise durch die Einbindung in Haushaltstätigkeiten. Teilen Sie Ihr Wissen der zuständigen Pflegefachkraft mit, damit sie die Betreuung in Ihrem Sinn fortführen kann.
- Versuchen Sie herauszufinden, welche Gründe sich hinter einer großen Unruhe verbergen, wenn die Bewohnerin sich nicht äußern kann. Hunger, Durst, Schmerzen, Harndrang? Stellen Sie die Ursache so weit wie möglich ab.
- Verlangen Sie nicht absolute Sicherheit für die Bewohnerin, sondern gehen Sie im Sinne ihrer Selbstbestimmung und Bewegungsförderung ein Restrisiko ein.
- Bestehen Sie darauf, dass freiheitsentziehende Maßnahmen erst dann ergriffen werden, wenn alle anderen Möglichkeiten erschöpft sind.
- Achten Sie darauf, dass sie keinesfalls angewendet werden, um den Stationsablauf zu erleichtern oder die Mitbewohnerinnen nicht zu stören. Sie sollen ausschließlich dem Schutz der Bewohnerin dienen.

Tipp
Um Selbstbestimmung und Beweglichkeit der Bewohnerin zu erhalten, entscheiden Sie sich nicht für absolute Sicherheit, sondern gehen Sie ein Restrisiko ein.

Psychosoziale Betreuung:
»... ist doch schön hier!«

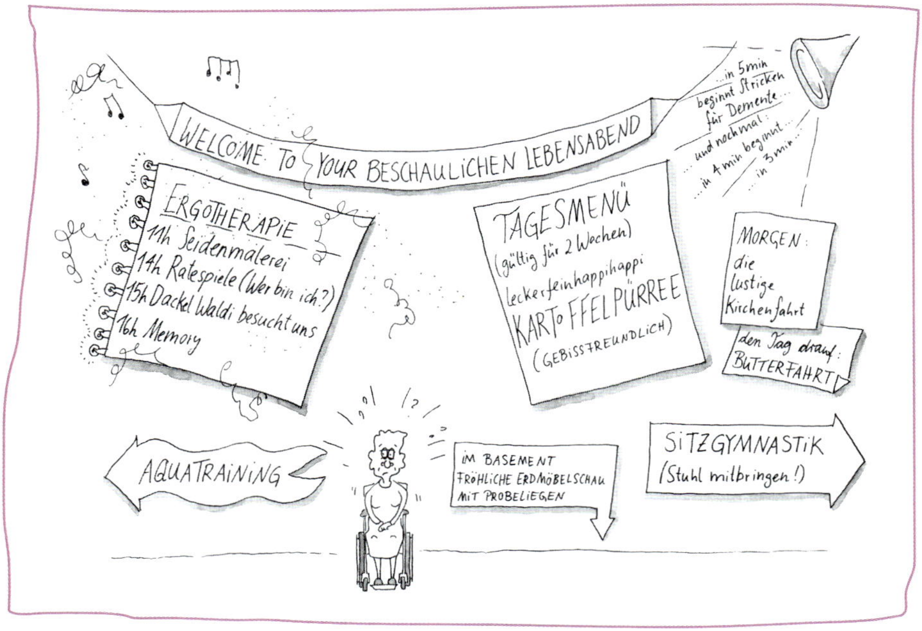

»Hilfe!«

Im hektischen Alltagsbetrieb eines Pflegeheims bleibt die individuelle Betreuung und Förderung der einzelnen Bewohnerin häufig auf der Strecke. Es gilt, das richtige Maß an Geborgenheit und Vertrautheit einerseits und Anregung andererseits zu finden. In diesem Spannungsfeld können Angehörige durch die kluge Auswahl der Heimangebote und Gestaltung von Rückzugsmöglichkeiten einen maßgeblichen Teil zur Lebensqualität der Bewohnerin beitragen.

AUS DEM LEBEN

Zwischen Überforderung und Vernachlässigung

Zu viel des Guten

Frau Kontent lebt schon seit vielen Jahren im Pflegeheim »Abendsonne«. Sie ist eine sehr ruhige, introvertierte Bewohnerin, die zurückgezogen lebt und Geselligkeit nur gelegentlich und für kurze Zeit genießen kann. Inzwischen ist sie auf einen Rollstuhl angewiesen, den sie wegen einer Lähmung des rechten Arms nicht mehr selbstständig bewegen kann. Bis auf die Zeit des Mittagsschlafs verbringt sie die Zeit im Aufenthaltsraum, wo sie Gesprächen lauscht, sich aber wenig beteiligt. Ab und zu wird sie von einer Bekannten zu einem Spaziergang abgeholt.

Ihr beschauliches Leben ändert sich radikal, als der umtriebige Altenpflegeschüler Ronald Rührig sein Praktikum antritt. Vom ersten Tag an setzt er seinen Ehrgeiz daran, möglichst viele Bewohnerinnen für die Teilnahme an den Freizeitangeboten des Heims zu gewinnen. So lässt Ronald Rührig nicht locker, bis auch die scheue Frau Kontent am Weinfest in der Cafeteria teilnimmt. Anschließend fährt Ronald Rührig die bereits erschöpfte Frau Kontent ohne zu fragen zum Singkreis. Über ihren Protest setzt er sich hinweg. »Es ist doch schön hier«, sagt er. »So kommen Sie wenigstens mal unter Menschen!« Frau Kontent mochte den Singkreis noch nie; er ist ihr zu laut und zu anstrengend. Nun bleibt ihr nichts anderes übrig, als die Veranstaltung hilflos über sich ergehen zu lassen.

Trostlose Umgebung

Frau Elend ist eine schwere, große Frau. Seit sie vor sechs Monaten eine Hirnblutung erlitt, liegt sie im Wachkoma. Ihre Augen sind halb geöffnet und starren ins Leere. Auf Ansprache reagiert sie nicht mehr, allerdings zeigt sie Unmutsäußerungen bei Lagerungen, die ihr nicht behagen. Zur besseren Atmung wurde ein Tracheostoma angelegt, zur Ernährung eine Magensonde. Außerdem trägt sie einen Dauerkatheter. Sie wird wenig besucht und auch die Pflegekräfte betreten das Zimmer selten. Morgens und abends führen sie bei ihr eine Grundpflege durch und stellen dabei häufig fest, dass Frau Elend stark geschwitzt hat. Zwischen den Pflegeeinsätzen lagern sie die Bewohnerin, saugen bei Bedarf das Sekret durch das Tracheostoma ab und hängen Sondenkost an. Zweimal wöchentlich kommt eine Physiotherapeutin, die ihre Gelenke so gut wie möglich bewegt, um einer Gelenkversteifung entgegenzuwirken. Die direkte Umgebung von Frau Elend ist trostlos: Weiße, kahle Wände und Türme von Kartons mit Versorgungsmaterialien. Eine Tochter, die weit entfernt lebt, fragt bei einem ihrer seltenen Besuche, ob das Zimmer etwas wohnlicher gestaltet werden könne. Sie erhält vom Pflegepersonal die Antwort: »Das spielt keine Rolle, sie nimmt ohnehin nichts mehr wahr.«

Wie kommt es zu diesen Situationen?

Das vielfältige Beschäftigungsangebot in den Heimen ist augenfällig. Es wird als Qualitätsmerkmal genutzt, um sich von anderen Pflegheimen abzusetzen oder mit ihnen gleichzuziehen. Nutzt das Angebot also eher dem jeweiligen Heim, das durch attraktive Angebote neue Bewohnerinnen gewinnen und Angehörige zufriedenstellen möchte, oder tatsächlich den Bewohnerinnen?

Das Beschäftigungsangebot einer Einrichtung muss sich an den Bedürfnissen und Interessen der Bewohnerinnen orientieren.

Die Beantwortung dieser Frage hängt davon ab, ob sich das Angebot an den Interessen und Möglichkeiten der Bewohnerinnen ausrichtet. Ist es für eine Vielzahl von ihnen nicht geeignet, so liegt eine Fehlplanung vor, die umso schwerer wiegt, als das Angebot aus dem Pflegesatz finanziert wird, also zu Lasten der ohnehin zu schlecht ausgestatteten Pflege geht. Hier stellt sich die Frage, ob die heutigen, alten und häufig multimorbiden Bewohnerinnen der Pflegeheime von der Menge der Angebote und der damit verbundenen Vielzahl an Reizen nicht eher überfordert sind. Statt großer, herausragender und anstrengender Ereignisse könnten andere Angebote, die ihnen langfristig Geborgenheit, Sicherheit und Wohnlichkeit bieten, dem Bedürfnis der Bewohnerinnen nach psychosozialer Betreuung

INFO

Lebensweltkonzept

- Gemütliche Wohnräume mit Zeitschriften und Körben mit unterschiedlichen Materialien zum Ansehen, Tasten und Riechen statt pflegeleichter Räume, die nur zur Einnahme der Mahlzeiten geöffnet sind
- Familienähnliche Mahlzeiten mit Brotkörbchen, Aufschnitt- und Käseplatten, Zuckerdosen und Milchkännchen und ab und zu Speisen nach alten Rezepten statt eines Tablettsystems
- Leise Hintergrundmusik nach dem Geschmack der älteren Generation statt des Dauerbetriebs von Fernseher und Radio

unter Umständen eher entsprechen, zum Beispiel das »Lebensweltkonzept«.

Die Pflegekräfte sollten grundlegende Kenntnisse über geschichtliche Ereignisse im Leben der Bewohnerinnen wie den zweiten Weltkrieg und die Folgen der Währungsreform haben, aber auch über wichtige Dinge des Alltags wie Dauerwelle, Seidenstrümpfe, Schlager und Rezepte. Kennen sie zusätzlich einige biografische Details über die Bewohnerinnen, so entsteht ein Umfeld, in dem sich die Bewohnerinnen sowohl geborgen, als auch angeregt fühlen können.

Die Atmosphäre muss stimmen

Letztlich spielt die Atmosphäre im Pflegeheim eine entscheidende Rolle. Viele alltägliche Situationen sind aufgrund des ständig herrschenden Zeitdrucks spannungsgeladen. Reagiert das Pflegepersonal trotzdem mit Humor und Gelassenheit, so schafft es ideale Bedingungen, um Spannungen abzubauen, Vertrauen zu schaffen und soziale Kontakte aufzubauen. Der Kontakt zu Tieren, einer Heimkatze, Kaninchen oder Wellensittichen, kann die Lebensqualität der Bewohnerinnen nachweislich verbessern. Durch Tiere im Heim, aber auch regelmäßige Tierbesuchsdienste können die Sinne der Bewohnerinnen angesprochen, ihre Sprachbereitschaft und sozialen Kontakte spielerisch gefördert werden.

Tipp
Der Kontakt zu Tieren kann den Alltag bereichern. Es gibt Tierbesuchsdienste, zum Beispiel der Verein Leben mit Tieren e.V., info@lebenmittieren.de

Aber auch Menschen im Wachkoma, die allein in ihrem Zimmer liegen, können eine angemessene psychosoziale Betreuung erhalten. Hier bietet sich die Basale Stimulation als Mittel der Wahl an (s. Kasten S. 122).

Tipp
Einfache Mittel für die Basale Stimulation: Lieblingslieder, bekannte Düfte, schöne Stoffe.

INFO

Basale Stimulation

Ziel der Basalen Stimulation ist es, Menschen mit Wahrnehmungsverlusten so anzuregen, dass sie mit sich und der Umwelt wieder in Kontakt treten. Dabei wird die Wahrnehmung in verschiedenen Bereichen gefördert:

- den Körper und seine Lage spüren
- Bewegungen und Rhythmen empfinden
- Tasten
- Hören
- Riechen
- Sehen

Dazu eignen sich zum Beispiel Ganzkörperwaschungen, Einreibungen, Lieblingsdüfte und Lieblingsmusik, die anregende Gestaltung der unmittelbaren Umgebung durch Bilder und Blumen und häufige liebevolle Ansprache und Berührung.

Das können Sie tun

Das Pflegepersonal ist überwiegend damit beschäftigt, die Grund- und Behandlungspflege in einem engen Zeitkorridor abzudecken. Deshalb wird auch in einer fördernden Umgebung der Hauptteil der individuellen psychosozialen Betreuung der Bewohnerin in Ihrer Verantwortung liegen. Die wichtigste Voraussetzung erfüllen Sie bereits: Sie kennen die Bewohnerin gut und sind ihr zugetan. Was können Sie konkret tun?

- Achten Sie darauf, dass die Bewohnerin ihren Tagesablauf weitgehend nach ihren eigenen Gewohnheiten gestalten kann.
- Wählen Sie gemeinsam gezielt unter den Angeboten des Heims diejenigen aus, die ihren Interessen entsprechen.
- Sorgen Sie für Anregungen, indem Sie beispielsweise überraschend lieben Besuch, die Lieblingsblumen der Bewohnerin oder einen Bildband mit Tierfotos mitbringen. Achten Sie auch darauf, dass ihr Möglichkeiten für Rückzug und ausreichende Ruhezeiten geboten werden.

- Ermöglichen Sie einer religiösen Bewohnerin die regelmäßige Teilnahme an Gottesdiensten und seelsorgerische Begleitung.

Nicht nur für Schwerstkranke bietet die Basale Stimulation wertvolle Ansätze. Vielmehr wird die Lebensqualität jedes Menschen gesteigert, wenn seine persönlichen Vorlieben berücksichtigt und zur Bereicherung seiner Sinneswahrnehmung eingesetzt werden.

Nutzen Sie beispielsweise die Standuhr mit ihrem bekannten Ticken, Taschentücher auf dem Kopfkissen mit dem Lieblingsduft der Bewohnerin und vertraute Musik, um ihr Umfeld persönlich und wohnlich zu gestalten. Auch gemeinsame Rituale können Sie mithilfe der Basalen Stimulation hervorragend gestalten. Hier bietet sich beispielsweise die beruhigende Waschung zur Vorbereitung der Nachtruhe an, die auch als Teilwäsche der Arme und Beine durchgeführt werden kann. Dazu waschen Sie die Bewohnerin mit einem weichen Waschlappen mit 35° warmem Wasser in Richtung der Haarwuchsrichtung und trocknen Sie sie mit einem weichen Handtuch ab. Durch Lavendelöl im Waschwasser können Sie die wohltuende beruhigende Wirkung für die Bewohnerin noch verstärken.

Tipp

Versuchen Sie, die persönlichen Vorlieben der Bewohnerin zu berücksichtigen und mit vielfältigen Sinnesreizen das Wahrnehmungsvermögen zu fördern.

Menschenwürdige Sterbebegleitung

Die Sterbesituation ist eine besondere Situation in Pflegeheimen. Sie erfordert einen angemessenen, würdevollen Rahmen im Sinne eines geschützten Raumes, der Begleitung durch eine vertraute Person, der Pflege und der Erfüllung letzter Wünsche. Leider werden viele Bewohnerinnen und Angehörige in dieser schweren Zeit allein gelassen.

AUS DEM LEBEN

Im Sinne der Bewohnerin?

Frau Sorglos, 89 Jahre alt, ist eine langjährige Bewohnerin des Pflegeheims »Abendsonne«. Seit Jahren leidet sie an einer ausgeprägten Herzinsuffizienz, deretwegen schon mehrfach ein Arzt gerufen werden musste. Trotzdem hat sie bisher weder Vollmachten für ihre Angehörigen hinterlegt, noch eine Patientenverfügung. Vom Pflegepersonal wurde sie auch nicht auf die Notwendigkeit hingewiesen. Ihr Wunsch, wie im medizinischen Notfall vorzugehen wäre, ist daher unbekannt. Anlässlich eines Todesfalls im Pflegeheim hat sie sich allerdings dahingehend geäußert, dass sie für sich auf keinen Fall eine Reanimation wünsche.

In den letzten Tagen fühlte sie sich nicht wohl, ohne allerdings Symptome einer Erkrankung zu zeigen. Ihre Vitalwerte liegen im Normbereich und sind stabil. Am heutigen Sonntagmorgen wird Frau Sorglos auf eigenen Wunsch im Bett gewaschen und erhält ein frisches Nachthemd. Sie frühstückt mit gutem Appetit und schläft, bis die Krankenschwester Friederike Fit mit dem Mittagessen kommt. Beide unterhalten sich angeregt über die bevorstehende Weihnachtsfeier im Heim. Dann nimmt Frau Sorglos einen Löffel des pürierten Essens zu sich, verdreht die Augen und wird nach drei tiefen Atemzügen bewusstlos.

Friederike Fit, die sofort den Puls kontrolliert, stellt fest, dass er schnell, unregelmäßig und flach ist. Auch sind keine Atembewegungen mehr wahrnehmbar. Sofort ruft sie per Alarm eine Kollegin herbei und beginnt mit der Atemspende. Die Kollegin, Altenpflegerin Susi Schnell, fordert umgehend telefonisch den Notarzt an, dann eilt sie zurück ins Bewohnerzimmer, um Friederike Fit bei der Beatmung zu unterstützen. Nach sieben Minuten sind der

Notarzt und fünf Rettungsassistenten vor Ort. Sie schicken die Pflegekräfte aus dem Zimmer. Zwanzig Minuten später verlassen sie das Zimmer wieder. Mit einem bedauernden Achselzucken demonstrieren sie den herbeieilenden Pflegekräften, dass ihre Bemühungen um Wiederbelebung vergeblich waren.

Die beiden Pflegekräfte sind sich einig: Der Einsatz des Rettungsdienstes war nicht im Sinne von Frau Sorglos. Da das Schichtende naht, informieren sie telefonisch die Angehörigen und bringen die Tote ins sogenannte Abschiedszimmer, einen kargen, fensterlosen Raum.

Wie kommt es zu dieser Situation?

Wie im geschilderten Fall kennen häufig weder die Bewohnerin noch ihre Angehörigen die rechtlichen Rahmenbedingungen und können so nicht ausreichend für den »Ernstfall« vorsorgen. In den Heimen fehlt zudem oftmals das Bewusstsein für die Notwenigkeit einer würdigen Sterbebegleitung und Verabschiedung einer verstorbenen Bewohnerin.

Rechtliche Rahmenbedingungen

Sinnvoll ist es in diesem Zusammenhang, rechtzeitig, d.h. zu einem Zeitpunkt, an dem die Bewohnerin bewusste Entscheidungen über die Art ihres Todes treffen kann, eine Patientenverfügung auszustellen und Vollmachten zu hinterlegen (s. Kasten S. 126). Liegen in einer medizinischen Notsituation, in der die Bewohnerin ihre Meinung nicht mehr äußern kann, weder eine Patientenverfügung noch eine Vollmacht vor, muss das Pflegepersonal einen Notarzt benachrichtigen. Dieser ist dann verpflichtet, nach dem mutmaßlichen Willen der Bewohnerin zu handeln. Liegen dazu keine Hinweise vor, so ist der Arzt berechtigt und verpflichtet, alle ärztlich indizierten lebenserhaltenden Maßnahmen zu ergreifen.

INFO

Patientenverfügung

Bei der Patientenverfügung (auch Willenserklärung, Patientenbrief und Patiententestament) handelt es sich um die Willenserklärung über medizinische und Betreuungsmaßnahmen für den Fall einer lebensbedrohlichen Situation, in der die Bewohnerin unfähig ist, ihren Willen selbst zu äußern. Sie muss bestimmten Mindestanforderungen genügen und wird wirksam, »wenn das Grundleiden einen irreversiblen tödlichen Verlauf angenommen hat«.

Vorsorgevollmacht

In einer Vorsorgevollmacht wird im Einzelnen festgelegt, auf welche Aufgabenkreise sich die Bevollmächtigung erstrecken soll, zum Beispiel:

- Vermögenssorge, Behörden- und Versicherungsregelungen
- Gesundheitsfürsorge (z. B. Einwilligung in medizinische Behandlungen, Beratung mit Ärzten)
- Aufenthaltsbestimmungsrecht (z. B. Fragen der Heimunterbringung)
- freiheitsentziehende Maßnahmen
- Postangelegenheiten

Eine Generalvollmacht erlaubt die Vertretung einer Person in allen Angelegenheiten.

TIPP

Vordrucke für Patientenverfügung und Vorsorgevollmacht bekommen Sie im Internet, beispielsweise über das Bundesministerium der Justiz (siehe Anhang).

Sterbebegleitung und Verabschiedung

Gerade Schwerstpflegebedürftigkeit und die Sterbesituation verlangen den individuellen, privaten Rahmen. Dies ist der Ernstfall der Pflege: die Wahrung der Würde von Menschen, die für die Gesellschaft nicht mehr von Interesse sind. Obwohl in den Pflegeheimen Sterben und Tod zum Alltag gehören, wird das Thema oft stiefmütterlich behandelt. Nur wenige Einrichtungen haben ein Konzept und laufende Entwicklungsprozesse etabliert, um den Bereich »Sterben« zu einem zentralen Anliegen der Lebensqualität am Lebensende zu machen. Dabei könnte mit wenigen, zielgerichteten Maßnahmen viel gewonnen werden. So fürchten Menschen in ihrer letzten Lebensphase oft weniger den Tod, als vielmehr das Sterben. Diese Angst kann einer sterbenden Bewohnerin weitgehend genommen werden, wenn den grundsätzlichen Bedürfnissen Sterbender entsprochen und ihre persönliche Situation berücksichtigt wird.

Nicht vor dem Tod an sich, sondern vor dem Sterben haben viele Menschen Angst. Wer einer Bewohnerin im Leben Beistand geleistet hat, kann sie auch sinnvoll beim Sterben begleiten.

Gelingt dies nicht, so besteht die Gefahr, dass Sterben und Tod menschenunwürdig verlaufen und einer Entsorgung gleichen. Im Arbeitsalltag, der von Hetze geprägt ist, lernt das Pflegepersonal häufig weder die Biografie, noch die Wünsche und Vorlieben der Bewohnerinnen kennen. Auch die sozialen Kontakte sind häufig nur in groben Umrissen bekannt. Am Lebens-

TIPP

So können Sie helfen

Die folgenden Maßnahmen helfen der Bewohnerin, die Angst vor dem Sterben zu überwinden:

- Geborgenheit durch die gewohnte Umgebung
- Nähe und Zuwendung durch mindestens eine vertraute Person
- Schmerzfreiheit
- Pflegemaßnahmen, die behutsam durchgeführt werden und ausschließlich auf die Bedürfnisse der sterbenden Bewohnerin ausgerichtet sind
- Erfüllung ihrer letzten Wünsche und Anliegen

ende führen diese Defizite zu einem Desaster: Nur, wer einer Bewohnerin im Leben Beistand geleistet hat, kann sie sinnvoll beim Sterben begleiten.

Aber nicht nur den Sterbenden wird häufig die notwendige Aufmerksamkeit versagt, sondern auch den Toten. Schnell werden sie in Isolierräume im Heim gebracht, um die Routine des Stationsablaufs nicht zu stören. Das Eigentum wird achtlos in einigen blauen Säcken gesammelt, damit die Zimmer für die nächsten Bewohnerinnen hergerichtet werden können. Das rasche Abholen durch den Bestatter bietet weder Zeit noch Raum, um dem Pflegepersonal und den Angehörigen einen angemessenen Abschied zu ermöglichen.

Das können Sie tun

Tun Sie Ihr Bestes, um die Bedürfnisse der sterbenden Bewohnerin zu erfüllen und teilen Sie sich diese Aufgabe möglichst mit anderen Personen, die der Bewohnerin nahe stehen.

Geborgenheit durch die gewohnte Umgebung. Der Sterbeprozess eines alten Menschen kann sich über Monate hinziehen. Deshalb ist es wichtig, der Bewohnerin frühzeitig Geborgenheit in einer vertrauten Umgebung zu geben. Idealerweise ist das Zimmer hell, sauber und stets gut gelüftet, mit bequemen Sitzgelegenheiten für Besucher. Sowohl blendendes Licht als auch völlige Dunkelheit sollten vermieden werden. Platzieren Sie bekannte Gegenstände in Blick- oder Greifweite des sterbenden Menschen.

Nähe und Zuwendung durch eine vertraute Person. Damit sich die Bewohnerin nicht alleingelassen fühlt, sollte immer mindestens eine vertraute Person anwesend sein:

- Stellen Sie sicher, dass sie nicht über längere Zeit alleine ist.
- Erinnern Sie sich mit ihr zusammen an gemeinsame Erlebnisse und besondere Situationen ihres Lebens.

- Signalisieren Sie Gesprächsbereitschaft, wenn sie mit Ihnen über den nahen Tod reden möchte.
- Schenken Sie der Bewohnerin in der eigentlichen Sterbephase Trost und Nähe. Es hilft ihr auch, wenn Sie nur schweigend an ihrem Bett sitzen und ihre Hand halten.
- Stellen Sie den Kontakt zu vertrauten Personen und einem Seelsorger her, wenn die Bewohnerin das wünscht.
- Sprechen Sie im Sterbezimmer mit der Bewohnerin, aber nicht über sie oder über die Situation nach ihrem Tod.
- Vermeiden und unterbinden Sie hektische Betriebsamkeit, lautes Schreien und Weinen oder Flüstern im Sterbezimmer. Gehen Sie davon aus, dass der Hörsinn eines sterbenden Menschen bis zuletzt intakt ist, auch wenn er keine Reaktionen mehr zeigt.

Schmerzfreiheit. Sorgen Sie in Zusammenarbeit mit dem Arzt und den Pflegekräften dafür, dass die Bewohnerin keine Schmerzen hat. Schmerzstillende Medikamente müssen so dosiert sein, dass Schmerzen so weit wie möglich ausgeschaltet sind, die Bewohnerin aber dennoch wach und kommunikationsfähig ist, um Abschied nehmen zu können (s. Kasten).

Pflegemaßnahmen. Sie sollten behutsam durchgeführt werden und ausschließlich auf die Bedürfnisse der sterbenden Bewoh-

INFO

Palliativmedizin

Ihr Name ist abgeleitet vom lateinischen Wort »pallium«, Mantel. Palliativ bedeutet daher im übertragenen Sinn »ummantelt, geschützt, umhüllt«. Die Zielrichtung der Palliativmedizin ist nicht die Heilung, sondern:

- Linderung von Symptomen der Krankheit (z.B. Übelkeit, Schmerzen, Atemnot)
- Erhalt oder Wiederherstellung von Lebensqualität
- Vermittlung von Sicherheit und Geborgenheit
- menschenwürdige Sterbebegleitung

nerin ausgerichtet sind. Da jede Bewegung für sie anstrengend ist, müssen Pflegemaßnahmen auf ein nötiges Maß beschränkt, behutsam durchgeführt und bei Bedarf durch Pausen unterbrochen werden. Wenn sie zu schwach ist, um sich selbstständig im Bett bewegen zu können, das unbewegte Liegen jedoch Schmerzen bereitet, dann muss sie vorsichtig gelagert werden.

Eine sterbende Bewohnerin schwitzt häufig stark. Erleichterung schafft ihr eine Ganz- oder Teilwäsche, durchgeführt mit erfrischenden Lösungen, und ein regelmäßiger Wäschewechsel. Da sie andererseits auch sehr schnell friert, achten Sie darauf, dass sie immer zugedeckt ist, bei warmem Wetter mit einem Laken.

Die Atmung einer sterbenden Bewohnerin ist häufig erschwert. Erleichterung verschafft es, den Oberkörper hoch zu lagern. Wenn die Sterbende keine Kraft mehr hat, abzuhusten, sammelt sich Sekret im Rachenraum an. Wenn dadurch Atemnot auftritt, muss der Schleim abgesaugt werden.

Sterbende Menschen atmen meist mit offenem Mund, wodurch die Mundschleimhaut austrocknen kann. Deshalb muss mehrmals täglich eine Mundpflege durchgeführt werden. Teelöffelweise oder mit der Pipette können Sie leicht gesüßte Getränke anbieten.

Erfüllung letzter Wünsche und Anliegen. Erfüllen Sie der Bewohnerin nach Möglichkeit ihre letzten Wünsche: Spielen Sie ihre Lieblingsmusik, verwenden Sie Deodorants oder Parfums ihres Lieblingsduftes, stellen Sie ihre Lieblingsblumen in Sichtweite, bieten Sie ihr ein Lieblingsessen und -getränk an, auch wenn sie nur wenig zu sich nehmen kann.

Bieten Sie ihr Unterstützung an bei der Erledigung unbereinigter Situationen. Dabei kann es sich beispielsweise um ungelöste Konflikte mit nahe stehenden Personen handeln oder

auch um praktischen Regelungsbedarf im Hinblick auf ein Testament oder die Vorsorge im Todesfall. Stellen Sie Kontakt her zu den Menschen, von denen sie sich verabschieden möchte. Achten Sie darauf, dass die Kopie einer vorhandenen Patientenverfügung und Vollmacht in der Dokumentationsmappe hinterlegt und das Pflegepersonal darüber informiert ist. Sorgen Sie dafür, dass dem letzten Willen der Bewohnerin unbedingt entsprochen wird. Nehmen Sie nach dem Tod in Ruhe Abschied von der Bewohnerin.

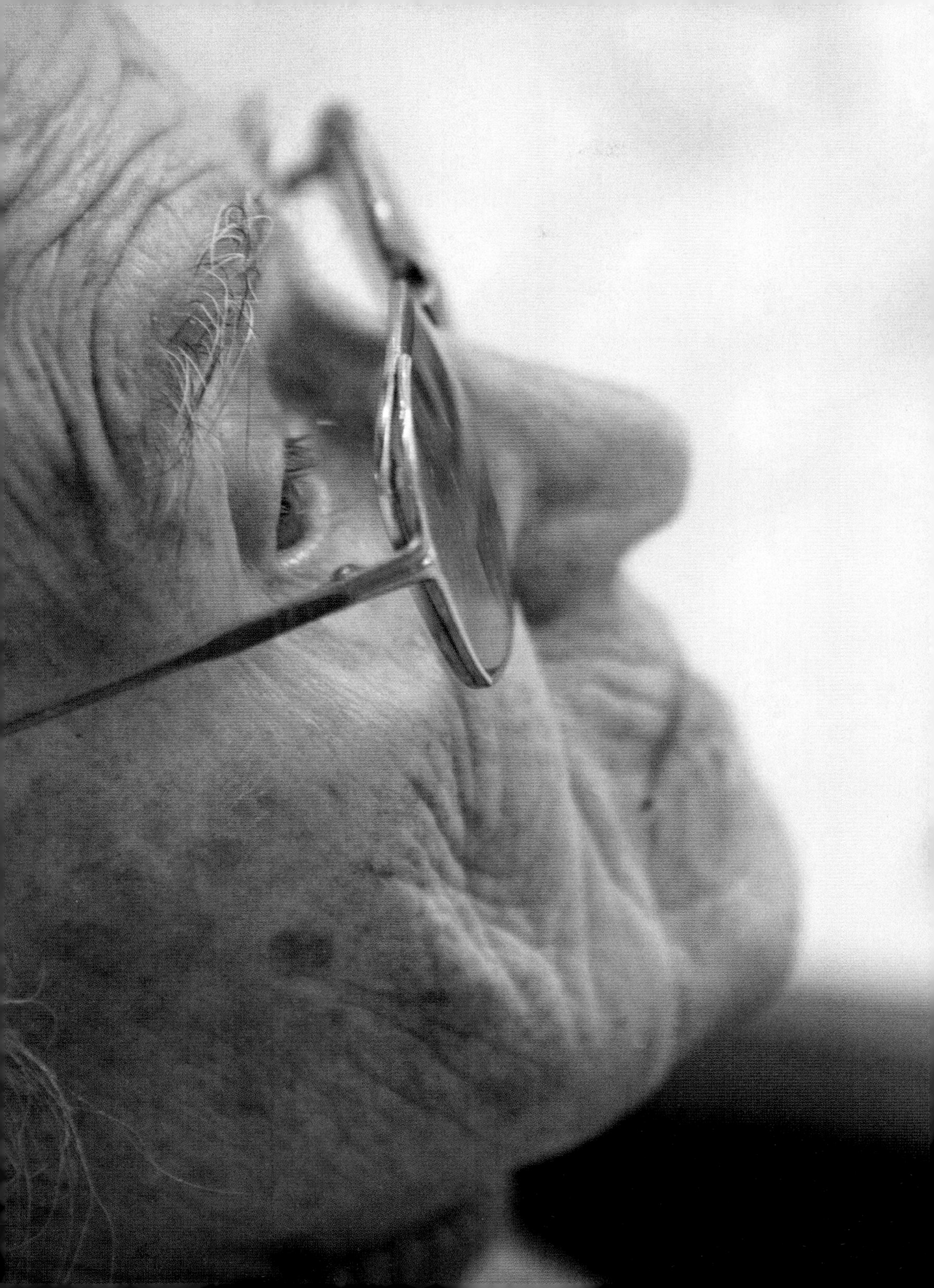

3 Geld & Recht

Rechte wahren, mitbestimmen, finanzieren

Wenn Sie die Wohnform Ihrer Wahl gefunden, sich für ein bestimmtes Heim entschieden haben, stellt sich die Frage nach den Inhalten des Heimvertrags, Ihren Rechten und Mitbestimmungsmöglichkeiten. Darüber hinaus muss die Pflege, ob zu Hause, im betreuten Wohnen oder im Pflegeheim, finanziert werden. Im folgenden Kapitel finden Sie alles Wichtige rund um den Heimvertrag, den Heimbeirat und die Reform der Pflegeversicherung. Mit diesem Wissen ausgestattet, sind Sie bestens gerüstet für ein lebenswertes Leben im Alter.

Pflegeheime: Rechte sichern und mitbestimmen

Sicherlich ist es auch bei der Entscheidung für oder gegen eine Einrichtung von Belang, wer der Träger ist und wie der Heimvertrag aussehen wird. Spätestens aber, wenn Sie sich für ein Pflegeheim entschieden haben, ist es sinnvoll, sich um die Details zu kümmern. Denn die sind keineswegs immer starr vorgegeben, sondern Sie haben die Möglichkeit mitzugestalten. Und schließlich können Sie und die Bewohnerin den Alltag im Pflegeheim aktiv mitgestalten, indem Sie Ihr Mitwirkungsrecht nutzen und sich im Heimbeirat engagieren.

Wer betreibt ein Pflegeheim?

Info
Da die öffentliche Hand ihre Aufgaben bisher vorrangig an freigemeinnützige Träger delegiert hat, befinden sich die meisten Pflegeheime unter der Trägerschaft eines Wohlfahrtsverbandes.

Bei den Trägern von Pflegeheimen können drei Gruppen unterschieden werden: öffentliche, freigemeinnützige und privat-gewerbliche Träger. Die öffentliche Hand betreibt, verglichen mit den zwei anderen Gruppen, nur eine geringe Zahl von Heimen. Sie hat jedoch einen Versorgungsauftrag, dem sie nachkommt, indem sie die Aufgabe weitgehend delegiert. Bis vor wenigen Jahren wurden dabei durch die Gesetzeslage die freigemeinnützigen Träger vorrangig bedacht. Zu ihren wichtigsten Vertretern gehören die Spitzenverbände der freien Wohlfahrtspflege. In alphabetischer Reihenfolge sind dies die Arbeiterwohlfahrt (AWO), der Deutsche Caritasverband (Caritas), das Deutsche Rote Kreuz (DRK), der Paritätische Wohlfahrtsverband (Der Paritätische) und die Zentralwohlfahrtsstelle der Juden in Deutschland (ZWST).

Aufgrund einer geänderten Gesetzeslage holen die privat-gewerblichen Anbieter als Träger von Pflegeheimen in den letzten Jahren jedoch deutlich auf. Eine in diesem Zusammen-

hang immer wieder gestellte Frage lautet, ob pflegebedürftige Menschen besser in einer Einrichtung der Wohlfahrtsverbände oder eines privat-gewerblichen, »gewinnorientierten« Trägers aufgehoben sind. Diese Frage lässt sich nicht generell beantworten.

Aufgrund der engen Finanzlage setzen beide Trägergruppen in zunehmendem Maße betriebswirtschaftliche Mittel und Methoden ein, um konkurrenzfähig zu sein. Auch unterliegen sie in gleicher Weise dem 2001 eingeführten Pflegequalitätssicherungsgesetz und der Überprüfung durch die Aufsichtsorgane Heimaufsicht und Medizinischer Dienst der Krankenkassen. Insofern gibt die Trägerschaft zunächst gar keinen Hinweis auf die Qualität einer Einrichtung: Es kommt auf das einzelne Pflegeheim an.

INFO

Heimgesetz

Alle Heime, ob staatlich, freigemeinnützig oder privat-gewerblich, unterliegen dem Heimgesetz und den darauf basierenden Verordnungen. Hier sind unter anderem geregelt:

- Ausgestaltung der Heimverträge
- Angemessenes Preis-Leistungs-Verhältnis
- bauliche Mindestanforderungen für Heime
- Vorschriften zur Qualifikation der Beschäftigten und der Heimleitung
- Mitwirkungsmöglichkeit der Bewohnerinnen und Bewohner

Ältere, pflegebedürftige Menschen sind oftmals nicht mehr in der Lage, ihre Rechte und Interessen ausreichend selbst zu vertreten. Diese Situation hat sich nach Einführung der Pflegeversicherung noch verschärft, da die Menschen, die in ein Pflegeheim ziehen, nun im Durchschnitt wesentlich älter sind und einen höheren Pflegebedarf haben, als noch vor zehn Jahren. Das Heimgesetz dient ihrem besonderen Schutz. Die Heimaufsicht ist dafür verantwortlich, dass nicht gegen das Heimgesetz verstoßen wird. Sie überwacht und kontrolliert die Heime, hat aber auch beratende Funktion.

Info

Das Heimgesetz finden Sie im Internet auf der Seite des Bundesministeriums der Justiz: www.bundesrecht.juris.de

Heimvertrag

Die Rechte und Pflichten des Heimträgers und der Bewohnerinnen und Bewohner sind im Heimvertrag festgeschrieben. Die Vertragsparteien sind dabei in der Gestaltung des Vertragsinhalts an gesetzliche Mindestvorgaben gebunden (§ 5 HeimG). Auch die zwischen dem Heimträger und den Pflegekassen sowie dem Sozialhilfeträger getroffenen Vereinbarungen über Leistungen, Qualität und Vergütung werden nicht individuell im Heimvertrag verhandelt, sondern sind per Gesetz festgelegt. Alle anderen Inhalte des Heimvertrags sind, wie bei anderen privatrechtlichen Verträgen auch, verhandelbar. Im Einzelnen muss der Vertrag detaillierte Regelungen zu den folgenden Punkten enthalten.

Allgemeine Leistungen des Heims und Zusatzleistungen

Sie umfassen unter anderem Beschäftigungsangebote und Ausstattung der Wohn- und Gemeinschaftsräume, Verpflegungsangebote und Wäschepflege, darüber hinaus die mit Ihnen vereinbarten Regelleistungen zur Unterkunft, Verpflegung und Betreuung.

INFO

Leistungen des Heims

- Konkrete Benennung und Beschreibung des Zimmers mit Angaben zu Heizung, Warm- und Kaltwasseranschluss, Notruf, Radio-, TV- und Telefonanschluss, Abrechnungsmodalitäten der Nebenkosten, Ausstattung und Nutzung des Badezimmers und die Möglichkeit der persönlichen Möblierung
- Art und Anzahl der Haupt- und Zwischenmahlzeiten, Bereitstellung von Diät- und Schonkost sowie die Versorgung mit Getränken
- Umfang und Häufigkeit der Zimmerreinigung und der Wäscheversorgung, Hausmeisterdienste, Leistungs- und Qualitätsvereinbarungen mit den Pflegekassen
- Zusatzleistungen, soweit sie mit Ihnen vereinbart sind, zum Beispiel ein Zimmer mit Sonderausstattung.

Der Heimvertrag: Sichern Sie sich ab

Häufig entsprechen Heimverträge weder den Anforderungen des derzeit noch gültigen Heimgesetzes noch sind die Heimleistungen in ausreichendem Maß detailliert beschrieben. Was nicht vereinbart wird, kann aber auch nicht eingefordert werden. Aus diesem Grund sollte der Heimvertrag möglichst genaue Angaben zu allen Bereichen enthalten.

Verlegung

Eine einseitig vom Heimträger vorgenommene Verlegung, der die Bewohnerin oder ihr gesetzlicher Vertreter nicht ausdrücklich zugestimmt haben, ist unzulässig; eine entsprechende Klausel im Heimvertrag, die dies vorsieht, ist unwirksam. Dies gilt nicht nur für Einzelzimmer, sondern auch für Mehrbettzimmer. Der Lebensbereich um das Bett und die dazugehörigen Einrichtungsgegenstände des Zimmers sind die »Wohnung« der Bewohnerin und dürfen nicht gegen ihren Willen verändert werden.

Zimmerschlüssel

Einer selbstständigen Bewohnerin steht ein eigener Zimmerschlüssel zu, damit sie ungehindert und unkontrolliert das Haus betreten und verlassen kann.

Besuch

Die Bewohnerin kann Besucher jederzeit empfangen, allerdings muss sie auf die berechtigten Interessen der anderen Bewohnerinnen Rücksicht nehmen.

Religionsausübung

Die Heimbewohnerin hat wie jeder Bürger das Recht auf freie Ausübung ihrer Religion, ebenso darauf, keine Religion auszuüben. Sie sollte allerdings bedenken, dass konfessionell ausgerichtete Heime eine Lebensführung erwarten, die ihrer jeweiligen religiösen Grundrichtung entspricht.

Arzt- und Apothekerwahl

Ebenso hat die Bewohnerin wie jeder Bürger das Recht auf freie Arzt- und Apothekerwahl. Im eigenen Interesse sollte sie es jedoch begrüßen, wenn das Heim in ständigem Kontakt zu einem Arzt in der Nähe steht oder es einen »Heimarzt« gibt. In einer Notsituation kann dadurch unter Umständen ein Krankenhausaufenthalt vermieden werden.

Abwesenheit der Bewohnerin

Bei einer vorübergehenden Abwesenheit der Bewohnerin von mehr als drei Tagen müssen ersparte Aufwendungen des Heims wie beispielsweise Verpflegungskosten angerechnet werden.

Erhöhung des Entgelts

Das vertraglich vereinbarte Entgelt kann nur erhöht werden, wenn sich die bisherigen Berechnungsgrundlagen geändert haben. Die Erhöhung muss genau begründet und nachgewiesen werden und »angemessen« sein (§ 7 Abs. 1 HeimG).

Kündigung durch die Bewohnerin

Anders als der Heimträger hat die Bewohnerin ein ordentliches Kündigungsrecht. Sie kann den Heimvertrag ohne Angaben von Gründen zu jedem Monatsende kündigen. Die Kündigung muss schriftlich erfolgen und spätestens bis zum dritten Werktag des betreffenden Monats beim Heimträger eingehen (§ 8 Abs. 2 HeimG). Darüber hinaus hat sie wie der Heimträger ein außerordentliches Kündigungsrecht, wenn eine Fortsetzung des Heimvertragsverhältnisses bis zum Ablauf der ordentlichen Kündigungsfrist nicht zuzumuten ist (§ 8 Abs. 2 Satz 3 HeimG). Als Gründe gelten beispielsweise grobe Leistungs- und Qualitätsmängel.

Vertragsbeendigung durch Tod

Nach dem Heimgesetz endet das Vertragsverhältnis grundsätzlich mit dem Tod der Bewohnerin. Danach dürfen, sofern dies im Vertrag vereinbart wurde, allein die Unterkunfts- und Investitionskosten für längstens zwei Wochen weiterberechnet werden.

Heimkosten

Die Heimkosten müssen im Heimvertrag in Form des dreigeteilten Pflegesatzes aufgeführt werden, unterteilt in die Kosten für:

- Pflege
- Unterkunft und Verpflegung, die sogenannten »Hotelkosten«
- Investitionen, d.h. die Kosten für Anschaffung und Erhalt der Einrichtung

Info
Im Bundesdurchschnitt kostet die Unterbringung im Heim je nach Pflegestufe zwischen 2.000 und 3.000 € monatlich.

Während die Pflegekosten, abhängig von der Pflegestufe, in jedem Heim annähernd gleich hoch zu veranschlagen sind, können die jeweiligen Kosten für Unterkunft, Verpflegung und vor allem die angesetzten Investitionskosten je nach Heim deutlich voneinander abweichen. Im Bundesdurchschnitt liegen die Gesamtkosten für die Heimunterbringung je nach bewilligter Pflegestufe mittlerweile zwischen monatlich 2.000 und 3.000 €. Von diesem Betrag können die Leistungen seitens der Pflegeversicherung abgezogen werden. Dabei ist zu bedenken, dass die Einstufung in eine höhere Pflegestufe wegen zunehmender Pflegebedürftigkeit in der Regel auch dazu führt, dass ein höherer Eigenanteil getragen werden muss, weil die Pflegeversicherung nicht alle Pflegekosten im Heim abdeckt.

Über diese Kosten hinaus benötigt die Bewohnerin auch Bargeld für private Belange, beispielsweise Friseurbesuche, neue Garderobe, Zeitungen, Hygiene- und Kosmetikartikel, Theaterbesuche, Geschenke für Verwandte und Freunde. Bezieherinnen von Sozialhilfe erhalten zu diesem Zweck einen sogenannten Grundbarbetrag nach dem Sozialgesetzbuch (SGB XII), dessen Höhe je nach Bundesland variiert.

Wer kommt für diese enormen Kosten auf? Die Pflegeversicherung bezuschusst ausschließlich die pflegebedingten Kosten, das sind bis zu monatlich 1.470 € bei Pflegestufe III. Die Differenz zwischen der Zahlung durch die Pflegeversicherung und

den Heimkosten muss die Bewohnerin privat tragen, durch Renten, Pensionen, Einkünfte anderer Art oder Vermögen. Allerdings muss sie nicht ihr gesamtes Vermögen einsetzen, denn es gibt den sogenannten Vermögensfreibetrag. Ist sie nicht in der Lage, die Heimkosten zu tragen, sind ihre Kinder bis zu einem maximalen Beitrag zur Unterstützung verpflichtet. Erst danach springt das Sozialamt ein und übernimmt den Restbetrag der Heimkosten.

Die Sozialämter einiger Bundesländer (Hamburg, Nordrhein-Westfalen, Saarland, Schleswig-Holstein) gewähren auch ein Pflegewohngeld zur Deckung der Investitionskosten stationärer Einrichtungen. Voraussetzung ist, dass die Pflegebedürftige Leistungen der Pflegeversicherung erhält und die restlichen Heimkosten zuzüglich Barbetrag nicht durch das eigene Einkommen und Vermögen decken kann.

Beratungs- und Beschwerderecht

Nicht immer läuft im Pflegealltag alles glatt. Möglicherweise möchten Sie in einigen Dingen beraten werden. Vielleicht gibt es auch Angelegenheiten, über die Sie sich beschweren möchten. Hier besitzen Sie Rechte:

- Sie können sich in Heimangelegenheiten beraten lassen.
- Sie können sich über mangelhafte Leistungen des Trägers beschweren, und zwar
  - beim Heimträger selbst
  - bei der Heimaufsicht
  - bei der Arbeitsgemeinschaft nach § 20 Abs. 5 des Heimgesetzes (Heimaufsicht, Pflegekassen, Medizinischer Dienst der Krankenversicherung, Sozialhilfeträger)

Es spricht für die Qualität eines Heims, wenn es Beschwerden nicht ausschließlich als Kritik auffasst, sondern als Ansporn zur Verbesserung seiner Qualität.

Der Heimträger ist verpflichtet, hierzu die entsprechenden Anschriften schriftlich mitzuteilen. Die genannten Institutionen sind zur kostenlosen Beratung verpflichtet und auch dazu, Beschwerden nachzugehen.

Heimbeirat: Wirken Sie mit an einem »Heim zum Leben«

Ein weiteres Indiz für die Qualität eines Heims stellt die Rolle dar, die seinem Heimbeirat beigemessen wird. Werden seine Mitglieder nur der Form halber benannt, um dem Gesetz zu genügen, oder nimmt der Beirat tatsächlich Einfluss? Wie gut funktioniert die Zusammenarbeit mit der Heimleitung? Ist der Heimbeirat willens und in der Lage, die Interessen der Bewohnerschaft wirkungsvoll umzusetzen? Wird er dabei von den Angehörigen unterstützt?

Der Heimbeirat ist Vermittler zwischen den Bewohnerinnen und Bewohnern und der Heimleitung. Die Novellierung des Heimgesetzes zum 1. Januar 2002 und der Heimmitwirkungsverordnung zum 1. August 2002 ermöglicht den Heimbeiräten, Heimfürsprechern und anderen unterstützenden Personen eine breite Mitwirkung, um im Interesse der Bewohnerinnen und Bewohner tätig zu werden. In der Praxis hängt es allerdings vom Wohlwollen und der Kooperationsbereitschaft der Heimleitung und vom Engagement der Beiratsmitglieder ab, ob und in welchem Umfang den Bewohnerinnen und Bewohnern ein weitgehend selbstbestimmtes Leben im Heim möglich ist.

Das Mitwirkungsrecht nutzen

Der Heimbeirat besitzt Mitwirkungsrecht, das bedeutet, dass er vor einer Entscheidung des Heimträgers über eine den Heimbetrieb betreffende Maßnahme rechtzeitig und umfassend informiert werden muss. Dann bespricht er sich mit den Bewohnern und bringt deren Anregungen oder Bedenken in die vorbereitenden Überlegungen des Heimträgers ein. Allerdings hat der Heimbeirat nur Mitwirkungs-, kein Mitbestimmungsrecht, die letzte Entscheidung und damit die Verantwortung liegt also beim Heimträger. Will er den Anregungen und Bedenken der Bewohnerschaft nicht folgen, muss er dies jedoch begründen.

Ein engagierter Beirat kann Änderungen bewirken. Will der Heimträger den Anregungen nicht folgen, muss er dies begründen.

Um die Belange der Bewohnerinnen und Bewohner vertreten zu können, muss der Heimbeirat in engem Kontakt mit ihnen stehen. Regelmäßige Sprechstunden und die Bewohnerversammlung, die jährlich mindestens einmal abgehalten wird, dienen dem Meinungs- und Informationsaustausch. Über seine Tätigkeit erstattet der Heimbeirat Bericht, der möglichst auch schriftlich an die gesamte Bewohnerschaft zu verteilen ist. Die Bewohnerinnen und Bewohner können zu dem Tätigkeitsbericht Stellung beziehen (§ 20 Heimmitwirkungsverordnung).

Wer kann in den Heimbeirat gewählt werden?

In den Heimbeirat können sowohl alle Bewohnerinnen und Bewohner des Heims gewählt werden als auch Angehörige und sonstige Vertrauenspersonen, die Mitglieder der örtlichen Seniorenvertretungen sowie Personen, die von der Heimaufsicht vorgeschlagen worden sind (§3 Abs. 2 Heimmitwirkungsverordnung). Die Wahl erfolgt für die Dauer von zwei Jahren. Die Gesamtzahl der Mitglieder richtet sich nach der Größe der Bewohnerschaft, dabei müssen externe Mitglieder, also Personen, die nicht im Heim leben, im Heimbeirat stets in der Minderzahl sein.

- Bis 50 Heimbewohner: drei Mitglieder, davon höchstens ein externes

INFO

Aufgaben des Heimbeirats

- Maßnahmen des Heimbetriebs, die der Bewohnerschaft dienen, bei der Leitung oder dem Träger beantragen.
- Anregungen oder Beschwerden der Bewohnerschaft entgegennehmen und mit der Heimleitung oder dem Träger über deren Erledigung verhandeln.
- Das Einleben neuer Bewohnerinnen und Bewohner fördern.
- Bei Entscheidungen des Heimträgers und der Heimleitung in Angelegenheiten mitwirken, die in § 30 Heimmitwirkungsverordnung aufgezählt sind.

- 51–150 Bewohner: fünf Mitglieder, davon höchstens zwei externe
- 151–250 Bewohner: sieben Mitglieder, davon höchstens drei externe
- Über 250 Bewohner: neun Mitglieder, davon höchstens vier externe

Der § 30 der Heimmitwirkungsverordnung

In diesem Paragrafen sind Maßnahmen aufgezählt, bei denen der Heimbeirat ein Mitwirkungsrecht besitzt:

- Aufstellung und Änderung der Musterverträge für Bewohnerinnen und Bewohner und der Heimordnung
- Maßnahmen zur Unfallverhütung
- Änderungen der Heimentgelte
- Planung und Durchführung von Veranstaltungen
- Alltags- und Freizeitgestaltung
- Unterkunft, Betreuung und Verpflegung
- Erweiterung, Einschränkung oder Einstellung des Heimbetriebs
- Zusammenschluss mit einem anderen Heim
- Änderung der Art und des Zwecks eines Heims oder seiner Teile, umfassende bauliche Veränderungen oder Instandsetzungen
- Maßnahmen zur Förderung der Betreuungsqualität
- Leistungs-, Qualitäts-, Prüfungs- und Vergütungsvereinbarungen mit den Pflegekassen und Sozialhilfeträgern

INFO

Sonderfall § 31 (2)

§ 31 Abs. 2 der Heimmitwirkungsverordnung regelt folgenden Sonderfall:

- Mitwirkung bei der Aufstellung der Haushalts- oder Wirtschaftspläne, sofern eine Bewohnerin, ein Bewohner oder ihre Angehörigen für den Bau, den Erwerb oder die Unterhaltung des Heims Beiträge an den Träger gezahlt haben

Da die Menschen seit der Einführung der Pflegeversicherung in der Regel in einem höheren Alter, schwerpflegebedürftig und häufig demenzkrank in ein Pflegeheim ziehen, wird es immer schwieriger, Mitglieder für den Heimbeirat zu gewinnen, die diesen vielfältigen und komplexen Aufgaben gewachsen sind. Zwar sind die Probleme im Heim der Bewohnerschaft bekannt, es fehlt aber häufig an der Kraft, Zeit und Ausdauer, Lösungen zu finden und der Heimleitung oder dem Träger gegenüber wirkungsvoll zu vertreten. Zudem bezieht sich das Problembewusstsein vorwiegend auf die offensichtlichen Mängel, wie die der Verpflegung und der Wäscheversorgung. Wichtig für die Zufriedenheit mit dem Leben im Heim sind aber auch viele andere Fragen, vor allem die der Pflegequalitätssicherung und der individuellen Gestaltungsmöglichkeit des Alltags.

Als Angehörige können Sie sich direkt in den Heimbeirat wählen lassen oder einen Angehörigen- oder Betreuerbeirat bilden.

Hier können Sie als Angehörige maßgeblich an einer Verbesserung der Situation mitwirken. Zum einen können Sie sich direkt in den Heimbeirat wählen lassen. Zum anderen können Sie gemeinsam mit anderen Angehörigen und Betreuern, die sich für das Wohl der Bewohnerschaft einsetzen wollen, einen Angehörigen- oder Betreuerbeirat bilden. Dieser kann den Heimbeirat bzw. den Heimfürsprecher bei Bedarf beraten und unterstützen (§ 1 Satz 1 und 2 Heimmitwirkungsverordnung).

Ein Heimfürsprecher wird dann von der Heimaufsicht bestellt, wenn aus den genannten Gründen gar keine Interessenten für den Heimbeirat gefunden werden und auch keine geeigneten externen Personen zur Verfügung stehen. Der Heimfürsprecher bleibt nur so lange im Amt, bis wieder ein Heimbeirat gewählt werden kann.

Die Reform der Pflegeversicherung

Seit dem 1. Januar 1995 ergänzt die Pflegeversicherung, bestehend aus der sozialen Pflegeversicherung (SVP) und der privaten Pflegeversicherung (PPV), als »fünfte Säule« der Sozialversicherung die Kranken-, Unfall-, Renten- und Arbeitslosenversicherung. Sie wurde eingerichtet, um pflegebedürftige Menschen nach Möglichkeit vor der Abhängigkeit von Sozialhilfe zu schützen. Ausdrücklich ist sie nicht als Vollversorgung konzipiert, sondern als Grundsicherung. Das Gesetz zur Reform der Pflegeversicherung wurde am 14.03.2008 verabschiedet; es trat am 01.07.2008 in Kraft. Vorrangiges Ziel des Gesetzes ist die Stärkung der häuslichen und ambulanten Versorgung.

Leistungen aus der Pflegeversicherung können beansprucht werden, sobald eine Pflegebedürftigkeit im Sinne des Gesetzes vorliegt. Wie komplex das Thema ist, zeigt schon die Definition des Begriffes »Pflegebedürftigkeit«.

INFO

Pflegebedürftigkeit

Das Sozialgesetzbuch definiert diesen Begriff (SGB XI § 14): »Pflegebedürftig im Sinne dieses Buches sind Personen, die wegen einer körperlichen, geistigen oder seelischen Krankheit oder Behinderung für die gewöhnlichen und regelmäßig wiederkehrenden Verrichtungen im Ablauf des täglichen Lebens auf Dauer, voraussichtlich für mindestens sechs Monate, in erheblichem Maße oder höherem Maße der Hilfe bedürfen.«

Nur wer in den folgenden Bereichen Hilfe benötigt, gilt als pflegebedürftig und hat Anspruch auf finanzielle Unterstützung:

- Körperpflege: Waschen, Duschen, Baden, Zahnpflege, Kämmen, Rasieren sowie Darm- und Blasenentleerung
- Ernährung: mundgerechtes Zubereiten oder Aufnahme der Nahrung
- Mobilität: Aufstehen und Zubettgehen, An- und Auskleiden, Gehen, Stehen, Treppensteigen oder Verlassen und Wiederaufsuchen der Wohnung

- Hauswirtschaftliche Versorgung: Einkaufen, Kochen, Reinigen der Wohnung, Spülen, Wechseln und Waschen der Kleidung und Beheizen der Wohnung

Info
Laut Pflegeversicherung ist die Grundpflege definiert als Körperpflege, Ernährung und Mobilisation.

Hilfebedarf muss außer bei der Körperpflege auch bei der Ernährung und/oder der Mobilität vorliegen. Zusätzlich muss mehrmals wöchentlich Hilfe bei der hauswirtschaftlichen Versorgung benötigt werden. Die Grundpflege muss mehr Zeit in Anspruch nehmen als die Hilfe im hauswirtschaftlichen Bereich.

Der Medizinische Dienst der Krankenkassen (MDK) prüft, ob die Voraussetzungen erfüllt sind, und ordnet die Pflegebedürftigen dann einer der drei Pflegestufen zu. Die Pflegestufe entscheidet dann über den Umfang von Leistungen aus der Pflegeversicherung. Ausschlaggebend für die Zuordnung ist der Zeitaufwand, den ein Familienangehöriger (oder eine andere nicht als Pflegekraft ausgebildete Person) für die Grundpflege und die hauswirtschaftliche Versorgung benötigt (SGB XI § 15). Grundlage der Berechnung ist der Tagesdurchschnitt pro Woche.

Stufe I. Erheblich Pflegebedürftige: mindestens 90 Minuten, dabei müssen auf die Grundpflege mehr als 45 Minuten entfallen.

Stufe II. Schwerpflegebedürftige: mindestens drei Stunden, dabei müssen auf die Grundpflege mindestens zwei Stunden entfallen. Der Hilfebedarf muss mindestens dreimal täglich zu verschiedenen Tageszeiten notwendig sein.

Stufe III. Schwerstpflegebedürftige: mindestens fünf Stunden, dabei müssen auf die Grundpflege mindestens vier Stunden entfallen. Der Hilfebedarf muss rund um die Uhr notwendig sein.

Härtefall. Der Härtefall (III H) beschreibt einen außergewöhnlich hohen Pflegebedarf rund um die Uhr, wie er beispielsweise bei lebensbedrohlichen Krankheiten im Endstadium anfallen kann. Die Versorgung dieser Schwerstpflegebedürftigen sind Grundpflegetätigkeiten, die mindestens sieben Stunden täglich, davon mindestens zwei in der Nacht, in Anspruch nehmen. Weitere Voraussetzung: Die Grundpflege kann nur von zwei Personen gemeinsam geleistet werden.

Leistungen der Pflegekasse beantragen

Der erste Schritt: ein formloser Antrag bei der Pflegeversicherung.

Zunächst ist es sinnvoll, den Hilfebedarf selbst abzuschätzen. Dabei hilft Ihnen das Pflegetagebuch (s. Kasten). Wenn Sie die notierten Werte mit den Voraussetzungen, die zur Anerkennung einer Pflegestufe führen, vergleichen, können Sie feststellen, ob eine erhebliche Pflegebedürftigkeit im Sinne des Gesetzes vorliegt und mit welcher Einstufung Sie rechnen können. Gleichzeitig ist das Pflegetagebuch eine hervorragende Vorbereitung auf den Besuch eines Gutachters vom MDK. Stellen Sie dann schriftlich einen formlosen Antrag auf Leistungen der Pflegeversicherung bei Ihrer Pflegekasse. Sie erhalten daraufhin ein Antragsformular zugesandt.

INFO

Pflegetagebuch

Oftmals sind sich die Pflegenden gar nicht so genau bewusst, wie viel Zeit sie mit welchen Hilfestellungen verbringen. Hier kann ein Pflegetagebuch Abhilfe schaffen: Notieren Sie mindestens zwei Wochen lang detailliert alle Tätigkeiten, die Sie zur Unterstützung des pflegebedürftigen Menschen ergreifen. Das betrifft sowohl die Bereiche Körperpflege, Ernährung und Mobilität als auch die hauswirtschaftliche Versorgung. Schreiben Sie auf, was Sie tun, wie die einzelnen Schritte aufeinander folgen und wie viel Zeit Sie für jede einzelne Tätigkeit benötigen.

Tipp
Die Pflegekasse entscheidet auf der Grundlage des Gutachtens. Bereiten Sie sich daher gut auf den Besuch des Gutachters vor.

Ungefähr vier Wochen nach Antragstellung meldet sich ein Gutachter zum Hausbesuch an, um vor Ort anhand eines standardisierten Fragebogens den Pflegebedarf zu ermitteln. Der Eindruck, den er vom individuellen Alltag und den persönlichen Lebensumständen des pflegebedürftigen Menschen gewinnt, ist entscheidend für die Einstufung. Aus diesem Grund sollte die Situation nicht geschönt, sondern realistisch dargestellt und auch erschwerende Umstände, wie beispielsweise die Pflege behindernde räumliche Verhältnisse benannt werden. Mit differenzierten Darstellungen der Abläufe in einem gut geführten Pflegetagebuch können Sie Ihre Schilderungen untermauern.

Auf Grundlage des Gutachtens entscheidet die Pflegekasse über den Leistungsanspruch. Mit einem Bescheid kann in der Regel vier bis sechs Wochen nach dem Besuch gerechnet werden. Eine Kopie des Gutachtens wird entweder automatisch zugeschickt oder sie kann angefordert werden. Das Gutachten enthält neben der wichtigen Frage der Einstufung auch andere Informationen, beispielsweise vorgeschlagene Pflegemaßnahmen, Ansprüche auf Leistungen der Krankenkasse bezüglich Behandlungspflege, Rehabilitationsmaßnahmen und Hilfsmittel.

Info
Die Erfolgschancen bei Widerspruch sind gut: Ungefähr 40 Prozent der Widersprüche sind erfolgreich.

Was tun, wenn der Antrag abgelehnt wird?

Wurde der Antrag auf Leistungen von der Pflegekasse abgelehnt oder die Pflegebedürftigkeit niedriger eingestuft als erwartet, kann innerhalb einer Frist von einem Monat schriftlich Widerspruch bei der Pflegekasse eingelegt werden. Es empfiehlt sich ein Einschreiben mit Rückschein, um die Einhaltung der Frist nachweisen zu können. Der Widerspruch muss von dem pflegebedürftigen Menschen selbst, einer bevollmächtigten Person oder dem amtlich bestellten Betreuer unterzeichnet sein. Stellen Sie Ihre Aufzeichnungen, idealerweise auch das Pflegetagebuch dem Gutachten entgegen. Lassen Sie sich bei der Begründung Ihres Widerspruchs möglichst vom behandelnden Arzt oder dem Pflegedienst beraten.

INFO

Regelmäßige Einstufungskontrollen

Die vorgenommene Einstufung wird vom MDK regelmäßig überprüft. Bei den Pflegestufen I und II erfolgt die Überprüfung zweimal im Jahr, bei der Pflegestufe III alle drei Monate. Wenn Sie die Leistungen eines Pflegedienstes in Anspruch nehmen, bestätigt dieser alle drei Monate die Pflegestufe oder beantragt in Absprache mit Ihnen eine Höherstufung.

Pflegen Sie ohne professionelle Unterstützung, erhält der pflegebedürftige Mensch also ausschließlich Pflegegeld, so wird die aktuelle Pflegesituation in den genannten Zeitabständen vom MDK oder einem beauftragten Pflegedienst vor Ort überprüft.

Leistungen für Pflegebedürftige

Mit der Reform der Pflegeversicherung erfolgte erstmals eine Anpassung der Leistungspauschalen. Sie werden schrittweise bis zum Jahr 2012 erhöht. In Zukunft soll über diese Leistungen alle drei Jahre neu entschieden werden, das erste Mal im Jahr 2015. Die Höhe der Anpassung wird von der Bundesregierung festgelegt.

Häusliche Pflege. Für private häusliche Pflege durch Angehörige, Freunde oder sonstige Hilfen zahlt die Pflegekasse monatlich Pflegegeld, über das der pflegebedürftige Mensch frei verfügen kann. Erfolgt die häusliche Pflege durch einen Pflegedienst (ambulanter Dienst, Sozialstation), so rechnet dieser die Grundpflege und hauswirtschaftliche Versorgung bis zum Höchstbetrag für die jeweilige Pflegestufe direkt mit den Pflegekassen ab. Diese sogenannte Sachleistung ist zweckgebunden. Die ärztlich verordnete Behandlungspflege wird von den Krankenkassen getragen.

Schrittweise Erhöhung des Pflegegelds bis 2012 in €

	Bisher	2008	2010	2012
Pflegegeld				
Stufe I	205	215	225	235
Stufe II	410	420	430	440
Stufe III	665	675	685	700
Ambulante Pflege				
Stufe I	384	420	450	450
Stufe II	921	980	1040	1100
Stufe III	1432	1470	1510	1550
Stufe III H	1918	1918	1918	1918
Stationäre Pflege				
Stufe I	1023	1023	1023	1023
Stufe II	1279	1279	1279	1279
Stufe III	1432	1470	1510	1550
Stufe III H	1688	1750	1825	1918

Pflegegeld und Pflegesachleistungen lassen sich auch kombinieren (Kombinationsleistungen). Nimmt der pflegebedürftige Mensch die ihm zustehende Sachleistung nur teilweise in Anspruch, so erhält er daneben ein anteiliges Pflegegeld, mit dem er private Hilfe finanzieren kann. Dabei wird das Pflegegeld um den Prozentsatz vermindert, der auf die Sachleistung entfällt. An die Entscheidung, in welchem Umfang er Sachleistung und Pflegegeld in Anspruch nehmen möchte, ist er zunächst für die Dauer von sechs Monaten gebunden.

Beispiel: Ein pflegebedürftiger Mensch wurde in die Pflegestufe II eingestuft. Das bedeutet, dass er Anspruch auf Pflegesachleistung in Höhe von 980 € oder Pflegegeld in Höhe von 420 € hat. Schöpft er nun nur die Hälfte der Pflegesachleistung für die Versorgung durch professionelle Pflegekräfte aus, so bleiben

ihm noch 210 € zur freien Verfügung für private Hilfe. Benötigt er mehr Hilfe durch Pflegekräfte und erhöht sich der Bedarf an Pflegesachleistung dadurch auf 60 Prozent, so bleiben ihm für die Finanzierung privater Hilfeleistungen noch 40 Prozent von 420 €, also 168 €.

Teilstationäre Tages- oder Nachtpflege. Auch hier sind die Leistungen zweckgebunden. Bezuschusst werden nur die Pflegekosten im Rahmen des Pflegeversicherungsgesetzes. Die darüber hinausgehenden Kosten für Verpflegung und bei Nachtpflegeplätzen auch die Kosten für Unterkunft, die sogenannten »Hotelkosten«, sowie die Investitionskosten müssen privat getragen werden. Bisher wurde die Tagespflege auf den Anspruch der ambulanten Leistung angerechnet. Seit der Pflegeversicherungsreform besteht nun jedoch noch ein Anspruch auf die Hälfte der Pflegesachleistung oder des Pflegegelds für die weiterhin notwendige Pflege. Das entspricht einer Anhebung auf 150 Prozent.

Info
Bei vollstationärer Unterbringung werden nur Pflege und Betreuung von der Pflegeversicherung bezuschusst.

Vollstationäre Unterbringung. Bei Unterbringung in einem Pflegeheim bezuschusst die Pflegeversicherung ausschließlich die pflegebedingten Kosten entsprechend der bewilligten Pflegestufe. Im Gegensatz zur Vergütung bei der ambulanten Pflege sind darin bei der Heimpflege auch die Kosten für die medizinische Behandlungspflege abgedeckt. Über die Pflege und Betreuung hinausgehende Kosten, die »Hotelkosten« für Unterkunft und Verpflegung und die Investitionskosten, müssen privat getragen werden.

Durch den Umzug in ein Pflegeheim gilt ein Mensch nicht automatisch als pflegebedürftig im Sinne des Gesetzes. Daher ändert der Heimeinzug zunächst auch nichts an einer bisherigen Einstufung. Soll der pflegebedürftige Mensch ein- oder höhergestuft werden, muss der MDK ein Gutachten erstellen. Nur wenn bereits Pflegestufe III gilt, zahlt die Pflegekasse die Sätze für die stationäre Pflege ohne besondere Prüfung.

Förderung der häuslichen und ambulanten Pflege

Die häusliche und ambulante Pflege soll gezielt durch folgende Leistungen der Pflegeversicherung gefördert werden.

Hausnotrufgerät. Unabhängig von der Pflegestufe werden für allein lebende pflegebedürftige Menschen die einmaligen Anschlusskosten und die monatlichen Grundkosten übernommen (vgl. Seite 27).

Kurzzeitpflege. Wird ein pflegebedürftiger Mensch nach einer Krankheit, einem Krankenhausaufenthalt oder weil die Pflege in der Familie kurzfristig nicht geleistet werden kann, vollstationär in einer Kurzzeitpflegeeinrichtung betreut, so können bei allen Pflegestufen pro Jahr für maximal vier Wochen 1 470 € beantragt werden. Diese Leistung ist zweckgebunden.

Die Kosten der Kurzzeitpflege werden nicht auf den Anspruch auf Verhinderungspflege angerechnet. Die »Hotelkosten« und die Investitionskosten müssen wie bei der teil- und der vollstationären Pflege privat getragen werden.

Menschen mit besonderem Betreuungsbedarf. Die Unterstützung von Menschen mit erheblich eingeschränkter Alltagskompetenz in der häuslichen Versorgung wird mit dem Pflegeleistungsergänzungsgesetz deutlich verbessert: von bisher 460 € auf bis zu 2 400 € jährlich. Diesen Betrag können auch Personen erhalten, die noch keinen erheblichen Pflegebedarf, wohl aber Betreuungsbedarf haben. Der zusätzliche Leistungsbetrag wird in unterschiedlicher Höhe (zwei Stufen) entsprechend des festgestellten Betreuungsaufwands geleistet.

Organisation und Stärkung des bürgerschaftlichen Engagements. Pflegekassen sollen gemeinsam mit den Ländern und anderen Vertragspartnern darauf hinwirken, dass Ehrenamtliche noch besser in vernetzte Versorgungsangebote eingebunden werden.

Pflegekurse. Angehörige und ehrenamtliche Pflegepersonen können an Pflegekursen teilnehmen. Die Teilnahme ist kostenlos, unabhängig von der Pflegestufe.

Pflegehilfsmittel. Das »Hilfsmittelverzeichnis der gesetzlichen Krankenkassen« listet Pflegehilfsmittel auf. Zum Nachschlagen eignet sich auch die Rehadat-Datenbank des Instituts der Deutschen Wirtschaft. Es wird unterschieden zwischen

- zum Verbrauch bestimmten Pflegehilfsmitteln und
- technischen Pflegehilfsmitteln.

Info

Das Hilfsmittelverzeichnis erhalten Sie bei der Kranken- und Pflegekasse und in Sanitätshäusern.

INFO

Verbrauchsartikel und Hilfsmittel

Die Kosten für Verbrauchsartikel wie Einmalhandschuhe und Krankenunterlagen werden bei allen Pflegestufen bis zur Höhe von 31 € pro Monat übernommen, wenn die entsprechenden Quittungen der Pflegekasse vorgelegt werden.

Für technische Pflegehilfsmittel, beispielsweise einem Pflegebett oder Badewannenlifter, beträgt der Eigenanteil der Versicherten grundsätzlich zehn Prozent, höchstens jedoch 25 €. Viele technische Hilfsmittel können auch geliehen werden.

Pflegestützpunkte. Jedes Bundesland kann darüber entscheiden, ob es stadtteilbezogene Pflegestützpunkte einrichten möchte, in denen pflegebedürftige Menschen und ihre Angehörigen Beratung und Unterstützung erhalten.

Pflegezeit. Pflegende Angehörige können sich für die Dauer von sechs Monaten unbezahlt, aber sozialversichert von ihrer Arbeit freistellen lassen, sofern der Arbeitgeber mehr als 15 Beschäftigte hat. Die Pflegezeit kann von verschiedenen Angehörigen nacheinander wahrgenommen werden. Neben dem Anspruch auf Pflegezeit wird Beschäftigten in einer akut auftretenden Pflegesituation ein Anspruch auf kurzzeitige Freistellung für bis zu zehn unbezahlte Arbeitstage eingeräumt.

Urlaubsanspruch für pflegende Angehörige. Schon vor der Reform hatte ein pflegender Angehöriger Anspruch auf eine vierwöchige Vertretung im Jahr, die sogenannte Verhinderungspflege. Im neuen Gesetz wird der Zugang zu dieser Leistung erleichtert: Voraussetzung ist nicht mehr eine zwölfmonatige Vorpflegezeit für die erstmalige Inanspruchnahme, sondern nur noch sechs Monate.

Info
Zu Umbaumaßnahmen gehören die Beseitigung von Türschwellen, der Einbau einer bodengleichen Dusche oder die rollstuhlgerechte Verbreiterung von Türen.

Zuschüsse zu Umbaumaßnahmen. Pro Maßnahme zur Wohnraumanpassung können bei allen Pflegestufen bis zu 2557 € beantragt werden. Voraussetzung ist, dass die baulichen Veränderungen die Pflege ermöglichen, erheblich erleichtern oder dem pflegebedürftigen Menschen die selbstständige Lebensführung erlauben.

Qualitätssicherung in Pflegeheimen

Der Qualitätssicherung in Pflegeheimen dienen insbesondere die folgenden Punkte der Pflegeversicherung.

Förderung von Prävention und Rehabilitation. Künftig sollen Pflegeheime, denen es durch verstärkte aktivierende und rehabilitative Bemühungen gelingt, Pflegebedürftige in eine niedrigere Pflegestufe einzustufen, mit einer Prämie von 1536 € belohnt werden. Um Missbrauch zu verhindern, muss die niedrigere Einstufung mindestens sechs Monate Bestand haben

Sicherstellung der medizinischen Versorgung von Heimbewohnern. Besondere Bedeutung wird künftig eine enge und verlässliche Vernetzung der Pflegeeinrichtungen mit den niedergelassenen Ärzten und Fachärzten haben. Deshalb sollen nicht nur die Einrichtungen, sondern auch die Pflegekassen darauf hinwirken, dass Kooperationsverträge mit niedergelassenen Ärzten geschlossen oder Heimärzte eingestellt werden.

Transparenz. Eines der wichtigsten Anliegen der Pflegeversicherungsreform ist es, Transparenz hinsichtlich der quali-

tativen Leistungsfähigkeit der Pflegeheime für den Bürger zu schaffen. So sollen die Prüfberichte des MDK in verständlicher Sprache aufbereitet und veröffentlicht werden, um pflegebedürftigen Menschen und ihren Angehörigen die Wahl einer qualitativ guten und passenden Pflegeeinrichtung zu erleichtern.

Info
Die Überprüfung der Pflegeheime soll ab 2011 einmal jährlich und unangemeldet erfolgen.

Leistungen für Pflegende

Nicht nur der pflegebedürftige Mensch, sondern auch die Pflegende hat Anspruch auf Leistungen. Dazu gehören Rentenleistungen, eine Unfallversicherung und Unterhaltsgeld.

Rentenleistungen. Die Pflegekasse zahlt Rentenbeiträge für ehrenamtlich Pflegende, die ihre Beruftätigkeit wegen der Pflegetätigkeit ganz oder teilweise aufgegeben haben. Die Höhe der Beiträge richtet sich nach der Pflegestufe bzw. der Zeit, die die Pflege beansprucht. Als »ehrenamtlich Pflegender« gilt laut Gesetz, wer einen pflegebedürftigen Menschen in seiner häuslichen Umgebung nicht erwerbsmäßig und mindestens 14 Stunden in der Woche versorgt. Der Zeitaufwand bezieht sich auf die Grundpflege und die hauswirtschaftliche Versorgung. Wechseln sich mehrere Personen bei der Pflege ab, werden die Rentenbeiträge entsprechend prozentual aufgeteilt. Die Mindestpflegezeit pro Person muss allerdings 14 Stunden in der Woche betragen. Beitragszahlungen zur Rentenversicherung erfolgen auch bei Urlaub der Pflegeperson.

Unfallversicherung. Während der Pflegetätigkeit sind Pflegende bei allen Tätigkeiten, die mit der Pflege zusammenhängen, gesetzlich unfallversichert; berücksichtigt sind auch die Hin- und Rückfahrt zur pflegebedürftigen Person, Fahrten zum Arzt oder für Besorgungen.

Unterhaltsgeld. Nach dem Ende einer rentenversicherten Pflegetätigkeit können Pflegende, die wieder ins Berufsleben zu-

rückkehren möchten, Unterstützung von der Bundesagentur für Arbeit erhalten. Ist eine berufliche Fortbildung oder Umschulung notwendig, kann ein Unterhaltsgeld beantragt werden.

Pflegeleistungen der Krankenkassen

Tipp
Die Leistungen der Krankenkassen stehen der pflegebedürftigen Person auch zu, wenn sie nicht in eine Pflegestufe eingruppiert wurde.

Für alle finanziellen Fragen im medizinischen Bereich sind die Krankenkassen zuständig. Sie zahlen beispielsweise für Wundbehandlungen, das Verabreichen von Spritzen, Verbrauchsprodukte wie Inkontinenzartikel, aber auch für Hilfsmittel wie Dauerkatheter oder Lagerungshilfen, wenn sie ärztlich verordnet wurden. Sogar Hilfen im Bereich der Grundpflege oder im Haushalt oder der Einsatz von Tag- und Nachtwachen können von der Krankenkasse bezahlt werden. Voraussetzung ist, dass dadurch ein Krankenhausaufenthalt vermieden oder verkürzt werden kann und sie ärztlich verordnet wurden. Allerdings sind alle Pflegeleistungen der Krankenkassen Ermessensleistungen: Es wird über jeden Einzelfall entschieden.

Service

Glossar

Ambulant betreute Wohngemeinschaften: unterstützungsbedürftige Menschen leben gemeinsam in familiärer Atmosphäre in einer altengerecht gestalteten Wohnung; die notwendige Betreuung und Pflege organisieren v.a. die Angehörigen

Anus praeter: operativ angelegter Darmausgang mit Auffangbeutel

Aspiration: versehentliches Einatmen flüssiger oder fester Stoffe

Behandlungspflege: medizinisch-pflegerische Maßnahmen wie Wundversorgung, Verbandswechsel, Medikamentenabgabe etc.

Betreutes Wohnen/Service-Wohnen: barrierefreie, altersgerecht ausgestattete Wohnungen, die häufig an ein Pflegeheim angebunden sind; dadurch kann jederzeit hauswirtschaftliche und pflegerische Versorgung in Anspruch genommen werden

Betreutes Wohnen zu Hause: pflegerische, hauswirtschaftliche und soziale Betreuung in der Wohnung der Pflegebedürftigen; wird bisher nur in wenigen Projekte angeboten; die jeweilige Ansprechpartnerin des Projekts koordiniert alle Maßnahmen

Blasenverweilkatheter: dient der Ableitung des Urins aus der Blase in einen Auffangbeutel

Bobath-Konzept: primär entwickelt zur Vorbeugung und Behandlung von Haltungs- und Bewegungsstörungen bei Menschen, die einen Schlaganfall erlitten haben

Dekubitus: Druckgeschwür; entsteht, wenn durch äußere Druckeinwirkung das Gewebe schlecht durchblutet und zerstört wird

Demenz: organisch bedingte psychische Störungen, verbunden mit Gedächtnisverlust, Orientierungsschwierigkeiten und emotionalen Störungen bis hin zur Persönlichkeitsänderung

Diarrhö: Durchfall

Diphtherie: Infektionskrankheit mit Geschwürbildung, Schleimhautveränderungen im Mund-Rachen-Raum und ernsten Komplikationen, v.a. Herz- und Nervenschäden

Epidemie: gehäuftes, aber zeitlich und örtlich begrenztes Auftreten von Infektionskrankheiten

Grundpflege: Körperpflege, Bewegung, Hilfe bei der Ernährung

Hausnotrufdienste/»Funkfinger«: Apparat, mit dem in Notsituationen ein Alarmsignal ausgelöst werden kann, das an eine Notrufzentrale weitergeleitet wird; wird an einem Band um den Hals oder wie eine Armbanduhr getragen

Heimbeirat: Vermittler zwischen Bewohnern und Heimleitung; hat Mitwirkungsrecht in Angelegenheiten, die die Bewohner betreffen, aber kein Mitbestimmungsrecht

Heimgesetz: dient dem besonderen Schutz hilfebedürftiger Menschen; seinen Verordnungen unterliegen u.a. alle Pflegeheime

Heimvertrag: legt die Rechte und Pflichten des Heimträgers und der Bewohner fest

Herzinsuffizienz: Herzmuskelschwäche; dadurch ist das Herz nicht mehr imstande, die zur Versorgung des Körpers notwendige Blutmenge zu fördern

Influenza: echte Grippe; Infektion des Atmungstrakts durch das Influenza-Virus

Infektion: Krankheitserreger (z.B. Bakterien, Viren) werden übertragen, dringen in den Körper ein oder bleiben haften und vermehren sich; dadurch kommt es zu den jeweils typischen Krankheitssymptomen

Kinästhetik: Bewegungskonzept zur bewussten Gestaltung von Handlungs- und Bewegungsabläufen

Kontraktur: dauerhafte Verkürzung von Muskeln, Sehnen und Bändern; führt zu bleibender Gelenkversteifung

Krätze (lat. Scabies): leicht übertragbare Hautkrankheit, bei der sich Krätzmilben in die Oberhaut einbohren und dort Juckreiz und Entzündungen hervorrufen

Krisenhilfe/Krisennotdienst: lokale Angebote in Form telefonischer Beratung

Kurzzeitpflege: vollstationäres Pflegeangebot für die begrenzte Dauer von Tagen oder Wochen, häufig Krankenhäusern oder Pflegeheimen angegliedert

Letalität: Maß für die Tödlichkeit einer Krankheit

Logopädie: Therapie von Sprach-, Sprech- und Schluckstörungen

Milieutherapie: Anpassung des Wohn- und Lebensraums an die Lebensgeschichte eines Bewohners

Mobile Soziale Hilfsdienste: erbringen unterschiedlichste Serviceleistungen; häufig sind sie einem ambulanten Dienst oder einem Heim zugeordnet oder werden von ihnen vermittelt

Multimorbidität: gleichzeitiges Bestehen mehrerer Krankheiten

Nachtpflege: die hilfebedürftige Person bleibt über Nacht in einer entsprechenden Einrichtung und verbringt den Tag bei sich zu Hause

Obstipation: Stuhlverstopfung, gekennzeichnet durch harten Stuhl und Schwierigkeiten bei der Ausscheidung

Ödeme: schmerzlose, nicht gerötete Schwellungen infolge von Flüssigkeitsansammlung im Gewebe

Patientenverfügung: Willenserklärung über medizinische und Betreuungsmaßnahmen für den Fall einer lebensbedrohlichen Situation, in der der Betroffene unfähig ist, seinen Willen selbst zu äußern

PEG (perkutane, endoskopisch kontrollierte Gastrostomie): Magensonde; operativ angelegte Verbindung zwischen Magen und Bauchdecke mittels einer Ernährungssonde zur langfristigen künstlichen Ernährung

Pflegegeld: Geldleistung der Pflegekassen, über die die pflegebedürftige Person frei verfügen kann

Pflegeleistungsergänzungsgesetz: es legt Zusatzleistungen fest für Personen, die einen erheblichen Bedarf an allgemeiner Beaufsichtigung und Betreuung haben und Tages- und Nachtpflege, Kurzzeitpflege und anerkannte Betreuungsangebote in Anspruch nehmen

Pflegesachleistung: pflegerische oder hauswirtschaftliche Hilfeleistung der Pflegekassen; anders als beim Pflegegeld sind diese Mittel zweckgebunden

Pneumonie: Lungenentzündung, die meist durch Bakterien (z.B. Pneumokokken) hervorgerufen wird

Positive Personenarbeit nach Kitwood: befasst sich v.a. mit den Interaktionen zwischen Demenzkranken und ihren Begleitpersonen

Realitäts-Orientierungs-Training (ROT): zielt darauf ab, verwirrten Menschen Orientierung zu bieten; die Maßnahmen betreffen den gesamten Wohnbereich und den Tagesablauf und umfassen örtliche, zeitliche und situative Orientierungshilfen

Rehabilitation: Maßnahmen zur Wiederherstellung der Gesundheit bzw. zur Linderung gesundheitlicher Störungen

Sedierung: Einsatz von Beruhigungsmitteln, die eine dämpfende Wirkung haben

Seniorengenossenschaften: erbringen Dienstleistungen, für die sie in der Regel nicht in Form von Geld, sondern durch Guthabenpunkte entlohnt werden, die sie bei eigenem Bedarf gegen Dienstleistungen eintauschen können

Stationäre Hausgemeinschaften: Heime nach dem Heimgesetz; teilautonome,

kleine, familienähnliche Gruppen, deren hauswirtschaftliche Versorgung, Begleitung und Betreuung von sog. Präsenzkräften sichergestellt wird; Pflegekräfte werden nur bei Bedarf hinzugezogen

Stimulation, Basale: Konzept zur Förderung, Pflege und Begleitung schwerstbeeinträchtigter Menschen, das durch gezielte Stimulation verminderte Bewegungs-, Wahrnehmungs- und Kommunikationsfähigkeiten aktiviert

Tagespflege: die pflegebedürftige Person verbringt den Tag in einer entsprechenden Einrichtung, die Nacht, Wochenenden und Feiertage bei sich zu Hause

Tetanus: Wundstarrkrampf; akute schwere Infektionskrankheit, die durch das Gift der Tetanusbazillen hervorgerufen wird

Thrombose: Blutgerinnsel innerhalb eines Gefäßes

Tracheostoma: künstliche Öffnung der Luftröhre nach außen

Tuberkulose: weltweit verbreitete bakterielle Infektionskrankheit, die grundsätzlich alle Organe betreffen kann, in den meisten Fällen aber zu einer Erkrankung der Lunge führt

Validation: verbale und nonverbale Kommunikationsform im Umgang mit verwirrten Menschen, deren Äußerungen nicht analysiert oder bewertet, sondern hinsichtlich ihres emotionalen Gehalts akzeptiert und bekräftigt werden

Vitalzeichen: geben Auskunft über die Atmung, die Herz-Kreislauf-Funktion (Puls, Blutdruck) und die Körpertemperatur

Vorsorgevollmacht: legt fest, auf welche Aufgabenkreise sich die Bevollmächtigung erstrecken soll, beispielsweise Vermögenssorge, Gesundheitsfürsorge oder Aufenthaltsbestimmungsrecht

Adressen und Ansprechpartner

Einrichtungen und Verbände

Bundesarbeitsgemeinschaft der Senioren-Organisationen BAGSO e. V.
Bonngasse 10
53119 Bonn
Tel.: (02 28) 24 99 93-0
www.bagso.de

Bundesarbeitsgemeinschaft Wohnungsanpassung e. V.
c/o Koordinierungsstelle rund ums Alter
Mühlenstraße 48
13187 Berlin
Tel.: (0 30) 47 53 17 19
www.wohnungsanpassung.de

Bundesdeutscher Senioren-Notruf e. V.
Ehrenbreitsteiner Straße 20
80993 München
Tel.: (0 89) 14 38 56 26
www.senioren-notruf.de

Bundesinteressenvertretung der Nutzerinnen und Nutzer von Wohn- und Betreuungsangeboten im Alter und bei Behinderung (BIVA) e. V.
Vorgebirgsstraße 1
53913 Swisttal
Te.: (0 22 54) 70 45
www.biva.de

Bundesverband Ambulante Dienste und Stationäre Einrichtungen (bad) e. V.
Krablerstraße 136
45326 Essen
Tel.: (02 01) 35 40 01
www.bad-ev.de

Bundesverband privater Anbieter sozialer Dienste e. V.
Oxfordstraße 12–16
53111 Bonn
Tel.: (02 28) 60 43 80
www.bpa.de

Kuratorium Deutsche Altenhilfe e. V. (KDA)
An der Paulskirche 3
50677 Köln
Tel.: (02 21) 93 18 470
www.kda.de

AWO Arbeiterwohlfahrt Bundesverband e.V.
Heinrich-Albertz-Haus
Blücherstraße 62/63
10961 Berlin
Tel.: (0 30) 26 30 9-0
www.awo.org

Deutscher Caritasverband e. V.
Karlstraße 40
79104 Freiburg im Breisgau
Tel.: (07 61) 200-0
www.caritas.de

Deutscher Paritätischer
Wohlfahrtsverband e. V.
Oranienburger Straße 13–14
10178 Berlin
Tel.: (0 30) 24 63 6-0
www.paritaet.org

Deutsches Rotes Kreuz e. V.
Carstenstraße 58
12205 Berlin
Tel.: (0 30) 85 40 4-0
www.drk.de

Diakonisches Werk der Evangelischen
Kirche in Deutschland e. V.
Reichensteiner Weg 24
14195 Berlin-Dahlem
Tel.: (0 30) 83 00 1-0
www.diakonie.de

Zentralwohlfahrtsstelle der Juden
in Deutschland
Hebelstraße 6
60318 Frankfurt am Main
Tel.: (0 69) 94 43 710
www.zwst.org

Informationen und Hilfe im Internet

www.altenheim-adressen.de
www. dajeb.de
www.haeusliche-pflege-adressen.de
www.hilfe-und-pflege-im-alter.de
www.telefonseelsorge.de
www.pflegeampel.de
www.wohin-im-alter.de

Haushaltshilfen aus Osteuropa

ZAV
Internationale Arbeitsvermittlung
53107 Bonn
Tel.: (02 28) 713 14 14
www.arbeitsagentur.de

www.eu-netz.com
www.senicur.de

Pflegehilfsmittel

www.rehadat.de

Wohnformen im Alter

www.schader-stiftung.de

Literatur

»Ihre Rechte als Heimbewohnerinnen und Heimbewohner« und »Der Heimbeirat«, Bundesministerium für Familie, Senioren, Frauen und Jugend, Berlin. Tel.: (0 30) 18 55 5-0 www.bmfsfj.de

»Pflegeversicherung«, Bundesministerium für Gesundheit, Berlin. Tel.: (0 30)18 44 1-0, www.bmgesundheit.de

»Betreuungsrecht«, Bundesministerium der Justiz, Berlin. www.bmj.bund.de

»Patientenverfügung« und »Vorsorgevollmachten«, Deutsche Hospizstiftung, Dortmund. Tel.: (02 31) 73 80 73-1 www.hospize.de

»Wirksame Interessenvertretung im Heim«, Bundesinteressenvertretung der Nutzerinnen und Nutzer von Wohn- und Betreuungsangeboten im Alter und bei Behinderung (BIVA) e. V., Swisttal. Tel.: (0 22 54) 70 45, www.biva.de

Stichwortverzeichnis

Stichwortverzeichnis

Liebe Leserin, lieber Leser,
hat Ihnen dieses Buch weitergeholfen? Für Anregungen, Kritik, aber auch für Lob sind wir offen. So können wir in Zukunft noch besser auf Ihre Wünsche eingehen. Schreiben Sie uns, denn Ihre Meinung zählt!

Ihr Trias Verlag

E-Mail Leserservice:
heike.schmid@medizinverlage.de

Adresse:
Lektorat Trias Verlag, Postfach 30 05 04,
70445 Stuttgart, Fax: 0711-8931-748

Bibliografische Information der Deutschen Nationalbibliothek
Die Deutsche Nationalbibliothek verzeichnet diese Publikation in der Deutschen Nationalbibliografie; detaillierte bibliografische Daten sind im Internet über http://dnb.d-nb.de abrufbar.

Programmplanung: Sibylle Duelli
Redaktion: Frauke Bahle, Karlsruhe

Umschlaggestaltung und Layout:
Cyclus · Visuelle Kommunikation, Stuttgart

Bildnachweis:
Umschlagfoto vorn: Mauritius
Fotos im Innenteil: Blickweise/Werner Krüper
Fotografie: S. 4/5, 10/11, 46/47, 132/133

Zeichnungen: Jenny Reißmann, Hamburg

Printed in Germany

Satz: Fotosatz Buck, 84036 Kumhausen
gesetzt in: InDesign CS3
Druck: AZ Druck und Datentechnik GmbH,
87437 Kempten

Gedruckt auf chlorfrei gebleichtem Papier

ISBN 978-3-8304-3440-5 1 2 3 4 5 6

Wichtiger Hinweis:
Wie jede Wissenschaft ist die Medizin ständigen Entwicklungen unterworfen. Forschung und klinische Erfahrung erweitern unsere Erkenntnisse, insbesondere was Behandlung und medikamentöse Therapie anbelangt. Soweit in diesem Werk eine Dosierung oder eine Applikation erwähnt wird, darf der Leser zwar darauf vertrauen, dass Autoren und Verlag große Sorgfalt darauf verwandt haben, dass diese Angabe **dem Wissensstand bei Fertigstellung des Werkes** entspricht.
Für Angaben über Dosierungsanweisungen und Applikationsformen kann vom Verlag jedoch keine Gewähr übernommen werden. **Jeder Benutzer ist angehalten,** durch sorgfältige Prüfung der Beipackzettel der verwendeten Präparate und gegebenenfalls nach Konsultation eines Spezialisten festzustellen, ob die dort gegebene Empfehlung für Dosierungen oder die Beachtung von Kontraindikationen gegenüber der Angabe in diesem Buch abweicht. Eine solche Prüfung ist besonders wichtig bei selten verwendeten Präparaten oder solchen, die neu auf den Markt gebracht worden sind. **Jede Dosierung oder Applikation erfolgt auf eigene Gefahr des Benutzers.** Autoren und Verlag appellieren an jeden Benutzer, ihm etwa auffallende Ungenauigkeiten mitzuteilen.

Die Ratschläge und Empfehlungen dieses Buches wurden vom Autor und Verlag nach bestem Wissen und Gewissen erarbeitet und sorgfältig geprüft. Dennoch kann eine Garantie nicht übernommen werden. Eine Haftung des Autors, des Verlages oder seiner Beauftragten für Personen-, Sach- oder Vermögensschäden ist ausgeschlossen.
Geschützte Warennamen (Warenzeichen) werden nicht besonders kenntlich gemacht. Aus dem Fehlen eines solchen Hinweises kann also nicht geschlossen werden, dass es sich um einen freien Warennamen handelt.

Wer nicht lesen will,
darf hören!
Wichtige Gesundheitsthemen jetzt als Hörbuch
HÖRBUCH GESUNDHEIT
Autogenes Training & Progressive Muskelentspannung
Doppelt stark gegen Stress
Extra: Mit 3 Kurzübungen für zwischendurch
TRIAS
ISBN 978-3-8304-3375-0
Progressive Relaxation
Extra: Mit Lang- und Kurzversionen
TRIAS
ISBN 978-3-8304-3406-1
Tinnitus
Extra: Mit Klängen und Musik für besseres Hören
TRIAS
ISBN 978-3-8304-3403-0
Trauma
Extra: Mit geführten Imaginationen
TRIAS
ISBN 978-3-8304-3405-4
Raus aus der Zwangsfalle
Sofort umsetzen: Mit angeleiteten Übungen
TRIAS
ISBN 978-3-8304-3451-1
Angstfrei fliegen
Mit Strategien für jede Phase des Fluges
TRIAS
ISBN 978-3-8304-3434-4
Bluthochdruck senken ohne Medikamente
Extra: Blutdruck senken durch Entspannung
TRIAS
ISBN 978-3-8304-3404-7
Basenfasten
TRIAS
ISBN 978-3-8304-3452-8
Gleich reinhören!
Kostenlose Hörproben unter
www.trias-gesundheit.de/go/hoerbuch
In Ihrer Buchhandlung
Jeweils ca. 70 Minuten Laufzeit und 12 Seiten Booklet
je € 14,95 [D]
14,95 [A] / CHF 27,50
Alle Preise sind unverbindliche Preisempfehlungen.
TRIAS
wissen, was gut tu
www.trias-gesundheit.de